KB071026

마약 중독과
전쟁의 시대

마약 중독과 전쟁의 시대

20세기 제약 산업과
나치 독일의 은밀한 역사

노르만 올러 지음 박종대 옮김

일러두기
• 이 책의 각주에서, 원주는 따로 표시하지 않았고 옮긴이주는 〈옮긴이주〉로 표시했습니다.

몰락할 운명의 정치 체제는 본능적으로 몰락을 재촉
하는 일을 많이 한다.

—장폴 사르트르

의약품 첨부 문서로 서문을 대신하며

나는 코블렌츠에서 단서를 찾았다. 1980년대에 자갈 콘크리트로 지은 삭막한 연방 기록물 보관소였다. 아돌프 히틀러Adolf Hitler 주치의 테오도르 모렐Theodor Morell의 기록을 대하니 나는 가만있을 수 없었다. 나는 모렐의 일지를 넘겨 가며 〈환자 A〉와 관련한 비밀 항목을 살펴보았다. 읽기 쉽지 않은 손 글씨를 해독하려고 돋보기까지 동원했다. 글씨만 휘갈겨 쓴 것이 아니라 중간중간에 〈Inj. w. I.〉나 그냥 〈x〉처럼 암호 같은 글귀도 자주 튀어나왔다. 그러다 어느 순간부터 이런 암호 같은 글귀의 뜻이 서서히 머릿속에 들어오기 시작했다. 매일 주사, 이상한 물질, 복용량 증가.

【증상】　　지금껏 국가 사회주의 실체는 낱낱이 밝혀졌다. 역사 수업은 그에 대해 어떤 공백도 허용하지 않았고, 미디어들도 여백이 남지 않을 정도로 샅샅이 파헤쳤다. 이 주제는 그야말로

구석구석까지 철저히 연구되었다. 나치의 독일 국방군 역시 모든 시대를 통틀어 가장 많이 연구된 군대였다. 우리는 이제 그 시절에 대해 모르는 것이 없다고 생각한다. 이런 생각과 함께 제3 제국은 낱낱이 해부된 채 땅속 깊이 묻힌 듯하다. 거기서 무언가 새로운 것을 발굴해 내는 것은 헛되거나 이상한 시도처럼 보인다. 그러나 우리가 아는 것이 전부가 아니었다.

【진단】   놀랍게도 제3 제국 시대의 마약에 대해서는 대중적으로 알려진 것이 별로 없다. 그것은 역사가들에게도 마찬가지다. 물론 학술 영역이나 언론에서 일부 다루기는 했다. 하지만 전체적인 그림은 없다.[1] 다시 말해, 마약이 나치 국가나 제2차 세계대전 당시 전쟁터에서 일어난 사건들에 실제로 어떤 영향을 끼쳤는지, 사실에 입각한 포괄적 분석은 없다. 제3 제국에서 마약이 어떤 역할을 했는지 모른다면, 그와 관련해서 동시대인들의 의식 상태를 조사하지 않는다면 중요한 것을 놓치고 있는 셈이다.

인간의 의식을 깡그리 바꾸는 약물이 독일 역사상 가장 암울했던 시절에 어떤 영향을 끼쳤는지 지금까지 간과되어 온 것은, 그런 약물에 대한 국가 통제를 확립하고 일반적으로 마약을 금지한 국가 사회주의의 표면적인 〈마약 퇴치〉 정책 때문이었다. 이런 이미지로 인해 마약은 학계와 경제계, 대중적 의식, 역사적 고찰의 냉철한 시선에서 벗어나 암흑 경제와 중독, 범죄, 어설픈 지식 같은 어두운 구석으로 밀려났다. (참고로 대학에서는 오늘날까지도 마약에 대한 종합적인 연구가 이루어지지 않고 있다.)

우리는 이를 바로잡고, 실제 사건에 대한 명확한 해석을 시도할 수 있다. 고증에 유의해서 구조적 관련성을 밝히고, 역사적 실체와 나치의 잔학성을 숨길 수 있는 거창한 테제 대신 세세한 부분까지 역사적 사실에 충실한 해석 말이다.[2]

【내용물의 효능】　　이 책에서는 피에 굶주린 대량 학살자들과, 온갖 인종적 독 및 그 밖의 다른 독으로부터도 정화되어야 한다는 기치 아래 학살자들의 명령에 순순히 따랐던 독일 국민의 피부 깊숙이 뚫고 들어가 동맥과 정맥을 직접 들여다본다. 거기에는 순수 아리아인의 피가 아닌 화학적 독성 물질에 오염된 독일인의 피가 흐르고 있었다. 그들은 표면적인 금지 조치에도 불구하고 나치의 이데올로기가 더는 충분히 먹히지 않는다 싶으면 밑바닥부터 꼭대기까지 할 것 없이 약리학적 수단을 거침없이 사용했기 때문이다. 이 점에서도 히틀러는 선두에 섰고, 그의 군대역시 전격적인 돌격을 위해 흥분제 메스암페타민(오늘날에는 〈크리스털 메스〉로 알려져 있다)을 대규모로 공급받았다. 당시의 최고위 범죄자들은 마약 문제에서 지극히 위선적인 태도를 드러냈고, 그런 위선의 폭로는 그들이 전쟁에서 왜 그런 행동까지 하게 되었는지를 밝혀 줄 새로운 계기로 작동한다. 그 존재조차 몰랐던 위선의 가면이 이제 적나라하게 벗겨질 것이다.

【이 책의 위험성】　　이런 책을 쓸 때도 유혹은 분명 존재한다. 마약이라는 안경을 통해서 본 시대상에 너무 큰 의미를 부여

함으로써 또 하나의 역사적 신화를 만들어 내려는 유혹이다. 따라서 역사 기술은 단순히 과학에 국한되지 않고 항상 허구이기도 하다는 사실을 염두에 두어야 한다. 엄밀히 말해 역사 분과에 〈논픽션〉은 없다. 역사적 사실은 그 분류상 문학에 속하고, 아니면 최소한 외부 문화적 영향의 해석 패턴에 따라 달라질 수 있기 때문이다. 역사 서술이 문학이라는 사실을 인지하면 이 책을 읽을 때 생길 수 있는 오해의 소지를 줄일 수 있다. 여기에 제시된 것은 기존의 역사 서술적 관행에서 벗어난 하나의 삐딱한 관점이고, 그런 삐딱함 속에 역사의 일부가 좀 더 명확히 보이는 장점이 있다. 독일 역사는 고쳐 쓰거나 새롭게 쓸 수 없다. 다만 운이 따른다면 부분적으로 좀 더 정확히 서술될 수는 있다.

【부작용】 이 약물은 부작용을 일으킬 수 있지만, 모든 사람에게 해당되는 것은 아니다. 〈종종 또는 자주〉 세계관의 충격으로 대뇌에 혼란이 생기고, 가끔 구토나 복통을 동반하기도 한다. 이런 증상은 대체로 가볍고, 읽다 보면 가라앉는 경우가 많다. 〈흔치 않은 경우〉지만 과민 반응 현상이 나타나기도 하고, 〈매우 드물게는〉 심각하고 지속적인 인지 장애가 나타날 수도 있다. 대응책은 있다. 불안과 경련 유발 요인을 막으려면 어떻게든 끝까지 읽어야 한다.

【보관상 유의 사항】 어린이의 손이 닿지 않도록 조심해야 한다. 유통 기한은 미래의 연구 결과에 따라 달라질 수 있다.

차례

3 하이 히틀러 — 환자 A와 주치의(1941~1944)   153

4 마지막 탐닉 — 피와 마약(1944~1945)   275

1
국민 마약, 메스암페타민
(1933~1938)

국가 사회주의는 독극물이다. 괜한 수사가 아니라 말 그대로 독이다. 국가 사회주의자들은 오늘날까지 지대한 영향을 미치는 화학 물질을 우리에게 유산으로 남겨 주었다. 결코 쉽게 사라지지 않을 독을 말이다. 나치는 스스로 깨끗한 인간인 척하면서 거창한 선전과 가혹한 처벌을 앞세우며 자신의 이데올로기에 기초한 엄격한 반(反)마약 정책을 시행했음에도, 히틀러 치하에서는 정말 강력하고 중독성이 강하고 악독한 물질이 인기 상품이 되었다. 이 물질은 1930년대에 〈페르비틴〉이라는 이름의 알약으로 제3 제국 사회 곳곳에, 심지어 나중에는 독일이 점령한 유럽 국가들 내에서도 합법적으로 널리 퍼졌다. 약국에서 누구나 쉽게 살 수 있던 이 〈국민 마약〉은 1939년에야 의사 처방전이 있어야 구입하도록 바뀌었고, 1941년에는 마침내 제국 마약법으로 규제되었다.

페르비틴의 주성분 메스암페타민은 오늘날 전 세계적으로 불법이거나 엄격하게 통제되고 있다.[1] 하지만 여전히 가장 인기 있는 독물 중 하나로 1억 명에 가까운 사람이 사용하고, 그것도 계속 증가하는 추세다. 언론에서 보통 〈크리스털 메스〉 또는 〈공포의 마약〉이라 부르는 이 약물은 대개 비밀 실험실의 불결한 환경에서 비전문가들에 의해 생산된다. 이 약의 정제 형태는 독일에서도 예상치 못한 인기를 누리고 있고, 처음 손대는 사람도 점점 늘고 있다(대개 코로 흡입할 때 꽤 많은 양을 흡입하게 된다). 위험할 정도로 강한 쾌감을 불러일으키는 이 흥분제는 파티용이나 일터, 사무실, 의회, 대학에서 업무 성과를 높이는 용도로 사용된다. 이를 복용하면 수면과 배고픔이 사라지고, 극도의 희열감이 몰려온다. 그러나 오늘날 특히 불법으로 제조되는 제형*은 인간을 잠재적으로 파괴하고, 건강을 해치며, 급속하게 중독 상태에 빠뜨린다. 이런 약물이 제3 제국 시대에 날개를 달고 비상한 것을 아는 사람은 거의 없다.

브레이킹 배드 ― 제국 수도의 마약 제조실

21세기의 흔적 찾기. 마치 하늘을 깨끗이 비로 쓴 듯 구름 한 점 없는 여름날이다. 산업 단지에서부터 복제한 듯 똑같이 생긴 일련의 신축 건물에 이르기까지 파란 하늘이 펼쳐져 있다. 나는 도시 철도를 타고 베를린 남동쪽 외곽으로 향하고 있다. 과거 페르비틴을 제조하던 템러 공장의 잔해로 가려면 아들러스호프에

---

* 불법 제조실에서 비전문가들에 의해 어설프게 만들어지는 크리스털 메스 계열은, 향정신성 분자로서 제조되는 순수한 형태의 메스암페타민보다 건강에 더 위험하다. 불법 제조된 약물에는 휘발유와 배터리액, 부동액 같은 독극물이 첨가된다.

서 내려야 한다. 요즘 〈가장 현대적인 독일 테크놀로지 파크〉라 불리는 곳이다. 나는 여기서 멀리 떨어진 도시 속의 무인 지대로 길을 잡고, 쓰러져 가는 공장 건물을 지나 바스러지는 벽돌과 녹슨 강철로 이루어진 황량한 지대를 가로질렀다.

템러 공장이 여기 터를 잡은 것은 1933년이었다. 템펠호프 화학 공장의 공동 소유주 알베르트 멘델이 유대인이라는 이유로 나치에 전 재산을 몰수당하자 1년 뒤 템러가 그 지분을 인수해서 빠르게 확장해 나갔다. 당시 독일 화학 산업은 호시절이었다. 어쨌든 공장 소유주가 순수 아리아인이라면 말이다. 제약 산업의 발전은 특히 눈부셨다. 현대인의 육체적 통증을 줄여 주고, 심리적 불안과 걱정을 완화시킬 획기적 물질에 대한 연구가 쉼 없이 이루어졌다. 실험실에서는 수많은 실험이 진행되었고, 그로써 약제 산업이 가야 할 길은 그때 이미 정해졌다.

이제 베를린 요하니스탈의 옛 템러 제약 공장은 폐허로 변했다. 매주 여기서 페르비틴 알약 수백만 정이 생산되던 과거의 영화를 떠올릴 만한 것은 이제 어디에도 남아 있지 않다. 회사 건물은 방치 상태고, 주변은 죽은 대지다. 나는 휑한 주차장을 가로지른 뒤 덤불이 무성한 작은 숲을 지나 불법 침입자를 막으려고 유리 조각을 박아 놓은 담장을 넘었다. 무성한 양치식물과 어린 가지 사이로 창립자 테오도르 템러Theodor Temmler의 낡은 목조 건물 〈마법사의 집〉이 서 있다. 이 회사의 모태다. 울창한 오리나무 덤불 뒤로 벽돌 건물이 한 채 우뚝 솟아 있다. 마찬가지로 완전히 버려진 상태다. 창문이 하나 깨져 있다. 나는 그리로 들어갔다.

내부에는 어두운 복도가 길게 뻗어 있다. 벽과 천장에 핀 곰팡이가 눈길을 끈다. 복도 끝에는 반쯤 열린 문이 하나 있다. 연두색 페인트가 곳곳에 벗겨져 있다. 문을 열고 들어가자 오른편으로 납 테를 두른 부서진 창문 두 개로 햇빛이 쏟아져 들어온다. 밖은 잡풀로 무성한데, 안은 한량없이 휑하다. 한쪽 구석에 오래된 새 둥지가 보인다. 둥그런 배기 구멍이 설치된 높직한 천장까지 일부를 제외하고 온통 하얀 타일이 붙어 있다.

이곳은 1937년부터 1941년까지 템러 공장의 약제실장으로 일하면서 〈인간의 능력을 향상시킬〉 새로운 약물을 찾던 프리츠 하우실트Fritz Hauschild 박사의 실험실이다. 그야말로 제3 제국 마약 제조의 아성이다. 여기서 화학자들은 사기그릇, 관이 달린 콘덴서, 유리 냉각기로 불순물 없는 완벽한 물질을 만들어 내려고 실험에 실험을 거듭했다. 배가 불룩한 플라스크 뚜껑이 쉴 새 없이 달그락거렸고, 뜨거운 황적색 증기가 여기저기서 쉿쉿 소리를 내며 뿜어져 나왔으며, 유화액은 쩍쩍 갈라졌고, 흰 장갑을 낀 화학자의 손은 부지런히 여과기를 조정했다. 이런 과정을 거쳐서 마침내 메스암페타민이 탄생했다. 미국 드라마「브레이킹 배드 Breaking Bad」에서 허구의 마약 제조 기술자 월터 화이트가 우리 시대의 상징으로 내세우고 싶어 했지만 결코 도달할 수 없었던 최상품의 마약이 여기서 태어난 것이다.

〈브레이킹 배드〉는 말 그대로 번역하면 〈갑자기 태도를 바꾸어 뭔가 나쁜 짓을 한다〉라는 뜻이다. 1933년부터 1945년까지의 독일 상황을 떠올리면 결코 잘못된 제목은 아닌 듯하다.

베를린 요하니스탈의 템러 공장. 현재 모습이다.

19세기의 전주곡 — 마약의 근원

자발적 종속은 가장 아름다운 상태다.

— 요한 볼프강 폰 괴테

마약이 나치 체제의 사건들에 어떤 역사적 의미가 있는지 이해하려면 과거를 돌아볼 필요가 있다. 경제가 기술 발전과 결부되어 있듯이 현대 사회의 발전사도 마약의 기원 및 유통의 역사와 연결되어 있다. 출발점은 괴테다. 그는 1805년 의(擬)고전주의풍의 바이마르에서 『파우스트 *Faust*』를 썼고, 거기서 인간의 기원이 약물에 의해 유발된다는 테제를 문학적으로 표현해 냈다. 이런 식이다. 〈나는 내 뇌를 바꾼다. 그러므로 존재한다.〉 같은 시기, 바이마르보다 덜 매력적인 베스트팔렌주의 파더보른에서는 약사 조수 프리드리히 빌헬름 제르튀르너Friedrich Wilhelm Sertürner가 양귀비로 실험을 하고 있었다. 양귀비의 걸쭉한 즙, 즉 아편은 다른 어떤 물질보다 통증을 마비시키는 탁월한 효과가 있었다. 괴테가 시적이고 극적인 방식으로 세계를 하나로 묶는 핵심이 무엇인지 탐구하려 했다면, 제르튀르너는 인간 종에게 큰 영향을 끼친 수천 년 역사의 한 중대한 문제를 해결하고자 했다.

스물한 살의 이 기발한 화학자에게는 꼭 넘어야 할 산이 있었다. 재배 조건에 따라 천차만별인 양귀비의 작용물질 농도를 해결하는 문제였다. 양귀비의 쓴 즙은 어떤 때는 통증 완화에 충분하지 않았고, 어떤 때는 원치 않는 과다 복용과 중독에 이르게 했다. 괴테가 자기 방에서 아편이 함유된 약물을 먹으면서 그랬던 것처럼 제르튀르너 역시 세간의 주목을 끌고도 남을 독창적인 발견을 했다. 아편의 핵심 성분인 모르핀을 분리하는 데 성공한 것이다. 이 물질은 고통을 쾌락으로 바꾸는 그야말로 마법의 약리학적 메피스토였다. 모르핀 분리 추출은 약제학의 역사뿐 아니라 19세기 초와 인류 전체 역사에서 매우 중요한 사건 중 하나였다. 인간 삶의 피할 수 없는 끔찍한 동반자였던 고통이 이제 정확한 양의 모르핀 투여로 완화되거나 제거되었다. 지금까지는 약제사들이 작은 약초밭이나 약초꾼에게서 얻은 재료로 각자의 지식과 양심에 따라 약을 제조하던 유럽 전역의 약국이 몇 년 만에 약리학적 기준이 확립된 가내 수공업장으로 변모했다.* 그와 함께 모르핀은 단순히 통증 완화의 기능을 넘어 큰 돈벌이 수단으로 발전해 나갔다.

다름슈타트에 있는 엥겔 약국**의 소유주 에마누엘 메르크Emanuel Merck는 이런 발전의 선구자로서 두각을 나타냈고, 1827년에는 알칼로이드 및 다른 의약 물질을 늘 동일한 품질로 제공하는 것을 기업의 이념으로 내세웠다. 오늘날에도 여전히 번창 일로를 달리는 메르크(영어명 머크)사를 비롯한 독일 제약 산업의 시작을 알리는 순간이었다. 게다가 1850년경 주사기가 발명되자 이

---

* 이런 약제 사업의 선구자는 중세부터 이미 의약품을 대규모로 생산해서 관할 지역을 넘어 타 지역으로까지 수출한 수도원이었다. 1647년에 유럽 최초로 커피 하우스가 문을 연 베네치아에서도 14세기부터 화학 제제 및 의약품 생산이 이루어졌다.

** Engel-Apotheke. 일종의 왕실 약국 같은 역할을 하는 곳으로 엥겔은 〈천사〉라는 뜻이다. — 옮긴이주.

제 모르핀은 더욱 승승장구했다. 이 진통제는 1861~1865년 미국 남북 전쟁과 1870~1871년 독불 전쟁에서 대량으로 사용되었고, 그와 함께 모르핀 주사는 곧 일상화되었다.[2] 모르핀은 좋은 쪽으로든 나쁜 쪽으로든 인간 사회에 결정적인 영향을 끼쳤다. 중상을 입은 사람의 고통을 통제하는 것은 물론 그와 함께 더 큰 규모의 전쟁도 가능해졌다. 예전에는 부상으로 장기간 전투에 투입되지 못했던 군인들이 이제는 더 빨리 회복되어 최전선에 다시 투입될 수 있었다.

〈모르피움〉이라고도 불리는 모르핀과 함께 통증 퇴치와 마취 기술의 발전은 획기적인 정점에 이르렀다. 그것은 군대뿐 아니라 민간 사회에도 해당되었다. 모르핀은 만병통치약이라는 이름으로 노동자와 귀족 할 것 없이 전 계층에 만연했고, 유럽에서 아시아와 미국까지 전 세계를 휩쓸었다. 당시 미국 동부에서 서부 해안까지 모든 약국*에서는 두 가지 작용물질이 처방전 없이 팔렸다. 바로 모르핀과 코카인이다. 모르핀이 함유된 주스는 진정 작용에 사용되었고, 코카인이 함유된 혼합 음료(처음에는 마리아니 와인, 즉 코카 추출물이 함유된 보르도 또는 코카콜라)**는 우울증 및 쾌락적 도취, 국소 마취용으로 사용되었다. 그러나 이것은 시작에 불과했다. 신흥 산업은 빠르게 다각화를 모색했다. 그러려

* drugstore. 영어로 약국이 마약drug을 파는 상점이라는 뜻에 유의하기 바란다. — 옮긴이주.

** 1885년경 미국 약사 존 펨버턴John Pemberton은 코카인과 카페인을 섞어 코카콜라라는 이름의 청량음료를 만들어 팔았는데, 얼마 지나지 않아 이 음료는 만병통치약으로 선전되었다. 1903년까지 오리지널 코카콜라에는 리터당 최대 250밀리그램의 코카인이 들어 있었다.[3]

면 신제품이 필요했다. 1897년 8월 10일 바이엘사의 화학자 펠릭스 호프만Felix Hoffmann은 버드나무 껍질의 진통 효과가 있는 물질을 섞어 아세틸살리실산을 만들었고, 이것을 〈아스피린〉이라는 이름으로 출시해 세계를 장악했다. 심지어 11일 뒤에는 마찬가지로 세계적으로 유명해질 또 다른 물질을 발명했다. 최초의 합성 마약에 해당하는 모르핀 유도체 디아세틸모르핀이었다. 이 물질은 〈헤로인〉이라는 브랜드로 출시되어 위풍당당하게 승리의 진군을 시작했다. 「헤로인은 아름다운 사업입니다.」 바이엘 경영진이 자랑스럽게 밝힌 말이다. 그들은 헤로인을 두통, 무기력증, 어린이 기침 치료제로 팔았고, 심지어 갓난아기의 배앓이나 수면 장애에도 효과가 있다고 선전했다.[4]

이러한 사업이 바이엘에서만 번창한 것은 아니었다. 19세기 마지막 3분의 1 기간 동안 라인강을 따라 여러 곳에서 현대식 제약 공장이 생겨났다. 구조적으로도 유리했다. 독일 제국은 작은 소국들로 이루어져 있어서 은행 자본이 제한적이고 대규모 투자에 위험이 상존했지만, 화학 산업은 그런 게 필요 없었다. 전통적인 중공업과 비교해서 장비와 원료가 상대적으로 덜 필요했기 때문이다. 게다가 적은 투자로도 막대한 수익이 보장되었다. 화학 산업에서 무엇보다 중요한 것은 개발자의 직관과 전문성이었다. 그런 면에서 인적 자본이 풍부한 독일은 우수한 교육을 받은 화학자와 엔지니어의 인력 풀을 무한대로 이용할 수 있었다. 거기에는 당시 이미 최고의 시스템을 갖추고 있던 교육 제도가 큰 역할을 했다. 종합 대학과 공과 대학의 네트워크는 가히 모범적이었다. 과학과 경제는 손을 맞잡고 긴밀히 협력했다. 곧바로 상용화할 수 있는 실용적인 연구가 전속력으로 추진되었고, 그 결과 상당수의 특허가 확보되었다. 화학 산업 분야에서 독일은 세기말 전에 이미 〈세계의 공장〉이 되었고, 특히 마약과 관련해서 〈메이드 인 저머니〉는 품질 보증서나 다름없었다.

마약의 나라, 독일

이런 상황은 제1차 세계 대전 후에도 바뀌지 않았다. 프랑스와 영국은 해외 식민지에서 커피나 차, 바닐라, 후추, 그리고 각성 효과가 있는 다른 천연 자극제를 조달할 수 있었지만, 베르사유 조약으로 (그렇지 않아도 왜소하던) 해외 식민지를 모두 상실한 독일로서는 다른 방법을 찾을 수밖에 없었다. 즉 인공 생산이 대안이었다. 이 나라는 각성제가 절실하게 필요했다. 전쟁의 참사는 모든 사람에게 깊은 상처를 냈고 육체적으로나 정신적으로 다양한 고통을 야기했다. 그러다 보니 1920년대 우울과 낙담에 빠진 수많은 사람에게는 마약의 중요성이 꾸준히 높아질 수밖에 없었다. 게다가 독일은 그것을 생산할 노하우가 있었다.

현대 제약 산업의 진로는 그때 이미 정해졌다. 오늘날 우리가 아는 많은 화학 물질이 개발되었고, 짧은 시간 안에 특허를 받았다. 독일 기업들은 세계 시장에서 선도적인 위치를 확립했다. 그들은 대부분의 의약품을 생산했을 뿐 아니라 세계 곳곳의 의약품 생산에 꼭 필요한 기본 화학 물질도 상당 부분 공급했다. 이로써 오버우르젤과 오덴발트 사이에 〈화학 계곡〉이라는 이름의 신경제 지대가 탄생했다. 그전에 이름도 없던 작은 기업이 하룻밤 사이에 번창해서 영향력 있는 회사가 되었다. 1925년 몇몇 대형 화학 공장이 합병해서 〈IG 파르벤 종합 화학사〉로 이름을 바꾸었는데, 프랑크푸르트에 본사를 둔 이 회사는 즉시 세계에서 매우 강력한 콘체른 중 하나로 부상했다. 아편을 함유한 의약품은 여전히 독일의 특산품이었다. 1926년 이 나라는 모르핀 최대 생산국이자 헤로인 수출 세계 챔피언이었다. 생산량의 98퍼센트가 수출되었다.[5] 1925년부터 1930년까지 91톤의 모르핀이 생산되었는데, 세계 생산량의 40퍼센트에 해당했다.[6] 1925년 독일은 베르사유 조약의 규정과 압박에 못 이겨 국제 연맹이 주도한 국제 아편 협정에 서명했지만, 비준은 1929년에야 이루어졌다. 독일의 알칼로이드 산업이 1928년 한 해에 정제한 아편만 해도 200톤에 육박했다.[7]

독일은 또 다른 화학 물질에서도 선두를 달렸다. 메르크, 베링거, 크놀 기업은 세계 코카인 시장의 80퍼센트를 장악했다. 특히 다름슈타트의 메르크사에서 생산된 코카인은 우수한 품질로 정평이 나서 중국에서는 이 상표가 수백만 번 넘게 무단 도용되기도 했다.[8] 함부르크는 유럽에서 천연 코카인의 핵심 허브였다. 매년 수천 킬로그램의 코카인 원료가 합법적으로 수입되었다. 예를 들어 페루는 천연 코카인 전체 생산량을 거의 독일로만 보냈다. 연간 5톤이 넘는 양이었는데, 모두 독일에서 가공되었다. 독일 마약 제조사들의 막강한 이익 단체인 〈아편 & 코카인 전문 그룹〉

은 정부와 화학 산업의 긴밀한 협력을 이끌어 내기 위해 부단히 뛰었다. 당시 〈전 지구〉[9]의 수익성 있는 시장을 두 개로 분할한 것은 몇몇 회사로 이루어진 두 개의 카르텔이었다. 하나는 코카인 협약이었고, 다른 하나는 아편 협약이었다. 메르크사는 두 협약 모두에서 주도적인 역할을 했다.[10] 이로써 신생 공화국 독일은 인간의 정신을 변화시키고 환각에 빠뜨리는 중독성 물질에 빠져 허우적거렸을 뿐 아니라 헤로인과 코카인을 사방으로 퍼뜨리는 글로벌 딜러로 부상했다.

1920년대의 화학적 도취

이러한 과학적, 경제적 발전은 시대정신과도 일맥상통했다. 인공 낙원은 바이마르 공화국에서 유행이었다. 사람들은 장밋빛과는 거리가 먼 현실을 직시하느니 환각 세계로 도피하는 것이 낫겠다는 분위기였다. 이는 독일 최초의 민주주의 체제인 바이마르 공화국의 정치적, 문화적 성격을 규정하는 보편 현상이었다. 독일인들은 전쟁 패배의 진정한 이유를 알고 싶지 않았고, 패전의 궁극적 원인일 수밖에 없었던 독일 황국의 건설에 대한 공동 책임을 외면하고 싶었다. 그 대신 〈등 뒤의 비수〉라는 고약한 소문이 나돌았다. 독일 군대가 승리를 거두지 못한 것은 등 뒤에서 비수를 꽂은 내부의 적들, 즉 좌파 때문이라는 것이다.[11]

세상으로부터 도피하려는 이런 경향은 눈먼 증오와 문화적 방탕에서 촉발될 때가 많다. 알프레트 되블린Alfred Döblin의 소설

『베를린 알렉산더 광장*Berlin Alexanderplatz*』에서 베를린은 모든 도시 가운데 가장 추악한 지하 세계가 있는 바빌론의 창녀로 그려진다. 이곳 사람들은 상상으로만 가능한 최악의 방탕 속에서 구원을 찾는데, 거기에는 당연히 마약도 포함된다. 〈베를린의 밤 문화, 이런 건 지금껏 본 적도 들은 적도 없다! 우리는 예전에 탁월한 군대를 갖고 있었다면 지금은 탁월한 도착 문화를 갖고 있다!〉 작가 클라우스 만Klaus Mann이 쓴 글이다.[12] 슈프레 강가의 이 도시는 도덕적 타락과 동의어가 되었다. 게다가 경제적 상황도 도덕적 타락을 부채질했다. 국채 상환을 위해 통화를 엄청나게 찍어 냄으로써 화폐 가치는 곤두박질쳤고, 급기야 1923년 가을에는 4조 2000억 마르크가 1달러의 가치로 폭락했다. 도덕적 가치도 그때 함께 추락한 것으로 보인다.

독극물 광풍이 몰아쳤다. 여배우이자 댄서로서 시대의 아이콘이었던 아니타 베르버는 아침에 일어나면 하얀 장미 꽃잎을 클로로포름과 에테르로 만든 칵테일에 담갔다가 쪽쪽 빨아먹었다. 눈 뜨자마자 마약성 약물부터 흡입한 것이다. 극장에서는 코카인과 모르핀에 관한 영화가 아무 제재 없이 상영되었고, 길모퉁이에서는 온갖 종류의 마약이 처방전 없이 팔렸다. 심지어 베를린 의사의 40퍼센트가 모르핀에 중독되었다고 한다.[13] 프리드리히슈타트에서는 과거 자오저우(膠州) 독일 조차지 출신의 중국 상인들이 아편 동굴을 운영했다. 베를린 미테구(區)의 골방에서는 불법 심야 유흥업소가 문을 열었고, 안할터 기차역에서는 호객꾼들이 불법 파티와 〈아름다운 밤〉을 광고하는 전단지를 돌렸다. 쾌락을 즐기려는 사람들은 포츠담 광장의 유명한 〈하우스 파털란트〉나 난잡한 섹스 파티로 악명 높았던 블루멘가(街)의 〈발하우스 레지〉 같은 대형 클럽, 또는 고객의 익명성을 보장하기 위해 입구에서 가면을 배포하던 〈카카두 바〉나 〈바이스 마우스〉 같은 소형 클럽들로 떼 지어 몰려갔다. 심지어 서방의 이웃 국가와 미국에서까지 이런 방탕한 파티와 마약을 즐기려고 관광객들이 몰려들었다. 베를린은 난잡한 쾌락을 저렴하게 누릴 수 있는 최적의 장소였다.

세계 대전의 패배와 함께 이제 금기는 없어졌고, 베를린은 쾌락만을 좇는 유럽의 실험적 수도로 변질되었다. 건물 벽의 포스터에는 강렬한 표현주의적 글씨체로 이런 경고의 글귀가 적혀 있었다. 〈베를린, 이제 멈춰, 생각 좀 해, 너의 댄서는 죽음이야!〉 경찰도 더는 어찌해 볼 수 없는 상황에까지 이르렀다. 질서는 처음엔 산발적으로, 다음엔 만성적으로 붕괴되었고, 그 공백을 유흥 문화가 채웠다. 그것은 당시 유행하던 대중가요에서도 분명히 드러난다.

예전엔 술을 마셨지,
그 달콤한 괴물을,
때로는 야수처럼 마셨지,
그런데 지금은 너무 비싸.
그래서 우리 베를린 사람들은
코카인과 모르핀에 손을 댔어,

밖에서는 아무리 천둥이 치고 번개가 치더라도
우리는 코로 들이마시고 주사를 놓아! (……)

레스토랑에 가면 웨이터가
시키지 않아도 코카 캔을 갖다 줘,
그러면 몇 시간 동안
꿈같은 별나라에 사는 기분이 들어,
모르핀은 피부 속으로 들어가자마자
순식간에 우리의 뇌로 달려가
우리의 영혼을 뜨겁게 달궈,
우리는 코로 들이마시고 주사를 놓아!

이 예쁜 약이 저 위의
법으로는 금지되어 있지만
아무리 공식적으로 막아도
물밑으로 거래하는 것까지 어떻게 막아?
나쁜 적들이 예쁜 강아지 같은
우리를 아무리 들볶아도
우리는 쉽게 환희의 세계에 빠져,
우리는 주사를 놓고 코로 들이마셔!

주사를 놓다가 정신병원에 가든,
들이마시다가 죽든

그게 무슨 상관이야?

이런 시절에!

어차피 유럽 자체가 정신병원이야,

그럼 주사를 놓고 들이마셔서라도

낙원에 들어가겠다는 게

뭐가 나빠?[14]

    1928년 한 해에만 베를린 약국에서 처방전을 받아 합법적으로 팔린 모르핀과 헤로인은 무려 73킬로그램에 달했다.[15] 경제적 여력이 있는 사람은 순간적인 집중 효과를 높이려고 코카인을 소비했다. 코카인을 흡입하면 순간적으로 정신이 번쩍 들고, 감각이 예민해지고, 세상이 아름다워 보인다. 코카인이 함유된 코카콜라는 곳곳으로 퍼져 나갔고, 일상을 잊게 하는 일탈적 순간의 상징이 되었다. 물론 권력을 놓고 거리에서 경쟁하던 공산주의자와 나치는 코카인을 〈퇴폐적 독〉으로 지목하며 노골적으로 반감을 드러냈다. 관대한 시대정신에 대한 반작용은 점점 격렬해졌다. 독일 민족주의자들은 마약을 가리켜 인간을 〈도덕적으로 타락시키는〉 독이라고 비난했고, 그런 목소리는 보수 진영에서도 쏟아져 나왔다. 특히 1920년대에 기존의 지위를 상실한 부르주아지는 베를린이 유럽의 문화적 중심지로 부상한 것을 자랑스러워하면서도 이 도시의 대중적 유흥 문화와 관련해서는 퇴폐적 데카당스라고 부르며 극단적으로 배척했다.

    바이마르 공화국 당시, 약물에서 구원을 찾는 사람들을 가장 극심하게 비난하며 그들을 적대시하도록 선동한 세력은 국가 사회주의자들이었다. 그들은 의회 제도와 민주주의, 개방 사회의 도회지 문화에 대한 노골적 반감을 증오스러운 〈유대인 공화국〉의 타락에 고스란히 전이함으로써 이념적 일체성을 더욱 공고히 했다.

나치는 인민의 건강성 회복을 위해 나름의 비법을 준비해 두고 있었다. 바로 이념을 통한 구원이었다. 나치가 합법적으로 용인하는 도취는 오직 국가 사회주의적 이데올로기에 의한 도취뿐이었다. 이 이념이 추구한 것도 현실을 벗어난 초월 상태였다. 나치는 독일인을 환상적 세계로 끌어들이려고 처음부터 도취 기술을 사용했다. 히틀러의 선동 책자 『나의 투쟁 Mein Kampf』에 이미 이렇게 쓰여 있다. 세계사적 결정이란 열광적 도취의 순간 또는 경우에 따라선 히스테리적 상태에서 내려질 수밖에 없다. 그 때문에 나치당(국가 사회주의 독일 노동자당, NSDAP)은 한편으론 포퓰리즘적 주장으로, 다른 한편으론 집단적 황홀감을 일으키는 횃불 행진과 국기 봉헌, 단일대오의 열광적 시위, 감동적인 대중 연설 같은 수단들로 인민을 사로잡으려 했다. 여기다 이른바 〈투쟁 시간〉이면 나치 돌격대SA가 술에 취해 미쳐 날뛴 〈폭력적 도취〉도 추가되어야 한다.* 현실 정치는 이익 집단들의 추악한 야합으로

---

* 나치당이 1920년 2월 24일 〈뮌헨 호프브로이하우스〉라는 지하 맥주 술집에서 설립된 것도 이런 맥락에서 주목할 필요가 있다. 알코올은 갈색당(갈색은 나치의 상징이다)과 SA의 남성 연대적 제식에서 일찍부터 중요한 역할을 했다. 다만 제3 제국에서 알코올의 역할은 이 정도로만 언급하고 지나가겠다. 그것은 이 책의 범위를 넘어서는 것이기에 좀 더 상세한 독자적인 연구가 필요해 보인다.

폄하되었고, 그런 정치는 일종의 사회적 도취 상태로 대체되어야 했다.[16] 심리적으로 볼 때 바이마르 공화국은 억압 사회로 볼 수 있는 반면에 그들의 안티인 국가 사회주의자들은 그런 도취적 경향의 선봉에 서 있었다. 이런 그들에게도 마약은 증오와 기피의 대상이었다. 자신들이 야기하는 것과 비슷한 도취 상태를 불러일으켰기 때문이다.

권력 교체와 함께 찾아온 마약과의 전쟁

(……) 반면에 금욕주의적 영도자는 침묵했다.[17]

─권터 그라스

히틀러의 최측근들은 바이마르 공화국 시절부터 히틀러를 오직 독일 민족의 부흥만을 위해 한 몸 바쳐 일하는 지도자의 이미지로 확립하는 데 성공했다. 제반 사회적 모순과 문제를 일거에 타개하고, 패전의 부정적 결과를 깨끗이 씻어 줄 영웅적 사명 의식으로만 똘똘 뭉친 난공불락의 영도자 이미지였다. 1930년 히틀러의 한 동지는 이렇게 썼다. 〈그는 천재이자 그저 사물 같은 몸의 소유자다. 그는 우리가 측은해할 정도로 온몸으로 고행의 길을 걷는다! 담배를 피우지 않았고, 술을 마시지 않았으며, 채소만 먹었고, 여자도 건드리지 않았다.〉[18] 히틀러는 커피도 마시지 않았다. 게다가 제1차 세계 대전 후 마지막 담뱃갑을 린츠 인근의 다뉴브강에 던져 버린 뒤로는 어떤 독도 더 이상 몸 안에 들이지 않았다고 한다. 측근의 말이 그렇다.

〈덧붙이자면 우리 금욕주의자들은 총통 각하가 개인적 생활 방식이나 마약에 대한 관점에서 모든 사람에게 얼마나 귀감이 되는지 떠올린다면 당연히 각하에게 특별히 감사드려야 한다.〉금욕주의자 협회의 성명서에 나오는 내용이다.[19] 제국 총리는 내밀한 사생활이 없고 모든 세속적인 쾌락을 멀리하는 순결함 그 자체의 인간이고, 끊임없는 희생과 고행의 숭고한 존재이며, 완벽한 건강함의 지고지순한 표상이다. 자신의 욕망을 엄격히 절제하고 마약을 금기시하는 금욕주의자로서 히틀러 신화는 나치 이데올로기의 본질적 요소였고, 대중 매체에 의해 반복적으로 연출되었다. 그로써 대중뿐 아니라 비판적 사상가들 사이에서도 확고히 자리 잡고 오늘날까지 계속 반향을 일으키고 있는 신화가 탄생했다. 생겨나지 말았어야 했을 뿐 아니라 현실과는 완전히 다른 신화다.

1933년 1월 30일 권력을 장악한 국가 사회주의자들은 개방성과 내적 모순을 지닌 바이마르 공화국의 황홀한 유흥 문화를 빠르게 질식시켜 나갔다. 마약이 금지된 이유는 분명했다. 국가 사회주의가 내세우는 환상적 세계가 아닌 다른 비현실적 체험은 허용할 수 없었기 때문이다. 마약이라는 〈유혹의 독〉[20]은 총통만이 유혹해야 할 체제에서는 설 자리가 없었다. 마약 퇴치 운동에서 제3 제국 집권자들은 바이마르 공화국 시절에서 물려받은 아편법의 강화에 그치지 않고[21] 나아가 〈인종 위생〉이라는 국가 사회주의적 이념에 복무하는 몇 가지 새로운 조례를 제정했다. 예전에는 〈말린 식물〉이라는 가치 중립적 의미를 담고 있던 〈마약 droge〉*이라는 용어에는 이제 명백한 부정적인 가치가 부여되었고, 마약 소비는 죄악으로 낙인찍히는 동시에 관련 범죄 수사 부서의 빠른 확장으로 가혹한 처벌이 예고되었다.

이런 강력 조치는 1933년 11월에 시행되었다. 나치의 거수기 노릇을 하던 독일 의회가 마약 중독자들을 최대 2년까지 폐쇄 시설에 강제 수용할 수 있는 법률을 통과시킨 것이다. 심지어 그 기한은 사법부 결정이 있으면 무한정 연장할 수 있었다.[22] 그 밖에 마약을 복용한 의사는 최대 5년까지 면허를 정지시키는 규정이 마련되었고, 불법 약물 복용자들에 대한 기록은 의료법상의 비밀 엄수 규정에도 적용되지 않았다. 베를린 의사회 회장은 의사들에게, 3주 이상 마약을 환자에게 투여한 경우 즉시 〈마약성 물질 사용 보고서〉를 제출하라고 지시했다. 〈거의 모든 사례에서 알 수 있듯이 알칼로이드의 만성적 남용은 공공의 안녕을 심각하게 위협하기〉 때문이다.[23] 보고서가 제출되면 일단 감정관 두 명이 마약 복용자를 면밀히 조사했다. 그 뒤 복용자의 유전 인자에 큰 문제가 없을 경우 약물 중독 치료 조치를 내렸다. 바이마르 공화국에서는 장시간 천천히 금단 현상을 치료하는 방법을 선호했다면, 이제는 금단 현상으로 인한 중독자의 고통이야 어떻든 간에 강제

---

* 어원학적으로 이 용어는 건조시킨다는 뜻의 네덜란드어 〈droog〉에서 유래했다. 네덜란드 식민 시대에는 향신료나 차처럼 해외에서 들어온 건조 기호품을 지칭했다. 독일에서는 의학적으로 효능이 있는 모든 (말린) 식물과 버섯, 동물, 미네랄 등을 〈마약 Drogen〉이라 불렀지만, 나중에는 원칙적으로 모든 치료제 및 의약품을 가리키는 말로 바뀌었다. 여기서 〈약국 Drogerie〉이라는 말이 나왔다.

로 마약을 끊게 하는 방법을 사용했다.[24] 그래도 이런 경우는 상대적으로 나은 편이었다. 유전 인자가 부적격 판정을 받으면 법원은 무기 입원을 명령할 수 있었고, 그러면 마약 중독자들은 즉시 강제 수용소에 수감되었다.[25]

− Zentralkartei −
Nummernreiter bedeuten:

1 Händler [inländische]	10 Betrüger u. Etikettfälscher	19 Händler [internationale]
2 Verbraucher	11 Suchtgefährdete	20 Dicodidsüchtige
3 Kokainsüchtige	12 Ärzte [allgemein]	21 Kriegsbeschädigte
4 Sonstige Süchtige	13 Apotheker [allgemein]	22 Künstler
5 Rezeptfälscher	14 Apotheker [Verstöße ges. d VVO]	23 Heil-u. Pflegepersonal
6 Rezeptdiebe	15 Dolantinsüchtige	24
7 Btm.-Diebe u.-Einbrecher	16 Pervitinsüchtige	25 Berufsuntersagung
8 Pantoponsüchtige	17 Opiumsüchtige	26 Eukodalsüchtige
9 Ärzte [Vielverschreiber]	18 Morphiumsüchtige	27
		28 Selbstmörder

Farbige Reiter bedeuten:

Lila: Juden   Rot: Zur Entziehungskur Untergebrachte
Gelb: Berliner Täter aus den Jahren 1927-36   Grün: Nach 1931 Süchtiggewordene
Schwarz: In polizeiliche Vorbeugungshaft genommene Täter   Blau:

- 센터 카드 목록 -

마약 범죄자별 분류

1. 거래상(국내)	7. 마취제 도둑 및 강도
2. 소비자	8. 판토판 중독자
3. 코카인 중독자	9. 의사(처방전 과도 발행)
4. 기타 중독자	10. 사기꾼 및 상표 위조꾼
5. 처방전 위조자	11. 중독 위험자
6. 처방전 도둑	12. 의사(일반)

13. 약사(일반)	21. 상이군인
14. 약사(VVD 위반)	22. 예술가
15. 돌라틴 중독자	23. 간호사 및 간병인
16. 페르비틴 중독자	24.
17. 아편 중독자	25. 무직자
18. 모르핀 중독자	26. 옥시코돈 중독자
19. 거래상(국제)	27.
20. 디코디드 중독자	28. 자살자

색깔별 마약 범죄자 분류

연보라색: 유대인

노란색: 베를린 범죄자(1927~1936년까지)

검은색: 정치 예방법으로 체포된 범죄자

빨간색: 마약 중독 치료소 수감자

초록색: 1931년 이후의 중독자들

파란색:

〈제국 마약 범죄 퇴치 센터〉의 등록 카드는 삶과 죽음을 가를 수 있었다.[26]

　게다가 모든 독일인에게는 〈마약 중독에 빠진 친척 및 지인을 발견하면 즉시 구제 조치가 취해질 수 있도록 당국에 보고〉해야 할 의무가 부과되었다.[27] 이로써 빈틈 하나 없이 완벽한 마약 범죄자 등록 카드가 작성되었다. 나치는 초기에 마약과의 전쟁을 감시 국가 구축을 위한 도구로 삼았다. 독재 정권은 제국 구석구석까지 이른바 건강 검진을 실시했고, 지구당별로 〈마약 퇴치 대책반〉을 설치했다. 여기에는 의사, 약사, 사회 보험, 사법부, 군대,

경찰, 그리고 국가 사회주의 인민 복지 위원회 대표까지 참석했다. 그야말로 완벽한 마약 방지 네트워크였다. 이 네트워크의 본부는 베를린 제국 보건청이었고, 핵심 부서는 인민 보건 위원회 2국이었다. 나치 정권은 주민들에게 〈건강에 대한 의무〉를 부과했다. 모든 인민은 〈알코올과 담배뿐 아니라 외래 독소의 남용으로 생길 수 있는 명백한 신체적, 정신적, 사회적 손상을 완전히 차단해야〉 한다는 것이다. 담배 광고는 엄격히 제한되었고, 마약 금지는 〈국제적 독소가 우리 인민의 삶으로 침입할 수 있는 마지막 관문을 완전히 막는〉 조처로 선전되었다.[28]

1935년 가을에는 「결혼 건강법」이 시행되었다. 파트너 중 한 명이라도 〈정신 장애〉를 앓고 있으면 결혼을 금지하는 법이었다. 마약 중독자는 자동으로 이 범주에 들어갔다. 그것도 회복 가능성이 없는 〈사이코패스 인격〉으로 낙인찍혔다. 이런 결혼 금지는 〈배우자에 대한 전염의 위험성과 잠재적 중독 유전자〉가 자식에게 전이되는 것을 막기 위한 조치였다. 왜냐하면 〈마약 중독자의 자손은 정신적 이상 증세를 보일 때가 많은 것〉으로 밝혀졌기 때문이다.[29] 게다가 「병든 자손 방지법」(일명 살균법)은 강제 불임이라는 잔인한 결과를 낳았다. 〈우리는 인종 위생적 이유에서 중증 중독자를 생식 활동에서 배제하는 상황을 고려할 수밖에 없다〉[30]는 것이었다.

이것이 최악은 아니었다. 전쟁 초기 안락사라는 미명 아래 〈범죄적 정신병자들〉이 무수히 살해되었는데, 거기에는 당연히 마약 복용자도 포함되었다. 당시 얼마나 죽었는지는 정확히 알 수 없다.[31] 그들의 생사를 결정한 것은 마약 범죄자 등록 카드였다. 거기에 플러스(+) 표시가 된 사람은 치명적 주사를 맞거나 가스 실로 직행했고, 마이너스(-) 표시는 한 차례의 유예를 의미했다. 살해 수단으로 다량의 모르핀이 사용될 때는 제국 마약 범죄 퇴치 센터가 개입했다. 1936년 베를린 마약 전담국에서 최초의 독일 전국 마약 경찰청으로 확대된 기관이었다. 선발된 엘리트 의사들은 〈비장한 사명감〉[32]으로 무장되어 있었다. 이로써 마약 퇴치 정책은 사회적 변두리 집단과 소수자 집단에 대한 배제와 억압을 넘어 심지어 말살 수단으로 사용되었다.

반유대주의 정책으로서의 반마약 정책

지금껏 유대인은 아주 교묘한 수단으로 독일 민족의 정신과 영혼을 독살하고, 독일인의 사고를 파멸의 길로 이끌려고 애써 왔다. (……) 인민의 광범한 질병과 사망으로 이어질 수도 있는 이 유대인 감염병을 독일 민족 공동체에서 남김없이 제거하는 작업 역시 인민의 건강을 담당하는 기관의 의무다.[33]
—『니더작센 의학 저널 *Ärzteblatt für Niedersachsen*』, 1939년

국가 사회주의의 인종 차별적 용어에는 유대인에 대한 반감이 처음부터 고스란히 배어 있었다. 전염병 또는 독극물 같은 자극적인 표현과 함께 유대인은 바실루스 균이나 병원체와 동일시되었다. 다시 말해, 유대인은 제국을 독살하고 건강한 사회적 유기

체를 병들게 하는 해로운 외래종이기에 분리하거나 박멸되어야 했다. 히틀러는 공공연히 이렇게 선포했다. 「그들은 우리에게 독이기 때문에 어떤 타협도 있을 수 없다.」[34]

사실 독은 훗날의 대학살을 위한 예비 단계로서 처음으로 유대인을 비인간적 존재로 규정한 언어에 이미 내재했다. 1935년의 뉘른베르크 인종법과 아리아인 혈통 증명서의 도입은 피의 순수성을 요구하는 노골적인 공식 천명이었다. 피의 순수성은 가장 시급하게 지켜야 할 독일 민족의 보화 중 하나라는 것이다. 이렇게 해서 반유대주의적 선동과 반마약 정책 사이에 접점이 생겨났다. 독을 결정짓는 것은 용량이 아니라 이질성이었다. 당시 규범서로 여겼던 『마법의 독Magische Gifte』에도 그와 관련해서 비과학적인 핵심 문장이 등장한다. 〈최대의 독성을 나타내는 것들은 늘 우리 국가 및 민족과 이질적인 것들이다.〉[35] 이로써 유대인과 마약은 독일을 위협하는 독성 물질 또는 감염 병균이라는 이미지로 융합되었다. 〈유대적 마르크스주의 이념은 수십 년 전부터 우리 민족에게《네 몸은 너의 것》이라고 설득해 왔다. 이는 곧 남자끼리의 친교 및 남녀 사이의 사교에서 육신의 건강을 희생하더라도 마음껏 알코올을 즐겨도 된다는 식으로 이해되었다. 이런 유대적 마르크스주의 이념 반대편에는 결코 합치될 수 없는 독일적 게르만의 이념이 서 있다. 우리는 조상의 유전자를 영원히 이어 가는 후손이고, 따라서 우리의 몸은 씨족과 민족의 것이다.〉[36]

나치 친위대SS 형사국장으로서 1941년 제국 마약 범죄 퇴치 센터장을 맡았던 에르빈 코스멜Erwin Kosmehl 역시 국제 마약 거래에서 〈유대인이 주도적 역할을 하고 있다〉는 의견에 전적으로 동의했다. 그가 맡은 중추적 임무는 〈유대계에 뿌리를 둔 많은 국제 범죄자를 발본색원하는〉 일이었다.[37] 나치당의 인종 정책 부서는 이렇게 주장했다. 대도시에 사는 유대계 지식인들은 늘 〈흥분한 신경〉을 진정시키고 내적 평온함과 안정감을 얻기 위해 코카인과 모르핀에 손을 댄다는 것이다. 게다가 의사 중에도 〈모르핀에 중독된 유대인 의사의 비율이 (……) 유난히 높다〉는 소문까지 돌았다.[38]

반유대주의적 아동 도서 『독버섯 Der Giftpilz』[39]에서도 국가 사회주의자들은 인종 위생의 선전을 위해 인민의 적으로서 유대인과 마약의 이미지를 버젓이 결합시켰다. 이 책은 제국의 학교와 가정에 급속도로 퍼졌다. 이야기는 교훈적이었고, 메시지는 분명했다. 위험한 독버섯은 골라내야 한다는 것이다.

마약 퇴치 정책의 이런 선별 전략은 사회적 이상에 부합하지 않는 인간을 배제하기 위한 목적으로 세워졌다. 그것은 곧 독일 민족에 위협으로 인식되는 모든 이질적인 것들의 박멸을 의미했다. 그렇기에 국가 사회주의 체제에서 마약 정책의 선별 전략은 자연스레 반유대주의적으로 흐를 수밖에 없었다. 마약을 하는 사람은 〈외래 전염병〉에 걸린 인간이었다.[40] 또한 마약 거래상은 파렴치하고 탐욕적인 이민족으로 그려졌고, 마약 소비는 〈인종적으로 열등한〉 것으로, 마약 범죄는 사회의 가장 큰 위협 요소로 여겨졌다.

이 용어들 가운데 일부는 오늘날에도 굉장히 친숙하게 들린다.

„Wie die Giftpilze oft schwer von den guten Pilzen zu unterscheiden sind,
so ist es oft sehr schwer, die Juden als Gauner und Verbrecher zu erkennen ..."

어린이 책에서조차 마약 퇴치와 유대인 증오는 노골적으로 결합되어 있었다.
그림 하단에 〈독버섯을 좋은 버섯과 구별하는 것이 어렵듯이 유대인 중에도 사기꾼과
범죄자를 알아보는 것은 어려울 때가 많단다〉라고 쓰여 있다.

섬뜩하다. 우리는 나치의 괴물 같은 언어를 모두 몰아냈다고 믿어 왔지만 마약 퇴치와 관련한 용어들은 오래전부터 우리의 살과 피, 정신 속에 깊이 뿌리내려 있다. 물론 오늘날에는 더 이상 유대인 대 독일인의 문제가 아니다. 그럼에도 위험한 마약 중개상은 여전히 다른 문화권으로 전가되기 일쑤다. 게다가 우리의 몸이 우리 자신의 것인지, 아니면 사회 정책 및 보건 정책으로 이루어진 법적, 사회적 네트워크에 속하는 것인지에 대한 정치적 물음은 여전히 강력한 폭발성을 지니고 있다.

쿠르퓌르스텐담의 전문의

1933년 어느 날 밤사이에 일어난 일이었다. 베를린-샤를로텐부르크의 바이로이터가(街)에 있는 한 개인 병원 간판에 누군가 〈유대인〉이라는 낙서를 거칠게 휘갈겼다. 다음 날 아침에 보니 피부병 및 성병 전문의의 이름은 더 이상 읽을 수가 없었고, 〈평일 오전 11~1시, 오후 5~7시, 단 토요일은 오후 제외〉라는 진료 시간만 간신히 읽을 수 있었다. 뚱뚱하고 머리가 벗겨진 테오도르 모렐 박사가 이 공격에 보인 반응은 가련하면서도 전형적이었다.[41] 이런 형태의 적대감에 앞으로 다시는 노출되지 않기 위해 즉각 나치당에 가입한 것이다. 그는 유대인이 아니었다. 다만 다소 짙은 얼굴색으로 인해 나치 돌격대에 의해 유대인으로 오인되었을 뿐이다.

당원 등록 이후 모렐의 병원은 과거 어느 때보다 일이 술술 풀려 나갔다. 심지어 인근에 있던 그륀더차이트 양식의 대표적 건물로 확장 이전을 해야 할 정도였다. 이런 일련의 과정을 지켜보면서 그는 죽을 때까지 잊을 수 없는 한 가지 교훈을 얻었다. 〈권력에 동참하는 사람이 혜택을 본다!〉 사실 지금까지 그는 정치에 관심이 없었다. 그런 사람이 이제 바뀌었다. 자신의 병원을 찾은 환자가 치료 후 몸이 괜찮아져서 비용을 순순히 지불하고 병원을 다시 찾아주는 일이 반복되자 자존감과 삶의 만족감이 밀려왔다. 이런 현실을 더욱 굳건히 지키기 위해, 그리고 돈 많은 고객을 두고 경쟁을 벌이던 쿠담*의 다른 의사들보다 더 유리한 고지에 서기 위해 모렐은 수년간 새로운 전략을 구사해 나갔다. 그의 세련된 개인 병원은 얼마 지나지 않아 베를린 서부에서 가장 수익성이 높은 병원 중 하나로 자리 잡았다. 과거에 열대 지방에서 선의 (船醫)로 일했던 사람이 이제는 최신식 고주파 엑스레이 장비를 비롯해 투열 요법 장비, 네 개의 욕조 전기 치료 장비, 방사선 장비를 갖춘(처음에는 모두 아내 하니의 재산으로 구입했다) 초현대식 병원의 소유주로서 제국 수도의 상류 사회에 입성했다. 그와 함께 전설적 복서 막스 슈멜링, 유명 배우 한스 알베르스의 아내, 여배우 마리아네 호페, 몇몇 백작과 대사, 스포츠 스타, 경제계 거물, 과학계 석학, 정치인, 그리고 영화계 사람 등 수많은 사람이 새로운 치료 방법을 선보이는 모렐의 병원을 찾았다. 물론 있지도 않은 병을 치료하는 병원이라는 조롱조의 말도 나돌긴

---

* Ku'damm. 베를린의 번화가 쿠르퓌르스텐담을 줄여서 부르는 말이다. ─ 옮긴이주.

1 국민 마약, 메스암페타민(1933~1938) **45**

했다.

사실 자기중심적이고 노회한 이 의사가 선구적으로 개척한 분야가 있었다. 바로 비타민이었다. 당시에는 우리 몸이 스스로 생산하지는 못하지만 특정 대사 과정에 꼭 필요한 이 보이지 않는 조력자에 대해 알려진 바가 거의 없었다. 그러다 보니 우리 몸에 부족한 특정 비타민을 혈관에 직접 주입하면 놀라운 효과가 나났다. 이것이 바로 모렐이 환자들을 자기 병원에 묶어 두는 전략이었다. 비타민으로 충분하지 않다 싶으면 주사액에 순환 자극제를 재빨리 섞기도 했다. 남성의 경우는 아마 근육 생성과 생식력을 강화하는 테스토스테론을, 여성의 경우는 에너지를 공급하고 뇌쇄적인 눈빛을 연출하는 데 도움이 되는 아트로파 추출물을 주입했을 수 있다. 멜랑콜리한 여배우가 아트미랄스팔라스트 극장의 초연을 앞두고 무대 공포증을 없애기 위해 찾아오면 모렐은 주저 없이 털이 수북한 손으로 주사기를 잡았다. 그의 주사 솜씨는 타의 추종을 불허했다. 심지어 소문에 따르면 당시의 두꺼운 주삿바늘에도 불구하고 환자들은 바늘이 들어가는 것을 거의 느끼지 못했다고 한다.

모렐의 성공 소식은 베를린을 넘어 멀리까지 퍼졌다. 1936년의 어느 봄이었다. 진료실 전화기가 요란하게 울렸다. 진료 중에는 절대 방해하지 말라고 상담실 직원들에게 단단히 일러 놓았는데, 그걸 무시하고 일어난 일이었다. 그렇다면 통상적인 전화가 아니었다. 뮌헨의 나치 중앙 당사 〈브라운 하우스〉에서 걸려 온 전화였다. 수화기 건너편의 남자는 자신을 히틀러 부관 〈무슨 무슨 샤우프)라고 소개하면서 용건을 이야기했다. 나치당의 독일 제국 사진 기자 하인리히 호프만Heinrich Hoffman이 대외적으로 알려지면 곤란한 병에 걸렸다. 모렐 박사가 이름난 성병 전문의인데다 환자의 비밀을 지켜 주기로 유명하다는 이야기를 듣고 전화를 하게 되었다. 모렐이 이 병을 치료해 주었으면 하는 게 당의 바람이고, 비밀 엄수 문제 때문에 뮌헨의 의사들과는 이 문제를 상담하기 어렵다고. 그러면서 샤우프는 총통 각하께서 베를린 가토프 공항에 친히 수송기까지 준비해 주셨다고 비장한 목소리로 덧붙였다.

모렐은 가슴이 철렁 내려앉을 정도로 놀랐지만 초대를 거절할 수 없었다. 뮌헨에 도착한 그는 국비로 레지나 팔라스트 특급 호텔에 묵으면서 호프만의 임질과 그 여파로 생긴 신우신염을 치료했다. 당시 권력 심장부에서 일하던 환자는 베네치아로 요양을 떠나면서 감사의 뜻으로 모렐 부부도 함께 초대했다.

뮌헨으로 돌아온 호프만 부부는 보겐하우젠 고급 주택 지구 내에 있는 자신의 저택으로 모렐 부부를 불러 함께 저녁 식사를 했다. 메뉴는 육두구와 토마토소스, 그린 샐러드를 곁들인 스파게티였다. 히틀러가 가장 좋아하는 음식이었다. 히틀러는 호프만의 집에 자주 들렀는데, 두 사람은 1920년대부터 돈독한 관계를 유지하고 있었다. 사실 총통 숭배와 국가 사회주의 부상에는 호프만의 사진 연출이 크게 기여했다. 그는 독재자의 주요 사진들에 대한 저작권을 갖고 있었고, 『아무도 모르는 히틀러의 진면목 Hitler, wie ihn keiner kennt』, 『민족이 경배하는 지도자Ein Volk ehrt seinen

Führer』같은 사진집을 출간해서 수백만 부를 팔았다. 두 남자를 연결하는 개인적인 고리는 하나 더 있었다. 히틀러의 연인 에바 브라운Eva Braun이었다. 그녀는 히틀러를 만나기 전에 호프만의 조수로 일했는데, 1929년 뮌헨 스튜디오에서 그녀를 나치 지도자에게 소개해 준 사람이 호프만이었다.

호프만으로부터 소탈한 모렐에 대해 좋은 말을 많이 들었던 히틀러는 저녁을 먹기 전에 자신의 오랜 동지를 치료해 준 것에 감사의 인사를 전하고, 아울러 박사를 좀 더 일찍 만나지 못한 점을 아쉬워했다. 그랬더라면 수개월 전 수막염으로 목숨을 잃은 자신의 운전기사 율리우스 슈레크도 아직 살아 있을지 모르겠다고 했다. 모렐은 총통의 칭찬에 안절부절못했고, 스파게티를 먹는 내내 거의 한마디도 하지 못했다. 항상 땀을 뻘뻘 흘리는 둥근 얼굴, 주먹코에 두꺼운 테의 동그란 안경을 걸친 의사는 자신이 이런 권력자들의 모임에는 어울리지 않고, 대화에도 쉽사리 낄 수 없음을 스스로 너무 잘 알고 있었다. 그가 인정을 받을 유일한 기회는 주사기뿐이었다. 따라서 히틀러가 수년간 시달려 온 심각한 위장 문제를 지나가듯이 하소연하는 순간, 이때다 싶어 자신이 아는 이례적인 요법이 효과가 있을지 모르겠다고 서둘러 말했다. 히틀러는 그를 유심히 바라보다가 마침내 베르히테스하덴 인근에 있는 오버잘츠베르크 산자락의 베르크호프 별장으로 모렐 부부를 초대했다. 거기서 자신의 지병에 대해 좀 더 자세히 상담해 보자는 것이다.

며칠 후 별장에서 독재자는 모렐에게 자신이 거의 일을 하지 못할 정도로 건강이 나빠졌다고 솔직히 시인했다. 이유는 굶기는 것 말고는 다른 치료 방법을 찾지 못한 의사들 때문이라는 것이다. 그러다 영양가 풍부한 음식이 식단에 오르면(그런 일은 자주 있었다) 즉시 속이 형언할 수 없을 정도로 메슥거린다고 했다. 거기다 양쪽 다리에 가려운 습진까지 생겨 붕대를 감고 걸어야 해서, 그 바람에 긴 군화도 신을 수 없다고 했다.

모렐은 히틀러의 증상을 듣는 순간 병의 원인을 즉각 알 것 같았다. 비정상적인 장내 미생물 군집이 일으킨 만성 소화 불량으로 보였다. 모렐은 자신과 교분이 있던 프라이부르크 의사이자 세균학자인 알프레트 니슬레Alfred Nissle 교수가 개발한 무타플로 제제를 추천했다. 이것은 1917년 다른 수많은 군인과는 달리 장 질환 없이 발칸 전쟁에서 살아남은 한 하사관의 장에서 얻은 미생물 균주였다. 이 균주는 산 채로 캡슐에 담겨 있었는데, 복용하면 장에 정착한 뒤 급속도로 자라 장 질환을 유발하는 다른 모든 균주를 대체한다고 했다.[42] 이 설명은 히틀러도 충분히 납득할 수 있었다. 그가 볼 때 신체 내부에서도 생존 공간을 위한 모종의 투쟁이 분명히 일어나고 있을 거라고 확신했기 때문이다. 히틀러는 기대에 가득 차서 만일 무타플로가 실제로 효과가 있으면 모렐에게 집을 선물하겠다고 약속하고는 이 뚱뚱한 의사를 자신의 주치의에 임명했다.

모렐이 아내에게 이 소식을 전했을 때 아내의 반응은 시큰둥했다. 베를린에서도 이 정도면 의사로서 충분히 성공했는데, 굳이 총통의 주치의까지 맡을 필요가 있겠느냐는 것이다. 어쩌면 그녀는 장차 남편을 보기 어려우리라는 사실을 그때 이미 예감했을지 모른다. 히틀러와 주치의 사이에는 지극히 이례적인 관계가 싹트고 있었기 때문이다.

환자 A를 위한 칵테일 주사

우리 민족의 비밀이자 신화이자 불가사의한 존재는 오직 그뿐이다.[43]

— 파울 요제프 괴벨스Paul Joseph Goebbels

독재자는 남이 자기 몸을 건드리는 것을 끔찍이 싫어했다. 심지어 의사가 병의 원인을 찾으려고 몸을 만지고 살피는 것조차 원칙적으로 거부했다. 게다가 그는 그 자신보다 자기를 더 잘 안다고 하는 전문가를 믿지 않았다. 반면에 사람 좋은 편안한 인상의 늙은 의사 모렐은 처음부터 안정감을 주었다. 모렐은 건강 문제의 배경에 숨겨진 원인을 찾으려고 히틀러의 내면을 파고드는 짓 따위는 하지 않았다. 그에게는 주사 한 방이면 충분했고, 그것으로 의료 처치를 대체했다. 만일 국가수반이 당장 해야 할 중요한 일이 있거나 건강상의 위험에도 불구하고 즉각적인 통증 제거를 원한다면, 베를린 메트로폴 극장의 여배우에게 한 것처럼 히틀러에게도 주저 없이 메르크사의 농도 20퍼센트 포도당 용액을 투여하거나 비타민 주사를 놓았다. 증상의 즉각적인 제거가 그의 구호였고, 이런 태도는 그 여배우뿐 아니라 〈환자 A〉의 마음에도 들었다. 〈환자 A〉는 모렐이 환자 목록에 표기한 히틀러의 별칭이었다.

히틀러의 통증 개선 속도는 놀랄 정도로 빨랐다. 대개 정맥 주사를 맞았기 때문이다. 주치의는 히틀러에게 이렇게 설명했다. 과중한 국가 업무에 시달리는 총통은 에너지 소비가 엄청나서 약물을 입으로 복용해서 소화관을 거쳐 혈액 속으로 들어갈 때까지 기다릴 수 없다는 것이다. 게다가 히틀러의 소화관은 어차피 좋지 않았다. 히틀러는 이해했다. 〈모렐은 오늘도 내게 또다시 커다란 요오드 주사를 놓으려고 한다. 심장 주사, 간 주사, 석회 주사, 비타민 주사도 함께. 그는 정맥으로 약물을 투입해야 효과가 빠르다는 사실을 열대 지방에서 배웠다고 했다.〉[44]

일에 쫓기던 독재자 히틀러는 자신의 업무 수행 능력에 제한이 생기거나 모든 일을 관장할 수 없는 상황을 늘 두려워했다. 그런 만큼 병으로 어떤 자리에 참석하지 못하거나 일처리를 하지 못하는 것은 생각하고 싶지 않았다. 그렇다고 다른 누군가에게 대신 일을 맡길 수도 없었다. 상황이 이렇다 보니 통상적이지 않은 그런 치료 방법은 1937년부터 빠른 속도로 중요한 의미를 띠기 시작했다. 히틀러는 주삿바늘이 살갗을 찌르고 곧이어 무언가 강력한 힘을 가진 물질이 혈관 속으로 비밀스럽게 퍼져 나가는 느낌에 서서히 익숙해져 갔다. 게다가 주사를 맞고 나면 매번 몸이 좋아지는 것이 즉각 느껴졌다. 피부를 파고드는 것과 함께 〈즉각적인 효과〉를 내는 가느다란 스테인리스강 주삿바늘은 그의 기질과도 잘 맞았다. 상황은 그에게 늘 정신적 생동감과 육체적 활력, 과감한 결단력을 요구했다. 신경 장애나 다른 정신적 문제는 마치 버튼을 눌러 꺼버린 것처럼 외부에 드러나서는 안 되었다. 민족의 지도자는 언제나 활기차고 생기 넘치는 인상을 풍겨야 했다.

얼마 지나지 않아 새 주치의는 환자 곁을 벗어날 수 없었다. 그로써 모렐의 아내 하니의 염려는 사실이 되었다. 남편은 이제 일반 환자를 돌볼 여력이 없었다. 베를린 쿠르퓌르스텐담의 병원 운영을 위해선 의사를 따로 뽑아야 했다. 훗날 모렐은 자랑스러움과 숙명론 사이를 오가며 이렇게 말했다. 자신은 1936년 이후 날마다, 아니면 최소 이틀에 한 번은 히틀러를 만난 유일한 사람이라고.

이제 총통은 중요한 연설이 있으면 최적의 상태로 연설을 마치기 위해 항상 그전에 〈기력 회복 주사〉를 맞았다. 또한 감기 때문에 공식 행사에 참석하지 못하는 일이 생기지 않도록 미리 비타민제를 정맥에 투여받기도 했다. 히틀러는 〈나치식 인사〉를 할 때 팔을 최대한 오래 들고 서 있으려고 한편으로는 팔 근육 강화 운동을 했고, 다른 한편으로는 포도당과 비타민 주사를 맞았다. 정맥에 주입된 포도당과 비타민은 20초 후 바로 뇌에 에너지를 공급했고, 그로써 히틀러는 몹시 추운 날에도 얇은 나치 돌격대 제복만 입고 군대나 국민 앞에서 사열을 할 수 있었다. 그런 그에게서 육체적으로 허약한 모습은 전혀 찾아볼 수 없었다. 한번은 1938년 인스브루크에서 연설을 앞두고 갑자기 목이 잠기자 모렐은 즉시 주사로 육체적 걸림돌을 제거했다.

소화 장애도 처음엔 좋아졌다. 그로써 주치의는 히틀러가 약속한 집을 받았다. 그것도 베를린 하벨인젤 슈바넨베르더의 고급 빌라촌이었는데, 나치 선전 장관 괴벨스의 집이 바로 이웃이었다. 하지만 이 으리으리한 빌라를 온전한 선물로 다 받은 것은 아니었다. 모렐은 철조망이 쳐진 인젤가 24~26번지의 부지*를 33만 8,000제국마르크에 스스로 구입해야 했다. 다만 그중 20만 마르크는 히틀러가 무이자로 빌려주었는데, 이 돈은 나중에 치료비로 상쇄되었다. 그런데 새 집은 제국의 메이저리그로 승격한 저명한 의사에게 장점만 있었던 것은 아니었다. 모렐은 집안일을 할 인력을 고용해야 했고, 정원사도 따로 뽑아야 했다. 총통의 주치의가 되었다고 해서 수입이 자동으로 늘어난 것이 아니었는데, 고정비 지출은 대폭 늘어났다. 그렇다고 이제는 예전의 삶으로 돌아갈 수 없었다. 그는 최고 권력을 지근거리에서 모시는 이 새 삶을 무한대로 즐기고 있었다.

히틀러에게도 주치의는 이제 익숙한 존재 이상을 의미했다. 총통 주변에서는 최고 권력자의 마음에 들기 위한 투쟁이 치열했는데, 그중 많은 사람이 이 뚱뚱한 의사를 재수 없게 생각했다. 그러나 이들이 주치의에 대해 좋지 않은 말이나 의심을 늘어놓으면 히틀러는 단번에 잘라 버렸다. 모렐은 무슨 염탐이나 하러 여기 온 게 아니라 자신의 건강을 보살피러 왔다는 것이다. 히틀러는 대중에게 인기가 있던 이 의사에게 총통 주치의로서의 품위를 갖

* 유대인 은행가 게오르크 졸멘이 갖고 있던 이 부동산은 모렐로의 소유권 이전과 함께 〈아리안화〉되었다. 전쟁 후에는 악셀 C. 슈프링거에게 팔렸다.

추어 주려고 1938년 교수 자격 논문이 없는 상태에서도 그를 교수에 임명했다.

국민 마약에 뿌리를 둔 민족 공동체

첫 몇 년 동안 모렐의 치료는 거의 완벽에 가깝게 성공했다. 히틀러는 장 경련이 없어졌을 뿐 아니라 늘 상당량의 비타민을 투여받음으로써 활력과 생기가 넘쳤다. 국민의 박수갈채는 갈수록 커졌다. 물론 그런 인기는 주로 독일 경제의 호황 덕분이었다. 경제적 자급자족은 정치의 기준점으로 뿌리내렸다. 그것은 국민의 생활 수준을 높일 뿐 아니라 장차 일어날 전쟁의 훌륭한 토대였다. 나치의 팽창 계획은 이미 서랍 속에 준비되어 있었다.

독일은 인접국과 무력 충돌을 일으키기에는 자신들에게 천연자원이 너무 부족하다는 사실을 이미 제1차 세계 대전 때 분명히 깨달았다. 그렇다면 방법은 하나뿐이었다. 인공 원료를 만들어 내야 했다. 합성 물질, 즉 석탄으로 만든 합성 휘발유와 부나(합성 고무) 개발에는 IG 파르벤이 선두에 섰다. 나치 체제에서 꾸준히 힘을 넓혀 나가다가 마침내 글로벌 플레이어로 발돋움한 기업이었다.[45] 이들은 자신감이 얼마나 대단했던지 자신들의 이사회를 〈신들의 협의체〉라 불렀다. 아무튼 헤르만 괴링Hermann Göring의 주도하에 경제 개발 4개년 계획이 추진되었다. 외국으로부터의 자원 수입에 의존하지 않고, 독일 자체에서 모든 물자를 생산하는 것이 핵심 목표였다. 물론 여기에는 마약도 포함되어 있었다. 마약 생산과 관련해서는 여전히 독일만큼 뛰어난 민족이 없었기 때문이다. 나치의 마약 퇴치 정책으로 모르핀과 코카인 소비가 크게 줄기는 했지만, 대신 합성 각성제의 개발이 가속화되면서 제약 산업은 제2의 전성기를 맞았다. 다름슈타트의 메르크, 라인란트의 바이엘, 인겔하임의 베링거사는 직원 수를 늘렸고, 임금도 올려 주었다.

템러 공장도 팽창 징후를 보였다. 수석 화학자 프리츠 하우실트 박사*는 1936년 베를린 올림픽이 벤제드린이라는 물질의 영향을 많이 받았다는 소식을 들었다. 이 물질은 미국에서 성공한 암페타민 계열의 약물이었다. 템러에서는 모든 개발 자원을 한 가지 목표를 위해 쏟아붓기로 했다. 모두가 각성을 입에 올리는 시대에는 성능 향상 물질이 완벽하게 어울릴 거라고 확신했기 때문이다. 하우실트는 일단 일본 과학자들의 연구를 참조했다. 1887년에 이미 〈N-메틸암페타민〉이라는 이름의 지극히 자극적인 분자를 처음 합성한 뒤, 1919년에 순수 결정체로 정제한 연구였다.** 이 각성제는 기관지를 확장시키고, 심장을 자극하고, 식욕을 억제하는 천연 물질 에페드린을 기반으로 개발되었다. 유럽과 미국, 아시아의 민간요법에서는 예부터 마황(麻黃)속 식물의 성분으로 알려진 물질인데, 모르몬교도들이 활력을 얻기 위해 마

* 종전 후 하우실트는 동독의 대표적인 스포츠 생리학자가 되었고, 1950년대에는 라이프치히 대학 연구소에서 동독 도핑 프로그램에 주도적으로 참여해 그전까지 노동자 및 농민 국가였던 동독을 스포츠 강국으로 만들었다. 1957년에는 동독 국가상을 받았다.
** 이것은 〈필로폰〉 또는 〈히로뽕〉이라는 이름으로 거래되었는데, 진주만 폭격 당시에는 가미카제 조종사들에게도 투여되었다.

페르비틴의 분자 구조.

신다는 일명 모르몬차에도 사용되었다고 한다.

하우실트는 이 제품을 완성했고, 1937년 가을에는 메스암페타민의 새로운 합성 과정을 찾아냈다.[46] 그 직후, 그러니까 1937년 10월 31일 템러 공장은 독일 최초의 메틸암페타민을 베를린 제국 특허청에 등록했다. 효능 면에서 미국 벤제드린을 훨씬 능가하는 변종 활력제였다. 이 제품의 이름이 〈페르비틴〉이다.[47]

이 획기적인 물질은 분자 구조상 아드레날린과 유사해 뇌의 거름망 역할을 하는 혈액-뇌 장벽을 쉽게 통과한다. 하지만 아드레날린과는 달리 혈압을 급격히 높이지 않고, 좀 더 부드럽고 지속적으로 작용한다. 원리는 간단하다. 이 마약이 뇌의 신경 세포에서 전달 물질 도파민과 노르아드레날린을 간질간질 자극해서 시냅스 틈새로 분출시키기 때문이다. 이로써 뇌 세포는 서로 흥분된 상태로 소통을 시작하고, 머릿속에서는 일종의 연쇄 반응이 일어난다. 신경 세포는 점화되어 불꽃이 일고, 생화학적 기관총은 쉴 새 없이 생각을 쏘아 댄다. 게다가 갑자기 머리가 또렷이 깨어 있는 느낌이 들면서 온몸에 에너지가 넘치고, 감각은 극단으로 예민해지면서 머리카락 끝과 손가락 끝까지 활력이 넘치고, 살아 있음이 생생하게 느껴진다. 아울러 자신감이 상승하고, 사고 과정이 가속화하고, 희열감이 생기고, 몸이 가벼워지고 상쾌한 느낌이 든다. 급박한 위기의 순간처럼 온몸의 힘을 동원해야 하지만 실제로는 전혀 위험성이 존재하지 않는 예외 상태이자 인공적인 황홀감의 상태다.

그런데 메스암페타민은 신경 전달 물질을 시냅스 틈새로 분비시킬 뿐 아니라 재흡수를 차단하기도 한다. 그 때문에 효과는 장시간, 그러니까 12시간 이상 지속될 때가 많고, 고용량을 복용할 경우 신경 세포에 손상을 일으킬 수 있다. 세포 내 에너지 공급 시스템에 문제가 생기기 때문이다. 신경 세포의 신호는 바삐 달려가고, 머릿속의 수다는 멈추지 않는다. 마치 끄려고 해도 꺼지지 않는 라디오와 비슷하다. 신경 세포는 단념하고 돌이킬 수 없는 죽음을 맞는다. 그로써 언어 장애, 주의력 장애, 집중력 장애, 그리고 기억력과 감정, 보상 시스템 전반에 뇌 기능 저하가 생길 수 있다. 약물 효과가 서서히 사라지고 인공 각성제가 추가로 투입되지 않으면 호르몬 저장고는 텅 비워지고 몇 주 뒤에나 자연스럽게 다시 채워진다. 그사이 사용할 수 있는 신경 전달 물질은 별로 없다. 그 결과 무기력증과 우울증, 절망감, 인지 장애가 나타날 수 있다.

이런 가능한 부작용에 대해서는 그사이 연구가 진행되었지만, 신제품에 대한 자부심이 너무 강했던 템러사는 크게 신경 쓰지 않았다. 오히려 정신을 차리지 못할 정도로 번창한 회사는 베를린에서 가장 잘나가는 광고 대행사 중 하나인 〈마테스 & 존〉에 이제껏 독일에서 본 적이 없는 광고를 의뢰했다. 롤 모델은 다름 아닌 코카콜라 회사였다. 코카콜라는 갈색 청량음료의 형태로 역시 자극적인 제품을 출시했고, 〈얼음처럼 차다〉는 슬로건을 내건 광고 전략으로 엄청난 성공을 거두었다.

페르비틴이 승리의 진군을 시작한 1938년 첫 몇 달 동안, 베를린의 광고탑, 전철, 옴니버스, 도시 철도, 지하철 곳곳에 광고 포스터가 등장했다. 거기에는 현대적 미니멀리즘 방식으로 브랜드 이름과 의학적 증상만 언급되어 있었다. 순환기 장애, 무기력, 우울증 같은 증상들이었다. 그리고 아름답게 흰 서체의 특색 있는 포장에다 주황색-청색 페르비틴 작은 튜브가 그려져 있었다. 템러사는 이 포스터 외에 또 다른 영업 전략으로 베를린의 모든 의사에게 편지를 보냈다. 거기에는 자사의 목표가 의사들에 대한 개인적인 설득이라고 노골적으로 명기되어 있었다. 스스로 먹어 보고 만족한 사람은 남들에게도 기꺼이 권하게 된다는 것이다. 편지에는 3밀리그램 함량의 무료 알약과 우표를 붙인 답장 엽서가 동봉되어 있었다. 〈친애하는 의사 선생님들께! 페르비틴에 대한 귀하의 경험, 설사 좋지 않은 경험조차 이 약의 적용 범위를 정하는 데 소중한 자료가 될 것입니다. 그런 점에서 답장 카드에 여러분의 의견을 보내 주시면 매우 감사하겠습니다.〉[48] 이것은 시험용 약이었고, 첫 복용은 무료였다. 노회한 영업 전략이었다.

템러 공장의 대변인들은 전국 곳곳의 대형 개인 병원과 종합 병원, 대학 병원을 찾아다니며 강의를 했고, 자신감과 활력을 높여 준다는 새로운 각성제를 배포했다. 회사 프레젠테이션에서 나온 말을 직접 들어 보자. 페르비틴을 복용하면 이렇다. 〈좌절하고 낙담한 사람들에게서 다시 깨어난 삶의 기쁨은…… 우리가 이 새로운 치료약으로 환자에게 줄 수 있는 최고의 선물입니다.〉〈여성의 불감증도 페르비틴 알약으로 쉽게 해결할 수 있습니다. 복용 방법은 아주 간단합니다. 한 달에 열흘가량 석 달 동안 저녁 시간을 피해서 반 알을 네 개 먹으면 됩니다. 그것만으로 여성의 성욕 및 성기능 강화 측면에서 무척 훌륭한 결과를 얻을 수 있습니다.〉[49] 심지어 첨부 문서에는 이 물질이 알코올과 코카인, 아편의 금단 현상도 완화한다고 적혀 있었다. 모든 독, 특히 불법 독극물을 대체하는 일종의 안티 마약제라는 것이다. 이로써 메스암페타민은 제재를 받기는커녕 오히려 일종의 만병통치약으로 오인되었다.

이 물질에 사회적 시스템을 안정화하는 기능이 있다는 목소리도 나왔다. 한 병원의 수석 의사는 이렇게 썼다. 〈우리는 과거 어느 때보다 더 높은 성과를 요구하고 더 큰 의무를 부과하는 팽팽한 긴장감의 시대에 살고 있다.〉 이런 시대에 산업 실험실에서 늘 동일한 품질로 생산되는 이 알약은 능률을 높여 주고, 〈꾀병쟁이, 일하기 싫어하는 사람, 남 탓 잘하는 사람, 불평분자〉를 사회적 노동 과정으로 끌어들이는 데 도움이 된다고도 했다.[50] 심지어 튀빙겐의 약리학자 펠릭스 하프너Felix Haffner는 페르비틴의 처방이야말로 〈사회 전체를 위해 궁극적으로 투입해야 할〉 이 시대 〈최고의 계명〉이라고까지 말했다. 일종의 〈화학적 명령〉이라는 것

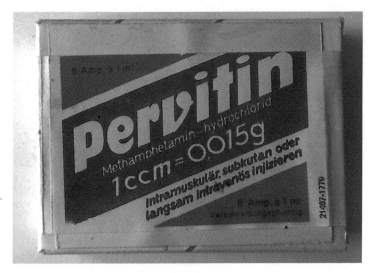

독일산 페르비틴 앰플 6개가 들어 있는 포장.

이다.[51]

그러나 독일인들에게는 굳이 이 도취 약물을 복용하라는 명령을 내릴 필요가 없었다. 뇌에 강력한 힘을 부여하는 물질에 대한 갈망은 어차피 그들 속에 도사리고 있었다. 약물 소비는 독재 정권에서 흔히 예상할 수 있는 것과는 달리 위에서 아래로 지시된 것이 아니라 아래에서 위로 실행되었다.[52] 이른바 이 신경 활성제는 마치 폭탄처럼 폭발적으로 인기를 끌었고, 바이러스처럼 넓게 퍼졌으며, 얇게 썬 빵처럼 순식간에 사라졌고, 얼마 안 가 한 잔의 커피처럼 자연스러워졌다. 한 심리학자는 이렇게 썼다. 〈페르비틴은 센세이션을 일으켰다. 학생은 시험의 긴장감을 더 잘 견디기 위해 이 약물을 섭취했다. 이는 야간 근무를 하는 전화국 교환원과 간호사, 최고의 성과를 내기 위해 육체적으로든 정신적으

로든 힘겹게 노력해야 하는 사람들도 마찬가지였다.)[53]

더 빨리 타자를 쳐야 하는 비서건, 활기찬 상태로 공연을 준비하려는 배우건, 맑은 정신으로 밤새워 글을 쓰려는 작가건, 아니면 조금이라도 생산량을 더 늘리려는 컨베이어벨트 앞의 노동자건 할 것 없이 페르비틴은 모든 계층으로 퍼져 나갔다. 이 약을 먹으면 이삿짐을 나르는 사람은 더 많은 짐을 날랐고, 소방관은 더 빨리 불을 껐으며, 미용사는 더 빨리 머리를 잘랐고, 야간 경비원은 졸음과 사투를 벌일 필요가 없었고, 기관차 운전자는 불평 없이 기관차를 몰았고, 장거리 운전자는 최단 시간에 건설된 아우토반을 휴식 없이 달릴 수 있었다. 점심시간 직후의 졸림 현상도 집단적으로 사라졌다. 이 약으로 의사들은 스스로를 치료했고, 이 회의 저 회의 바쁘게 쫓아다니는 사업가들은 활력을 유지했다. 그것은 당원이든 나치 친위대원이든 마찬가지였다.[54] 스트레스는 줄고, 성욕은 강해지고, 의욕은 증가했다. 모두 인위적으로 말이다.

한 의사의 글을 보자. 〈나는 자가 실험을 통해 나 자신에게서 일어나는 변화를 관찰했다. 약을 복용한 후 기분 좋은 에너지가 육체적으로나 정신적으로나 증가하는 것이 뚜렷이 느껴졌다. 이 경험을 토대로 나는 반년 전부터 동료 의사, 육체노동자, 정신노동자, 과도한 긴장 상태에서 일해야 하는 사람들, 연사, 가수(무대 공포증이 있는 경우), 시험 응시생에게 페르비틴을 권하고 있다. (……) 어떤 여성은 이 약을 파티 전에 복용하고(약 2×2정), 어떤 여성은 격무에 시달리는 평일에 복용해서(하루 최대 3×

2정) 효과를 보고 있다.〉[55]

페르비틴은 발전하는 성과 사회의 징조가 되었다. 심지어 메스암페타민을 넣은 프랄린(초코 견과류 과자)까지 출시되었다. 과자 하나에 함유된 메스암페타민은 무려 14밀리그램이었는데, 페르비틴 알약의 거의 다섯 배에 달했다. 당시 가장 많이 팔리던 〈힐데브란트 프랄린〉의 광고 슬로건은 이랬다. 〈엄마의 예쁜 도우미, 항상 기쁨을 선사하는 힐데브란트 프랄린!〉 이 과자는 카페인과 달리 인체에 무해하다는 문구와 함께 3~9개까지 먹어도 괜찮다고 추천했다.[56] 그러면 집안일이 한결 수월해지고 살도 빠진다고 했다. 이 이례적인 과자가 다른 음식에 대한 식욕을 억제하기 때문이라는 것이다.

권위 있는 『주간 임상Klinischen Wochenschrift』에 실린 하우실트 박사의 논문도 효과적인 선전책이었다. 그는 이 논문과 3개월 뒤 같은 잡지에 발표한 〈새로운 명물〉이라는 제목의 논문[57]에서 페르비틴의 강한 흥분 및 자극 효과, 에너지 증가, 자신감과 결단력 향상에 대해 보고했다. 이어지는 내용은 이렇다. 이 약을 먹으면 사고의 연상 작용이 한층 빠르게 움직이고, 육체노동도 힘든 줄 모르고 수행할 수 있다. 내과, 가정 의학, 외과, 정신 의학에서의 다양한 사용 가능성 덕분에 이 약의 적용 범위는 굉장히 넓고, 앞으로 이와 관련해서 더 많은 연구가 이루어질 것으로 보인다.

곧이어 제국 전역의 대학들이 관련 연구에 득달같이 뛰어들었다. 스타트를 끊은 사람은 라이프치히 시립 병원의 루돌프 쇤 Rudolf Schoen 교수였다. 그는 〈수 시간 지속되는 정신적 자극, 수면

메스암페타민이 함유된 프랄린을 먹으면 집안일이 즐거워진다는 광고.
하단에 〈항상 기쁨을 선사하는 힐데브란트 프랄린〉이라고 쓰여 있다.

욕구 및 피로감의 소멸, 활동성의 증가, 유창한 언어, 행복감)에 대해 보고했다.[58] 당시 페르비틴에 관한 연구는 과학자들 사이에서 유행이었다. 아마 자신이 직접 복용하고 느낀 기쁨이 너무 컸기 때문으로 보인다. 템러사가 제공한 자가 실험의 기회는 적절한 홍보 전략이었다. 〈일단 자가 실험에서 페르비틴 3~5정 (9~15밀리그램)을 반복적으로 복용한 뒤 개인적 경험이 보고되면, 우리는 그를 토대로 정신적 영향 일반에 대해 파악하게 된다.〉[59*] 이 약물의 새로운 장점은 속속 발견된 반면에 부작용은 뒷전으로 밀렸다. 쾨니히스베르크 대학교의 레멜 교수와 하르트비히 교수는 주의력 및 집중력 향상에 대해 보고하면서 이렇게 조언했다. 〈갈등과 팽창 일로의 이 파란만장한 시대에 개인의 능력을 현 상태로 유지하는 것을 넘어 최대한 향상시키는 것이 의사의 가장 큰 임무 중 하나다.〉[60] 튀빙겐의 뇌 과학자 두 명은 한 연구에서 페르비틴이 사고 과정의 가속화를 돕고 전반적으로 기력을 돋운다는 사실을 증명하고자 했다. 또한 결정 장애와 전반적인 심리적 압박감, 우울증이 개선되고, 지능 테스트에서도 뚜렷한 향상이 나타난 것을 확인했다. 그 밖에 뮌헨의 퓔렌 교수는 이런 진술을 뒷받침하는 〈수백 가지 사례〉를 제시했다. 그는 대뇌와 순환계, 자율 신경계에 전방위적으로 작용하는 자극 효과를 보고했고, 〈한 번에 고용량 20밀리그램을 복용하면 두려움이 눈에 띄게 감소〉한다는 사실도 확인했다.[61] 템러사가 이런 긍정적인 결과를 우편으로 의사들에게 보내고, 정기적으로 최신 정보를

* 이것은 당시 가장 일반적인 크리스털 메스 섭취량이다.

업데이트한 것은 결코 놀라운 일이 아니다.

페르비틴은 시대정신에 더할 나위 없이 딱 들어맞았다. 이 약물이 시장을 장악했을 때는 이제 세상의 모든 우울증이 정말 사라질 듯했던 시기였다. 적어도 나치 강압 체제로부터 경제적 이득을 본 독일인들은 그렇게 믿었는데, 독일에서는 그런 사람이 대부분이었다. 1933년에만 해도 많은 사람이 히틀러를 별로 신뢰하지 않았고 새 총리가 금방 자리에서 물러날 거라고 예상했다. 하지만 불과 몇 년 뒤 상황은 완전히 달라졌다. 1930년대 독일 사회에서 가장 시급하게 해결해야 할 두 가지 골칫거리는 경제와 군사 영역이었는데, 여기서 기적이 일어난 것이다. 나치 집권 당시 독일에는 실업자 600만 명과 변변찮게 무장한 군인 10만 명이 있었다. 그러던 것이 1936년에는 여전히 진행 중인 글로벌 경제 위기에도 불구하고 완전 고용에 가깝게 실업 문제가 해결되었고, 독일군은 유럽에서 가장 막강한 군대 중 하나로 부상했다.[62]

외교 정책의 성공도 눈부셨다. 라인란트의 재무장이든, 오스트리아 합병이든, 〈주데텐 독일인의 제국 귀속〉이든 히틀러는 원하는 모든 것을 관철해 냈다. 서방 열강은 베르사유 조약 위반에 해당하는 이런 행위들을 처벌하지 않았고, 오히려 유럽에서 또 다른 전쟁을 막는 데만 급급해서 점점 더 많은 것을 양보했다. 그러나 히틀러는 이 정도로 성이 찰 사람이 아니었다. 역사가이자 작가인 골로 만Golo Mann은 브라우나우 출신의 이 독재자를 이렇게 규정지었다. 〈그는 절대 독을 포기할 수 없는 모르핀 중독자처럼 새로운 권력 장악과 기습 공격, 은밀한 진격, 장엄한 침공에 관한 계획을 내려놓지 않았다.)⁶³ 그가 그 정도로 만족하리라고 생각한 것은 연합국의 오판이었다. 히틀러는 만족을 몰랐고, 모든 영역에서 지속적으로 경계를 넘었다. 특히 국경과 관련해서 말이다. 독일 제국에서 대독일 제국으로, 그를 넘어 게르만 세계 제국으로의 확장이 그의 꿈이었다. 만족을 위해 끝없이 더 많은 독을 들이마시는 것이 국가 사회주의 본성이었다. 여기에는 최우선적으로 새로운 영토에 대한 굶주림이 포함되었다. 그것을 적확하게 보여 주는 구호가 있다. 〈제국의 품으로Heim ins Reich〉, 〈영토 없는 민족Volk ohne Raum〉.

주치의 모렐은 체코슬로바키아 점령에도 직접적으로 관여했다. 1939년 3월 15일 밤이었다. 건강이 좋지 않던 체코슬로바키아 대통령 에밀 하하Emil Hácha가 신제국 총리실을 예방했다. 다소 강제성을 띤 국빈 방문이었다. 그는 독일인들이 내민 서류에 서명하고 싶지 않았다. 사실상 항복 문서나 다름없었다. 그런 그가 갑자기 실신을 했고, 더 이상 회담은 진행되기 어려웠다. 히틀러는 즉시 주치의를 불렀고, 모렐은 진료 가방과 주사기 세트를 갖고 와 의식을 잃은 외국 손님에게 각성제를 주입했다. 하하는 몇 초 만에 기적처럼 다시 깨어나 자기 국가의 잠정적인 종말을 승인하는 문서에 서명했다. 바로 그다음 날 아침 히틀러는 피 한 방울 흘리지 않고 프라하에 입성했다. 이후 몇 년 동안 하하는 〈보헤미아 및 모라비아 보호국〉이라는 이름의 체코 일부 지역만 이끌었는데, 그 기간 동안 모렐의 충직한 환자로 전락했다. 약리학이 또 다른 정치적 수단으로 전용된 순간이었다.

마지막 평화기에 해당하는 1939년 첫 6개월 동안 히틀러의 인기는 절정에 달했다. 〈그 남자가 이루지 못한 게 무엇인가?〉 이는 당시의 시대적 구호였고, 많은 사람이 자신의 능력을 증명하고 싶어 했다. 노력만 하면 무엇이든 보상을 받을 수 있을 것 같은 분위기였다. 또한 당시는 사회적 요구의 시대이기도 했다. 독일의 일원은 다 함께 손을 잡고 성공의 길로 나아가야 하고, 그것은 성공에 대한 의심만 거두면 가능하다는 것이다. 각 부문에서의 발전 속도는 도저히 보조를 맞출 수 없을 것 같다는 우려가 나올 정도로 빨랐다. 노동의 표준화 과정도 개인에게 기계의 부품처럼 작동할 것을 요구했다. 이런 분위기를 조장하려고 모든 수단이 강구되었고, 거기에는 화학 물질의 도움도 빠질 수 없었다.

이로써 페르비틴은 독일 민족을 거대한 집단적 도취와 〈자기 치유〉의 선전에 쉽게 빠지게 할 길을 열어 주었다. 이 강력한 물질은 의료 부문에만 국한되기를 원치 않았던 제조업체의 기대처럼 어느 순간 식품으로 둔갑했다. 〈독일이여, 깨어나라!〉 나치의 이 요구에 부응하여 이제 메스암페타민은 화학적으로 나라를 깨웠다. 사람들은 선전과 약리 물질로 이루어진 이 재앙의 도취 칵테일에 갈수록 의존하게 되었다.

국가 사회주의는 신념 위에 우뚝 선 조화로운 공동체를 유토피아로 선전했다. 그러나 이런 유토피아는 개인들이 경제적 이익을 두고 치열한 경쟁을 벌이는 현대적 성과 사회의 관점에서 보면 신기루일 수밖에 없다. 메스암페타민은 국가 사회주의 이념의 균열을 메워 주었고, 약물에 도취된 정신은 제국 전역으로 확산되었다. 페르비틴은 개인이 독재 체제의 부품처럼 기능하는 것을 가능케 했다. 알약으로 돌아가는 국가 사회주의였다.

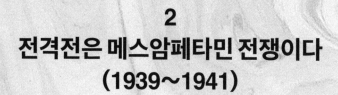

2
전격전은 메스암페타민 전쟁이다
(1939~1941)

가끔 음악이 정말 큰 위안이 됩니다. (참, 페르비틴 보내는 거 잊지 마세요. 몇 날 며칠 비상이 걸리면 그 놀라운 효과 덕을 톡톡히 보고 있습니다.)[1]

하인리히 뵐Heinrich Böll이 전선에서 집으로 쓴 편지다. 훗날 노벨 문학상을 받은 그는 전쟁이 끝난 뒤에도 책상에 앉아 글을 쓸 때 메스암페타민의 〈놀라운 효과〉를 포기할 수 없었다. 이 물질에 의존하게 된 것은 전쟁의 고단함을 이겨 내고 임무를 원활히 수행하기 위해 입에 대기 시작한 군인 시절이었다. 〈다음에 소포를 보내실 때 꼭 페르비틴을 보내 주세요. 가능하면 봉투에 담아서요. 내기에서 지셨으니까 아버지가 사셔야 해요.〉[2] 전쟁 중에 보낸 또 다른 편지에 적힌 내용이다.

뵐은 페르비틴 복용에 대해 무척 자연스럽게 이야기한다. 이런 태도에 비추어 보건대 이 물질의 효과를 잘 알고 있었던 것으로 보인다. 다만 위험성에 대해서는 그렇지 않았던 것 같다. 〈다음 주도 지난주처럼 빨리 지나갔으면 좋겠습니다. 기회가 되면 페르비틴을 다시 보내 주세요. 보초를 설 때 아주 유용해요. 가능하면 감자를 볶을 때 넣을 베이컨도 조금 부탁드리고요.〉[3] 이렇게 자주 아무렇지도 않게 각성제를 언급하는 걸 보면 그의 가족도 하인리히가 약물을 자주 복용하고 있다는 사실을 알고 있었고, 그것을 반대하지 않았음을 유추해 볼 수 있다. 〈보고 싶은 부모님과 형제자매에게! 이제는 편지를 쓸 시간이 충분합니다. 그럴 만큼 마음도 안정되었고요. 물론 온몸이 축 늘어질 만큼 무거운 건 여전해요. 어젯밤엔 두 시간밖에 못 잤고, 오늘 밤에도 세 시간 이상 못 잘 것 같아요. 하지만 이제 곧 생기가 돌 거예요. 페르비틴의 효과가 나타나기 시작할 테니까요. 그러면 고단함도 눈 녹듯 사라져요. 바깥은 보기 드물게 환한 달빛이 흐르고, 별이 빛나고, 무척 추워요.〉[4] 뵐에게 최대의 적은 잠이었던 것으로 보인다. 〈너무 지쳐서 더 이상 쓰지 못하겠어요. 가능한 한 빨리 페르비틴을 보내 주세요. 힐할 담배나 카밀 담배도요.〉[5] 다른 편지에는 이렇게 적혀 있다. 〈군 생활이 너무 힘들어요. 앞으로는 2~4일에 한 번씩 편지를 써도 이해해 주세요. 오늘은 페르비틴 때문에 편지를 썼어요.〉[6]

뵐 이등병에게만 국한된 예외적 사례일까? 아니면 민간 사회와 비슷하게 군대에서도 마약이 대량으로 남용되고 있었을까? 수십만 또는 수백만 명의 독일군이 침략 전쟁 중에 메스암페타민의 영향을 받았을까? 기력 보충을 약속하는 중독성 약물이 혹시

제2차 세계 대전의 전반적인 과정에 영향을 미친 것은 아니었을까? 이런 질문과 함께 기록물 보관소의 깊은 곳으로 여행을 시작해 보자.

증거 수집 ― 연방 기록물 보관소 산하의
프라이부르크 군사 기록물 보관소

독일 연방 기록물 보관소 산하의 군사 기록물 보관소는 프라이부르크 임 브리스가우에 위치해 있다. 철조망과 보안 울타리로 둘러싸인 이 보관소는 작센 사투리를 쓰는 경비원이 지키고 있다. 연구 목적을 증명할 수 있는 사람에게는 광전 센서로 작동하는 육중한 철문이 열린다. 이어 창문으로 햇빛이 너무 많이 비치면 라멜라 블라인드가 자동으로 내려오는, 먼지 하나 없이 깨끗한 공간이 펼쳐진다. 롤러 장치가 부착된 서가에는 위에서 아래까지 빽빽이 파일이 꽂혀 있다. 필요한 자료는 컴퓨터로 찾을 수 있다. 수백만 명의 사망자가 남긴 수백만 개의 파일이다. 여기서부터 독일 전쟁의 드라마에 대한 조사가 가능해 보인다.

어쨌든 이론적으로는 그렇다. 하지만 현실은 첩첩산중이다. 여기에는 수많은 자료가 보관되어 있지만 이 혼란 더미를 효과적으로 훑어보고, 관료들이 무작정 수집해 놓은 빅 데이터 속에서 가치 있는 정보를 찾기란 쉽지 않기 때문이다. 게다가 컴퓨터로 검색이 가능한 키워드도 어떤 파일의 일부 측면만 지정할 수 있을 뿐이다. 설상가상으로 키워드는 수십 년 전에 다른 연구용으로 작성된 것들이다. 예를 들어 전후 초기에는 의학사적 세부 사항은 오늘날에 비해 그리 중요하지 않았다. 주관적 느낌이나 시대적 분위기도 공식 사건들 뒤에 묻힐 수밖에 없었다. 따라서 과거 자료의 접근은 최신 기술의 지원을 받더라도 과거에 대한 역사 이해를 기반으로 할 수밖에 없다.

독일군이 독일 마약을 발견하다

독일 국방군 내에서 메스암페타민의 성공적인 이력은 금욕적으로 보이는 한 길쭉한 얼굴의 고위급 군의관과 깊이 연결되어 있다. 몇 장 남지 않은 사진 속에서 늘 강렬하게 노려보는 눈이 인상적인 인물이다. 오토 F. 랑케Otto F. Ranke 교수가 국방 생리학 연구소 소장에 임명된 때는 서른여덟 살이었다. 핵심 보직인 만큼 그의 임명을 예상한 사람은 아무도 없었다.

생리학은 당시 의학계에서 변두리 분과로서 세포와 조직, 기관들에서 물리적, 생화학적으로 일어나는 여러 과정의 상호 작용을 다룬다. 유기체를 이해하기 위한 일종의 총체적 그림이자 전일적(全一的) 접근 방식이다. 여기서 가지를 쳐 나온 국방 생리학은 군인의 특별한 스트레스를 다루는데, 의학적 관점에서 군대의 성능을 최적화하고 병사들이 과도한 스트레스나 외적 영향으로부터 해를 입지 않도록 하는 것이 목표다. 군대가 스스로를 현대적 조직으로 인식하고 군인을 〈살아 있는 엔진〉[7]으로 부르기 시작하던 시대에 랑케의 임무는 군인을 소모로부터 보호하는 것, 즉 전투 부적격 상태가 되지 않도록 지키는 일이었다. 랑케는 군대라는 기계가 최상의 상태로 돌아가도록 개별 부품에 윤활유를 칠하는 군사 기술자이자, 독일군의 전투력을 높이는 트레이너였으며, 많은 유익한 군사 소도구를 개발한 발명가이기도 했다. 그는 숲속에서 적의 초록색 위장복을 식별하는 기기, 오토바이 운전자를 위한 방진 고글, 아프리카 군단을 위한 방탄 및 땀 투과 헬멧, 방어용 지향성 도청 마이크 등을 개발했다.

랑케의 국방 생리학 연구소는 베를린 군사 의학 아카데미(약칭 MA) 산하 기관으로서 오늘날 연방 경제 에너지부가 위치한 신바로크 양식의 넓은 복합 단지에 입주해 있다. 정문 위의 박공 지붕에는 아름다운 황금 글씨로 〈과학-인류애-조국〉이라는 글자가 새겨 있다. 군은 1934년부터 1945년까지 여기서 하급 의무 장교를 육성했다. 프로이센 색채가 진하게 밴 이 엘리트 기관은 유럽 최대의 의료-과학 도서관을 비롯해 초현대식 기술로 무장한 2층짜리 실험실 건물, 그 안의 우수한 각종 기기들, 여러 개의 대형 강의실, 열람실, 강당, 사교실을 갖추고 있었고, 명예의 전당에는 피르효와 헬름홀츠, 베링스를 위시해 과학 발전에 불멸의 공헌을 한 이곳 출신의 의학자와 연구자 흉상이 전시되어 있었다. 또한 이 단지에는 현대식 체육관과 수영장이 딸려 있었고, 그외에 800명의 의무 장교 생도들을 위해 안락한 더블 룸을 갖춘 5층짜리 기숙사도 있었다. 생도들은 스스로를 〈파이프해네 Pfeifhähne〉라고 불렀는데, 이 이름은 프랑스어 〈페팽 Pépin〉의 베를린식 변형이었다. 〈페팽〉이라는 말은 19세기 프로이센 당시 의료 엘리트를 배출한 군의관 양성소 〈페피니에르Pépinière〉에 뿌리를 두고 있었다. MA 생도들은 그들의 후예를 자처하며 제국 독수리와 하켄크로이츠*가 부착된 세련된 제복을 입었는데, 자부심과 긍지가 대단했다고 한다. 그 밖에 이곳에는 말 90필의 마구간과 승마장, 가축병원, 대장간까지 있었다.

과학 부서는 안마당 뒤쪽의 길쭉한 건물에 있었다. 약리학 및 국방 독성 연구소, 혈청 보존 실험실, 후베르투스 슈트루크홀트 교수가 이끄는 항공 의학 연구소(슈트루크홀트는 전후 베른헤르 폰 브라운과 함께 미국으로 건너가 우주여행의 초석을 세웠다), 랑케가 소장으로 있던 국방 생리학 연구소 같은 부서들이었다. 랑케의 연구소는 1938년 당시 보조 의사 한 명과 의료 실습생 세 명, 민간인 행정 요원 몇 명으로 이루어진 소규모 그룹이었다. 그러나 랑케의 가슴속에는 이 연구소를 빠르게 확장할 야심만만한 계획이 꿈틀거리고 있었다. 그 계획에 결정적인 도움을 준 것은 그가 군사력 증강을 위해 개발한 물질, 즉 그 연구소에서부터 크나큰 성공의 발판을 마련한 작은 분자였다.

곡물빵에서 두뇌 음식으로

제3 제국 시대의 대표적 국방 생리학자 랑케는 주적을 정확히 알고 있었다. 제국의 가장 큰 적은 동쪽의 러시아도 아니고 서쪽의 프랑스나 영국도 아니었다. 타도의 대상은 바로 피로였다. 전

* Hakenkreuz. 나치의 상징으로 쓰인 〈卐〉 모양의 갈고리 십자가. — 옮긴이주.

사들을 규칙적으로 무기력에 빠뜨리고, 눕게 만들고, 쉬게 하는 정말 처치 곤란한 섬뜩한 적이었다. 게다가 잠자는 군인은 무익하고 무능력할 뿐 아니라 위험하기까지 했다. 그 시간에 적은 깨어 있을 수도 있기 때문이다. 피곤하면 조준을 잘 못하고, 아무렇게나 총을 쏘고, 오토바이와 자동차, 탱크도 능숙하게 운전하지 못한다. 랑케는 단도직입적으로 이렇게 말했다. 〈전투 당일의 긴장 이완은 전투에 결정적인 영향을 미칠 수 있다. (……) 전투의 마지막 15분을 잘 버텨 내는 쪽이 승리할 때가 많다.〉[8]

랑케는 피로와의 싸움을 최우선 과제로 선포했고, 1938년 봄, 그러니까 전쟁 발발 1년 반 전 템러 공장의 화학자 하우실트가 『주간 임상』에 각성제 페르비틴의 효능을 예찬하는 논문을 발표했을 때 무릎을 쳤다. 이 약제가 호흡량을 20퍼센트 늘리고 산소 흡수를 증가시킨다는 주장에 깊은 인상을 받은 것이다. 호흡량과 산소 흡수 증가는 당시 효능 향상의 척도였다. 아무튼 랑케는 그 효능을 검증하기로 결심하고, 의무 장교 생도들로 구성된 블라인드 테스트 그룹을 꾸렸다. 처음에는 90명이던 실험 인원이 나중에는 150명으로 확대되었다. 그는 실험 대상자들을 그룹별로 나누어 페르비틴(P)과 카페인(C), 벤제드린(B), 위약(S)을 제공했다. 그런 다음 밤새 수학과 다른 문제를 풀게 했다. 심지어 두 번째 실험은 오후 8시부터 이튿날 오후 4시까지 이어졌다. 결과는 명확했다. 실험 보고서에 적힌 내용을 보자. 〈위약 그룹〉은 새벽녘쯤 하나같이 책상에 머리를 대고 잠든 반면에 페르비틴 복용 그룹은 여전히 흥분한 상태에서 〈말짱한 얼굴로 (……) 육체적으로나 정신적으로 활력이 넘쳤다〉. 게다가 열 시간 넘게 집중한 뒤에도 이 피험자들은 부대 밖으로 〈외출을 나가려고 했다〉.[9]

그런데 랑케는 실험 보고서에서 긍정적인 면만 발견하지는 않았다. 페르비틴 복용자들은 대뇌에서 더 높은 수준의 추상화를 요하는 프로세스에서 딱히 좋은 성적을 거두지 못했다. 계산 속도가 빨라지기는 했지만 실수가 많았다. 또한 복잡한 문제에서 집중력과 기억력의 증가 현상은 나타나지 않았고, 무척 단순하고 지루한 문제에서만 미미하게 상승했다. 다만 페르비틴의 수면 방지 효과는 분명했다. 더구나 이 약물은 사람을 똑똑하게 만들지도 않았다. 그렇다면 군인에게는 이상적이었다. 군 역사상 체계적으로 이루어진 최초의 마약 실험에서 얻은, 결코 냉소적으로 볼 수 없는 결론이다. 〈피곤에 찌든 부대에 원기를 북돋우는 뛰어난 약품이다. (……) 작전에 투입하는 날 의학적 조치를 통해 병사들의 자연적인 피로를 일시적으로 해소할 수 있다면 이 약품의 탁월한 군사적 의미는 자명하다. (……) 이것은 군사적으로 아주 소중한 물질이다.〉*

이 결과에 고무된 랑케는 정규군을 대상으로 좀 더 큰 규모로 일련의 실험을 제안했다.[11] 그런데 놀랍게도 군에서는 반응이 없었다. 베를린 벤들러블록에 입주해 있던 육군 본부는 이 마약의 폭발력, 그러니까 그 엄청난 가능성과 위험성을 알아차리지 못했다. 출세를 꿈꾸던 랑케는 당시엔 아직 밝혀지지 않은 메커니즘

* 게다가 이 물질은 저렴했다. 랑케의 산정에 따르면 병사 1인당 평균 복용량은 하루 4정으로 약국 구매 가격으로 16페니히인데 반해 커피는 하룻밤에 약 50페니히의 비용이 들었다. 〈그렇다면 이 각성제가 훨씬 경제적이다.〉[10]

으로 뇌를 집중적으로 공격하는 합성 알칼로이드를 군인들에게 필수품으로 보급하는 계획을 수립하고 있었지만,[12] 그의 상관인 의무 본부 행정 간부들은 아직 거기까지 생각이 미치지 못했다. 그들은 기껏해야 병사들에게 곡물빵과 흰 빵 중 어느 것을 보급하는 게 좋을지 그것만 고민하고 있었다. 랑케는 그런 단순한 식량을 넘어 병사들의 두뇌에 공급할 음식을 기획하고 있었다. 그런 점에서는 제국 시대에 군사 의학 아카데미의 전신에 해당하는 기관에서 교육을 받은 베를린 의사이자 작가인 고트프리트 벤 Gottfried Benn이 몇 년 뒤 규범적인 문장으로 표현한 생각을 먼저 하고 있었다. 벤은 현대적 인간을 이렇게 묘사한다. 〈두뇌의 잠재력은 우유가 아니라 알칼로이드로 강화된다. 쉽게 손상되는 이 작은 기관은 피라미드와 감마선, 사자, 빙산에 단순히 접근하는 데 그치지 않고 그것들을 생각으로 만들어 내는데, 우리는 그런 뇌를 물망초처럼 물을 줘서 키울 수는 없다. 우리 뇌 속에는 진부한 생각이 너무 많다.〉[13] 벤의 에세이 「삶의 도발Provoziertes Leben」에 나오는 내용이다. 여기서 말하는 도발은 신경 흐름의 변화이자, 뇌에 특수한 영양을 공급함으로써 떠오르는 새로운 생각과 참신한 아이디어를 가리킨다.

이 각성제의 놀라운 효과에 대한 소문은 자연스레 젊은 의무 장교 생도들 사이에서 빠르게 퍼져 나갔다. 힘든 의학 수업에서 늘 성적에 대한 압박이 컸던 그들은 소위 능력을 향상시켜 준다는 이 약물에서 진정한 기적을 기대했고, 점점 더 많은 양을 복용하기 시작했다. 이로써 당시의 독일 의무 장교 후보생들은 오늘날 리탈린이나 암페타민 유도체 같은 성능 향상 알약에 쉽게 손대는 전 세계 대학생들의 선구자가 되었다. 이런 유행은 랑케의 귀에도 들어갔다. 그의 실험으로 시동이 걸린 유행이었다. 심지어 뮌헨 대학교에서는 과다 복용으로 인해 시체처럼 널브러져 있다고 해서 〈페르비틴 시체〉라 불리는 학생들을 도취 상태에서 깨어나게 하기 위해 따로 치료실까지 마련했다는 이야기가 들려왔다. 그제야 그는 페르비틴의 위험성을 알아차렸다. 자신의 MA 시절에도 시험을 앞두고 있으면 고용량의 페르비틴을 복용하는 것이 관행이었다. 아무튼 결과는 생각보다 심각했다. 한 동료는 염려스러운 심정으로 이렇게 썼다. 〈페르비틴을 과도 복용했다고 자백한 학생들의 시험 성적은 무척 좋지 않았다. 그들은 제정신인 상태에서는 도저히 할 수 없는 말들을 지껄였다.〉[14]

랑케는 1939년에 계획한 페르비틴에 대한 또 다른 실험을 즉시 취소하고, 아카데미의 각 기관장들에게 편지를 써서 이 약물의 중독 위험성을 경고하면서 아카데미에서 페르비틴을 전면 금지해 줄 것을 요청했다.[15] 그러나 그가 불러낸 유령은 이미 그와 군 지휘부의 손을 떠나 버렸다. 메스암페타민은 급속도로 퍼졌고, 불과 몇 주, 몇 달 후에 온 병영을 점령했다.

평화의 시기는 지나고 전쟁의 날이 찾아왔다. 의무 장교들은 임박한 폴란드 침공을 위해 군장을 꾸리면서 시내 약국을 모조리 뒤져 페르비틴을 확보했다. 이 약물은 공식적으로는 국방군의 필수 보급품이 아니었기 때문이다. 물론 아직은 아니었다. 랑케는 지켜볼 수밖에 없었다. 다만 전쟁이 일주일도 채 남지 않았을 때

지휘 참모부의 한 고위 의무 장교에게 편지를 썼다. 〈비상시에만 사용을 제한할 수 없는 약물을 병사들에게 쥐어 주는 것은 당연히 양날의 검입니다.〉[16] 그러나 어떤 경고도 이미 너무 늦었고, 이제 통제되지 않는 대규모 실험이 시작되었다. 각성제 복용에 관한 어떤 지침도 없는 상태에서 대대적으로 약에 취한 국방군은 약에 취하지 않은 무방비 상태의 동부 이웃 국가를 순식간에 밀고 들어갔다.

로봇

〈저는 병원 열차의 운전사로서 수시로 과로와 스트레스에 시달리는데, 그때마다 귀사의 알약은 저와 우리 직원들에게 큰 도움이 되었습니다.〉〈피로 회복이 더 쉬워진 듯합니다.〉 〈이제 저는 다시 생생해졌습니다.〉[17]

1939년 9월 1일에 시작된, 제2차 세계 대전의 도화선이 된 폴란드 침공에서의 메스암페타민 사용에 관한 의료 보고서는 프라이부르크 군사 기록물 보관소의 서류철 하나를 가득 채우고 있다. 대부분 총체적 판단을 위한 대표성과는 상관없는 어지러운 표현들의 집합이다. 물론 전쟁 초기 육군 의무 검열단 고문 생리학자에 임명된 랑케에게도 실제로 그런 보고서들밖에 올라오지 않았다. 체계적 조사는 불가능한 상황이었다. 약물은 아직 조직적으로 투입된 게 아니라 각 지휘관이나 의무 장교, 병사의 성향에 따라 자의적으로 사용되었기 때문이다.

예를 들어 그라우덴츠 인근에서 비스와강을 건넌 뒤 동프로이센으로 방향을 틀어 브레스트-리토프스크로 진격한 제3 기갑 사단의 보고서에 적힌 페르비틴의 효과를 보자. 〈희열감, 주의력 증가, 뚜렷한 능력 향상. 작업의 빠른 실행, 명백한 각성 효과, 활력의 증가. 하루 종일 일해도 피곤한 줄 모르고, 우울증이 제거되고, 정상적인 상태로의 신속한 복귀를 돕는다.〉[18]

전쟁은 어떻게든 끝마쳐야 할 과제다. 마약은 기갑 부대원들이 낯선 땅에서 무엇을 해야 할지 몰라 우왕좌왕하거나 너무 많은 생각을 하지 않도록 도왔고, 자신이 해야 할 임무에만 집중하게 만들었다. 그게 설사 사람을 죽이는 일이라고 하더라도 말이다. 〈다들 생기와 활력이 넘치고, 기강은 훌륭하다. 가벼운 희열감이 나타나고 추진력은 커진다. 정신적으로 고무되고 의욕이 넘친다. 사고(事故)는 없다. 효과 지속 시간은 길다. 4정 복용 후에는 복시(複視)와 색각(色覺) 이상 현상이 관찰된다.〉[19] 심지어 즐거운 느낌의 가벼운 환각이 승리에 도취된 병사들로 하여금 나중에는 폴란드에서의 잔인한 나치 범죄를 가능케 했다. 〈배고픔을 느끼지 않는다. 특히 적극적 임무 수행을 독려하는 데 큰 도움이 된다. 그 효과는 상상할 수 없을 정도로 뚜렷하다.〉

한 육군 중령은 약물에 대한 자신의 긍정적 경험을 다음과 같이 보고했다. 〈후유증은 없었고, 두통도 없었으며, 귀는 웽웽 울리지 않았고, 정신은 놀라울 정도로 맑았다.〉 그는 사흘 밤낮 동안 브레스트-리토프스크에서 상쾌한 기분으로 러시아인들과 협상했다. 협공한 영토의 분할을 다루는 협상이었다. 귀환 길에 폴란드 방어군과 마주쳤을 때는 메스암페타민이 〈특히 많은 도움이 되었다〉고 썼다.[20] 그때 얼마나 많은 사람이 죽었는지는 기록에 남아 있지 않다.

마약은 많은 사람에게 전쟁터의 이상적인 동반자였다. 두려움이나 소심함 같은 감정을 무장 해제시켜 전투를 수월하게 이끄는 동력이었다. 야간 진격을 앞두고 있을 때는 〈주의력 향상을 위해 항상 자정 무렵에 모든 지휘관과 전차 운전병들〉이 마약을 복용했다. 그것은 도중에 멈추어 버린 전차를 견인할 때나 사격을 할 때나, 아니면 〈자동으로 장비를 조작할 때〉도 마찬가지였다.[21]

연말까지 폴란드 군인 10만 명과 민간인 6만 명이 목숨을 잃은 이 침공에서 각성제는 〈조금도 피로한 기색 없이 임무를 완수하는 데〉 큰 도움이 되었다. 한마디로 모든 것이 한결 수월하게 돌아가도록 에너지를 공급하는 물질이었다. 9군단 소속의 한 의무 장교는 격정적으로 이렇게 보고했다. 〈저는 부대원의 마지막 힘까지 쏟아부어야 하는 치열한 전투에서 페르비틴을 공급받은 부대가 다른 부대보다 우월하다고 확신합니다. 따라서 본 군의관은 항상 의무 장비 일지에 남은 페르비틴의 양을 기록해 두고 있습니다.〉[22]

〈능력 향상은 1939년 9월 1~4일까지의 장기 전투에서 전차 운전병과 전차 사수들에게서도 분명히 확인되었습니다. 그건 정찰 부대도 마찬가지입니다. 고되고 기나긴 야간 작전 때나 정찰 임무 수행 때 주의력과 경계심을 끌어올리려고 이 약물을 사용했는데 대성공이었습니다.〉 또 다른 보고서에 나오는 내용이다. 〈특히 스트레스가 심한 사단 참모부 장교들의 경우 이 약은 작업 능률과 기분에 탁월한 효과를 발휘했습니다. 장교들은 예외 없이 페르비틴의 주관적, 객관적 능력 향상 효과를 인정했습니다.〉

〈주의력 향상〉은 전차 운전병에게서만 나타나지 않았다. 한 대령 의무관은 이렇게 설명했다. 〈가끔 새벽부터 늦은 저녁까지, 슐레지엔에서 보헤미아-모라비아, 슬로바키아를 거쳐 폴란드의 렘베르크까지 이어지는 기나긴 길을 폭염과 먼지 구름, 열악한 도로 상황 속에서 달려야 하는 모터사이클 운전병들에게는 초인적인 인내와 노력이 필요했다. 그때 알약이 주어졌다. 약의 효용은 아무도 가르쳐 주지 않았지만 부대원들은 곧 스스로 경험한 놀라운 효과를 통해 자연스럽게 이 약을 어떤 목적에 사용해야 하는지 깨달았다.〉[23] 템러사의 마약과 랑케가 개발한 신형 방진 고글로 무장한 튜턴족의 이지 라이더들Easy Rider이었다.

각성제를 복용하지 않으면 사고 위험이 더 높아진다는 억측도 아무렇지도 않게 제기되었다. 한 대령 의무관은 이렇게 보고했다. 〈운전병들은 대개 피로로 인해 사고를 내는 경우가 많은데, 만일 페르비틴 같은 흥분제를 적시에 투여했더라면 그런 사고는 막을 수 있었을 것이다.〉[24] 메스암페타민이 교통사고를 막는다고? 오늘날 교통경찰이 들으면 기가 막혀 고개를 절레절레 흔들 일이다.

물론 비판의 목소리도 있었다. 나중에 스탈린그라드에서 사망한 한 6군단 의무관은 예하 부대 의무 장교들에게서 올라온 여러 보고서를 분석한 뒤 랑케에게 다음과 같이 보고했다. 〈모순적인 보고들을 종합해 볼 때 페르비틴이 결코 무해한 약물이 아님은 의심할 바가 없어 보입니다. 따라서 페르비틴을 각 부대에 임의적으로 사용하도록 맡기는 것은 결코 적절해 보이지 않습니다.〉[25] 그러니까 대령은 이 각성제가 완전히 안전한 것은 아니라고 판단한 것이다. 그러나 현실은 달랐다. 페르비틴에 대한 관심은 곳곳에서 일었다. 4군단 보고서의 마지막 문장이 그런 현실을 상징적으로 보여 준다. 〈실험의 속행을 위해 (……) 더 많은 페르비틴 알약을 요청합니다.〉[26]

번아웃

독일의 폴란드 침공과 함께 영국과 프랑스는 1939년 9월 3일 전쟁을 선포했다. 그러나 전쟁이라는 독약을 입에 넣기만 했지 실제로 삼키지는 않았다. 처음에는 서부 전선에서 총소리가 울려 퍼지지 않았다. 양쪽 군인들은 전선을 사이에 두고 몇 달 동안 움직임 없이 대치만 했다. 이른바 앉은뱅이 전쟁이었다. 싸우고 싶은 사람은 아무도 없었다. 4년 동안 참호에서 거의 나오지 않고 지루하게 싸우면서 수백만 명의 목숨을 앗아간 제1차 세계 대전의 충격이 여전히 뼛속 깊이 남아 있었다. 전선에는 이런 현수막이 걸려 있었다. 〈먼저 쏘지 않으면 우리도 쏘지 않는다.〉[27] 1914년과는 달리 어느 쪽도 전쟁에 대한 열정이나 민족주의적 자부심은 없었다. 골로 만은 이렇게 썼다. 〈독일인이 전쟁을 시작했지만,

실제로 전쟁할 마음이 있는 사람은 없었다. 민간인도, 군인도, 심지어 장군도.)[28]

딱 한 사람만 달랐다. 히틀러는 가능한 한 빨리, 그것도 그해 가을이 가기 전에 프랑스를 공격하고 싶었다. 그런데 한 가지 문제가 있었다. 서방 연합군은 장비나 전력 면에서 독일군보다 우월했다. 나치의 대외 선전과는 달리 독일군은 그렇게 우수한 군대가 아니었다. 아니, 객관적인 전력은 분명히 떨어졌다. 예를 들어 독일군은 폴란드 침공 이후 시급히 장비를 교체해야 했다. 대부분의 사단은 장비를 제대로 갖추지 못했고, 당장 작전에 투입할 수 있는 전력은 절반도 채 되지 않았다.[29] 반면에 프랑스군은 당시 세계에서 가장 강력한 군대로 여겨졌고, 영국은 세계 도처에 널린 식민지 덕분에 전시 경제를 지원할 거의 무한한 자원을 갖고 있었다.

단순 숫자상의 비교도 많은 것을 시사한다. 독일이 앞서는 것은 병력 수뿐이었다. 독일군은 300만 명에 가깝고, 연합군은 100만 명이었다. 사단 수는 독일이 135개, 연합군은 151개였다. 반면에 대포는 독일이 7,378문, 연합군은 약 1만 4,000문이었다. 육상 전력인 전차에서도 현격한 차이를 보였다. 독일군 2,439대 대 연합군 4,204대였다. 게다가 전차의 강철 두께에서도 비교가 되지 않았다. 독일군 전차는 두께가 30밀리미터에 불과한 반면에 프랑스군은 60밀리미터, 영국군은 80밀리미터였다. 두 배 이상의 격차였다. 공군력도 마찬가지였다. 독일군은 전투기 3,578대를 소유하고 있었고, 연합군은 실전 배치할 수 있는 전투기가 무

려 4,469대에 이르렀다.[30]

  일반적인 군사 법칙상 성공적인 침략을 위해서는 공격자의 전력이 세 배는 더 뛰어나야 했다. 그런 측면에서 보자면 독일군 최고 사령부가 승리를 보장하는 전쟁 계획을 수립하지 못한 것은 놀라운 일이 아니다. 그러나 히틀러는 이런 현실을 무시하고 아리아인의 탁월한 전사적 투지가 어떻게든 전쟁을 승리로 이끌 거라고 확신했다. 그러다 보니 폴란드 침공에서 약에 도취되어 거둔 전과에 잘못 영감을 받아 틈만 나면 〈독일 군인의 기적적인 용맹성〉에 대해 이야기했다.[31]

  사실 독재자도 당황했다. 영국과 프랑스의 선전 포고는 예상치 못했다. 히틀러는 마지막 순간까지 서방이 체코슬로바키아 병합 때처럼 폴란드 침공에 대해서도 겁만 주고 실질적인 대응은 하지 않으리라고 예상했다. 그러나 상황은 다르게 돌아갔다. 독일은 갑자기 아무런 대비도 없이 서유럽 전체를 상대로 혼자 전쟁을 치러야 했다. 히틀러는 제국을 출구 없는 상황으로 몰고 갔다. 이제는 돌아가려야 돌아갈 수도 없었다. 그의 참모총장 프란츠 할더Franz Halder는 이렇게 경고했다. 「시간을 최대한 활용하지 않으면 시간은 우리에게 불리하게 작용할 것입니다. 그사이 적들은 경제적 자원을 더욱 강화할 테니까요.」[32] 그렇다면 이제 어떻게 해야 할까? 히틀러에게는 무작정 앞으로 밀어붙이는 것 말고는 대안이 떠오르지 않았다. 수학처럼 냉철하게 계획을 준비하고 있던 독일군 최고 사령부는 히틀러의 독촉에 경악했다. 〈보헤미아 일병〉이라는 별칭으로 불리던 히틀러는 어차피 참모부 장교들에게는 통통 튀는 착상과 변덕스러운 직관 때문에 인기가 없었고, 군사 방면에서는 아마추어라는 수군거림을 받았다. 제대로 준비하지 않고 공격하면 제1차 세계 대전 때와 같은 패배만 다시 당할 뿐이었다. 그 때문에 독재자에 대한 쿠데타까지 모의되었다. 총사령관 발터 폰 브라우히치Walter von Brauchitsch와 참모장 할더는 만일 히틀러가 공격 명령을 내리면 체포할 작정이었다. 그런데 1939년 11월 8일 뮌헨의 대형 비어홀에서 게오르크 엘저Georg Elser의 히틀러 암살 시도가 실패로 돌아가자 이 계획도 무산되었다.

1939년 가을 코블렌츠에서 두 명의 최고위급 장교가 만나 대담한 구상을 수립했다. 성격이 급하고 늘 뺨이 붉은 52세의 에리히 폰 만슈타인Erich von Manstein 장군과 한 살 연하의 하인츠 구데리안Heinz Guderian 기갑 총감의 만남이었다. 두 사람은 머리를 맞대고 국방군의 유일한 승리 가능성을 짜냈다. 다들 전차가 지나갈 수 없는 곳으로 여기는 벨기에의 아르덴산맥을 넘어 수일 내에 프랑스 국경 도시 스당에 도달한 뒤 곧장 대서양 해안으로 돌진하자는 것이다. 연합군은 한참 더 북쪽에서 공격해 오리라 예측하고 그곳에 병력을 집결시키고 있었다. 그렇다면 기습 공격으로 적 진영을 〈낫질하듯이〉 두 동강으로 잘라 협공할 수 있다(일명 낫질 작전). 제국이 승리를 거두지 못한 제1차 세계 대전 때와 같은 참호전과 소모전은 피해야 한다. 방법은 후방 기습으로 압도적인 전력의 연합군을 갈라 쳐서 항복을 받아 내는 것뿐이다. 한마디로 전광석화 같은 기습전이었다.

독일 참모부는 이 과감한 제안에 고개만 흔들었다. 전차는 다른 병과의 작전을 지원할 수는 있지만, 거친 산악 지형을 통과하기 어렵거니와 기동성을 발휘하면서 독자적으로 작전을 펼칠 수 없는 육중한 괴물 정도로 여겨졌기 때문이다. 참모부는 계획된 진격 경로를 정신 나간 짓으로 치부하면서 도박사 폰 만슈타인의 입을 다물게 하려고 장차 벌어질 전장에서 멀리 떨어진 발트해 연안의 슈체친으로 전출시켰다. 그러면서 히틀러의 끊임없는 공격 독촉에는 계속 새로운 변명을 늘어놓았다. 악천후 때문에 공격할 수 없다는 변명만 벌써 수십 차례에 이르렀다. 사실 당시 독일군의 무기 체계는 쾌청한 날씨에만 사용할 수 있었고, 공군력 역시 구름 한 점 없는 하늘에 의존했다.

이로써 서부 전선은 한순간 깊은 잠에 빠졌다. 1939년 10월 랑케가 프랑스 로렌과 국경을 맞대고 있는 팔츠 지방의 소도시 츠바이브뤼켄을 방문했을 때는 곳곳에 대전차 장애물만 설치되어 있을 뿐 병사들은 대부분 스카트 같은 카드놀이를 하거나, 한가하게 담배를 피우거나(일일 배급량은 일곱 개비였다), 축구를 하거나, 감자 수확을 돕고 있었다. 이런 평화로운 모습은 몇 킬로미터밖에 떨어져 있지 않은 프랑스군을 안심시켰다.

그렇다면 독일군은 완전히 손을 놓고 있었을까? 아니다. 그들은 언제든 다른 모드로 전환할 준비를 하고 있었다. 주머니 속에 늘 각성제를 갖고 다닌 것이다. 랑케의 말을 들어 보자. 〈대다수 장교들이 페르비틴을 지니고 다녔다. (……) 기계화 부대든 다른 부대든 일단 먹어 본 사람들은 하나같이 그 효과의 우수성을 증명해 주었다.)[33] 공동묘지의 고요함 같은 평화에도 불구하고 다들 언제든 공격을 개시할 수 있음을 알고 있었다. 그러려면 한순간에 깨어나 최고의 몸 상태에 도달해야 했다. 그 때문에 연습 삼아 페르비틴을 부지런히 복용하고 있었다.

랑케는 이러한 사전 연습 형태의 사용에 깜짝 놀라 다음과 같이 썼다. 〈문제는 페르비틴을 도입하느냐 마느냐가 아니라 그 사용을 어떻게 통제하느냐 하는 것입니다. 페르비틴은 의료적 감독 없이 대량으로 사용되고 있습니다.〉 그는 사용을 규제하고, 〈동쪽(폴란드 출정)의 경험을 서쪽에서도 생산적으로 활용할 수 있도록〉 첨부 문서 형태로 사용 지침을 만들어야 한다고 강력히 촉구했다.[34] 그러나 그와 관련해서는 아무 일도 일어나지 않았다.

페르비틴이 얼마나 자연스럽게 받아들여지고 얼마나 넓게 퍼져 있는지는 랑케 자신이 약물을 정기적으로 복용하면서 전시 의료 일기와 편지에 그 느낌을 허심탄회하게 기록한 것만 봐도 알 수 있다. 그는 템러 알약 두 정을 먹으면 일상의 근무가 한결 수월해질 뿐 아니라 스트레스가 사라지고 기분도 개선되었다고 썼다. 물론 의존성의 위험을 알고 있었지만 자칭 페르비틴 전문가로서 중독에 대한 개인적인 결론은 내리지 않았다. 그에게 그 물질은 스스로 적정량이라고 여기는 만큼 충분히 탐닉해도 되는 의약품이었다. 부작용이 나타나면 이를 있는 그대로 인지하는 것이 아니라 자신을 속이기까지 했다. 〈페르비틴에도 불구하고 오전 11시부터 점점 두통과 소화 불량이 심해졌다.〉 한 동료에게 보낸 편지에서는 노골적으로 이렇게 썼다. 〈이것은 (……) 집중력을 뚜렷이 강화시키고 어려운 과제에 맞닥뜨렸을 때 안정감을 불러일으키네. 그렇다면 페르비틴은 단순히 각성제가 아니라 기분을 현저히 상승시키는 신경 강화제네. 게다가 과다 복용을 해도 지속적인 손상은 관찰되지 않았네. (……) 페르비틴을 복용하면 즉각 특별한 피로감 없이 36~40시간 동안 쉬지 않고 일할 수 있다네.〉[35]

이틀 밤낮 연속으로 깨어 있는 것은 이제 그 국방 생리학자의 일상이 되었다. 전쟁 발발 첫 몇 달 동안 랑케는 최고 마력(馬力)으로 일했고, 페르비틴 강연을 하던 전선과, 연구소 확장을 준비하던 제국 수도 사이를 쉴 새 없이 오갔다. 요구는 감당하지 못할 수준으로 많아졌고, 효능이 떨어지지 않게 하려고 점점 더 규칙적으로 마약을 복용했다. 결국 전형적인 번아웃 상태에 빠지기까지는 오래 걸리지 않았다. 물론 아직 이 개념이 없던 시절이었지만 말이다. 아무튼 그럼에도 그는 일지에 다음과 같이 대담하게 기록했다. 〈개인적인 내용을 덧붙이자면 우울증이 사라졌다. 8월 11일부터는 다시 정상 근무가 가능해졌다.〉[36] 하지만 밤늦게야 잠자리에 드는 일이 많았고, 이튿날에는 〈잠을 충분히 자지 못해 두 다리로 버티고 설 힘조차 없다〉고 하소연했다. 이는 서서히 중독으로 빠져드는 전형적인 증세였다. 그는 더 이상 어쩔 수 없는 상태였음에도 화학 물질의 도움으로 자신의 한계를 점점 더 멀리 벗어나고자 했다. 물론 그게 항상 성공하지는 않았다. 〈1939년 11월 19일. 임박한 회의와 감독에 대한 압력으로 근무 불능 상태에 빠졌다.〉[37] 전쟁 스트레스와 페르비틴 소비 사이에서 스스로를 갉아먹은 사람은 랑케만이 아니었다. 그 무렵 그의 서신들을 보면 점점 더 많은 장교가 원활한 임무 수행을 위해 약을 복용하고 있었다는 사실이 드러난다.

중독은 군대 밖에서도 만연했다. 1939년 제3 제국에서 페르비틴 소비는 가히 열풍이라 부를 만했다. 폐경기 주부들은 〈약물을 사탕처럼〉 쪽쪽 빨아 먹었고,[38] 산후 우울증에 시달리는 젊은 엄마들은 수유 전에 메스암페타민을 삼켰으며, 결혼 중개소를 통해 엘리트 남편을 찾는 과부들은 첫 만남에서의 심리적 압박감을 이겨 내려고 약에 손을 댔다. 그사이 적용 분야는 무한정 늘어났다. 조산(助產), 뱃멀미, 고소 공포증, 꽃가루 알레르기, 정신 분열증, 불안 장애, 우울증, 의욕 상실, 뇌 장애 할 것 없이 불편함을 겪는 어떤 일에서건 페르비틴을 찾는 일은 점점 일상이 되어 갔다.[39]

심지어 전쟁 발발 이후에는 커피를 구하기 어려웠기 때문에 몸에 활력을 주려고 아침 식사 때 묽은 커피에 메스암페타민을 타서 마시기도 했다. 고트프리트 벤은 화학적인 측면에서도 예외적인 이 시기에 대해 이렇게 썼다. 〈페르비틴은 폭격기 조종사와 벙커 공병에게 주입하는 것을 넘어 상급 학교 학생들의 두뇌 향상을 위해서도 사용할 수 있다. 어떤 이에겐 이것이 사도(邪道)로 비칠 수도 있겠으나, 실은 인간성의 자연스러운 발현일 뿐이다. 리듬이든, 약물이든, 현대적 자율 훈련이든 견딜 수 없을 만큼 늘어난 긴장을 극복하려는 것은 인간의 원초적 욕망이다.〉[40]

1939년 늦가을 독일 보건청은 더 이상 이런 유행을 간과할 수 없었다. 오늘날 보건부 장관에 해당하는 〈제국 보건 지도자〉 레오 콘티Reo Conti는 비록 조금 늦기는 했지만, 〈전 국민이 마약 중독에 빠지는〉 상황을 막으려고 대응에 나섰다.[41] 그는 〈복용 후의 긍정적 효과는 사후의 이상 반응으로 무용지물〉이 된다는 점을 지적하면서 법적 토대를 강화하기 위해 법무부에 서신을 보내 〈페르비틴 내성으로 상당수 인구가 마비될 수 있다는 우려〉를 표했다. 〈페르비틴으로 피로를 풀려고 하는 사람은 육체적, 정신적 잠재력이 점차 감소하면서 급기야 탈진 상태에 이를 수 있습니다.〉

콘티는 개인적인 포고문의 형태로 자원 봉사자들에게 호소하며 마약 퇴치에 나섰다. 전형적인 나치 선전 수법이었다. 〈현 시대는 모든 독일 남성과 여성이 수상쩍은 쾌락에 탐닉하는 것을 금지해야 할 정도로 심각한 상황에 처해 있습니다. 오늘날 도취 약물에 대한 개인적 거부가 과거 어느 때보다 절실하고 적절합니다. (……) 도취 약물의 소비로 위협받는 독일 가정을 보호하고 강화하는 일에 함께 나서 주십시오. 이를 통해 여러분이 우리 국민의 내적 저항력을 높일 수 있습니다.〉[42]

1939년 11월 콘티는 페르비틴을 〈처방전 의무 약품〉[43]으로 묶었고, 몇 주 후에는 베를린 시청에서 독일 국가 사회주의 의사 연맹 회원들을 앞에 두고 연설하면서 〈중독 증세로 발생할 수밖에 없는 새롭고 거대한 위험성〉을 경고했다.[44] 그러나 그의 말은 딱히 진지하게 받아들여지지 않았다. 소비는 계속 증가했다. 많은 약사가 새로운 처방전 규칙을 엄격하게 지키지 않았고, 처방전 없이도 아무렇지 않게 고객들에게 약제를 내주었다. 따라서 하루에 페르비틴 앰플을 여러 번 주사하거나 한 번에 알약을 수백 개

구입하는 것도 여전히 문제가 되지 않았다.[45]

군인들의 상황도 비슷했다. 어차피 처방전 의무 규정은 민간에만 국한될 뿐 군에는 해당되지 않았다. 그러나 콘티는 포기하지 않았다. 〈우리의 젊은 군인들이 몹시 초췌하고 암담하고 상태가 좋지 않아 보이는〉 것을 관찰한 그는 페르비틴의 〈사용과 남용, 가능한 손상〉과 관련해서 국방군에 입장을 요구했다. 이로써 실제 전쟁에 앞서 정부 내에서 치열한 마약 전쟁이 벌어졌다. 그러나 보건청은 민간 당국일 뿐이었다. 군은 민간 당국의 개입에 즉각 반발했다. 〈국방군은 의약품 사용으로 (……) 병사들의 일시적인 사기 진작이나 피로 회복 효과를 불러일으킬 수 있다면 그것을 결코 포기할 수 없습니다.〉 육군 의무 총감의 차갑고 명확한 회신 내용이다.[46]

콘티가 육군 의무 총감에게 항의 서한을 보낸 1940년 2월 17일 독일 총통실에서는 제2차 세계 대전의 향후 전개에 막대한 영향을 끼친 사건이 일어났다. 히틀러와 폰 만슈타인 장군, 그리고 막 기갑 부대 사령관에 임명된 에르빈 로멜Erwin Rommel의 만남이었다. 폰 만슈타인은 평소처럼 주머니에 양손을 푹 찔러 넣은 채, 최고 참모부에서는 누구도 귀담아듣지 않았던 자신의 대담한 공격 계획을 자세히 설명했다. 장군들의 말을 끊기 일쑤던 히틀러도 폰 만슈타인이 험악한 산악 지형을 지나 프랑스군과 영국군을 뒤에서 기습할 방법에 대해 설명할 때는 마치 마법에 걸린 사람처럼 귀를 기울였다.[47] 사실 속으로는 노골적으로 거드름을 떨며 군사 지식을 뽐내는 이 장군이 몹시 불편했다. 그것은 기록에도 분명히 나타난다. 〈뛰어난 전략적 재능을 지닌 무척 영리한 인간인 것은 분명하지만 나는 그를 믿지 않는다.〉[48] 아무튼 그럼에도 히틀러는 기습에 기초한 이 전략을 즉시 확신했다. 성공을 결정짓는 것은 시간이다. 군사 장비만으로는 승리를 거두지 못한다. 시간과 속도, 아이디어가 결정적이다. 그렇다면 독일군의 물리적 열세가 더 이상 공격을 미룰 이유가 될 수 없었다. 히틀러는 이 구원의 지푸라기를 주저 없이 움켜잡았다. 〈총통은 작전에 동의를 표했고, 얼마 뒤 새로운 최종 진군 지침이 하달되었다.〉 폰 만슈타인이 자랑스럽게 비망록에 적은 내용이다.[49]

문제는 아르덴산맥을 과연 신속하게 돌파할 수 있느냐는 것이었다. 전차가 험악한 지형에 갇혀 오도 가도 못할 수 있었고, 아니면 소수 병력이기는 하지만 그곳을 지키는 적군의 공격으로 시간이 지체될 수도 있었다. 그러면 연합군은 즉각 북쪽과 남쪽에서 지원군을 급파해서 독일군을 협공할 것이다. 기습적인 낫질 작전이 성공하려면 밤낮 없이 달리고 방해 없이 돌진해야 했다. 그러려면 잠을 자지 않아야 하는데 그게 가능하겠느냐는 것이다. 히틀러는 이런 식의 온갖 회의를 일축했다. 독일 병사는 필요하다면 불굴의 의지로 몇 날 며칠 동안 자지 않고 전투태세를 굳건히 유지할 수 있다는 것이다. 제1차 세계 대전 당시 자신이 플랑드르 참호에서 통신병으로 근무할 때처럼 말이다.

사실 독일 병사들에게는 굳이 그런 불굴의 의지를 요구할 필요가 없었다. 페르비틴을 두고 어디다 쓰겠는가! 육군 최고 사령부는 머리를 맞대고 새로운 돌격 계획을 열심히 짜기 시작했다. 여기에는 의료 계획도 포함되어 있었는데, 군사 의학 아카데미에서 실시한 실험을 활용할 좋은 기회였다. 공격 3주 전인 1940년 4월 13일이었다. 육군 의무 총감 안톤 발트만Anton Waldmann이 육군 총사령관 폰 브라우히치 대장에게 의료 관련 계획을 설명했다. 주제는 〈신중해야 하지만 특수한 상황에서 필요한 페르비틴 사용에 관한 문제〉였다.[50] 랑케도 이 자리에 참석하라는 명령을 받고 군사 의학 아카데미에서 육군 본부로 수차례 달려갔다. 그는 총참모부에 보고할 내용을 면밀히 준비했고, 거기다 국방군을 위한 맞춤형 페르비틴 지침서도 작성했다.[51]

4월 15일 랑케는 아르덴 진격을 총지휘하는 폰 클라이스트 기갑 부대의 군단 의무관으로부터 편지를 받았다. 이 부대에서는 마약 사용을 이미 부지런히 연습하고 있었다. 〈페르비틴은 각성제로서 심한 육체적, 정신적 노동 후에 나타나는 피로 증상, 특히 (……) 상당 수준의 정신적 생동감과 이해력, 집중력, 판단력을 요하는 정신노동자 및 병사들의 피로 증상을 개선하고 수면 욕구를 떨어뜨리는 데 적합해 보입니다. 그 효과는 (……) 폴란드 출정, 장거리 행군과 기동력 훈련에 참여한 병사들, 수많은 의무 장교와 일반 장교의 자가 실험을 통해 확인되었습니다.〉[52] 이제 낫질 작전의 카운트다운이 시작되었고, 랑케는 템러사에 즉시 생산량 증가를 요청했다. 이틀 뒤, 그러니까 1940년 4월 17일 군 역사상 유례가 없는 문서가 국방군에 배포되었다.

「각성제 시행령」이라는 이 문서는 1,000명의 하위 부대 군의관과 수백 명의 군단 군의관, 고위급 의무관 및 나치 무장 친위대의 해당 부서에 전달되었다. 문서의 첫 단락은 건조하면서도 위험했다. 〈우리는 폴란드 출정의 경험을 통해 군사적 성공이 특정 상황에서 심한 스트레스를 받는 부대원들의 피로 극복 여하에 달려 있다는 사실을 깨달았다. 만일 수면 때문에 군사적 성공이 위태로워지는 특수 상황이라면, 수면 극복은 그로 인한 다소의 건강 손상보다 더 중요할 수 있다. 수면 격파를 위해서는 (……) 각성제를 사용해도 된다. 페르비틴은 체계적으로 의료 장비에 포함되었다.〉[53]

이 텍스트는 랑케가 작성했고, 폰 브라우히치 육군 총사령관이 서명했다. 복용량은 하루 한 알로 정해졌고, 야간에는 〈예방 차원에서 짧은 간격으로 2정을 복용하고, 필요시에는 3~4시간 후 1~2정을 더 복용〉할 수 있었다. 또한 예외적인 경우에는 〈24시간 이상 수면을〉 막는 것도 가능하다고 규정되었다. 여기서 예외적 상황은 침공이 아니었을까? 이 시행령은 중독의 가능한 증상으로 〈공격적 성향〉을 언급했는데, 이것은 경고일까, 아니면 장려책일까? 게다가 거기에는 다음 내용도 적혀 있었다. 〈적정량을 복용하면 자신감이 뚜렷이 상승하고, 힘든 과제를 앞두고 두려움이 줄어든다. 또한 알코올 섭취 때처럼 감각적 기능이 저하되지 않으면서 심리적 압박감을 해소할 수 있다.〉[54]

독일 국방군은 화학 약품에 의존한 세계 최초의 군대였고, 이약품의 공식적 투입을 설계한 사람은 페르비틴에 중독된 국방 생리학자 랑케였다. 이로써 예전에 없던 새로운 형태의 전쟁이 다가오고 있었다.

Anweisung für den Sanitätsoffizier über das Weckmittel Pervitin

1. Wirkungsweise.

Pervitin ist ein Arzneimittel, das durch zentrale Erregung das Schlafbedürfnis beseitigt. Eine Leistungssteigerung über die Wachleistung hinaus kann nicht erzielt werden. Bei richtiger Dosierung ist das Selbstgefühl deutlich gehoben, die Scheu vor Inangriffnahme auch schwieriger Arbeit gesenkt; damit sind Hemmungen beseitigt, ohne daß eine Herabsetzung der Sinnesleistungen wie bei Alkohol eintritt. Bei Überdosierung tritt hinzu Schwindelgefühl und Kopfschmerz sowie gesteigerter Blutdruck. Rund in $^1/_{10}$ der Fälle versagen die Weckmittel auch bei richtiger Dosierung.

2. Dosierung.

Zur Überwindung der Müdigkeit nach eingenommener Mahlzeit genügt gewöhnlich 1 Tablette mit 0,003 g Pervitin. Bei starkem Schlafbedürfnis nach Anstrengung besonders in der Zeit zwischen 0 Uhr und dem Morgengrauen sind vorbeugend 2 Tabletten kurz nacheinander und nötigenfalls weitere 1—2 Tabletten nach 3—4 Stunden einzunehmen. Weckmittel sind überflüssig, solange die Kampferregung anhält.

Werden 0,04 g = etwa 12 Tabletten und mehr auf einmal einverleibt, ist mit Vergiftung zu rechnen.

3. Anwendungsbereich.

Die Weckmittel dürfen nicht eingenommen werden, solange unvorhergesehene Rasten zum Schlaf ausgenutzt werden können. Die Anwendung verspricht in erster Linie Erfolg beim Kolonnenmarsch mot. Verbände bei Nacht sowie bei übermüdeten Personen nach Wegfall der Kampferregung. Nur in zwingenden Ausnahmefällen darf mehr als 24 Stunden lang der Schlaf durch Weckmittel verhindert werden.

4. Ausgabe.

Nur auf Anweisung eines San. Offiziers wird durch das San. Personal nur je eine Tagesmenge ausgegeben. Der Verbrauch ist zu kontrollieren.

5. Wirkungszeit.

Die volle Wirkung tritt bei leerem Magen 15 Minuten nach der Einnahme, bei vollem Magen nach etwa ½—1 Stunde ein. Die schnelle Aufnahme bei leerem Magen führt gelegentlich zu rasch vorübergehenden Überdosierungserscheinungen.

6. Darreichung.

Zweckmäßig in einem Schluck nicht zu heißen Getränkes gelöst, notfalls auch als trockne fast geschmacklose Tablette.

7. Wirkungsdauer.

Einmal 2 Tabletten beseitigen das Schlafbedürfnis für 3—8 Stunden, zweimal 2 Tabletten gewöhnlich für etwa 24 Stunden. Bei starker Übermüdung ist die Wirkung verkürzt und vermindert.

8. Gegenanzeige.

Bei Nervösen und Vagotonikern (langsamer Ruhepuls) können die Weckmittel zu harmlosen aber leistungsmindernden Erregungszuständen mit Kopfschmerzen und Herzklopfen führen. Wer einmal so auf diese Weckmittel anspricht, soll keine Weckmittel mehr nehmen. Bei Anlage zu Nierenkrankheiten, Herzkrankheiten und schweren Blutgefäßkrankheiten sowie bei allen fieberhaften Erkrankungen sind Weckmittel verboten. Im Alkoholrausch sind

의무 장교를 위한 각성제 페르비틴 지침

1. 작용 방식

페르비틴은 중추 신경계를 흥분시켜 수면 욕구를 제거하는 의약품
이다. 각성 효능 이상의 능력 향상은 달성할 수 없다. 적정량을 복용
하면 자신감이 뚜렷이 상승하고, 힘든 과제를 앞두고 두려움이 줄어
든다. 또한 알코올 섭취 때처럼 감각적 기능이 저하되지 않으면서 심
리적 압박감을 해소할 수 있다. 다만 과도 투여 시에는 현기증과 두
통, 혈압 상승이 나타난다. 게다가 적정량의 복용에도 각성 효과는
나타나지 않는 경우도 열 명 중 한 명꼴로 있다.

2. 복용량

식후 졸음을 없애는 데는 보통 페르비틴 0.003g 함량 1정이면 충분
하다. 고된 노동 후 잠이 쏟아질 때, 특히 자정과 새벽 사이에 잠이 몰
려올 때는·예방 차원에서 짧은 간격으로 2정을 복용하고, 필요 시에
는 3~4시간 후 1~2정을 더 복용해도 된다. 전의(戰意)가 아직 살아
있을 때는 각성제를 먹을 필요가 없다. 0.04g, 즉 약 12정 이상을 한
번에 섭취하면 중독이 예상된다.

3. 적용 범위

수면 시간이 충분히 주어질 경우 각성제를 복용해서는 안 된다. 이
약물은 일차적으로 기계화 부대의 야간 행군 및 전의 소멸 뒤 극도
의 피로감을 느낄 때 효과적으로 작용한다. 예외적인 경우에만 24시
간 이상 수면을 막기 위해 각성제를 투여할 수 있다.

4. 투여

위생병은 군의관의 지시에 따라 1일 1회만 부대원에게 페르비틴을 제공한다. 소비는 통제되어야 한다.

5. 효과 발현 시간

공복 시에는 복용 15분 후 온전한 효과가 나타나고, 배가 차 있을 경우는 30분에서 1시간 사이에 나타난다. 공복 상태에서의 빠른 흡수는 가끔 과다 복용 시의 일시적 부작용과 유사한 증상을 일으키기도 한다.

6. 섭취 방법

미지근한 물과 함께 섭취한다. 비상시에는 물 없이 복용할 수도 있다. 맛은 거의 없다.

7. 작용 시간

한 번에 2정을 복용하면 3~8시간 동안, 2정을 두 번 복용하면 보통 약 24시간 동안 수면 욕구를 없앨 수 있다. 너무 피곤할 경우에는 작용 시간이 단축되고, 효과도 줄어든다.

8. 주의 사항

신경증 환자와 미주 신경 이상자의 경우 건강에는 해롭지 않지만 두통과 심장 두근거림을 동반하고 능력을 떨어뜨리는 흥분 상태를 유발할 수 있다. 한 번이라도 이런 식의 반응을 경험한 사람은 각성제를 복용해서는 안 된다. 그 외에 신장 질환, 심장 질환, 중증 혈관 질환, 모든 발열성 질환이 있는 사람도 사용을 금한다. 알코올에 취한 상태에서는 효과가 없다.

1940년 4월 17일 발효된 「각성제 시행령」에 담긴 국방군 마약 소비와 관련한 첨부 문서.

군 주도의 대량 생산

템러 공장에서는 흰 가운을 입은 여성 노동자 수십 명이, 멀리서 보면 마치 케이크처럼 생긴 기계 앞에 붙어 앉아 있었다. 철제 슬라이드는 완성된 알약을 움직이는 벨트 위로 쉴 새 없이 밀어냈고, 그러다 어느 순간 수천 개 알약이 요동치면서 춤을 추었다. 수동 검수 작업을 위한 준비가 완료된 것이다. 밝은 색 장갑을 낀 여성들의 손이 벌의 촉수처럼 움직이면서 새하얀 알약들 사이에서 선별 작업을 시작했다. 불량품은 작은 주머니 속으로 들어갔고, 정상품은 제국 독수리 문양이 찍힌 국방군 상자 속의 작은 케이스에 담겼다. 병사들의 식량 주머니에 들어갈 특별 팩이었다. 노동자들은 다들 초과 근무를 하고 있었다. 군사 의학 아카데미의 압박이 심했기 때문이다. 이렇게 완성된 제품은 최대한 빨리 고객에게 전달되었다.

템러사는 하루에 83만 3,000정의 알약을 생산했다. 어마어마한 양이었다. 그렇게 생산할 수밖에 없었던 것은 육군과 공군에서 3500만 정을 주문했기 때문이다.[55] 이제는 하인리히 뵐도 부모에게 페르비틴을 보내 달라고 편지를 쓸 필요가 없을지 모른다.

전쟁은 시간이다

성공은 속도전이다. 방어자들을 반복해서 깜짝깜짝 놀라게
하는 것이 관건이다.[56]
— 폰 클라이스트 기갑 부대의 공격 명령서 중에서

작달막한 자작나무의 길쭉한 인광 선들 사이로 얼마 전 수풀을
베고 만든 오솔길이 보였다. 길을 따라가면 숲속의 한 평범한 언
덕이 나타나는데, 거기에는 폭이 두 팔 길이도 안 될 만큼 작은
목조 막사가 하나 있었다. 안에는 식물 내피로 만든 의자와 소박
한 탁자만 달랑 놓여 있었다. 벽에는 플랑드르 부조가 걸려 있었
는데, 창밖에서 들여다보면 더욱 입체적으로 보였다. 막사 앞쪽
에는 아이펠 고원 지대와 그 뒤로 아르덴산맥이 멀찍이 펼쳐 있
었다. 모렐의 오랜 친구인 제국 사진 기자 하인리히 호프만이 바
깥에 서서 내부를 향해 미친 듯이 셔터를 눌러 댔다.

바트 뮌스터아이펠 인근의 작은 마을 로데르트 근처에 위치한
총통의 지휘 본부 〈바위 둥지〉(펠젠네스트)였다. 때는 1940년
5월 10일 아침 7시, 알프레트 요들Alfred Jodl 소장이 히틀러에게
군사 상황을 보고하고 있었다. 쾰른에서 출발한 독일 공수 부대
원들은 간밤에 벨기에 북부의 전략적 요충지 에방-에말 요새를
점령했다. 그러나 이는 독일군 공격이 벨기에 북부로 향할 거라
는 확신을 연합군에게 심어 주기 위한 기만전술이었다. 실제로
대다수 독일군은 전혀 다른 지역, 즉 훨씬 남쪽의 룩셈부르크 국

경 근처에 집결해 있었다. 전차들은 시동을 걸고 길게 줄지어 있었고, 맨 앞에는 특이한 안테나가 달린 구데리안 장군의 중형 무선 장갑차가 서 있었다. 부대 분위기는 아직 공격과는 거리가 멀어 보였다. 한 장교는 당시 상황을 이렇게 보고했다. 〈어디를 가든, 깊은 낙담 상태라고는 할 수 없지만 질식할 듯한 정적이 곳곳에 흐르고 있었다.〉[57]

공격을 앞두고 독일군 사이에 얼마나 불안과 혼란이 팽배했는지는 장시간 준비해 온 진격이 첫날 아침에 벌써 길에서 정체 상태에 빠진 것을 보면 알 수 있다. 정말 끝없이 이어진 정체였다. 독일 국방군은 신속하게 돌진해서 전쟁의 승패를 가를 기습의 순간을 포착하지 못하고 오히려 자신의 영토에서 난감한 혼란과 완벽한 교통 붕괴에 빠져 허우적거렸다. 이유를 설명하면 이랬다. 보병 소속의 말수레가 넓은 도로로 계속 꾸역꾸역 밀려 나왔다. 원래는 전차가 지나가야 할 도로였다. 밀려 나온 수레로 인해 더 이상 어떤 것도 전진할 수 없었다. 군 역사상 최대 규모의 기계화 부대인 폰 클라이스트 기갑 부대 차량들도 꼬리에 꼬리를 문 채 움직이지 못했다. 총 4만 1,140대의 차량 행렬 가운데 전차가 1,222대였다. 강철과 판금으로 이루어진 눈사태 같은 이 장사진은 라인 강변까지 무려 250킬로미터에 이르렀는데, 오늘날까지 유럽 역사상 가장 긴 교통 체증이었다. 연합군은 식탁 위에 먹음직스럽게 차려진 음식처럼 길에 묶여 오도 가도 못하는 적의 행렬을 전투기로 힘들이지 않고 폭격함으로써 독일군의 진격을 싹부터 잘라 버릴 수 있었을 텐데, 기회를 놓쳤다. 바늘귀처럼 좁은

이 지점을 공격한다는 것은 미처 생각지 못했기에 길바닥에 생겨난 이 초대형 주차장은 연합군의 눈에 띄지 않았다. 프랑스 정찰기는 무슨 일이 진행되고 있는지 보지 못했고, 그로써 독일군 내에서 일어난 이 혼돈을 이용할 절호의 타이밍을 놓쳤다.

이러한 혼란의 원인은 최고 사령부가 여전히 침공을 주도할 전차를 신뢰하지 못한 데 있었다. 그 때문에 기갑 부대는 충분한 도로를 배당받지 못했고, 자체 정찰대도 운영하지 못했다. 아직 〈전격전〉에 대한 개념이 나오지 않은 때였다. 구데리안을 비롯해 몇몇 장군만 제외하고 이 개념을 이해하거나 숙지한 사람은 없었다. 구데리안은 무전기로 보병에게 얼른 길을 틔우라고 필사적으로 소리쳤다. 그러나 전차를 경쟁자로 여기던 보병은 지금껏 늘 그래 왔듯이 자신들이 진격을 주도하기 원했다. 보병 소속의 군용 트럭, 말수레, 그리고 여전히 제1차 세계 대전 때 자신들의 아버지가 들었던 것과 똑같은 소총을 메고 행군하는 병사들이 길을 막았다. 그러다 전차들이 쉴 새 없이 이리저리 몸체를 틀어 마침내 혼란의 구렁텅이에서 벗어나 지금까지 지체한 시간을 만회하기 위해 깎아지른 듯한 골짜기와 구불구불한 산길을 따라 제대로 속도를 내기 시작했을 때 비로소 그들의 진가가 드러났다. 이제 영국 해협까지 전차 행렬을 막을 수 있는 것은 아무것도 없었다. 거의 아무것도.

⟨소심하게 굴지 말고 대범하게 집중해서!⟩[58]

어쩌면 프랑스는 1940년에 벌써 사망했을지 모른다. 11일
만에 독일에 패배한 이 나라는 결코 그 굴욕에서 벗어나지
못했다.[59]

— 프레데릭 베이그베더*

육군 참모총장 할더 장군의 일기에는 이렇게 적혀 있다. ⟨독일
군 앞에 놓인 과제는 지난하다. 험난한 지형(뫼즈강)과 현존하는
전력 격차, 특히 포병 전력의 격차는 단번에 해소될 수 있는 것이
아니다. (……) 다만 우리에게는 비상수단이 있다. 그에 따른 위
험을 감수하고서라도 그것을 사용해야 한다.⟩[60] 여기서 비상수단
은 메스암페타민이었다. 구데리안 장군이 다음과 같이 명령했을
때 장병들에게 꼭 필요한 것도 바로 이 약물이었다. 「본 지휘관은
제군들에게 비상시 최소 사흘 밤낮 동안 자지 말 것을 요청한다.」[61]
지금이 바로 그때였다. 왜냐하면 반드시 사흘 안에 프랑스 국경
도시 스당에 도착해서 국경의 뫼즈강을 건너야만 여전히 벨기에
북부에 진을 치고 있거나 남쪽 마지노선에서 움직이고 있는 프랑
스 주력군보다 북프랑스에 먼저 다다를 수 있기 때문이다.

페르비틴 공급은 국방군에서 준비했다. 각 부대 병참 장교들은
필요시 최고 사령부에 알약을 주문했다. 예를 들어 제1 기갑 사단
병참 책임자 그라프 폰 킬만제크Graf von Kielmansegg 장군(1960년

* Frédéric Beigbeder(1965~). 프랑스 작가, 영화감독. — 옮긴이주.

대에 중부 유럽 지상군 총사령관에 임명됨)은 20만 정을 주문했고,[62] 5월 10일에서 11일로 넘어가는 밤사이에 부대 단위별로 집단 복용이 실시되었다. 수천 명의 군인이 군모 깃에 넣어 둔 약을 꺼내거나[63] 군의관에게서 약을 받아 입에 넣고 물과 함께 삼킨 것이다.

효과는 20분 후에 나타났다. 뇌 신경 세포는 신경 전달 물질을 분비했다. 도파민과 노르아드레날린은 순식간에 지각 작용을 강화하면서 유기체를 절대적인 경보 상태로 몰아넣었다. 밤의 어둠이 서서히 걷혔다. 간밤에 잠을 잔 사람은 아무도 없었고, 길 위에 헤드라이트 불빛은 꺼지지 않았다. 거대한 독일 뱀이 벨기에를 야금야금 삼켜 나갔다. 처음 몇 시간의 불쾌함과 좌절감은 이제 다른 야릇한 감정에 자리를 내주었고, 나중에는 아무도 설명할 수 없는 현상이 시작되었다. 섬뜩한 오한이 두피를 스멀스멀 기어 다니더니 뜨거운 냉기가 두피 속을 가득 채웠다. 제1차 세계 대전 때와 같은 강철 뇌우는 아직 내리지 않았다. 그 대신 화학적 뇌우가 내렸다. 뇌 속에서는 간간이 황홀한 번개가 쳤다. 행동 욕구는 최고조에 달했다. 전차 조종사는 미친 듯이 운전했고, 무전병은 미래형 타자기를 연상시키는 암호기로 무전을 했으며, 검은 군복 바지에 짙은 회색 셔츠를 입은 소총수들은 망원경 앞에 발포 준비 상태로 웅크리고 있었다. 휴식은 없었다. 대뇌에서는 폭풍 같은 화학 공격이 쉴 새 없이 이어졌고, 유기체는 더 많은 양의 영양소를 방출하고 더 많은 당을 만들어 냈다. 그로써 전차는 최대 마력으로 달렸고, 피스톤은 더 빨리 아래위로 움직였다. 혈압은 25퍼센트까지 상승했고, 심장은 가슴의 실린더 방에서 거세게 요동쳤다.

아침에 첫 전투가 있었다. 벨기에 수비군은 작은 국경 마을 마르텔랑주 근처의 언덕 벙커에 진을 치고 있었다. 앞에는 탁 트인 경사면이 수백 미터 펼쳐져 있었다. 난공불락의 요새였다. 방법은 정면 공격밖에 없어 보였지만, 그것은 자살 행위나 다름없었다. 그러나 약에 취한 독일 보병이 그랬다. 불나방처럼 죽음을 향해 뛰어들었다. 두려움 없이 무작정 돌격해 오는 행동에 겁을 먹은 벨기에 군인들은 후퇴하기로 결정했다. 군 역사에서 흔히 볼 수 있듯이 완전히 고삐 풀린 공격자들은 단순히 요새 확보에 그치지 않고 즉시 적을 뒤쫓았고, 벨기에군은 혼비백산해서 도주했다. 이 첫 전투는 향후 전투의 양상을 미리 보여 주는 징후였다.

사흘 뒤 기갑 사단장은 실제로 프랑스 국경에 도달했다고 보고했다. 이제 스당이 코앞이었다. 많은 병사가 출정 이후 한숨도 눈을 붙이지 않았다. 그러나 여전히 서둘러야 했다. 독일 포병의 포격은 정각 16시에 예정되어 있었다. 정시 포격과 함께 하늘에서도 엄청난 폭격기 물결이 몰려왔다. 전투기 조종사들은 수직으로 대담하게 급강하를 하면서 프랑스 진지 바로 위까지 돌진할 때마다 요란하게 사이렌을 울렸다. 이른바 〈제리코 트럼펫〉이라고 불리는 이 사이렌 소리 뒤에는 늘 엄청난 폭발이 뒤따랐다. 지상에서는 공기 압력으로 창문이 덜커덩거렸고, 국경 도시의 집들이 흔들렸다. 동시에 조종사들의 뇌에서도 약물의 도화선에 불이 붙었다. 콸콸 쏟아진 신경 전달 물질이 시냅스 틈에 부딪혀 터지면서 산산이 흩어졌다. 부서진 물질은 신경 통로를 따라 경련을 일으키듯이 지나갔고, 신경 세포 사이에서는 번쩍번쩍 불꽃이 일었으며, 윙윙거리고 포효하는 소리가 모든 것을 장악했다. 반면에 지상의 수비군은 귀를 막고 웅크렸고, 벙커는 파르르 몸을 떨었다. 강하하는 전투기의 사이렌 소리는 찢을 듯이 귀청을 때리면서 신경을 곤두서게 했다.[64]

이어진 몇 시간에 걸쳐서 독일군 병력 6만 명과 차량 2만 2,000대, 전차 850대가 강을 건넜다. 「우리는 일상에서는 느껴보지 못한 환희와 감격에 빠졌다.」한 전쟁 참여자가 말했다. 「우리는 먼지를 뒤집어쓴 채 무척 지쳤지만 한껏 고무된 상태로 차 안에 앉아 있었다.」[65] 독일군은 일찍이 본 적이 없는 도취 상태에서 프랑스 국경 도시를 점령했다. 국방군 공식 보고서에는 이렇게 적혀 있었다. 〈장엄하게 적을 무찌른 전사의 용맹스러움은 결코 잊지 못할 것이다.〉[66] 제1차 세계 대전에서는 민족주의적 열정이 전쟁에 대한 열광을 불러일으켰다면, 제2차 세계 대전에서는 바로 마약이 독일군에게 그런 감격과 흥분을 일으키는 데 막대한 도움을 주었다.

몇 시간 뒤 프랑스 예비군이 허겁지겁 달려왔지만 이미 게임은 끝난 상태였다. 그들은 늘 너무 늦게 나타났고, 종료된 상황을 보고 패닉에 빠졌다. 독일군은 벌써 뫼즈강을 건넜고, 댐은 무너졌다. 프랑스군은 마지막 항복의 순간까지 독일군의 이런 기동성을 따라가지 못했다. 항상 너무 늦게 움직였고, 번번이 뜻하지 않은 급습으로 제압당했다. 한 번도 주도권을 잡은 적이 없었다. 독일 국방군 보고서에 적힌 내용을 보자. 〈프랑스군은 우리 전차의 갑작스러운 출현에 허둥대며 어쩔 줄 몰라 했다. 그런 상태에서는 방어가 제대로 될 리 없었다.〉[67]

1940년 5월과 6월에 조국을 위해 입대한 프랑스 역사가 마르크 블로크Marc Bloch는 〈정신적 패배〉에 대해 말한다. 〈우리의 군인들은 패했다. 그것도 너무 쉽게 패했다. 생각에서 뒤졌기 때문이다.〉 그것은 사실 프랑스인의 뇌는 황홀한 예외적 상황에 지배받지 않기 때문이기도 하다. 블로크는 침략자들이 초래한 절망적 혼란을 이렇게 묘사한다. 〈독일인은 어디서든 나타났다. 사방팔방으로 돌아다니며 불쑥불쑥 나타났다. 그들은 집단행동과 불예측성을 믿었다. 반면에 우리는 고정된 것과 익숙한 것을 신뢰했다. 독일인들은 출정 내내 아무도 예측하지 못한 지점에 정확히 나타나는 끔찍한 행위를 멈추지 않았다. 통상적인 게임 규칙을 따르지 않은 것이다. (……) 부인하기 어려운 우리의 확실한 약점은 우리 뇌가 대체로 너무 느린 리듬에 학습돼 있다는 점이었다.〉[68]

사실 첫날의 폭격으로 스당에서 희생된 프랑스인은 57명으로 그리 많지 않았다. 프랑스인들을 두려움에 떨게 한 것은 물불을 가리지 않는 독일군의 미친 듯한 행동이었다. 이것이 끼친 정신적 효과는 컸다. 이 출정은 정신에서 결정되었다. 프랑스 조사 보고서에는 독일군의 신속한 뫼즈강 횡단과 프랑스군의 방어 실패와 관련해서 〈집단적 환각 현상〉에 대해 언급되어 있었다.[69]

시간은 메스암페타민이다

전격전이 메스암페타민에 기반하고 있었다고는 말할 수 없
겠지만 그에 조종된 것은 틀림없다.[70]
— 페터 슈타인캄프Peter Steinkamp 박사, 의학 역사가

침공 시 흥분제의 이점은 명확하다. 전쟁은 시간과 공간 안에
서 일어난다. 이때 속도는 결정적이다. 예외가 있다면 4년 동안
최소한의 영토만 획득하고 참호에 붙박여 싸운 제1차 세계 대전
뿐이다. 그러나 다른 전쟁은 그렇지 않다. 예를 들어 나폴레옹이
만일 워털루 전투에서 자신의 군대를 2시간만 일찍 현장으로 데
려갔더라면 상황은 달라졌을 것이다.

국방군 보고서는 메스암페타민에 취한 구데리안 부대의 진격
을 다음과 같이 기록했다. 〈장군은 신속한 단독 결정으로 지프차
를 타고 뫼즈강 남쪽 강변을 떠나 동세리 방향으로 출발했다.
(……) 그들은 연료가 떨어질 때까지 휴식은 물론 밤낮없이 최대
출력으로 달렸다.〉[71] 현실은 이 구절들이 암시하는 것만큼 천진
하지 않다. 이 진격은 수천 명의 목숨을 앗아 간 침략 전쟁이자,
이후 작전의 청사진이 되었기 때문이다.[72] 잿빛 콧수염을 기르고
습관처럼 쌍안경을 목에 걸고 다니던 구데리안은 이 작전의 성공
을 기적이라고 말했지만, 사실 그것은 번개 같은 기습 작전에 기
반한 전격전 덕분이었고, 그것을 창안한 사람은 바로 그였다.
100시간도 채 안 되는 짧은 시간에 독일군은 4년이나 지속된 제

1차 세계 대전 때보다 더 많은 영토를 손에 넣었다. 구데리안이 소속된 폰 클라이스트 기갑 부대는 어디서건 신속하게 움직이고 전선을 마음대로 휘젓고 다닐 수 있는 작전상의 자유를 부여받았다. 전략 계획상 기갑 부대는 전차가 멈추면 자동으로 합동 작전의 네트워크에 편입되었다. 따라서 이 지침은 상당히 영리한 프로그래밍으로 판명되었다. 전차 부대는 상급 부대의 합동 작전에 편입되지 않으려고 기를 쓰고 멈추지 않았기 때문이다. 이렇게 해서 그들은 미꾸라지처럼 교묘하게 이리저리 빠져나가면서 창끝처럼 계속 전진해 나갔다.

스당 이후 구데리안은 지휘용 장갑차를 타고 거의 독자적으로 움직였다. 늘 사이드카를 탄 부관들의 호위를 받으면서 말이다. 교범에 나오는 대로 진지를 확보하고 교두보를 구축하는 것은 더 이상 그의 일이 아니었다. 국경 도시를 접수한 후 그는 상부로부터 진격을 멈추라는 엄중한 명령을 받았음에도 계속 돌진했다. 공격욕에 취해 명령 불복종자가 되는 위험도 마다하지 않았다. 그럼 측면 방어는? 걱정할 일이 아니었다. 측면에서 공격할 틈을 주지 않고 신속하게 지나가 버리면 그만이었다. 그럼 보급로의 확보는? 그것도 걱정할 필요가 없었다. 그의 부대는 필요한 모든 것을 갖추고 있었다. 보조 연료통을 부착하고 다님으로써 최전방의 전차도 늘 충분한 연료를 확보할 수 있었다. 페르비틴은 국방군 대형 약국인 의무 본부 파크에서 공급해 주었다.[73]

나흘 뒤에도 연합군은 완전히 허를 찔렸다. 규범대로 행동하지 않고 오직 최대한 빨리 대서양 연안에 도착해서 완벽하게 협공 작전을 펼치는 것만을 목표로 삼은 이 예측 불허의 공격자에게 적응하지 못한 것이다. 독일군의 이 전격전에는 메스암페타민이 중심적인 역할을 하고 있었다.

〈우리는 종대로 신속하게 이동한다. 장군은 원활한 진격의 전 과정을 통솔한다. 이날은 주파해야 할 거리가 상당하다. 프랑스 보급대 장교 둘이 장군 앞으로 끌려와 말한다. 「독일군은 정말 빠릅니다!」 그들은 갑자기 이렇게 포로가 된 것에 어이가 없어 한다. 우리가 언제 어디서 나타날지 전혀 예상하지 못했다는 것이다. (……) 몽코르네를 향한 진격은 계속된다. 가는 내내 모든 차량이 전속력으로 달린다. 장군은 새로운 진격 방향을 제시한다. 모든 것이 믿을 수 없을 정도로 빠르다.〉[74] 구데리안의 진격 보고서에 적힌 내용이다. 좀 더 들어 보자. 〈장터에서 프랑스인들이 막 차에서 내린다. 우리 행렬과 일정 거리를 같이 왔던 사람들이다. 이곳은 누구도 통제할 수 없는 상황이다. 그때 장군이 교회 앞에 차를 세우더니 부관과 함께 교통정리를 한다. 한 사단은 오른쪽으로, 다른 사단은 왼쪽으로 보낸다. 모든 것이 경주 때처럼 신속하게 진행된다.〉[75]

본진에서 떨어져 나와 독자적으로 움직이는 전쟁으로서의 전격전은 1940년 5월 그 부산스러운 봄날, 기존의 모든 족쇄를 끊고 경계를 허무는 현대성을 구현했다. 이 과정에서 병사들을 흥분시킨 약물은 더 이상 이 전쟁과 떼어 놓고는 생각할 수 없게 되었다.

크리스털 여우

훗날 모든 독일 장군 중에서 가장 유명해진 에르빈 로멜 장군은 기갑 전문가가 아니라 보병, 즉 소총수 부대 출신이었다. 하지만 그 육중한 강철 덩어리의 위력과 기동성에 대한 무지가 오히려 완전히 틀에 얽매이지 않는 방식으로 출정하는 데 도움이 되었다. 그는 7기갑 사단을 직관적으로 돌격대처럼 밀어붙였고, 공병이 다리를 놓을 때까지 기다리지 않고 수 톤에 이르는 전차를 페리호에 실어 프랑스 하천을 건넜다. 대성공이었다. 독일의 공격 첫날 영국 총리에 임명된 윈스턴 처칠Winston Churchill은 다음의 말로 프랑스 총리 폴 레노Paul Reynaud를 안심시키려 했는데, 그것은 큰 착각이었다. 「지금까지의 경험상 공격자들은 특정 시점에 분명 정지할 것입니다. (……) 5~6일 후에는 보급을 받기 위해 반드시 진격을 멈추어야 하고, 그러면 반격의 기회가 생길 것입니다.」[76]

그러나 로멜은 멈추지 않았다. 그는 약점을 찾기 어려울 정도로 신속하고 유연하게 달리고 또 달렸다. 게다가 구데리안처럼 독일의 탁월한 보급 체계로부터 받은 혜택도 컸다. 그는 전장의 치명적인 조커처럼 움직였고, 늘 전력투구했다. 예측할 수 없고 저지할 수 없는 통제 불능의 존재였다. 지휘 본부에서도 경탄의 목소리가 터져 나왔다. 「로멜 장군과 함께라면 나라도 최전선으로 달려가겠다. 그는 항상 사단 1호 전차를 타고 다니는 최고로 위대한 용사다!」[77] 그의 상관 헤르만 호트Hermann Hoth 장군조차 그에게 명령을 내릴 수 없었다. 명령서가 전장에 도착할 즈음이면 로멜은 이미 한참 전에 그곳을 떠나 무선조차 되지 않는 산을 넘고 있었기 때문이다. 위험 감지 촉수가 완전히 마비된 사람 같았다. 메스암페타민을 과다 복용했을 때 나타나는 전형적인 증상이다. 그는 한밤중에도 계속 돌진했고, 잘 구축된 진지조차 정면 공격을 마다하지 않았다. 전차들은 일제히 미친 듯이 불을 뿜었고, 적은 늘 예기치 않은 공격에 당황했다. 심지어 빗발치는 총탄과 포 사격에도 아랑곳하지 않고 고삐 풀린 망아지처럼 빠르게 돌진해 오는 괴물들을 보고 절망에 빠졌다. 이럴 때는 어떻게 행동해야 할까? 이런 적을 막는 방법은 어떤 교범에도 적혀 있지 않았고, 훈련에서도 연습한 적이 없었다.

서부 공격의 첫 주가 끝날 무렵 독일군의 전투 방식을 선명하게 보여 주는 섬뜩한 장면이 있었다. 1940년 5월 17일이었다. 이제는 상부의 명령으로부터 해방된 로멜은 프랑스 최북단 마을 소를르샤토의 도로를 따라 아베느 방향으로 질주하고 있었다. 운명의 장난이었을까? 그곳에는 막 프랑스 제5 보병 사단을 비롯해 제18 보병 사단과 제1 기갑 사단 일부가 야영하고 있었다. 로멜 소장은 한 치의 망설임 없이 그대로 적진으로 돌진했고, 눈에 보이는 것은 사람이건 물건이건 가리지 않고 짓밟아 버렸다. 수백 대 전차와 차량이 사방으로 사격을 가하면서 10킬로미터 넘게 밀고 들어갔다. 좌우 참호도 보이는 족족 밀어 버렸다. 전차의 무한궤도에서는 핏방울이 뚝뚝 흘러내렸고, 곳곳에 죽은 자와 다친 자들이 무수히 널려 있었다. 군모를 목덜미까지 뒤로 젖힌 로멜

은 참모 장교 두 명의 호위를 받으며 지휘 전차 위에 꼿꼿이 선 채 이 모든 상황을 진두지휘했다.[78]

이제 잠을 잘 필요가 없어진 독일군의 전격전은 인간의 한계를 허물어뜨렸고, 이로써 장차 광란의 살육전을 위한 씨앗이 뿌려졌다. 이 군인들은 무엇으로도 막을 수 없을 것 같았다. 그와 함께 독일 군인들은 서서히 자신들이 원래 우월한 존재라는 나치의 선전을 믿기 시작했다. 인간의 감정을 한껏 고양시키는 메스암페타민이 그런 오판을 뒷받침했다. 〈무적의 독일군〉이라는 소문이 돌기 시작했다. 5월 15일 오후 8시 30분, 프랑스 총사령관 모리스 가믈랭Maurice Gamelin으로부터 엘리제궁으로 전화가 걸려 왔다. 프랑스 전쟁 장관 에두아르 달라디에Édouard Daladier는 패배를 고백하는 사령관의 말을 듣는 순간 믿을 수가 없었다. 아니 믿고 싶지 않았다. 그는 수화기에다 대고 소리쳤다. 「아뇨! 그럴 리가 없어요! 당신이 분명 착각한 거요! 그럴 리가 없어요!」[79] 보슈들*은 이미 파리에서 130킬로미터 떨어진 지점까지 접근했다. 파리 방어를 위해 예비군을 동원할 시간조차 없었다. 모든 게 너무 빠르게 돌아갔다. 「그러니까 당신 말은 프랑스군이 패배했다는 뜻입니까?」 달라디에가 잔뜩 위축된 목소리로 굳은 표정을 지으며 물었다. 처칠은 회고록에서 이렇게 썼다. 그 소식을 듣는 순간 〈온몸이 굳어 버렸다. 고백건대 그건 내 인생에서 가장 놀란 사건 중 하나였다〉.[80]

독일군은 불과 며칠 만에 유럽 전쟁에서 승리를 거두었다. 어

* Boche. 독일인을 얕잡아 부르는 프랑스 속어. — 옮긴이주.

쨌든 거의.

히틀러, 전격전 장군들을 질투하다

지금은 역사상 가장 큰 군사적 재앙처럼 보입니다.[81]

— 에드먼드 아이언사이드Edmund Ironside, 영국 참모총장

1940년 5월17일 연합군의 현 상황에 대한 그의 판단

상당히 불쾌한 날이다. 총통은 잔뜩 날이 서 있다. 자신의 성
공에 대한 불안 때문에 모험을 하려고 하지 않는다. 따라서
어떻게든 우리를 멈춰 세우려고 한다.

— 프란츠 할더, 육군 참모총장

마찬가지로 1940년 5월 17일

그는 미친 듯이 화를 내며 우리가 전체 작전을 망치고, 자신
을 패배의 위험으로 내몰고 있다고 고래고래 호통을 친다.[82]

— 할더, 하루 뒤

군사 작전의 신속하고도 경이로운 성공에 독일 참모부 요원들
은 하나같이 깜짝 놀랐다. 군사 부서들은 밤낮없이 일했고, 지구
별로 올라오는 소식을 유선으로 수집했다. 지도에 표시된 전선은
하루가 다르게 수정되었다. 요들 소장이 점심과 저녁 시간에 바
위 둥지 지휘 본부에서 전투 상황을 보고했다. 그러나 불안에 떠

는 몽유병 환자 히틀러는 한밤중에 지휘소 소파에서 일어나 1.5미터 두께의 철근 콘크리트 벽으로 둘러싸인 벙커를 나갔고, 자작나무의 인광 선을 길잡이 삼아 어두운 숲을 지나 바위 둥지로 터벅터벅 걸어갔다. 그곳에 요들의 부관이 이미 서쪽으로 더 이동한 전선을 핀으로 표시해 두었다. 히틀러는 다음 날 동이 틀 때까지 식물 내피로 만든 의자에 앉아 있었다. 끊임없는 턱뼈의 움직임만이 내면의 흥분과 역설적이게도 더러운 기분을 드러내고 있었다.

이유는 분명했다. 독자적으로 움직이는 기갑 부대 장군들이 이 작전을 주도하고, 자신은 작전에서 뒷전으로 밀려난 것 같은 기분 때문이었다. 작전은 기막힌 성공을 거두었지만 독재자는 가만히 앉아 모든 공을 군 장성들에게 빼앗긴 느낌을 지울 수 없었다. 이게 과연 〈그의〉 전쟁일까? 그토록 오래 공격을 반대하던 고위 장성들이 이제는 되레 주도권을 잡고 지휘부의 지도 테이블에서 짠 계획보다 더 빨리 밀어붙이고 있지 않은가? 육군 상병 출신인 자신보다 고도로 전문화된 엘리트 교육을 받은 군 장성들에 대한 히틀러의 두려움은 이제 온전히 현실로 드러났다. 따라서 그는 있지도 않은 문제들을 들먹이며 장군들이 승리에 취해 측면 방어를 소홀히 하고 있고, 그로써 공격의 빌미를 줄 수 있다고 비난했다. 연합군이 전선을 넓혀 벨기에와 남쪽에서 동시에 협공하면 어떻게 되겠는가? 사실 그런 가능성은 극심한 혼란에 빠진 상대의 상황을 고려하면 결코 현실적이지 않았다. 그럼에도 히틀러는 현실을 직시하지 못하고, 내면의 두려움, 즉 가슴속에서 부글부

글 끓어오르는 열등감 콤플렉스에 끌려 다녔다.

이렇게 해서 강한 압박감을 느끼던 제3 제국의 군 통수권자는 1940년 봄 아이펠 숲에서 결정적인 실수를 저질렀다. 자극적 약물에 취해 전속력으로 내달리고 있던 국방군에 제동을 걸기로 결정한 것이다. 그의 비밀 결정은 이랬다. 〈어떤 대가를 치르더라도 이 전쟁의 통제 본부인 육군 사령부의 권한을 박탈해야 한다!〉 다만 이 목표를 어떻게 달성할 수 있을지는 아직 몰랐다. 누가 이 전쟁의 고삐를 쥐고 있고, 누가 이 전쟁을 이끄는지 모두에게 보여 주어야 했다. 그는 자신을 천재로 여겼다. 그런 천재는 육체적 저항력 하나만으로도 충분히 적을 무찌를 수 있다고 확신했다. 모두가 패닉에 빠지면 마지막까지 버틸 수 있는 사람은 자신뿐이라는 것이다. 그는 자신이 육체적으로 말처럼 강하다고 느꼈고, 혼자서도 온 세상과 얼마든지 겨룰 수 있다고 믿었다. 그런 사람이 어째서 직접 군대를 지휘하지 못한단 말인가!

그 눈부신 군사적 성공의 나날에 히틀러 주치의도 역설적으로 자신이 뒷전으로 밀려나고 패배한 것 같은 느낌을 받고 있었다. 늘 대기 상태였지만 의료 서비스를 제공할 일은 거의 없었다. 아내에게 쓴 편지에 이렇게 적혀 있다. 〈며칠 전 총통 각하께 혹시 불편한 데가 없느냐고 물었어요. 아니라고 하더군. 각하는 정말 상태가 좋아요. 생기가 돌고 활기차요. 여기선 의료적으로 할 일이 별로 없어요.〉[83] 할 일 없는 민간인 모렐은 24시간 내내 바쁘게 돌아가는 군 지휘소에서 노골적으로 아웃사이더 취급을 받았다. 이 뚱뚱한 남자는 모든 사람의 움직임에 방해가 되었을 뿐 아니

라 그의 외모와 역할에 본능적으로 거부감을 느끼는 사람도 많았
다. 모렐은 혹시 사복을 벗으면 도움이 될까 싶어, 자신이 직접
디자인한 연회색-녹색 금장에 황금빛 아스클레피오스 지팡이*
를 부착한 자기만의 제복을 만들어 입었지만 그도 전혀 도움이
되지 않았다. 오히려 그런 우스꽝스러운 옷차림은 장성들에게 조
롱거리만 되었다. 게다가 동류의식을 느끼려고 까만 가죽 허리띠
에 나치 친위대 버클을 끼우고 다니자 곧장 항의가 들어왔다. 친
위대가 아니기 때문에 그런 버클을 해서는 안 된다는 것이다. 모
렐은 즉시 버클을 벗겨야 했고, 그 대신 오페레타풍의 금빛 버클
을 선택할 수밖에 없었다. 모렐은 자신의 라이벌인 히틀러의 전
담 외과 의사가 부러웠다. 그는 국방군에서 적절한 지위를 획득
한 것이다.「오늘부로 브란트 박사는 육군 중령 계급장을 달고 다
녀요.」[84] 이후 모렐도 민간인 신분을 벗어던지고 정규군 직위를
얻으려고 했지만, 그의 청원은 거부되었다. 히틀러도 이 일에서
는 그를 지지하지 않았다. 그럴 이유가 있었다. 히틀러는 주치의
의 신분과 관련해서 중요하게 생각하는 것이 있었다. 주치의는
당이나 군, 또는 다른 대중 조직과 전혀 끈이 닿지 않는 고독한
전사로 남아야만 외부 세력에 쉽게 조종당하거나 음모에 이용되
지 않는다는 것이다. 주치의는 오직 총통만의 사람이어야 했다.
　독일 전차들이 적을 무참히 짓밟는 동안 모렐은 바위 둥지 안
에서도 고립된 채 점점 실존의 불안에 휩싸여 갔다. 사진 기자 호

* 그리스 로마 신화에서 의술의 신 아스클레피오스가 들고 다니는, 뱀이 칭칭 감긴
지팡이. ─ 옮긴이주.

프만 같은 히틀러의 다른 그림자 측근들은 제3 제국의 성공으로 큰 혜택을 보았다. 주인의 위세를 믿고 호가호위하는 지도부 내의 특정 패거리라고 할까? 아무튼 모렐은 부관들의 의료 관리를 포함해 총통의 건강을 책임지는 대가로 한 달에 기본급 3,000마르크를 받는 것이 전부였다. 〈다른 사람들은 늘 바쁘기 때문에 나는 혼자 있을 때가 많아요. (……) 가끔 총통 각하만 아니라면 그냥 집에 돌아가고 싶다는 생각이 들어요. 내 나이 벌써 쉰넷인데…….〉 그가 아내에게 불평한 내용이다. 게다가 슈바넨베르더에 있는 고급 빌라를 유지하려면 돈이 무척 많이 든다는 점을 하소연하면서 〈자꾸 기력이 쇠해 가지만 그래도 의료 활동으로 돈을 많이 벌든지, 화학 약품으로 큰 소득을 올리든지〉 해야겠다고 말한다.* 후자와 관련된 일은 곧 착수하게 되는데, 이는 그의 1호 환자뿐 아니라 훨씬 많은 사람에게 큰 영향을 끼치게 된다.

됭케르크의 정지 명령 — 약리학적 해석

기적이 일어나지 않는다면 우리는 앞으로 며칠 안에 훈련받은 병사들을 거의 모두 잃게 될 것이다.[85]
　　　　　　　—에드먼드 아이언사이드 장군, 영국 참모총장

1940년 5월 20일 화요일, 나치 선전부의 전령 비행기가 바위

---

* 모렐의 급여는 나중에 연봉 6만 제국마르크로 인상되었다. 거기다 사업 소득에 대한 세금 감면 혜택까지 주어졌다.

둥지에 내려 괴벨스의 주관 아래 막 편집이 끝난 「주간 뉴스 Wochenschau」를 전달했다. 히틀러는 비탈길을 따라 마을 주점 하크로 내려갔다. 이어 주점 안의 한 방에 앉아 필름을 연속으로 세 번 보고 난 뒤 변경 사항을 지시했고, 건너편 목욕탕에 들러 샤워를 하고 다시 지휘소로 돌아갔다.[86] 이튿날 오전 전령 비행기는 베를린으로 돌아갔고, 수정된 선전 뉴스는 목요일 아침 10시부터 쿠르퓌르스텐담의 모든 영화관에서 본(本) 영화 시작 전에 일제히 방영되었다. 1940년 5월 22일 자 「주간 뉴스」에는 당연히 각성제에 대한 언급은 없었다. 그 대신 〈현재 새로운 역사를 쓰고 있는 독일의 검〉이나 〈굽힐 줄 모르는 아리아인의 투혼〉이라는 말이 뉴스를 장식했다.[87]

그사이 구데리안은 영국 해협의 중요 항구 도시 아브빌을 점령했다. 독일의 낫질 작전으로 북쪽의 프랑스군, 영국군, 벨기에군은 남쪽에 주둔 중인 연합군과 차단되었다. 이제 마지막 남은 최후의 도주로는 단 하나뿐이었다. 대서양 연안의 항구 됭케르크였다. 그러나 구데리안은 적들보다 더 빨리 움직여 닷새 뒤 그 도시에 도착했다. 이제 마지막 탈출로를 차단하고 100만 명에 이르는 연합군을 포위하는 데는 몇 시간도 걸리지 않을 듯했다. 물론 연합군은 아직 족히 100킬로미터는 떨어져 있었다. 하지만 전방으로는 독일의 6군단 및 18군단과 싸우면서 후방 쪽은 완전히 무방비 상태로 노출되어 있었다. 대영제국이 불과 전투 열흘 만에 몰락의 위기에 처했다.

그날 아침 나치 정권의 제2인자 괴링이 바위 둥지에 히틀러와 함께 있었다. 괴링은 1923년 뮌헨 용장(勇將) 기념관 습격 사건 때 입은 복부 부상으로 수년 전부터 심각한 모르핀 중독에 빠져 있었다(그 때문에 사람들은 입을 가린 채 괴링을 〈뫼링〉이라고 수군거렸다).[88] 자리에서 일어나면 일단 연갈색 사슴 가죽 케이스에서 금고리가 달린 수제 유리 주사기를 꺼내 마개를 열고, 습관적으로 벨벳 가운의 소매를 걷어 올린 뒤 팔을 묶고는, 미간을 모으며 정확히 혈관 자리를 찾아 힘차게 주사를 놓았다. 핏속에 모르핀이 돌기까지는 몇 초가 걸리지 않았다. 그와 함께 가슴에 제국 원수의 상징처럼 매달려 있던 커다란 루비 브로치도 반짝거리는 듯했다. 괴링의 눈은 다시 커졌고, 환하게 빛났다. 반면에 눈동자는 무엇이든 꿰뚫어 볼 것처럼 작아졌다. 세상이 그의 발아래 있었다. 연합 대군을 단 며칠 만에 무찔렀는데 어떻게 그렇지 않을 수 있겠는가? 그는 행복하게 아편에 취해 있었다. 연합군에 대한 이 찬란한 승리를 절대 오만한 군 장성들에게 넘길 수는 없었다. 만일 그 소식이 국민들 사이에 퍼져 야전 지휘관들이 인기를 얻으면 자신뿐 아니라 히틀러의 지위까지 위험할 수 있었다. 그런 일은 막아야 했다. 그러려면 자신이 지휘하는 공군력에 결정적인 승리의 기회를 주어야 했다. 그러니까 상공에서 적을 섬멸하는 것이다. 전투기가 자유롭게 하늘을 날면서 무차별 폭격을 가하려면 국방군 전차는 위험 지역에 들지 않기 위해 약간 후퇴해야 했다. 괴링은 이 기발한 아이디어에 스스로 만족스러워 고개를 끄덕이며 새 부리 모양의 빨간 실내화를 무릎까지 올라오는 검은색 군화로 갈아 신었다. 그러고는 모르핀의 형용할 수 없는 쾌감이 점점 강하게 혈관 속을 관통하는 것을 느끼면서 숲속으로 발을 내디뎠다.

꽃이 만발한 단풍나무 아래에서 히틀러는 귀리 수프와 시리얼, 사과차를 먹으면서 자신의 정치적 대리인이자 정권 제2인자의 아이디어를 즉각 받아들였다. 오랜 두 동지는 서로를 맹목적으로 믿었다. 물론 아직은. 두 사람은 호흡이 잘 맞았다. 지금까지 늘 그래 왔듯이 말이다. 히틀러는 〈괴링〉과 동일한 화학적 파장을 느꼈다. 페르비틴을 복용하는 다른 장군들과 달랐다. 괴링이 볼 때 〈국가 사회주의 공군〉은 〈프로이센 군대〉보다 이념적으로 우월했다. 따라서 제국 원수의 정신 나간 제안에 동의했고, 계획대로 군의 최고 사령부를 무력화하고 〈총통 원칙〉을 관철할 기회를 잡았다. 히틀러는 그날 아침 바로 샤를빌의 A군 본부로 날아갔고, 오후 12시 45분 군 역사가들의 머리를 쥐어뜯게 하는 명령을 내렸다. 합리적으로는 도저히 이해가 안 되는 됭케르크의 불길한 〈정지 명령〉이었다.

영국군은 독일 전차가 갑자기 멈추는 것을 보았을 때 하늘이 내린 이 행운을 믿을 수 없었다. 이어 유례없는 대피 작전이 즉각 펼쳐졌고, 모두가 됭케르크를 향해 서둘러 달려갔다. 단시간에 1만여 대의 구조선이 항구에 도착했다. 영국 해군의 구축함을 비롯해 대형 보트, 심지어 바지선과 몰수된 개인 요트, 템스강의 화물선까지 동원되면서 항구는 한마디로 혼란의 도가니가 되었다. 연합군은 트럭 위에다 널빤지를 올려 만든 임시 교량을 지나 구원의 방주에 올랐다.

구데리안은 지켜보고만 있을 수밖에 없었다. 쌍안경으로 항구 도시에서 일어나는 일을 관찰했다. 영국군과 프랑스군이 봇물 터지듯 항구로 밀려들었다. 그러나 전차 부대는 한 발짝도 움직일 수 없었다. 공중에서 승리를 거두겠다는 괴링의 독단적 계획이 처음부터 삐걱거렸는데도 말이다. 독일 공군의 물리적 약점, 특히 전략적 약점이 일거에 드러났다. 제국 원수는 모르핀에 취해 자신을 너무 과대평가했다. 그의 주력 전투기들이 1,000여 척의 영국 구조선을 침몰시키기는 했지만, 5월 말에 하늘에 구름이 끼면서 시야가 가려졌다. 또한 훨씬 가까운 곳에 기지가 있던 영국 공군이 출격했다. 갑자기 나타난 영국 스피트파이어 전투기들이 상공을 장악했다. 바위 둥지의 지휘소에 있던 폰 브라우히치 육군 총사령관은 신경 쇠약으로 쓰러지기 일보 직전이었다. 그는 히틀러에게 제발 다시 돌진해서 작전을 끝내게 해달라고 간청했다. 그러나 독재자는 꿈쩍도 하지 않았다. 군에 자신의 힘을 보여줄 생각이었다. 전쟁을 주도하는 사람이 누구인지 똑똑히 각인시키고 싶었다.

34만 명이 넘는 영국군과 프랑스군, 벨기에군이 이런 식으로 대륙을 떠나 영국으로 탈출했다. 이로써 연합군은 절체절명의 순간에 완패를 피했다. 낫질 작전을 창안한 폰 만슈타인은 훗날 이를 가리켜 독일인의 〈잃어버린 승리〉라고 불렀다. 구데리안은 열흘 동안 도저히 납득이 안 되는 인고의 시간을 보낸 끝에, 마침내 6월 4일 오전 9시 40분 됭케르크에 입성했다. 그러나 거기에 남아 있는 것은 연합군이 두고 간 장비뿐이었다. 차량 6만 3,000대,

오토바이 2만 2,000대, 전차 475대, 대포 2,400문, 그리고 엄청난 양의 탄약과 수류탄이었다. 그 외에 영국 구조선에 자리가 없어 타지 못한 프랑스군도 8만 명이 있었다. 폭격으로 검게 타버린 건물 잔해와 연기 자욱한 도시의 풍경은 마치 닭 쫓던 개 신세가 된 구데리안을 비웃는 듯했다. 영국군은 모두 탈출에 성공했다.

플랑드르 전투의 종료와 함께 〈황색 계획〉이라 불리던 서부 출정의 첫 국면도 막을 내렸다. 이 전투는 이후의 규정과는 달리 시종일관 전격전의 형태로 진행된 것은 아니지만, 페르비틴의 도움을 받아 스당을 돌파한 이후 독일 특유의 속도전을 개발하는 계기가 되었다. 그러나 히틀러만 이 속도전의 개념을 이해하지 못하고 역행했다. 그럼에도 그는 이 승리를 자신의 위대한 개인적 승리로 치부했고, 정지 명령이라는 중대한 실책에도 불구하고 이후 자신의 무오류성을 확신했으며, 그의 측근들도 두려움과 감격으로 이 희극에 동참했다. 독일 언론은 이 작전을 〈전쟁 역사상 가장 놀라운 사건〉으로 칭송했다. 〈이성적으로 볼 때 불가능하다고 여겨졌던 많은 일을 실제로 가능하게 만들었기 때문이다.〉[89] 심지어 국방군 총사령관 빌헬름 카이텔Wilhelm Keitel은 〈모든 시대를 통틀어 가장 위대한 이 군사적 승리〉[90] 이후 히틀러를 〈만고의 위대한 장군〉으로 묘사하기도 했다. 그러나 나중에 군 통수권자로서 히틀러의 약점이 너무나 명백하게 드러나자 이 명칭은 조롱거리로 사용되었다.

국방군 마약 딜러

나는 제군들에게 48시간 동안 자지 말 것을 요구했는데, 제
군들은 17일을 버텨 냈다.[91]

— 하인츠 구데리안

1940년 6월 6일 베를린이었다. 짙은 먹구름이 낀 하늘에서 굵
은 빗줄기가 자동차와 버스, 마차, 행인의 비옷을 후드득 때렸고,
모자와 우산에서 방울져 굴러떨어졌다. 신형 모델 텔레풍켄
T655 차량용 라디오 스피커에서는 뉴스 진행자가 감격스러운
목소리로 현재 독일군이 파리 코앞까지 진격했음을 알렸다. 이어
아르네 휠퍼스와 그의 악단이 연주하는 「나는 있는 그대로의 나
Ich Bin Wie Ich Bin」라는 음악이 자동차 내부를 가득 채웠다. 밖에서
는 네온 광고판의 〈페르질은 영원히 페르질!〉이라는 세제업체의
광고 슬로건이 빗물에 춤을 추는 웅덩이에 반짝반짝 반사되고 있
었다.

오후 10시 52분, 랑케가 탄 기차는 베를린 안할터 역에서 서쪽
으로 출발했다. 페르비틴의 사용 실태를 조사하고 특별 보급품을
수송하기 위해 서부 전선으로 가는 중이었다. 프라이부르크 군사
기록물 보관소에는 랑케가 향후 몇 주에 걸쳐 쓴 전시 일지가 남
아 있는데, 서부 출정의 두 번째 국면을 꾸밈없이 이해하는 데 큰
도움이 된다. 〈적색 계획〉이라 불린 이 두 번째 국면은 프랑스 핵
심 지역의 점령이 목표였다. 그의 문장들은 토막 나 있을 때가 많

고, 묘사는 바쁘고, 곳곳이 약어 투성이다. 다만 내용은 항상 상당량의 메스암페타민과 관련이 있다. 한 예를 보자. 〈1940년 6월 14일 금요일 9시. 크레치마르 중령 면담. 작전 회의. 소개. 정확히 알고 있음. 본인이 대략 이틀에 한 번꼴로 2정 복용. 결과는 탁월. 피로감을 느끼지 않고 활기참. 페르비틴 복용에도 정신적 하자는 없음. 내 질문에 명확하게 확인해 줌.〉[92]

랑케는 프랑스 전역을 4,000킬로미터 이상 돌아다녔다. 해안가를 따라 움직이기도 하고, 도시를 관통하기도 하고, 또 산을 넘기도 했다. 이 개인적인 프랑스 여행의 주된 목적은 도핑이었다. 그가 폰 클라이스트 기갑 집단의 전격전 창안자이자 독일군의 최선봉에 선 두 장군 구데리안과 약물에 취한 로멜을 동행한 것은 주목할 만하다. 랑케는 메스암페타민을 가장 많이 복용하는 곳, 모든 사람이 극도의 긴장 상태에 있고, 그를 필요로 하는 곳이면 어디든 나타났다. 항상 엄청난 양의 마약을 갖고 다니면서 흔쾌히 나누어 주었기 때문이다.

〈1940년 6월 16일 일요일 10시. 예정된 출발 시간 직전에 운전기사 홀트가 내 차를 몰고 나타났다. 간밤에는 우리를 찾지 못했다. 만세. 페르비틴 4만 정 포장. 11시 14군단으로 출발. 첫 초콜릿(내가 운전), 로름 시장에서 커피 한 잔, 몬테소슈까지 계속 이동. 하루 종일 비스킷 한 통만 먹음.〉[93]

랑케는 여행 중에 카메라를 갖고 다닐 때가 많았다. 그가 가장 자주 찍은 대상은 잠자는 군인이었다. 의외라고 생각할 수 있지만 거기에는 그럴 만한 이유가 있었다. 퀴벨바겐(지붕이 없는 군용 지프차) 옆 풀밭에 대자로 뻗은 병사들, 차 안에서 졸고 있는 운전병, 소파에서 꾸벅꾸벅 조는 장교, 나무 그늘 아래 야전용 침대를 펴 놓고 자는 상사, 이 사진들이 증명하는 것은 분명해 보였다. 랑케의 주적인 수면은 여전히 격퇴되지 않았고, 승리를 위해서라면 앞으로 정확히 겨냥해서 박살 내야 했다. 당연히 페르비틴으로 말이다.

외부의 적은 문제를 덜 일으켰다. 6월 중순 파리가 독일군의 손에 떨어졌을 때 프랑스군의 저항은 거의 없었다. 그 시절 프랑스의 풍경은 처참했다. 〈폐허 더미, 그을린 나무, 광장에 아무렇게나 널브러진 말의 사체와 검게 탄 마차. 불탄 탱크와 집들. 영국군과 프랑스군의 퇴각로 곳곳에 어지럽게 버려진 각양각색의 장비들. 사이사이 멈추어 선 대포와 고장 난 전차 등. 도로 양편에 즐비한 피난민, 대개 꼭 필요한 가재도구만 자전거에 챙겨서 끌고 감.〉[94]

랑케의 상관인 육군 의무 총감 발트만도 그 무렵 전쟁 지역을 시찰했고, 여러 정보를 종합해 페르비틴의 놀라운 성능을 칭찬했다. 물론 기록에는 그 이름이 구체적으로 밝혀져 있지는 않다. 〈마지노선 돌파. 놀라운 행군 능력: 60~80킬로미터! 보급, 능력 향상, 강제 추방, 이 모든 것이 1918년보다 훨씬 낫다.〉[95] 이 전쟁에서 독일군은 막힘이 없었고, 전례 없는 속도로 여름의 프랑스를 질주했다. 로멜은 프랑스의 마지막 방어 진지를 우회하기 위해 도로를 피하고 대신 들판을 가로질렀다. 심지어 1940년 6월 17일에는 240킬로미터를 주파함으로써 일종의 〈군사 부문 세계

신기록〉을 세웠다. 공군 참모총장은 이렇게 적었다. 〈경이로운 진격 능력이다.〉[96]

구데리안은 6월 중순 퐁타를리에 인근의 스위스 국경에 도착했다. 마지노선을 지키던 나머지 프랑스군 50만 명도 이제 완전히 포위되었다. 이로써 이웃 국가에 대한 독일 제국의 승리는 확정적이었다. 오직 히틀러만 모든 일이 진행되는 속도를 이해하지 못했다. 〈귀관은 퐁타이예-쉬르-손을 퐁타를리에로 착각한 듯하다.〉 전황 보고를 받은 히틀러가 답신한 내용이다. 그러자 구데리안은 명확한 어조로 이렇게 타전했다. 〈착각이 아닙니다. 본 부대는 분명 스위스 국경의 퐁타를리에에 있습니다.〉[97] 이 진격이 얼마나 빨리 진행되었는지는 한 독일 종군 기자의 보고가 뚜렷이 보여 준다. 그는 전형적인 병사 문체로 이렇게 쓴다. 〈전차와 대포, 고사포, 보급 부대 행렬이 끊임없이 이어진다. 중단 없는 전진이다. 밤에도 우리는 시골길을 따라 조심조심 나아간다. 잠을 생각하는 사람은 없다. 초콜릿 한 조각이 점심이다. 오직 앞만 바라본다. 우리는 줄을 지어 300킬로미터를 달렸다. 어떤 때는 옥수수 밭을 지나고, 어떤 때는 초원과 들판을 가로질렀다. 그것이 무슨 의미인지는 운전대를 잡은 사람만 안다. 진실로 우리의 운전자들은 지난 며칠 동안 불가능한 일을 해냈다. 우리는 너무 빨랐고, 프랑스 주민들은 도망칠 시간조차 없었다. 「당신들 독일인은 회오리바람처럼 전국을 휩쓸고 다녀요.」 한 프랑스 민간인이 한 말이다. 「며칠 전만 해도 칼레에 있더니 지금은 어느새 프랑스 남부에 있어요.」 그는 고개를 절레절레 흔들었다.〉[98]

그런데 『베를린 로칼 안차이거*Berliner Lokal-Anzeiger*』가 보도한 것처럼 병사들은 점심 대용으로 초콜릿 한 조각만 먹은 것은 아니고 템러사의 둥근 알약도 함께 받았다. 그것을 먹으면 배고픔을 잊을 수 있었기 때문이다. 구데리안 부대와 함께 사흘 만에 500킬로미터를 주파한 랑케는 전차 부대의 한 의무 장교로부터, 작전 시에는 운전병 한 명당 페르비틴 알약을 두 알에서 다섯 알까지 먹는다는 이야기를 들었다. 그렇다면 독일군의 놀랄 정도로 신속한 승리를 이른바 국가 사회주의적 투혼의 증거로 선전하는 것은 명백한 현실 호도다. 거기에는 다른 요소, 즉 화학적 힘도 함께 작용했다. 랑케의 전시 의무 일지가 그에 대한 증거다. 〈페르비틴을 경험해 본 크루마허 의무감(醫務監)이 내게 스토크하우젠 대령을 소개함. (……) 크레치머 중령에게 전출 신고. 매우 소상히 묻던 중령이 마지막에 페르비틴을 요청. (……) 중령은 출정 초기부터 지금까지 서른 개들이 페르비틴 한 통을 여섯 개만 남기고 다 소비했다.〉[99]

랑케는 폰 클라이스트 기갑 집단의 보급을 책임지는 선임 병참 장교 크레치머에 대해 이렇게 썼다. 〈그는 페르비틴을 먹고 나면 피곤한데도 계속 일을 했던 경험을 수차례 이야기했다. 또한 기분에 긍정적인 영향을 끼치고, 페르비틴의 영향하에서는 강한 집중력을 요하는 힘든 일도 얼마든지 처리할 수 있었다는 점을 강조했다.〉

그 밖에 〈페르비틴을 알고, 그 성능을 높이 평가하고, 나에게 그 약을 요청하는 (……) 참모부 장교들〉도 빼놓을 수 없었다. 랑케는 로멜 부대의 의무과장 바우마이스터 대령과 〈페르비틴과 과학에 대해 상세하고도 즐거운 대화〉를 나누었다고 썼다. 전투력을 자랑하던 무장 친위대도 약물을 포기할 수 없었다. 〈제10 기갑 사단 행군로로 10시 출발. 긴 여정에도 불구하고 고도의 훈련을 받은 나치 친위대로부터 환대를 받음. 부대 의무관에게 페르비틴 2,000정 전달.〉

의무 시찰 중에 페르비틴의 부작용, 즉 대규모 약물 사용으로 인한 부정적 결과도 발견되었다. 하지만 랑케는 그런 기록이나 이야기를 외면했거나, 아니면 일지에 담지 않았다. 특히 40세 이상의 나이 든 장교들은 페르비틴 복용으로 가끔 심장 쪽에 이상을 느꼈다. 〈페르비틴을 많이 먹는다〉는 제12 기갑 사단의 한 대령은 대서양에서 해수욕을 하다가 심장마비로 사망했고,[100] 한 대위는 페르비틴 복용 후 장교 파티에서 심근경색을 일으켰다. 또한 한 육군 중장은 지속되는 전투로 피로감을 호소했고, 의사의 조언을 따르지 않고 진격하기 전에 페르비틴을 복용했다가 실신했다. 게다가 전투 중 〈4주 동안 하루에 두 번 페르비틴 두 정을 복용한〉[101] 제1 기갑 예비대의 한 중령은 심장 통증을 호소했는데, 〈페르비틴 복용 전에는 혈액 순환이 지극히 정상〉이었다고 강조했다. 그는 상부에서 내려온 대량 도핑 지시를 다음과 같이 비판적으로 묘사했다. 〈페르비틴은 작전 시작 전에 공식적으로 제공되었다. 대대장을 비롯해 모든 장교에게 나누어졌고, 예하 장병들에게도 내려갔다. 임박한 작전에서 깨어 있으려면 무조건 이 약을 먹어야 한다는 명확한 지침과 함께. 그렇다면 기갑 부대

가 페르비틴을 사용해야 한다는 분명한 명령이 있었다고 할 수 있다.〉

또 다른 참모 장교는 한 달 반 동안 서른세 번의 전투일에 페르비틴을 각각 네 정씩 복용했는데, 이후 〈고도 고혈압〉으로 복무 부적격 판정을 받았다.[102] 의존성도 드러났다. 점점 더 많은 군인이 약물의 소모성 부작용으로 의욕 상실과 우울증에 시달렸다. 그들은 마약의 약효가 떨어지자마자 불안 증세를 보였고, 기분이 나빠졌다. 페르비틴 복용 기간이 길수록 뇌에서 방출되는 도파민과 세로토닌의 양은 줄어들었고, 기분은 안 좋아졌으며, 그럴수록 이 상태를 개선하려고 점점 더 많은 약을 찾았다. 중독의 악순환이었다.

랑케는 이 모든 상황에 눈을 감았다. 〈전쟁은 전쟁이고, 마약은 마약〉이라는 구호에 따라서 말이다. 군사 의학 아카데미 산하의 연구소에서 청렴결백한 사람으로 알려져 있던 이 과학자는 각성제 실태 조사를 마치고 베를린 당국에 보고서를 제출하면서 현실을 미화했다. 여기서 그의 인간적 결함이 드러난다. 그는 육군에서 누구보다 마약에 대해 잘 알았고, 그 위험성도 정확히 파악하고 있었지만, 스스로 그에 의존된 상태에서 자신에게뿐 아니라 대외적으로도 그것의 부정적 영향을 대수롭지 않은 것으로 치부했다. 중독된 딜러의 전형적인 행태다. 다만 랑케의 약물 남용에서 특이점이 있다면 무수한 군인과 민간인의 운명에 심각한 영향을 미쳤다는 사실이다.

전쟁과 비타민

그사이 모렐은 서부 전선에서의 승리에 도취되어 비타민 개척자로서 자신의 역할을 새삼 떠올리며 〈비타물틴〉이라는 이름의 복합 제제를 생산해서 유럽 전역에 출시할 계획을 세웠다. 판매 전략은 단순하면서도 인상적이었다. 위대한 장군으로 칭송받는 자신의 환자가 이 상품에 대해 긍정적인 말만 해주면 다른 것은 자동으로 따라오게 되어 있었다. 그는 히틀러를 끌어들이기 위해 자신이 50퍼센트 지분을 갖고 있던 함부르크의 노르트마르크사(社)에 〈노벨-비타물틴〉이라는 약제를 생산하게 했다. 반짝거리는 금박 종이에 〈SF(총통 전용)〉라는 인장이 찍힌 이 약제는 오직 한 사람만을 위한 것이었다. 내용물은 포장보다 그리 매력적이지 않았다. 장미 열매 분말, 말린 레몬, 효모 추출물, 탈지유, 정제 설탕을 섞은 것에 불과했으니 말이다.[103]

히틀러는 과일과 야채, 샐러드 외에 다른 음식을 거의 먹지 않았기에 비타민 결핍과는 거리가 멀었지만 마치 그 약제가 헤스페리데스의 사과라도 되는 것처럼 허겁지겁 먹었다. 사실 필요 이상으로 비타민을 섭취한다고 해서 해가 될 건 없었다. 아무튼 그는 곧 매일 그 약을 여러 정 복용했다. 모렐은 제국 총리실 인근의 엥겔 약국에 〈항상 비타물틴-F를 500~1,000정가량 보관해 두고 (……) 재고가 떨어지지 않도록 늘 만전을 기하라〉고 단단히 일렀다.[104] 그는 처방전을 자물쇠로 잠그는 함에 보관했고, 약사에게는 총통 한 사람만을 위해 제작한 이 약을 자신이나 히틀러의 시종에게만 넘겨주라고 지시했다.

이제 모렐의 두 번째 마케팅 전략이 이어졌다. 이 여우 같은 주치의는 국방군 최고위직과 참모부 요직에 있는 사람들을 위해 금박이 아닌 은박 포장지에 SRK(총리실 전용) 인장이 찍힌 약제를 생산한 것이다. 얼마 지나지 않아 고급 장교들은 이 달콤한 과자를 달라고 서로 손을 내밀었고, 작전 회의에서 보란 듯이 호기롭게 이 과자를 먹어 치웠다. 모렐은 총통 본부에서 흐뭇한 심정으로 아내에게 이런 편지를 보낸다. 〈여기서 비타물틴의 인기는 대단해요. 모든 고위 장교가 이 약의 효능을 칭찬하면서 집에 있는 가족들에게도 권하고 있다오.〉[105]

이 성공으로 제3 제국 대중 조직과의 대규모 거래를 위한 토대가 놓였다. 모렐은 총통 주치의의 영향력을 아낌없이 활용해 독일 노동 전선DAF을 〈비타물틴 작전〉에 끌어들이는 데 성공했다. 곧 엄청난 양의 주문이 쏟아져 들어왔다. 어떤 때는 2억 6000만 개, 어떤 때는 심지어 3억 9000만 개에 이르렀다. DAF가 통틀어 받아 쥔 것은 거의 10억 통에 달했다. 목표는 군수 공장 노동자의 작업 능률을 향상하고, 전염병에 대한 저항력을 높이는 것이었다. 모렐은 나치 친위대에도 접근했다. 일단 〈사랑의 선물〉이라는 이름으로 비타물틴 10만 통을 무상 제공했다. 스칸디나비아 반도의 산악 군단에 도움이 될 거라고 하면서 말이다. 모렐은 친위대장 하인리히 힘러Heinrich Himmler와의 개인 면담에서 스칸디나비아 전선의 장병들에게 비타물틴을 주는 것이 바람직하다고 주장했다. 그곳 산악 지대는 어두울 때가 많았는데, 입증된 바에 따르면 비타민 C를 복용하면 야간 투시 능력이 개선된다는 것이다.[106] 친위대는 결과에 만족했는지 수차례 추가 주문을 했다. 다 합치면 총 수억 통에 이르렀는데, 이 제품에는 심지어 〈SS 비타 물틴〉이라는 자체 브랜드까지 달렸다.[107]

이재에 밝은 이 의사는 이제 지상군으로 눈을 돌렸다. 〈비타물 틴과 관련해서 육군에 한 번 더 청원을 해야 할지 생각 중이오.〉 그가 한 편지에 쓴 내용이다.[108] 그런데 국방군의 마약 딜러 랑케 는 호락호락하지 않았다. 오랫동안 더 강한 물질에 익숙해 있던 이 국방 생리학자는 비타민 제제에 심드렁한 반응을 보이면서 그 것을 군 보급품에 포함시키는 것을 거부했다.

그러나 비타물틴 사업은 군 없이도 잘나갔다. 모렐은 공군으로 부터도 거절을 당했을 때 그것을 자신에 대한 개인적 공격이라 여기고 공군 의무 총감인 에리히 히프케Erich Hippke 대령에 대해 음모를 꾸몄다. 〈의무 총감 히프케 박사는 잘못된 정보를 바탕으 로 품질이 뛰어난 이 약제를 음해하고, 저를 개인적으로 폄하하 는 편지를 배포하고 있습니다.〉 모렐이 히프케의 상관인 제국 항 공 장관 괴링에게 보낸 편지다. 〈저는 복무 중에 발생한 이런 행 동을 아무렇지 않게 받아들일 수 없습니다. 민간 사회에서 이런 일이 있었다면 고소도 마다하지 않았을 것입니다. 존경하는 제국 원수님께서 부디 공정한 판단을 내려 주시기 바랍니다. 원수님께 최고의 경의를 표하며, 하일 히틀러!)[109] 괴링은 이에 반응했고, 히프케는 떠나야 했다. 주치의의 승리였다. 이로써 모렐은 유럽 전역을 무대로 활동하는 제약 사업가로서 날개를 달았다.

약에 취해 하늘을 날다

자신에게 책임이 있던 됭케르크의 대실패 이후 그 〈뚱보〉(몸에 살집이 많아 사람들은 괴링을 이렇게 불렀다)는 모르핀 도취 상태에서 스스로에게 발견했던 그 찬란한 영웅의 모습을 다시 우뚝 세우고 싶어 했다. 그래서 수립한 것이 〈바다사자 작전〉, 즉 지상군을 통한 영국 침공이었다. 영국 해협을 배로 가로질러 수십만 명의 독일군을 안전하게 수송하려면 우선 제공권을 장악해야 했다. 히틀러에게 자신의 탁월한 능력을 보여 주고, 그로써 자신의 막강한 권력 및 그와 관련된 방탕한 생활 방식을 계속 정당화할 수 있는 절호의 기회였다.[110]

영국을 공중에서 제압하려면 우선 영국 공군의 물류 기지인 비행장과 격납고, 활주로, 전투기부터 폭격해야 했다. 괴링의 명령이 떨어졌고 그로써 〈영국 전투〉가 시작되었다. 그러나 이 성공적인 전략은 1940년 8월 25일 영국군이 베를린 크로이츠베르크와 베딩 지구에 야간 공습을 하면서 수정되었다. 히틀러는 영국 국민의 사기를 꺾을 목적으로 9월 4일 런던 폭격을 지시했다. 그러나 이것은 군사 전술적 관점에서 보면 심각한 실책이었다. 적의 비행장이 표적에서 벗어나면서 영국군은 공중 방어를 강화할 수 있었기 때문이다.

폭탄은 영국 수도를 비롯해 다른 지역에도 떨어졌다. 연말까지 4만 명이 넘는 민간인이 목숨을 잃었다. 이는 전쟁이라는 이름을 빌린 첫 번째 체계적인 테러 공격이었다. 영국에서는 원한에 찬

다짐이 쏟아졌다. 얼마든지 쳐라. 〈런던은 감당할 수 있다.〉[111] 영국 공군은 결연하게 반격했다. 무수한 독일 전투기가 영국에 폭탄을 퍼붓자 영국인들은 보복으로 독일 도시들을 공습했다. 충돌은 격화되어 갔다. 얼마 지나지 않아 독일 전투기의 주간 작전이 너무 위험해졌다. 한 폭격기 조종사는 당시 상황을 이렇게 묘사했다. 「대개 밤늦게, 그러니까 10시나 11시쯤 출격했습니다. 그러면 새벽 1시나 2시쯤 런던이나 다른 영국 도시의 상공에 닿았습니다. 그때쯤이면 당연히 무척 피곤하죠. 그래서 그러면 안 되는 줄 알면서도 페르비틴을 한두 알 삼켰습니다. 그러면 다시 좋아졌습니다. (……) 나는 야간 공습을 자주 나갔습니다. 지휘관은 항상 모범을 보여야 했죠. 그래서 예방 차원에서 나는 페르비틴을 복용했습니다. 지휘관이 전투에서 지쳤다고 상상해 보십시오. 안 될 말이지요. (……) 어쩌면 건강에 약간 안 좋을 수도 있지만 페르비틴을 포기할 수가 없었습니다. 어차피 머잖아 전사할지도 모르는 운명이라면 더더욱 그렇지 않겠습니까?」[112]

이는 결단코 개인적인 사례로만 볼 수는 없다. 물론 공군의 페르비틴 사용에 대한 통계학적 조사는 존재하지 않고, 폭격기 조종사들이 이 각성제를 대대적으로 복용했다는 사료학적 증거도 없다. 단, 랑케가 육군과 공군을 위해 총 3500만 정을 주문했다는 사실을 제외한다면 말이다.

사실, 전쟁은 결국 하늘을 지배하는 자가 승리한다. 제공권 장악의 필수 요소는 강철로 만든 전투기와 살과 피로 이루어진 조종사다. 둘 다 문제없이 작동하고 적보다 오래 버텨야 한다. 독일

주력기 메서슈미트는 영국의 스피트파이어보다 기술적으로 떨어졌지만, 마약과 관련해서는 독일 공군이 영국보다 훨씬 앞서 있었다. 페르비틴에는 〈공군의 소금〉이니, 〈폭격기 알약〉이니, 혹은 〈괴링 알약〉이니 하는 여러 별칭이 있었는데, 그걸 보면 공군 내에서 사용된 것을 짐작할 수 있다. 지중해 비행단의 한 비행 대대장은 이렇게 보고한다. 〈무릎 주머니에는 셀로판으로 덮인 손바닥 길이만 한 린넨 띠가 있고, 그 안에 초콜릿 바 크기의 케이스에 유백색 정제가 대여섯 개 들어 있다. 슈레를링 박사가 피로감을 막아 주는 약이라고 했다. 나는 주머니에서 페르비틴을 처음엔 두 개, 나중엔 세 개를 꺼낸 뒤 잠시 얼굴에서 호흡 마스크를 떼어 내고 알약을 씹기 시작한다. 지독하게 쓰고 퍽퍽하지만 함께 삼킬 물은 없다.〉[113]

잠시 후 효과가 나타났다. 〈엔진이 부드럽고 조용하게 돌아간다. 머리가 맑아지고, 심장 박동 소리가 귓전에서 요동친다. 하늘은 왜 이렇게 갑자기 밝아지는지…… 눈부신 햇살에 눈이 시리다. 환한 빛을 견딜 수 없어 한 손을 이마에 대고 빛을 가린다. 좀 낫다. 이제 엔진은 진동 없이 고르게 윙윙거린다. 멀리서, 아주 멀리서. 여기 상공은 침묵에 가깝다. 만사가 아득하고 무의미해진다. 마치 내가 비행기 위를 날아가는 것처럼 황홀하다.〉

약에 취한 조종사는 착륙 후의 현실을 완전히 낯선 세계처럼 경험했다. 〈나는 온 세상에 혼자뿐인 것 같은 황홀감에 취하고 무게조차 느껴지지 않는 무중력 상태였음에도 착륙 경로를 정확히 지켰다. 착륙 시 완전히 뻣뻣하게 군은 상태에서 위치를 찾았다.

움직이는 것은 없고, 사람은 보이지 않는다. 폭탄 분화구 사이에 (……) 홀의 잔해만 쓸쓸하게 솟아 있는 느낌이다. 편대 계류장으로 굴러 들어갈 때 오른쪽 타이어가 터졌다. 폭탄 파편을 밟은 것 같다. 나중에 슈레틀링 박사를 만나 지나가는 말로, 대체 무슨 《이런 미친 약》이 있느냐고 물었다. 페르비틴 말이다. 그러면서 전투기 조종사들에게는 사전에 경고를 해주는 게 낫지 않겠느냐고 말했다. 박사는 내가 세 알을 연달아 복용했다는 말을 듣고는 거의 기절할 듯이 놀라더니 남은 일과 동안 비행기를 밖에서 만지는 것조차 금지시켰다.〉

독일 조종사들이 아무리 약물의 도움을 받아 활기차게 하늘을 날아도 영국 공군에 대한 기술적 열세는 바꿀 수 없었다. 결국 〈영국을 둘러싼 공중전〉은 실패로 끝났다. 이 전쟁에서 독일이 당한 첫 패배였다. 히틀러는 〈바다사자 작전〉의 중단과 함께 영국 침공을 포기할 수밖에 없었고, 이어 전쟁을 위한 새로운 무대를 찾아 나섰다.

반복된 실책에도 불구하고 괴링은 굳건했다. 그는 빌헬름가(街)에 위치한, 장방형의 환한 돌로 지어진 거대한 제국 항공부 건물에 계속 거주했다. 건물 위에는 중앙에 하켄크로이츠가 그려진 붉은 전쟁 깃발이 자랑스럽게 펄럭이고 있었다. 마치 보이지 않는 바람과 허공도 이 정부와 제국 원수의 힘 아래 있다는 사실을 만천하에 시위하듯이. 그러나 정문의 육중한 철문을 지나 철제 울타리로 둘러싸인 넓은 앞마당을 가로지른 뒤 만날 수 있는 것은 알코올과 약물에 무한정 취하고, 음모가 난무하고, 관리 부실에 찌든 혼돈의 제국이었다. 겉에서 볼 때는 그것을 알 수 없다. 그러나 방이 3,000개나 되는 괴링성(오늘날 연방 재무부 건물)의 실상은 이 정권의 정치적 현실성 상실과 독일이 잘못 빠져든 길의 전조나 다름없었다.

한 장교가 제국 원수의 모습에 대해 묘사한 대목을 보자. 〈그 (괴링)는 소매가 나부끼는 블라우스 같은 흰색 실크 셔츠를 입고, 그 위에 모피 안감을 댄, 야생 동물 가죽으로 만든 소매 없는 노란색 재킷을 걸친다. 거기다 용병들이 입는 것 같은 긴 하렘 바지를 입고, 허리에는 금박을 입힌 넓은 가죽 허리띠를 두르고, 짧은 켈트 검을 찬다. 긴 실크 양말과 황금빛 사피아노 가죽 샌들이 화룡점정이다.〉[114]

가끔 이 실력자는 화장을 하고 손톱을 붉게 칠하기도 했다. 또한 회의 중에 혈액 내 아편 수치가 떨어지면 굉장히 혼란스러워하면서 갑자기 아무 설명도 없이 방을 나갔다가 몇 분 뒤 눈에 띄게 생기 있는 얼굴로 돌아오곤 했다. 한 장군은 이런 갑작스러운 변화를 다음과 같이 설명한다. 〈괴링은 마치 새로 태어난 사람 같았다. 온몸에 활기가 넘쳤고, 우리를 바라보는 파란 눈도 불꽃이 튀는 것처럼 반짝거렸다. 회의 중의 첫 번째 모습과 두 번째 모습 사이의 차이는 같은 사람이라고 믿어지지 않을 정도로 놀랍다. 내가 볼 땐 뭔가 자극적인 것을 섭취한 것이 분명했다.〉[115]

이런 식으로 빈번하게 현실 도피가 이루어지는 상황이라면 괴링의 업무도 제대로 수행될 리 없었다. 우선 누군가를 고위직에 앉히는 그의 기준은 능력이나 전문성이 아니라 오락적 가치였다.[116] 예를 들어 괴링 자신도 가장 게으른 장군이라고 불렸던 최측근 브루노 뢰르처Bruno Loerzer에 대해 비판의 말이 올라오면 다음과 같이 일축해 버렸다. 「나는 저녁에 레드 와인을 함께 마실 수 있는 사람이 필요해.」[117] 에른스트 우데트Ernst Udet를 항공 국장에 임명한 것도 비슷했다. 제3 제국에서 가장 힘 있는 자리 중 하나였다. 물론 우데트가 프랑스인 르네 퐁크René Fonck 다음으로 제1차 세계 대전에서 가장 뛰어난 전투기 조종사로 독일 대중에게 인기가 높았지만, 하늘에서의 탁월한 능력이 최고 지도부의 책상으로까지 이어진다는 보장은 없었다. 게다가 그는 레니 리펜슈탈Leni Reifenstahl의 영화에 게스트로 출연하는 것을 좋아하는 플레이보이 기질의 남자이기도 했다. 그런 사람에게 행정 일은 어울리지 않았다. 하지만 괴링에게 그런 건 아무 상관이 없었다. 이것만 봐도 그가 자신의 부처를 얼마나 변덕스럽고 즉흥적으로 운영했는지 알 수 있다. 그의 부처에서 정상적인 업무 감독은 다른 세계 이야기나 다름없었다.

회의 시간에 제국 항공부 장관과 항공 국장은 제1차 세계 대전 때 함께 코카인에 취해[118] 공중전을 펼쳤던 옛 추억을 더듬길 좋아했다. 반면에 실질적인 장비 문제나 신형 전투기 개발 문제, 혹은 다른 여러 복잡한 사안에 대해 이야기하는 것은 싫어했다. 심지어 우데트는 부처 취임사에서 끔찍한 숙취 때문에 찡그린 얼굴로, 자신에게 너무 많은 행정 업무를 기대하지 않는 것이 좋을 거라고 고백하기도 했다. 문제는 그의 예하에 무려 24개의 부서가 있었고, 수장의 그런 태만과 방종으로 부서 업무가 곧 막심한 혼

헤르만 괴링(좌)과 에른스트 우데트(우).
우데트는 술을 즐겼고, 페르비틴은 더 즐겼다.

란 상태에 빠졌다는 것이다. 우데트는 일과 시간 중에도 손님이 오면 코냑을 내놓았고, 알코올의 영향을 상쇄하기 위해 상당량의 메스암페타민을 복용했다. 이런 점들 때문에 그는 비효율적인 제국 항공부 내에서도 극도로 부실한 업무 관리로 악명이 높았다.

괴링은 나중에 무능한 일꾼들에 대해 언급한 적이 있는데, 거기에는 우데트도 포함되었을 가능성이 크다. 「우리 부처에 이런 부서가 있는 줄도 모르는 부서들이 있어. 그러다 갑자기 툭 튀어 나와 일을 엉망으로 만들어 버려. (……) 그러다 갑자기 알게 돼. 몇 년 전부터 그런 부서가 있었다는 걸. 아주 심각한 일이야. 그런 일이 몇 번 있었지. 게다가 세 번이나 쫓겨났다가 갑자기 다른 부서에서 다시 튀어나오는 사람도 있어. 그런 사람들이 점점 많아지고 있는 건 큰 문제야.」[119]

우데트가 일과 중에 가장 좋아한 것은 캐리커처를 그리는 일이었다. 그것도 주로 자신의 캐리커처를 그렸다. 그러다 틈날 때마다 집으로 도망쳤다. 그는 집에다 각종 트로피로 장식한 개인 바를 설치해 놓고 늘 친구들을 불러 모았다. 혼자 있는 걸 싫어하는 사람이었다. 그런데 그가 진정으로 원한 것은 아무 비행기나 타고 곡예비행을 즐기는 일이었다. 하지만 그럴 시간이 없었다. 우데트는 점점 늘어나는 업무량의 중압감 때문에 미칠 지경이었다. 1941년에는 위험한 양의 페르비틴을 복용했다. 어떻게든 정상적인 상태를 유지하려고 말이다. 이로써 그는 이미 오래전에 현실 감을 잃고 주제넘게 전쟁을 벌이던 독일의 오만함을 그대로 보여주는 화신이었다. 급기야 나중에는 다른 사람도 아닌 히틀러가 그에 대해 이렇게 주장했다. 「이번 패배는 무조건 우데트 때문이야. 이 남자가 공군 역사상 가장 터무니없는 짓을 저질렀어.」[120] 어떤 면에서 그것은 사실일지 모른다.

제2차 세계 대전 후 세계적으로 가장 많이 상연된 독일 희곡 「악마의 장군Des Teufels General」에서 극작가 카를 추크마이어Carl Zuckmayer는 자신의 벗 우데트에게 과분한 기념비를 세워 주었다. 백전노장의 전투기 조종사이자 공군 장군인 하라스라는 인물에게 명예로운 비극성과 소탈한 성격을 부여한 것이다. 동명의 영화도 주인공 쿠르트 위르겐스를 열정과 위용의 인물로 그림으로써 전혀 장엄하지 않고 처참하기만 한 현실을 외면했다. 우데트는 결코 영웅이 아니었다. 기껏해야 무능과 약물 중독으로 나치 시스템에 큰 해를 입힌 것 정도나 좋게 봐줄 수 있을까? 그는 나치의 어설픈 광대이자 역사적 특이 사례이며, 역사가들이 피하고 싶어 하는 병적인 이단아의 구현이다.[121]

1941년 11월 17일 독일 보도국으로 텔레타이프를 통해 다음 소식이 전해졌다. 〈항공 국장 우데트 대장이 신무기 시험 도중 중상을 입고 호송 중에 세상을 떠났다. 총통 각하께서 국가를 위해 자신의 직분을 다하다가 비극적으로 유명을 달리한 장군을 위해 국장을 지시하셨다.〉[122] 그러나 사실 우데트는 공무를 수행하다가 죽은 것이 아니라 베를린에서 가장 경비가 삼엄한 고급 주택 지구 베스텐트의 슈탈루푀너 가로수 길에 있는 호화 관저에서 총으로 스스로 목숨을 끊었다. 그로써 공군이 안고 있던 무수한 기술적, 구조적 문제를 옛 세계 대전의 오랜 동료인 괴링에게 모두

떠넘기고 떠났다. 우데트는 술과 마약에 찌든 삶을 총알로 마감함으로써 군무에서 영구 퇴출되기 직전에 괴링에게 마지막 인사를 남겼다. 「강철 인간, 자네가 나를 떠났어.」

스스로를 지나치게 과대평가했던 우데트의 자살은 제3 제국의 몰락을 앞서 보여 주는 상징이었다. 괴링이 국장에서 모르핀에 취한 굳은 표정으로 관을 따라 걸으면서 〈독일 역사상 가장 위대한 영웅〉 중 한 명의 죽음이라고 나직이 읊조리고 있을 때, 국방군은 러시아에 갇혀 있었다. 오늘날 우데트는 군사 의학 아카데미 바로 뒤편의 국가 유공자 묘지에 여전히 안치되어 있다. 랑케가 국방군을 위해 페르비틴을 테스트하던 곳에서 불과 몇 걸음 떨어져 있지 않은 곳이다.[123]

영국, 무릎을 치다

1940년 9월 13일 밀라노의 일간지 『코리에레 델라 세라*Corriere della Sera*』는 원래 의료용에서 군사용으로 바뀐, 독일인들의 〈용기 알약〉에 대해 보도했다. 병사들에게 용기를 심어 준다는 이 알약은 전쟁 효과 면에서는 독일 폭격기에 미치지 못하지만, 독일군에 중단 없는 작전 수행을 보장하는 핵심 수단이라는 것이다.

페르비틴보다 효과는 약하지만 그만큼 부작용이 적은 벤제드린을 대량으로 사용하던 영국은[124] 이 기사를 보는 순간 무릎을 쳤다. 이제야 곳곳에서 근심을 불러일으키던 독일군의 놀라운 전투력이 이념적 동기나 민족적 우수성이 아닌 화학적 작용에서 비롯된 것임을 알게 된 것이다. BBC는 지체 없이 독일군이 전투기 조종사들에게 조직적으로 페르비틴을 배포하는 내용의 특집 방송을 제작했다. 곧이어 베를린 고위층에서는 페르비틴 사용에 관해 뜨거운 찬반 논쟁이 불붙었다.

페르비틴에 비판적이던 제국 보건 지도자 레오 콘티는 국방군 의무 총감에게 다음과 같은 공문을 보냈다. 〈공군 구성원들에게 페르비틴을 실제로 얼마만큼 제공하고 있고, 그 결과는 어땠는지 알려 주시면 감사하겠습니다. 또한 이 문제에 대한 귀하의 입장도 궁금합니다. (……) 페르비틴의 투여는 절대 찬성할 수 없습니다. 나는 여러 문서를 통해 이 약제의 유해성을 거듭 지적했고, 페르비틴을 좀 더 엄격하게 규제할 방법이 없는지 고민했습니다. 예를 들어 이 약제를 마약류로 선포하는 것이지요. 하일 히틀러!〉[125]

이 편지에 대한 군의 반응은 시큰둥했다. 한 달 뒤에야 신임 의무 총감 지크프리트 한트로저Siegfried Handloser 박사는 다음과 같은 답신을 보냈다. 〈영국 선전국은 독일 국방군이 마약으로 전투 능력을 향상시켰다고 수차례 주장해 오고 있습니다. 런던 라디오의 이런 잘못된 보도는 독일 기갑 사단이 마약에 취해 프랑스로 진격했다고 믿고 싶은 바람에서 비롯된 것이 분명합니다. 사실을 말씀드리면, 당시 페르비틴은 장병들 사이에서 개인적으로만, 그리고 무시할 수 있는 수준의 소량으로만 복용되었습니다.〉[126] 이는 뻔뻔한 거짓말이다. 왜냐하면 한트로저는 서부 출정 당시 군에서 페르비틴을 3500만 정 주문했다는 사실을 분명히 알고 있었고, 프랑스에서 보낸 랑케의 보고서도 받아 보았기 때문이다.

콘티는 여기서 멈추지 않았다. 그는 세상의 모든 독을 싫어하는 아리안 세계의 이데올로기적 이상을 위해 끈질기게 싸웠다. 그로써 제2차 세계 대전의 지정학적 경쟁에서는 도핑이 필요할 수밖에 없다는 현실을 놓치고 말았다. 그는 지푸라기라도 잡는 심정으로 자신과 친분이 있는 한 과학자를 고용했다. 『독일 의학 저널Deutschen Ärzteblatt』에 〈페르비틴 문제Das Pervitin-Problem〉라는 제목으로 독일인들이 가장 좋아하는 약물에 대해 처음으로 상세한 비판적 논문을 게재하고, 이 각성제의 잠재적 위험성, 즉 치명적 중독성을 경고한 인물이었다. 그는 전형적인 나치 용어를 사용해 가며 페르비틴을 〈만나는 족족 박멸〉하자고 요구했고, 그에 중독된 사람을 〈변종〉으로 몰아세웠다.[127]

이 기사는 실제로 과학계에서 반향을 얻었고, 그와 함께 페르비틴의 의존성 사례는 점점 더 빈번하게 논의되었다. 하루에 여러 정을 복용하는 의사든, 아니면 마찬가지로 많은 알약을 먹고 며칠 동안 잠을 못 자거나 상상의 해충 때문에 피부를 긁어 대는 의대생에 이르기까지 말이다.[128]

그사이 독일에서 이 물질의 소비량은 매달 100만 정이 넘었다.* 1941년 2월 콘티는 재차 경고했다. 이번에는 당 내부 회람에서였다. 〈나는 우리 인민 사이에 굉장히 폭넓게 퍼져 있는 이 약

---

* 이것은 보수적인 추정치다. 공식 수치는 〈판매 단위〉로 집계할 때가 많기 때문이다. 따라서 만일 이것이 개별 알약의 수가 아니라, 예를 들어 그 유명한 페르비틴 통(각 30개입)을 가리킨다면 소비량은 어마어마하게 늘어난다. 게다가 훨씬 함량이 높은 주사용 앰플의 사용량은 이 집계 안에 포함되지도 않았다.[129]

물의 엄청난 남용 현상을 무척 걱정스럽게 바라보고 있습니다. (……) 이는 우리 민족의 건강과 미래를 해치는 직접적인 위험입니다.)[130]

결국 제국 보건 지도자는 강력한 조치를 취했다. 아니 최소한 그런 시도는 했다. 1941년 6월 12일 제국 보건청이 페르비틴을 제국 아편법 규제 대상에 포함시킨 것이다. 이로써 국민 각성제는 공식적으로 마약이 되었다.[131] 하지만 이 조치로 소비에 제약이 생겼을까? 그렇지 않다. 사실 그것은 콘티를 비롯해 이데올로기적인 동기로 무장한 관리들의 형식적인 승리였을 뿐이다. 한때 나치 국가의 실세 가운데 한 사람이었던 제국 보건 지도자는 마약 퇴치 전쟁을 애초에 질 수밖에 없는 위치에서 이끌었기에 서서히 영향력을 상실해 갔다. 독일 국민들은 인종 위생적인 측면에서 추진되는 마약류 퇴치보다 화학적 자극제의 실질적인 효과에 더 마음이 쏠렸다. 전쟁으로 인해 날마다 늘어나는 스트레스를 이겨 내려면 인공적인 도움이 필요했기 때문이다. 독일인들은 엄격한 페르비틴 금지령을 준수하는 것은 고사하고 그런 것이 있는지조차 거의 알지 못했다. 민간 소비량은 오히려 매년 150만 정 넘게 증가했다.[132] 이렇듯 마약은 국가 사회주의 내적 모순을 공공연히 드러냈고, 그 체제가 점진적인 자기 파멸의 길로 나아가는 데 일정한 역할을 했다. 1억 정이 넘는 알약이 독일인들의 위와 혈관에 도달하는 데는 오래 걸리지 않았다.

페르비틴 추방령의 선포 시점은 군사적인 측면에서도 잘못 선택되었다. 열흘 후 소련에 대한 독일의 공격이 시작되었기 때문이다. 게다가 병사들은 이미 오래전부터 그 물질에 익숙해져 있었다. 국방군 최고 사령부는 괴링이 지휘하는 제국 무장 및 군수부와 함께 페르비틴을 〈전쟁에 결정적인〉 요소로 분류했다.[133] 그렇다면 페르비틴 추방령에 의한 제한의 흔적은 어디서도 보이지 않는다. 사실 1941년 여름부터는 약물 남용에만 한계가 없어진 것이 아니었다.

Reichsstelle "Chemie"   Berlin W.35, den 7.5.41
                                         Sigismundstr. 5
                                         Dr.Hy/Küs.

                          B e s t ä t i g u n g
                          -.-.-.-.-.-.-.-.-.-.-

Der Firma Temmler-Werke, Berlin-Johannisthal, ...

. . . .

wird für ihre Erzeugnisse
  pharmazeutische Produkte gemäß der Ihnen erteilten Produktionsaufgabe

hiermit bestätigt, dass diese gemäss Erlass des Reichswirtschafts-
ministeriums II Chem. 27 742/41 vom 2.4.1941 im Einvernehmen mit dem
Oberkommando der Wehrmacht und dem Reichsministerium für Bewaffnung
und Munition als kriegsentscheidend erklärt worden sind.
Der Herr Reichsarbeitsminister sowie die Vorsitzenden der Prüfungs-
kommissionen sind hierüber unterrichtet worden.
Diese Massnahme erfolgte gemäss Ziffer F 5 der Ausführungsbestimmun-
gen (ADFW) vom 21.12.1940 zu dem Erlass des Vorsitzenden des Reichs-
verteidigungsrates, Ministerpräsident Reichsmarschall Göring, über
Dringlichkeit der Fertigungsprogramme der Wehrmacht vom 20.9.1940

Die Sicherung der kriegsentscheidenden Fertigungen hat gemäss
Erlass des Reichswirtschaftsministeriums S 1/1098/41 vom 22.3.1941
zu erfolgen.
Ein Missbrauch dieser Bestätigung durch Weitergabe bei Unterlieferun-
gen für oben nicht angegebene Erzeugnisse wird auf Grund des Straf-
erlasses des Reichsmarschalls vom 20.9.1940 nach Massnahme der Ziffer
II der zweiten Verordnung zur Durchführung des Vierjahresplans vom
5.11.1936 bestraft.

                              Der Reichsbeauftragte:

44

제국 〈화학국〉   베를린 W. 35, 1941년 5월 7일
                              지기스문트가 5번지
                              Dr. Hy/Küs.

확 인 서

수신: 템러사, 베를린 요하니스탈

귀사에 배당된 약리학적 제품의 생산과 관련해서

이 문서로 1941년 4월 2일 자 제국 경제부 화학 2국 시행령 27 742/41에 따라 국방군 최고 사령부와 제국 무장 및 군수부의 동의하에 이 약제가 전쟁에 결정적인 요소로 선포되었음을 확인한다.
제국 노동부 장관 및 여러 심사 위원회 의장단에도 이 사실이 통보되었다.
이 조치는 1940년 12월 21일 자 시행 규칙(ADFW) F 5항과 제국 국방 위원회 의장이자 제국 원수 괴링 각하의 1940년 9월 20일 자 국방군 생산 프로그램의 긴급성과 관련한 시행령에 근거해서 추진된다.
전쟁에 결정적인 제품 생산은 1941년 3월 22일 자 제국 경제부 시행령 S 1/1098/41에 따른다.
상기 적시되지 않은 제품의 생산 및 인도에 이 확인서를 오용할 시 1940년 9월 20일 자 제국 원수 형사 법령 및 1936년 11월 5일 자 분기 계획 실행을 위한 2조 2항에 따라 처벌된다.

위임자 서명:

소련 침공 6주 전, 페르비틴은 〈전쟁에 결정적인〉 요소로 선포된다.

3
하이 히틀러*— 환자 A와 주치의
(1941~1944)

* 〈하일 히틀러〉의 독일어 heil(성스러운)과 헷갈리지 말기 바란다. 여기서는 마약에 취했다는 의미의 영어 high다. ― 옮긴이주.

평시거나 전시거나 의사의 일은 올바르게 수행될 경우 항상
말 그대로 인도자의 성격을 띠어야 합니다. (……) 의사와 환
자의 신뢰 관계는 의사가 어떤 경우든 늘 환자보다 위에 있
다는 느낌이 들도록 형성되어야 합니다. (……) 의사라고 함
은 곧 둘 중 더 강한 자를 뜻합니다.[1]

— 테오 모렐의 연설 원고 중에서

히틀러 연구자 조합은 일부 반계몽으로 흐르는 사람이 있기는
하지만 전체적으로 일치하는 것이 있다. 인류 역사를 통틀어 어
쩌면 최악의 범죄자이자 사이코패스인 그 독재자의 수수께끼, 즉
인간 속의 의인화된 악마를 해독하고자 노력한다는 점이다. 물론
아직까지는 명확한 진전이 없어 보인다. 외적 사건들은 수십 년
전부터 전기 작가들에 의해 상세히 기록되었고, 그에 발맞추어
각양각색의 방대한 자료가 존재한다. 그러나 이 세상 누구보다

히틀러에 대해 많은 책이 쓰였고 지금도 쓰이고 있음에도, 게다가 〈아돌프 히틀러 정신 병리학〉이라는 이름으로 오직 그의 정신 질환만 연구하는 독자적 정신병 분야가 존재함에도 그 수수께끼는 여전히 풀리지 않고 있는 듯하다. 대신 그와 관련한 수상쩍은 신화만 소리 없이 타오른다.

지금까지의 히틀러 문헌들에는 그 다양한 연구에도 불구하고 혹시 놓치고 있던 맹점이 있는 건 아닐까? 이 책의 목적은 역사적 사건을 실제 일어난 그대로 정확히 기술하는 것이 아니다. 나는 학자들이 70년 넘게 별 성과 없이 씨름해 온 정황 증거를 토대로 서술해 나갈 생각이다. 히틀러와 관련해서는 『슈테른Stern』에 공개된 히틀러 일기처럼 위조와 심각한 거짓이 존재한다. 또한 일부 출처는 신뢰할 수 없다. 이 책에서는 수수께끼에 대한 해답을 제공하기보다 다른 식의 독법과 접근 방식을 제시할 것이다.

히틀러를 좀 더 자세히 알고 싶다면 연갈색 개버딘 양복저고리를 입은 뚱뚱한 의사 모렐을 통해 우회해야 한다. 그는 최소한 1941년 가을 이후부터는 지금까지 역사학이 다루어 온 것처럼 그저 특이한 주변 인물로 간주되어서는 안 된다. 1941년 가을은 히틀러의 업무 능력이 눈에 띄게 꺾이고, 히틀러 연구자들이 그 원인을 찾을 수 없어 하나같이 진공 상태라고 부르는 시점이었다. 1,200면에 달하는 요아힘 페스트Joachim Fest의 규범적 전기 『히틀러Hitler』에서도 인물 색인을 보면 주치의가 언급된 곳은 일곱 군데밖에 되지 않는다. 그것도 737면 이후에 처음 등장한다. 저자가 그 주치의를 깊이 파고들지 않았다는 말이다. 히틀러의 동역학을 〈마취제에 취한 것 같은 부동성〉[2]으로 묘사한 그의 설명은 전적으로 옳지만 그에 대한 근거는 생략되어 있다. 페스트가 〈치명적인 약물 중독〉[3]에 대해 언급한 것도 중독의 수준과 영향을 건드리지 않고는 무용지물이다. 달리 말해 모렐의 주사기 말고는 아무도 들어갈 수 없었던 히틀러의 내면세계를 들여다보려면 그 약물의 악순환을 살피지 않고는 불가능하다. 페스트는 1973년에 출간된 상기 작품에서 이렇게 주장한다. 이 책의 출간과 함께 히틀러에 대한 새로운 사실은 나올 게 없다고. 왜냐하면 〈당시 시대상과 주역들의 모습을 조금이라도 수정할 자료는 더 이상 기대할 수 없기〉[4] 때문이라는 것이다. 너무 성급한 결론으로 보인다.

그사이 역사학이 히틀러의 전기적 특수성에서 벗어나 히틀러의 부상을 돕고 그를 독재자로 만든 사회적 과정으로 눈을 돌리려고 애썼음에도, 그런 의미 있는 시도들로도 여전히 채워지지 않는 의미심장한 빈자리가 남아 있다. 지나가듯이 〈모렐 박사의 다양한 알약〉[5]에 대해 언급하는 것만으로는 충분치 않다. 마찬가지로 유명한 히틀러 전기 작가 이언 커쇼Ian Kershaw는 자신의 작품에서 이렇게 주장한다. 〈모렐 박사가 매일 투여하는 알약과 주사의 양은 점점 증가했다. 히틀러는 전시 중에 총 90가지의 약물과 매일 28가지의 알약을 복용했는데, 그로 인한 육체적 붕괴는 어쩔 수 없었다.〉[6] 하지만 이 주장은 원인과 결과를 혼동한 것일지 모른다.

독일 역사가 헨리크 에베를레Henrik Eberle는 이 문제에서 더 명확한 태도를 취했다. 그는 그사이 세상을 떠난, 베를린 대학교 한스요아힘 노이만Hans-Joachim Neumann 교수와 함께 세심한 조사에 기초해서 집필한 책『히틀러는 아팠을까? 어느 최종 소견*War Hitler krank? Ein abschließender Befund*』에서 다음과 같은 결론을 내렸다. 독일의 수장은 결코 마약에 중독되지 않았고, 모렐도 〈지극히 책임감 있게〉 행동했다는 것이다. 〈그는 처방된 약물의 일일 최대 복용량을 준수했고 (……) 그 양을 초과한 적은 거의 없었다. (……) 전쟁이 끝나자, 모렐은 히틀러를 수년간 잘못 치료했고 그로써 그의 건강을 나락으로 몰아넣었다는 비난을 감수해야 했다. 그러나 이것은 부당한 비난이다. 그것은 무엇보다 성실한 주치의의 본분에 맞게 1941년부터 1945년까지 세밀하게 기록해 놓은 그의 일지가 증명해 준다.〉[7] 하지만 그게 정말 사실일까? 주치의 본인의 말조차 이 진술과 모순되는 것처럼 보인다. 그는 일지에서 환자 A와의 대화를 다음과 같이 재현한다. 「저는 늘 고용량으로 짧게 치료할 수밖에 없습니다. 허용되는 최대치까지요. 그걸 두고 많은 의사가 비난할 수도 있지만, 저에게는 나름 막중한 책임이 있습니다. 지금 같은 상황에서 각하께서 장시간 거동을 못 하시면 독일은 무너지고 맙니다.」[8]

그렇다면 독재자가 실제로 복용한 것은 무엇일까? 그게 그에게 어떤 의미가 있을까? 역사적 사건과 약물 투여 사이에 연결 고리가 만들어질 수 있을까? 모렐은 수년 동안 환자 A의 원기를 상시적으로 유지하기 위해 투여한 약물을 상세히 기록해 두었다. 사실 그것은 강제성을 띤 의무였다. 히틀러에게 무슨 일이 생기면 주치의는 게슈타포에 즉각 그와 관련한 자세한 보고서를 제출해야 했기 때문이다. 이렇게 해서 의학사적으로 유일무이하고 방대한 서류가 탄생했다. 거기에는 세세한 정보들만 가득한데 그걸 해독하려면 다른 자료실을 찾아야 한다. 주치의의 유고는 몇 군데에 나누어져 있기 때문이다. 일부는 코블렌츠의 연방 기록물 보관소에, 일부는 뮌헨 현대사 연구소에, 나머지 가장 중요한 일부는 미국 수도에 보관되어 있다.

약속의 장소 — 국립 기록물 관리청, 워싱턴 D.C.

고대 사원을 연상시키는 웅장한 미국 국립 기록물 관리청은 펜실베이니아가(街)에 있다. 제2차 세계 대전 승전국의 정부 청사 지구에서 가장 안쪽이다. 같은 거리에 있는 백악관이 엎어지면 코 닿을 거리다. 관리청 주현관 옆의 환한 돌에는 이런 글귀가 새겨져 있다. 〈지나간 것은 프롤로그다.〉

경건한 느낌이 드는 건물의 내부 홀은 이용자의 편리를 위해 체계적으로 정리가 잘 되어 있음에도 일단 질린다. 자료를 찾는 것은 쉽지 않아 보인다. 무엇보다 자료가 너무 많다. 미 군부와 정보기관은 패배한 독일 제국의 산더미 같은 문서를 거대한 진공청소기로 빨아들이듯 수집해서 워싱턴 본청과 메릴랜드주 칼리지 파크 인근의 국립 보관소 지청에 나누어 보관했다. 이 지청은 세계 최대의 기록물 보관소다. 자료를 찾는 방법으로는 검색 책자를 뒤지거나 컴퓨터로 탐색하거나 아니면 담당 직원에게 개인적인 도움을 청하는 길이 있다. 기록물 담당관들은 〈제국 보안 본부〉 같은 어려운 독일 용어도 영어로 쉽게 번역해서 입력할 줄 아는 전문가다.

나의 모렐 조사를 도와준 기록물 담당관 폴 브라운은 내가 여기서 히틀러 주치의의 모든 것을 알아낼 수 있으리라는 희망을 처음부터 꺾어 버렸다. 그의 말은 이랬다. 내 조사는 물수제비를 뜨는 납작한 돌멩이를 고르는 것과 비슷하다. 완벽한 접근이나 완전한 수집은 불가능하다. 엄청난 양의 문서가 보관된 이 거대한 기록물 보관소를 다 뒤질 수는 없다. 그렇다면 결론은 하나다. 역사는 항상 하나다. 최대한 중요한 사실들에 기대어 논리적으로 추측해 나가야 한다. 자신은 내게 맞는 역사적 진실을 갖고 있지 않다고 했다.

아무튼 다음 사실은 곧 쉽게 밝혀졌다. 전쟁 직후 테오 모렐은 미 정보국의 심층 조사 대상이 되었고, 이 조사 보고서의 일부는 몇 년 전부터 나치 전쟁 범죄 공개법에 의해 접근이 가능해졌다는 것이다.[9] 미국인들은 모렐이 1941년 가을부터 급속도로 나빠진 히틀러의 건강 상태와 관련이 있는지, 혹은 심지어 히틀러를 독살하려고 했던 것은 아닌지 알아내고자 했다. 질문의 초점은 중독성 약물에 맞추어져 있었다. 그렇다면 지금껏 그렇게 이해가 안 되던 문제에 대한 간단한 해답이 여기에 있을까? 혹은 주치의가 인위적으로 히틀러를 약물에 취하게 했던 것일까?

모렐은 1945년 여름부터 2년 동안 심문을 받았다. 모렐의 진술에 따르면 발톱이 뽑히는 고문도 당했다고 한다. 그러나 미군은 이 포로를 이해하는 데 실패했다. 비밀 파일에는 모렐의 모순된 진술을 보고하는 심문관의 좌절이 고스란히 담겨 있다. 모렐에 대한 의료 평가 파일을 보자. 〈의사소통이 가능한 상태다. 그런데 말을 할 때 자잘한 것들을 자주 놓치고, 기억의 명백한 공백을 허구로 대체하려다 보니 모순되는 진술이 나올 때가 많다. (……) 환자의 심리 상태는 시기에 따라 완전히 다른 모습을 보인다. (……) 모렐 교수는 경미한 외인성 정신병이 분명해 보이는데, 원인은 포로 상태로 인한 스트레스로 판단된다. 하지만 사고 능력은 결코 떨어져 있지 않다. 다만 없는 이야기로 기억의 공백을 메우려는 작화증(作話症) 때문에 진술에 100퍼센트 신빙성을 부여할 수는 없다.〉[10] 결론은 이렇게 내려졌다. 모렐은 자기 일의 중요성에 대해 설명할 생각이 없거나 아니면 설명할 수 없는 상태다.

전쟁 직후 조언을 얻기 위해 부른 세 명의 독일 약리학자와 의사의 진술도[11] 도움이 되지 않았다. 이렇게 해서 모렐을 조사한 여러 보고서 가운데 〈히틀러의 독살 소문The Rumored Poisoning of Hitler〉이라는 제목이 붙은 특별 보고서 53호는 다음과 같이 결론을 내렸다. 〈이 주치의는 자신의 환자에게 건강을 해칠 정도로 충분한 독극물이나 환각제를 투여하지 않았다. 히틀러의 기이한 신체적, 정신적 쇠퇴는 오직 상당 수준의 스트레스와 일방적인 채식 때문이다.〉

이 평가가 과연 옳을까? 당시는 사건들과 근접한 시기여서 관찰자의 시야가 확보되지 않았을 가능성이 있고, 자료가 아직 불

완전했다. 따라서 최소한 신중하게 받아들여야 하지 않을까? 미 당국의 목표는 히틀러를 둘러싼 수많은 신화를 무너뜨릴 실질적인 정보를 얻는 것이었다.[12] 그렇다면 이 목표는 표면적으로는 모렐에게서 가로막혀 실패했다.

자세히 들여다보면 사실 답은 남겨진 메모에 있다. 물론 꼭꼭 숨겨져 있고, 항상 명확하게 해석되지는 않지만 말이다. 모렐의 유산은 페이지 가득 휘갈겨 쓴 처방전, 모호한 약어로 뒤덮인 카드, 읽기 힘든 손 글씨로 쓴 노트, 앞표지부터 뒤표지까지 가득 채워진 탁상용 달력, 간단한 메모와 설명을 적어 놓은 쪽지, 무수한 업무용 편지와 개인 서신들로 이루어진 곰팡이 덩어리다. 기재 내용은 가끔 약간 수정만 될 뿐 반복되고, 노트와 편지 봉투, 전화 메모에 다시 등장한다.

1941년 8월부터 1945년 4월까지 주치의는 거의 매일같이 환자 A를 치료했다. 1,349일 가운데 총 885일의 기록이 남아 있다. 약물은 1,100번 기재되어 있고, 거기다 800회가 조금 안 되는 주사가 추가된다. 그렇다면 기록된 날에 하루 한 번꼴로 주사를 맞았다는 소리다. 이따금 주삿바늘을 서류에 깨끗이 붙여 놓은 경우도 있는데, 대외적으로 치료의 투명성과 성실한 자료 정리를 입증하기 위한 것으로 보인다. 모렐은 게슈타포를 두려워했다. 총통의 주치의란 자리가 얼마나 위험한지 너무나 잘 알고 있었다.

아무튼 외부인, 특히 독일어에 능통하지 못한 외부인은 정글처럼 보이는 이 혼돈의 서류 더미를 무사히 통과하기 어렵다. 그런데 아주 꼼꼼히 기록했다는 모렐의 주장에는 이상하게 허점이 보인다. 많은 것이 대충 기재되어 있고, 조금만 주의 깊게 살펴보면 분명히 치료를 한 것 같은데 기록이 빠져 있는 경우도 더러 확인된다. 평소에는 그렇게 면밀하게 업무 서류를 정리하던 모렐이 이렇게 혼란스럽고 불완전하게 자료를 관리하고, 그러면서도 완벽하다고 우기는 이유는 무엇일까? 혹시 무언가 숨기고 싶었던 것이 있었을까? 자신만 알고 환자는 어쩌면 몰랐던 비밀이 있었을까? 전세가 제3 제국의 불행한 결말로 변곡점을 그릴 무렵 히틀러와 주치의 사이에는 무슨 일이 있었을까?

벙커 정신

지난 1년 동안 제가 여기 총통 본부에 좀 더 자주 올 수 있었다면, 총통 각하께서 예상하시는 것보다 저에게 훨씬 많은 힘이 되었을 겁니다. 저는 갖은 수단을 동원해 각하께서 저에게 맡긴 무한한 힘을 최대한 많은 사람에게 전달하고자 노력했습니다.[13]

— 요제프 괴벨스

정말 이 특이한 과정은 전통적 개념과 도덕적 범주로는 이해할 수 없다.[14]

— 페르시 에른스트 슈람*

* Percy Ernst Schramm(1894~1970). 독일 역사가. — 옮긴이주.

히틀러의 마약 복용에 관한 진실에 접근하려면 1941년 여름부터 1944년 가을까지 그가 주로 머물렀던 장소를 면밀히 들여다보는 것이 도움이 된다. 폴란드 동부에 위치한 총통 지휘 본부 〈늑대 소굴〉(볼프샨체)다. 이곳의 흔적을 더듬어 보자. 부서진 거대한 벙커가 빛이 가득한 마주리아 숲속에 마치 불시착한 콘크리트 우주선처럼 누워 있다. 벙커 전체에 이끼가 올라와 있고, 물결무늬의 지붕 위로는 자작나무가 우뚝 솟아 있다. 곳곳에 몸을 숨길 틈이 보인다. 부서진 콘크리트 밖으로 철근 보강재가 삐죽 튀어나와 구부러져 있다. 구석구석에 폴란드어와 독일어, 영어로 쓴 노란 표지판이 보인다. 〈UWAGA!!! ACHTUNG!!! DANGER!!!〉 붕괴 위험을 알리는 표지판이다. 그럼에도 유럽 전역에서 하루에 거의 1,000명에 달하는 관광객(주로 젊은 층이다)이 전혀 두려워하지 않고 시커멓게 입을 벌린 구멍 속으로 비집고 들어가 동영상과 셀카를 찍는다. 마치 무언가를 찾는 것처럼.

흔적 찾기. 과거 총통의 지휘 본부 〈늑대 소굴〉.

1941년 여름의 늑대 소굴는 지금과 풍경이 완전히 달랐다. 위치한 곳은 동프로이센의 소도시 라스텐베르크 인근이었다. 주변에 설치한 50~150미터 너비의 지뢰 벨트로 외부 침입을 차단한 요새는 막 완공되어 운영에 들어갔다. 핵심 시설은 10개의 벙커였고, 벙커 후면은 각각 2미터 두께의 콘크리트 아래 묻혀 있었다. 다들 거기서 잠을 잤다. 업무 공간은 상대적으로 보호를 덜 받는 앞쪽에 설치되었다. 별로 쾌적하지 않은 식당은 벙커 중앙에 있었는데, 형편없는 마을 주점을 방불케 했다. 스무 명이 앉을 수 있는 투박한 목제 테이블 뒷벽에는 곧 혁명의 별이 걸렸다. 약탈한 러시아 적군(赤軍)의 깃발이다. 히틀러는 1941년 6월 23일 저녁, 그러니까 독일군의 소련 침공 개시 하루 뒤에 여기 도착했다. 그는 늑대 소굴에서 이 〈바르바로사 작전〉을 진두지휘했는데, 최종 승리까지 3개월이 채 걸리지 않을 것으로 예상해 병사들에게 방한복도 준비시키지 않았다.

이 오만한 예상에 근거해서 대러시아 전쟁 지휘 본부의 위치도 경솔하게 선택했다. 바위 둥지와 마찬가지로 어차피 여기서도 오래 머물지 않을 거라고 생각한 것이다. 이 오만함은 결국 대가를 치른다. 처음 며칠 동안에 벌써 늑대 소굴에는 불길한 기운이 감돌았다. 유럽 어디에도 호수와 늪으로 이루어진 이 수렁 같은 지역만큼 척박한 땅은 없었다. 총통 사령부는 곧 공기도 희박하고, 빛도 없고, 안개도 자주 끼는 끔찍한 요새라는 악평에 시달렸다. 게다가 감당이 안 될 만큼 귀찮게 달라붙는 모기를 퇴치하려고 곳곳에 석유를 뿌리는 바람에 땅도 오염되었다. 한 장관은 아내에게 다음과 같이 썼다. 〈이렇게 멍청한 곳을 선택하는 것도 쉽지 않을 거요. 벙커 안은 또 얼마나 춥고 습한지, 밤이면 지속적으로 윙윙 돌아가는 전기 통풍 장치 때문에 끔찍한 찬바람이 들이쳐 온몸이 시릴 정도요. 그러니 잠을 설칠 수밖에. 아침에 일어나면 머리가 지끈거려요. 속옷과 군복도 항상 싸늘하고 눅눅한 상태고.〉[15]

모렐도 이곳으로 들어온 직후 이렇게 기록했다. 〈습기 차고 건강에 좋지 않은 벙커.〉 그는 내부가 협소하게 분할된 9호 벙커에 거주했다. 천장에서는 인위적으로 조절이 안 되는 환풍기가 쉴 새 없이 돌아갔지만, 신선한 공기는 공급되지 않았고, 냉습하고 퀴퀴한 냄새만 진동했다. 〈곰팡이가 생장하기 이상적인 온도다. 부츠에 벌써 곰팡이가 피었고, 옷은 냉습하다. 가슴 압박, 철분 결핍성 빈혈, 벙커 정신병.〉[16]

히틀러는 이 모든 것에 별로 신경을 쓰지 않는 듯했다. 동굴 생활은 이미 바위 둥지에서도 충분히 경험했다. 하지만 늑대 소굴야말로 마치 꿈의 목적지에 온 것 같은 느낌이 들었다. 실존적으로 오직 군사 행동에만 집중할 수 있는 외딴 은신처였기 때문이다. 향후 3년 동안 늑대 소굴는 히틀러의 삶에서 중심점이 되었다. 시간이 가면서 100개가 넘는 주거용 건물과 상업용, 행정용 건물이 들어섰고, 가볍지만 육중한 철근 콘크리트 벙커도 생겨났으며, 심지어 자체 철도와 비행장 시설도 갖추었다. 이곳에는 2,000여 명의 장교와 군인, 민간인이 장기간 머물렀다. 그러나 이 요새를 마음에 들어 하는 사람은 아무도 없었다. 딱 한 사람, 그러니까 벙커 생활을 아주 편안하게 느끼는 것 같은 이곳의 우두 머리만 빼면 말이다. 그는 이곳의 온도가 항상 서늘한 상태로 일정하게 유지되는 것이 마음에 들었다. 또한 그의 거주 공간에는 신선한 공기도 충분히 유입되었다. 심지어 모렐은 〈숨을 들이마시고, 경우에 따라서는 침실로 산소를 공급할 수 있도록〉 산소통도 따로 마련해 두었다. 〈총통은 무척 만족스러워했다. 감격할 정도로.〉[17]

인공 산소 공급 장치, 콘크리트 벽으로 에워싸인 단단한 벙커. 이처럼 겉으로 보면 히틀러는 전선에서 아주 가까운 새 지휘 본부에 둥지를 튼 것 같지만, 실제로는 전쟁의 현실에서 그 어느 때보다 동떨어져 있었다. 독재자들에게 드물지 않은 이런 식의 칩거는 재앙을 불러들였다. 지난 수년간 세계는 항상 히틀러의 의지에 굴복했고, 권력을 꾸준히 강화시킨 믿기 힘든 승리를 그에게 안겨 주었다. 그러나 기습 작전이 통하지 않은 진정한 저항에 부딪히자 〈만고의 위대한 장군〉도 자기만의 환상적 세계 속으로 점점 깊이 숨어 들어갔다. 여기서 늑대 소굴는 그의 소우주이자 환상적 세계의 화신이었다. 물론 실제로는 철근 콘크리트로 만들어진 거품에 불과했지만 말이다.

1941년 7월에 이미 명백하게 드러났듯이, 소련은 무한 권력을 꿈꾸는 히틀러의 환상에 격렬히 저항했다. 침공 초기에 독일이 곳곳에서 대승을 거두고 붉은 군대 수십만 명을 포로로 잡았음에도 국방군 앞에는 여전히 드넓은 땅이 펼쳐져 있었고, 더 많은 러시아 예비군이 그들을 향해 진격해 왔다. 히틀러 군대는 정확히 계획한 대로 전투에서 연승을 거두며 빠르게 진격했고 대규모 포위 작전으로 적진을 엄청난 혼란에 빠뜨렸지만, 붉은 군대는 후퇴를 모르는 사람들처럼 행동했다. 〈사상누각〉처럼 쉽게 무너질 거라 여겨졌던 러시아는 기대만큼 결코 쉽게 승리를 내주지 않았다. 양측은 시작부터 치열한 전투를 벌였고, 이 전쟁에서 독일군은 처음으로 단기간에 큰 손실을 입었다.

프랑스 출정 때와 마찬가지로 이번에도 거대한 전격전을 위해 특히 장교들을 중심으로 처음부터 사용된 도핑도 별 소용이 없었다. 마약 물질은 침공 전에 공식 채널을 통해 기갑 부대에 제공되었는데, 1개 군이 몇 달 동안 복용한 알약이 거의 3000만 정에 달했다고 한다.[*18] 그러나 페르비틴은 기대와 달리 빠른 승리를 가져오지 못했고, 얼마 안 가 독일군은 휴식으로 낭비한 시간 때문에 비싼 대가를 치러야 했다. 그사이에도 붉은 군대는 광활한 배후지에서 새로운 사단을 계속 전선으로 투입시키고 있었기 때문이다.

1941년 8월, 이 중요한 전쟁 초기 단계에 히틀러가 병에 걸렸다. 몇 년 만에 처음 있는 일이었다. 벙커 생활로 얼굴이 누렇게 뜬 시종 하인츠 링게Heinz Linge가 평소처럼 오전 11시에 13번 벙커의 문을 노크했다. 그러나 히틀러는 침대에서 일어나지 못했다. 신열과 설사, 오한, 몸살 증세를 보이는 것이 급성 이질로 추

* 이것은 공식 수치다. 그러나 템러사가 통계 업무를 담당하는 제국 보건청 모르게 국방군에 직접 페르비틴을 공급하는 것도 고려해야 한다. 그래야만 1943년 보건청 아편국의 공식 통계치와 템러사의 판매 수치 사이에 존재하는 페르비틴 22.6킬로그램의 차이가 설명된다.

정되었다.

「어서 총통 각하께 와보셔야겠습니다. 각하께서 갑자기 현기증으로 쓰러졌습니다. 지금 각하 벙커에 있습니다.」[19] 히틀러의 몸에 이상이 있다는 소식은 이른바 〈수벌 막사〉라고 불리던 모렐의 작업실 내선 전화 190번을 통해 신속히 전달되었다. 제국 사진 기자 하인리히 호프만의 아들과 함께 쓰는 이 작업실은 폐소 공포증을 일으킬 만큼 비좁고 빛이 전혀 들지 않았으며, 사진 장비와 약만 가득했다. 주치의는 재빨리 검은색 왕진 가방을 챙겨 들고 부리나케 히틀러에게 달려갔다. 총통은 침대에 앉아 있었다. 마치 사지가 따로 노는 인형처럼 몸을 잘 가누지 못했다. 즉각적인 증상 해소 조치가 필요했다. 총통은 곧 작전 회의에 참석해 전쟁의 명운을 가를 결정을 내려야 했기 때문이다.

그런데 이번 경우에는 지난 몇 년 동안 쭉 해왔던 것처럼 비타민과 포도당으로는 해결이 되지 않았다. 초조해진 모렐은 급히 비타민-칼슘 혼합물을 조제한 뒤 스테로이드 물질 글리코노름과 섞었다. 돼지 및 다른 동물의 심근 압착액, 그리고 부신피질과 간, 췌장에서 뽑은 효소로 만든 그만의 독특한 호르몬 제제였다. 아니, 도핑제였다. 주사는 평소와 달리 부드럽게 들어가지 않았다. 〈주사할 때 바늘이 꺾였다.〉[20] 이 사고로 히틀러가 극심한 통증을 호소하자, 모렐은 즉각 돌란틴을 스무 방울 투여했다. 모르핀과 유사한 작용을 하는 아편 유사제*였다. 그러나 이질성 설사

* 양귀비 식물의 천연 알칼로이드를 〈아편 유사제〉라고 부른다. 아편은 화학적 합성 과정으로 만든 유도체다.

는 멈추지 않았다. 환자 A는 침대에 누워야 했고, 12시에 카이텔과 요들의 벙커에서 열린 작전 회의에 나타나지 않았다. 근무 불능 상태에 빠진 독재자, 이는 지휘 본부에 센세이션을 일으켰다.

그날 저녁 모렐은 이 사고를 이렇게 적었다. 〈총통은 몹시 화를 냈다. 이제껏 내게 그렇게 불쾌감을 드러낸 적은 없었다.〉[21] 그럼에도 주치의는 꿋꿋하게 약리학적 회복 과정을 지속해 나갔고, 곧 다시 주사액을 투입했으며, 이질을 진정시켰다. 이튿날 장성들과의 회의에 참석한 히틀러는 즉각 하루의 결석을 만회하고자 나섰다. 총통의 부재를 틈타 신속하게 자신의 계획대로 움직이려고 했던 참모부와 히틀러 사이의 오랜 갈등이 다시 불붙었다. 관건은 돌격 방향이었다. 총통과는 달리 장군들은 모스크바를 최우선 목표로 삼았다. 모스크바로 곧장 진격해서 최후의 일전을 벌인 뒤 러시아 수도를 점령함으로써 이 출정을 마무리 짓자는 것이다. 그러나 갓 회복된 히틀러의 생각은 달랐다. 군대를 둘로 나누어 북쪽에서 레닌그라드를 정복함으로써 소련을 발트해와 차단하고, 동시에 남군을 우크라이나를 거쳐 캅카스 지역으로 돌진시켜 전시 경제에 중요한 유전 지대를 장악하자고 했다. 결국 그의 주장이 관철되었다.

이 의료적 위기를 계기로 주치의는 자신의 〈즉석 조제〉 방식에 수정을 가했다. 환자 A가 또다시 병상에 누워 시간을 지체하는 일이 벌어지지 않도록 예방 차원에서 좀 더 체계적으로 주사를 놓기 시작했다. 이로써 모렐은 다중 약물 요법의 상징적인 대표자가 되었고, 이후 점점 많은 물질을 다양한 농도로 섞어 가며 치료 체계를 보강했으며, 이런저런 방법을 시험해 보았다.* 그렇다고 각 약물에 정확한 진단이 내려진 것은 아니었고, 다만 그의 〈기본 약물 목록〉만 꾸준히 늘어났다.** 거기에는 곧 다양한 약제가 포함되었다. 예를 들면 오늘날 수의학에서 많이 사용하는 물질대사 촉진제 토노포스판, 자궁 혈액에서 추출한 호르몬 및 면역체 증강 물질 호모세란[23], 성적 욕망 및 활력 저하를 막는 성호르몬 테스토비론, 우울증에 도움이 된다는 황소 고환 추출물 오르히크린 같은 것들이었다. 심지어 젊은 황소의 정낭과 전립선에서 추출한 프로스타크리눔도 약제로 사용되었다.

히틀러는 고기가 든 음식을 먹지 않았음에도 엄밀히 말하면 더는 채식주의자라고 말할 수 없었다. 1941년 가을부터는 점점 더 고도로 농축된 동물성 물질이 그의 혈관을 순환했기 때문이다. 모두 그의 정신적, 육체적 피로를 없애거나 사전에 차단하고, 면역 체계를 강화하기 위해서였다. 이로써 다양한 약물의 꾸준한 투여와 복용량 증가를 통해 히틀러의 자연 면역 체계는 인위적 보호막에 자리를 내주어야 했고, 모렐은 독재자를 점점 더 그 시스템에 의존하게 만들었다.

* 모렐은 거머리 치료까지 동원했다. 혈액 응고를 막는, 일종의 사혈 효과가 있는 전통적인 민간요법이다. 히틀러는 거머리를 유리에서 직접 핀셋으로 집었다. 그런데 거머리는 핀셋에서 계속 미끄러졌기 때문에 모렐이 손으로 집어 히틀러의 귀밑에 내려 주었다. 〈앞쪽 거머리는 더 빨리 빨았고, 뒤쪽 거머리는 매우 천천히 빨았다.〉 모렐의 상세한 설명이다. 〈앞쪽 거머리가 먼저 빨기를 멈추더니 아래쪽 몸을 떼어 내고 대롱대롱 매달렸다. 뒤쪽 녀석은 30분 정도 더 빨고 나서야 아래쪽 몸에서 힘을 뺐다. 내가 녀석의 위쪽 몸을 떼어 내야 했다. 이후 2시간가량 출혈이 있었다. 총통은 귀밑에 바른 반창고 두 장 때문에 저녁 식사에 참석하지 않았다.〉[22]
** 모스크바 독재자의 주치의 시스템은 완전히 달랐다. 스탈린은 크렘린에 단 한 번의 실수도 용납하지 않는 최고 의료 전문가들로 꾸려진 작은 종합 병원을 갖고 있었다.

히틀러의 건강과 관련해서는 이질 발병부터 전쟁이 끝날 때까지 시종일관 참새를 잡으려고 대포를 쏘는 격이었다. 그사이 〈만고의 위대한 약물 중독자〉가 되어 버린 〈만고의 위대한 장군〉은 늑대 소굴의 제한 구역 1호에서 신선한 공기를 마시며 산책을 할 때마다(물론 그런 일은 많지 않았다) 주치의와 항상 나란히 걸었고, 몇 걸음 뒤에서는 조수가 주사기 가방을 들고 따랐다. 이 지속적인 투약이 얼마나 철저히 이루어졌는지는 1941년 8월 말의 기차 여행이 잘 보여 준다. 히틀러와 베니토 무솔리니Benito Mussolini는 전선으로 이동하는 중이었다. 대량 학살이 시작된 동유럽을 관통하는 이 여행은 24시간이 걸렸다. 그들이 지나간 서부 우크라이나의 카메네츠-포돌스크 지역에서는 2만 3,600명이 넘는 유대인이 나치 친위대와 독일 경찰 치안군에 의해 사살되었다. 한 지역의 전 유대인이 몰살한 최초의 사건이었다.

이동 중에도 환자 A가 주사 맞는 일을 빠뜨리지 않기 위해 총통 특별 열차는 아무 구간에서나 멈추어 섰다. 기차가 덜컹거릴 때는 주사를 놓을 수 없었기 때문이다. 정차와 동시에 방탄용 특수 고사포 칸에 실린 대공포 두 문은 즉각 발사 준비 태세에 들어갔다. 그사이 모렐은 히틀러 전용 칸에서 급히 불룩한 왕진 가방을 열고 검은 가죽으로 묶은 앰플 세트를 꺼낸 뒤 앰플 옆에 같이 오돌토돌한 금속판을 풀어 주사기가 보관된 케이스 지퍼를 열었고, 이어 첫 번째 앰플의 꼭지를 꺾은 다음 그 안에 바늘을 집어넣고 주사액을 빨아들였다. 그러고는 백지처럼 희고 털이 거의 없는 히틀러의 팔을 재빨리 묶은 뒤 이마의 땀을 훔치고 바늘을 꽂았다. 첫 번째는 정맥 주사였고, 두 번째는 근육 주사였다. 모렐은 정차 중에 진행된 이 특수한 투약 행위를 자랑스럽게 기술했다. 〈각하께 포도당 정맥 주사에다 토노포스판 포르테와 비타물틴 칼슘 근육 주사. 이 모든 걸 8분 만에 끝냈다.〉[24]

이런 식의 약물 투여는 특별한 사건이 아닌 일상이 되었다. 주사가 하루 일과를 규정하는 경향이 점점 더 뚜렷해졌다. 시간이 가면서 총통의 혼합 약에 사용된 이상한 호르몬 제제와 스테로이드, 약물은 80가지가 넘었다.* 주사액의 성분이 매일 조금씩 바뀐다는 사실은 독재자에게 심리적 안정을 주었다. 자신이 특정 물질에 의존하고 있다는 느낌을 받지 않았기 때문이다. 다만 이제는 모렐의 이 패키지 약물 없이는 정상적인 생활을 할 수 없었다. 독재자는 주치의 덕분에 자가 치료와 건강 관리를 위한 완벽한 수단을 찾았고, 이후 점점 더 깊이 남용의 길로 빠져들었다.

1941년 하반기부터 뿌리내리기 시작한 이 다중 약물 사용은

---

* 이 치료가 얼마나 미친 짓이었는지는 사용된 제제의 목록을 보면 명확히 알 수 있다. 〈 〉 표시가 된 약물은 향정신성 의약품, 즉 인간의 의식을 바꾸는 물질이다: 아키돌-펩신, 안티플로지스틴, 아르젠툼 니트리쿰, 〈벨라도나 옵스티놀〉, 베네바 포르테, 베타비온, 비스모게놀, 〈브롬-네르바키트〉, 〈브로발로톤-바드〉, 〈카파스핀〉, 칼슘 산도즈, 칼로멜, 칸탄, 〈카르디아졸〉, 〈카르디아졸-에페드린〉, 키네우린, 〈코카인〉, 〈코데인〉, 코라민, 코르티론, 디길라니드 산도즈, 〈돌라틴〉, 엔테로파고스, 엔지노름, 〈에스데산〉, 에우바신, 에우플라트, 〈오이코달〉, 에우폴로마린, 하밀톤, 하르민, 홈부르크 680, 호모세란, 인텔란, 요오드-요오드칼리-글리세린, 칼잔, 카를스바트 광천 소금, 키싱거필레, 쾨스테르스 안티가스필렌, 레버 하마, 레오필렌, 루골 용액, 루이짐, 〈루미날〉, 미틸락스, 무타플로르, 니트로글리세린, 옵스티놀, 옴나딘, 〈옵탈리돈〉, 오르치크린, 페니실린하마, 페루발삼, 〈페르비틴〉, 〈프로푼돌〉, 프로기논, 프로스타크린, 프로스토판타, 피레놀, 〈쿼드로-녹스〉, 렐락솔, 리지누스 오일, 상고-스톱, 〈스코페달〉, 셉포이오드, 스파스모푸린, 스트로판틴, 스트로판토세, 수프라레닌(아드레날린), 심파톨, 타르게신, 템피도름 좌약, 테스토비론, 트롬보-베트렌, 티바틴, 토노포스판, 톤실로판, 포도당, 트로켄-콜리-하마, 투사마그, 울트라셉틸, 비타물틴, 야트렌.[25]

아무리 스테로이드 및 호르몬 연구가 인간 유기체에 대한 그 강력한 물질들의 복잡한 상호 작용을 아직 가늠할 수 없던 시절이라고 해도 기괴한 느낌을 지울 수 없다. 히틀러는 스스로 자기 몸에 무슨 짓을 하고 있는지 전혀 알지 못했다. 평생 약에 관심이 많기는 했지만, 의학적 지식은 없었다. 장군으로서도 마찬가지지만 마약 복용자로서도 그는 계속 어설픈 아마추어에 머물러 있었고, 기본을 모르면서 줄곧 순간적인 영감에 따라 행동했다. 결과는 치명적이었다. 무엇이든 강도 높게 사용하면 내성이 생기는 것은 사물의 이치다. 몸이 마약 성분에 익숙해지면 갈수록 복용량을 늘려야 한다. 그렇지 않으면 효과가 떨어진다. 독재자는 그 상태를 견디지 못했다.

이와 관련해서 모렐은 자신에게 모든 것을 맡긴 환자에게 어떤 도움도 주지 않았다. 다양한 약물의 심각한 상호 작용에 대해서는 본인도 거의 생각을 하지 못한 듯하다. 그렇다면 환자에게 부작용을 설명해야 할 의사로서의 의무를 방기한 것이다. 다른 사람들도 마찬가지지만 그 역시 불이익을 당하지 않으면서 계속 자신의 지위에서 이익을 보기 위해 항상 총통의 비위를 맞추는 일에만 초점을 두었다. 그것도 늘 두려운 마음으로 말이다. 1941년 가을 유대인에 대한 조직적인 학살이 진행되고, 국방군이 러시아에서 곧 수백만 명의 희생자를 낸 범죄적 침략 전쟁을 벌이는 동안, 국가 사회주의의 공포 시스템은 서서히 내부에서부터 스스로를 독살해 나가고 있었다.

소련 원정길에서의 도핑

총통 각하께서 건강하시다는 걸 확인한 것이 가장 인상적이
었다.[26]

— 요제프 괴벨스

국방군 최고 사령부의 전시 일지에는 1941년 10월 2일의 상황
이 이렇게 기록되어 있다. 〈중부 집단군은 아름다운 가을날 동이
틀 무렵 모든 부대와 함께 공격에 나섰다.〉[27] 늦었지만 마침내 러
시아 수도에 대한 공격이 개시된 것이다. 스몰렌스크와 모스크바
중간 지점인 뱌즈마에서 두 번의 큰 전투 끝에 붉은 군대 67만 명
이 생포되었다. 늑대 소굴에서는 벌써 승리 후의 상황에 관한 이
야기까지 일각에서 나왔다. 그러나 독일군은 그사이 귀중한 시간
을 잃었고, 다른 전쟁터에서 힘을 너무 많이 소진하는 바람에 한
번의 신속한 작전으로 스탈린의 권력 중심부로 진격할 수 없었
다. 게다가 날씨가 나빠지면서 진격은 수렁에 빠졌다. 〈부단히 비
가 내리고 안개가 낌. 도로 사정도 열악해서 이동과 보급에 막대
한 차질.〉10월 말 독일군 사령부에 올라온 보고였다.[28] 이로써 독
일의 패배 가능성이 처음으로 슬그머니 얼굴을 내밀었다.

히틀러는 이 위기 상황에 태연하게 반응했다. 겨울 초입 붉은
군대가 시베리아 정예 사단으로 반격을 시작해 독일군에 막대한
피해를 주었을 때도 더 이상의 패배를 막기 위해 군대를 후퇴시
키자는 장군들의 절절한 호소를 무시했다. 그 대신 1941년 12월

16일, 처음에는 상황 악화를 그럭저럭 막았지만 장기적으로는 재앙을 부른 치명적인 명령을 내렸다. 「어떤 일이 있어도 현 위치를 고수하라!」 이제부터는 자신의 명시적 허락 없이는 한 발짝도 뒤로 물러나서는 안 된다는 것이다. 이로써 예전에는 예측 불가의 기동성 때문에 두려움의 대상이 되었던 독일군이 이제는 전투 상황에 기민하고 유연하게 대응하는 것이 불가능해졌다. 소련군이 마지막까지 독일군의 전투력에 존경심을 갖고 있었던 것은 지금껏 어떤 다른 군에서도 그렇게 강도 높게 사용되지 않았던 임무형 전술 때문이었다. 목표만 하달하고 임무 수행의 구체적 방법과 관련해서는 현장 지휘관에게 최대한의 자유를 허락한 전술이었다. 그러나 전쟁 초창기에 세계를 놀라게 한 독일의 기동력은 이미 옛일이 되어 버렸다. 1940년 봄, 다른 사람도 아니고 서부 전선에서 상부 명령을 무시하고 모두의 예상을 깨는 신박한 행동으로 큰 승리를 거둔 구데리안이 모스크바 앞에서 최고 사령관에게 철수를 설득했을 때 히틀러로부터 비난을 받은 것은 주목할 대목이다.

히틀러의 유일한 처방은 손실에 상관없는 〈광신적인 저항〉이었다. 다시 말해, 전선의 현실은 고려하지 말고 무조건 버티라는 것이다. 그 때문에 소련 침공의 첫 겨울에 이미 국방군은 완전히 탈진해 버렸다. 모스크바에서는 희망을 알리는 교회 종소리가 울려 퍼졌다. 정교회 사제들은 예복을 차려입고 십자가를 든 채 집집마다 돌아다니며 남녀노소 할 것 없이 모든 사람에게 거룩한 러시아 땅을 위해 헌신할 것을 독려했다. 소련 전역의 영사막에는, 솜옷을 입고 가죽 신발을 신은 붉은 군대와 대조적으로 외투와 장갑도 없이 얼어 죽지 않기 위해 맨발로 차가운 땅 위에서 섬뜩한 춤을 추는 독일군 포로들의 모습이 상영되었다.

침략자들에게는 출구가 없는 상황이 점점 쌓여 갔다. 그럴 때는 페르비틴만이 도움이 되었다. 예를 하나 들어 보자. 독일군은 모스크바와 레닌그라드 사이의 일멘 호수 남쪽의 어촌 브스바드에서 포위되었다. 점점 많은 막사가 불탔고, 꽁꽁 언 음식만 간간이 배급되었다. 그런 상황에서 탈출을 위한 마지막 문이 열려 있었다. 무기력 상태의 독일군 500명은 무거운 군장과 기관총을 메고 허리까지 쌓인 눈길을 뚫으며 14시간 동안 야간 행군을 시작했다. 국방군 공식 보고서에는 이렇게 적혀 있다. 곧 많은 병사가 〈극도의 탈진 상태에 빠졌다. (……) 자정 무렵부터 눈보라가 그쳤고, 하늘엔 별이 총총했다. 많은 부대원이 틈만 나면 눈밭에 눕고 싶어 했다. 아무리 강하게 독려해도 의지력은 깨어나지 않았다. 그런 사람들에게 페르비틴 두 정이 제공되었다. 약을 먹은 부대원들은 30분 뒤 몸 상태가 눈에 띄게 좋아져 다시 대열을 유지하며 행군했다.〉[29] 이 사건이 보여 주는 것은 각성제가 더 이상 돌진과 침략을 위해 사용된 것이 아니라 무엇보다 극한의 인내와 생존을 위해 투입되었다는 사실이다.[30] 상황이 완전히 뒤바뀐 것이다.

전직 의무 장교의 진술

「나는 항상 페르비틴을 상당량 갖고 다녔어요.」1940년부터 1942년까지 군사 의학 아카데미 교육을 받고 의무 장교 후보생으로 러시아 출정에 참여한 오트하인츠 슐테슈타인베르크의 말이다.「그냥 나눠 줬어요. 여기 있으니까 갖고 가라는 식이죠.」그 사이 94세 노인이 된 이 의무 장교는 현재 슈타른베르크 호숫가에 살고 있는데, 자신을 스탈린그라드까지 데려다준 그 전쟁을 마치 어제 일처럼 기억했다. 우리는 펠다핑의 한 크로아티아 음식점 테라스에서 만났다.「나는 페르비틴을 먹지 않았어요. 어쨌든 자주 먹지는 않았다는 말이죠. 한번은 그게 어떤 약인지 시험해 보려고 먹은 적이 있었어요. 그랬더니 바로 알겠더군요. 효과가 있었어요. 도무지 사람을 재우지 않고 줄곧 깨어 있게 했어요. 나는 그 약을 자주 먹고 싶지 않았어요. 우리는 그게 중독성에다 부작용까지 있다는 걸 알고 있었어요. 정신병, 신경과민, 기력 상실 같은 것들이죠. 러시아 전쟁은 소모전이었어요. 참호전이었다는 말이죠. 그런 상황에서는 페르비틴도 소용이 없어요. 그렇지 않아도 지친 사람들을 더더욱 처지게 했으니까요. 부족한 수면은 언젠가는 다시 채워져야 해요. 인위적인 수면 박탈은 더 이상 전술적 이점으로 작용하지 않아요.」[31]

베를린에서도 이 문제를 알고 있었다. 제국 보건 지도자 레오 콘티는 〈제국 중독 퇴치 사무국〉을 동원해 마약 중독 군인을 한 명도 빠짐없이 등록하는 일에 여전히 매진했다. 그는 국방군과 나치 친위대에 〈분별력을 상실한 사람이나 치료가 불가능한 사람을 신속히 제거하거나〉[32] 경우에 따라서는 강제로 치료시키기 위해 모든 제대 군인의 약물 중독성 정도를 심사하라는 지침을 내려보냈다. 이는 굉장히 대담하면서도 위협적으로 들렸다. 국방군은 반응을 보이지 않았다. 그런 사례가 없다고 잘라서 보고한 것이 전부다. 전황의 악화로 마약 사용을 처벌하는 것은 사실상 불가능했다. 심지어 군 당국은 콘티가 수장으로 있는 부처 직원들을 의도적으로 징집해 전선으로 보내 버렸다. 이로써 반마약 캠페인은 점점 더 힘들어졌다.

1941년 말 총통 지휘 본부에서는 더 이상 승리할 수 없다는 생각이 일부 사람들의 머릿속에 스멀스멀 기어들었다. 참모총장 할더는 상황을 이렇게 요약했다. 〈우리는 인간적 힘과 물질적 힘의 한계에 다다랐다.〉[33] 기습 작전으로 힘의 현실적 불균형을 극복하려고 했던 전격전 전략은 실패했다. 그와 함께 처음부터 망상의 모래 위에 지은 히틀러의 전쟁 구상도 무너졌다. 독일군은 기나긴 물량전에서 인구가 더 많고 그사이 장비를 더 잘 갖춘 러시아군을 이길 수 없었다. 이는 냉정한 결론이었다. 그렇다면 그것을 토대로 빠져나갈 출구를 찾아야 했다. 그러나 독재자는 이런 명백한 사실에 눈을 감았다. 이미 지리정치학적 현실의 탯줄도 잘라 버린 상태였다. 곧 점점 더 많은 잘못된 결정이 이어졌다. 1941년 가을 이전까지는 그렇게 많은 성공을 거두었던 사람에게 이제는 정반대 상황이 기다리고 있었다.

명백한 사실이라도 무조건 인정만 하지 않으면 현실을 속여 넘길 수 있을 거라는 생각만큼 비합리적인 것은 없다. 히틀러가 그 랬다. 그는 이미 여러 전선에서 싸우느라 탈진 상태인 독일의 현 실을 무시하고 1941년 12월 잠자던 산업 공룡인 미국에 선전포 고를 했다. 그로써 감당해야 할 적은 더 많아지고 몰락은 가까워 졌다. 자신을 과신하던 히틀러는 폰 브라우히치 장군으로부터 군 지휘권도 넘겨받았다. 그러나 과대망상증에 사로잡혀 현실 세계 를 알지 못했고, 사물을 냉정하게 바라볼 수도 없었다. 그의 말대 로 그는 바르바로사 작전과 함께 〈문 뒤에 무엇이 있는지 모른 채〉 〈아직 한 번도 본 적이 없는 어두운 방으로 들어가는 문〉을 열어젖혔다.[34] 순간 그를 실제로 둘러싼 것은 깊은 어둠이었다. 모렐이 표현한 것처럼 〈빛 한 점 들지 않는 벙커의 삶〉[35]이었다. 이 어둠 속에서는 자기만의 황홀경에 빠진 독재자를 건드리는 것 은 없었다. 현실은 더 이상 그에게 다가오지 못했다. 그의 두꺼운 갑옷을 뚫고 들어갈 수 있는 것은 혈관 속으로 호르몬 도핑 물질 을 넣어 주는 주치의의 주삿바늘뿐이었다. 괴벨스는 일기에 이렇 게 썼다. 〈총통 각하가 삶과 단절된 채 그렇게 건강하지 못한 삶 을 사는 것은 비극이다. 더는 신선한 공기를 마시지 않고 어떤 형 태의 휴식도 취하지 않으면서 그저 벙커에 앉아 있기만 한다.〉[36]

1942년 1월 베를린의 반제 회의에서 〈유대인 문제의 최종 해 결〉을 위해 부처별로 소관 업무가 정해졌다. 이제 유대인 학살에 대한 히틀러의 집착은 점점 노골화되었다. 한번 수중에 넣은 영토 를 포기하지 않으려는 그들의 발악에도 나름의 합당한 이유가 있 었다. 아우슈비츠, 트레블링카, 소비보르, 쿨룸호프, 마이다네크,

베우제츠처럼 독일이 점령한 동유럽 지역의 절멸 수용소 굴뚝에서 최대한 오랫동안 연기를 피어 올리려고 한 것이다. 모든 유대인을 말살할 때까지는 어떻게든 진지를 고수해야 했다. 모든 인간적 관습과 규범에서 점점 더 극단으로 멀어지던 환자 A는 최소한 무방비 상태에 있던 유대인과의 전쟁에서는 꼭 이기고 싶었다.

늑대 인간

총통 지휘 본부에서 위대한 세계사적 사건을 함께 경험할 수 있는 선생이 부럽습니다. 총통의 천재성, 시의적절한 개입, 모든 측면을 정밀하게 고려해서 구축한 우리 국방군 덕분에 우리는 이제 확신을 갖고 미래를 바라봅니다. (……) 우리 민족의 마지막 목표까지 달성할 힘을 유지할 수 있도록 총통 각하께서 온전히 건강하시길 축원합니다.[37]

—테오 모렐이 받은 한 편지에서

1942년 7월, 제3 제국의 영토 확장은 노르웨이의 노스케이프에서부터 북아프리카와 중동에까지 이르렀다. 국가 사회주의의 팽창 여행이 막바지에 이른 시점이었다. 그 이전부터 패배의 징후는 이미 여기저기서 나타났다. 그해 여름 일명 〈라인하르트 작전〉이 개시되어 폴란드 점령지에서 200만 명이 넘는 유대인과 5만 명의 신티족, 로마족이 조직적으로 살해되었다. 그와 동시에 번거로운 지휘 본부 이동 작업이 시작되었다. 나치 지도부는 비행기 열일곱 대로 늑대 소굴에서 우크라이나 서부 소도시 비니차에서 몇 킬로미터 떨어지지 않은 새로운 본부로 날아갔다.

지휘 본부의 이동은 한 편의 거대한 연극이었다. 즉, 자신이 전선에 가까이 있다고, 실제 상황과 동떨어져 있지 않다고 스스로를 속인 소극(笑劇)에 지나지 않았다. 물론 그럼에도 실제 전선은 땅을 다져서 만든 숲속의 임시 막사에서 여전히 수백 킬로미터 이상 떨어져 있었다. 1942년 봄 영국은 독일 도시들에 대규모 공습을 퍼부었다. 뤼베크, 로스토크, 슈투트가르트, 그리고 무엇보다 쾰른이 큰 피해를 입었다. 이 새 보금자리는 그런 현실과 무관했다. 히틀러가 정치적, 사회적 실상으로부터 등을 돌리기에 이 새 본부는 안성맞춤이었다. 초원 지대에 어디 하나 특별한 것 없는 한갓진 장소에다 첨단 장치를 갖춘 그만의 은신처였다. 여기서는 마약에 편하게 취할 수 있었고, 장성들과의 합의 정치에서 벗어날 수 있었다. 뮌헨의 프린츠레겐텐플라츠에 있던 그의 과거 저택 같은 현실적인 집은 사라진 지 오래였다. 이제 그는 비현실적인 은신처만 찾아다녔다.

막 임명된 알베르트 슈페어 Albert Speer 군수 장관은 우크라이나의 새 지휘 본부를 〈방갈로 병영, 자그마한 소나무 숲, 공원처럼 생긴 정원〉[38]이라고 표현했다. 베어 낸 소나무 그루터기에는 주변 풍경에 맞게 초록색 페인트를 칠했고, 주차장은 덤불 속 그늘진 곳에 위장했다. 마치 휴양지나 시골에 휴가를 온 것처럼 들린다. 그러나 키 큰 떡갈나무로 둘러싸인 통나무집과 막사들에서는 잔인성 면에서 일찍이 유례가 없었던 끔찍한 전쟁이 계속 수행되고 있었다. 히틀러는 대량 학살을 위한 이 새 지휘소에 〈늑대 인간〉이라는 이름을 붙였다. 제식화된 일과와 엄격한 차단 규정* 속에서 기괴한 사건을 계획하는 지극히 비현실적인 세계에 딱 어울리는 이름이다. 이곳에서 만고의 위대한 장군은 미생물을 두려워했다. 자신의 장 속에 있는 수십 억 마리 미생물이 제 기능을 하지 못하는 상황이라 더더욱 그랬을 수 있다. 반면에 그의 병사들은 러시아 초원과 늪지대에서 참호열병부터 야토병, 말라리아에 이르기까지 동부 지역의 현실적인 전염병에 시달리고 있었다.

그사이 모렐은 독재자에게 없어서는 안 될 존재가 되었다. 심지어 히틀러를 혼자 내버려둘 수 없어 작전 회의에도 따라 들어갔다. 민간인 의사가 할 일은 없고 장군들로부터 따가운 눈총만 받아야 하는 자리였지만 말이다. 하루에 두 번 열린 이 회의에서 세계는 군사용 지도 위에 추상화되었다. 날씨가 쾌청해도 창문을 모두 닫았고, 커튼도 쳤다. 늑대 인간에는 숲속의 맑은 바람 대신 항상 무거운 공기만 가라앉아 있었다. 시간이 갈수록 히틀러는 자신과 마찬가지로 전선 상황에 무지한 사람들의 조언만 들었다.[40] 예스맨의 시간이 시작되었고, 그 중심에는 사교성 없는 뻣뻣한 총사령관 카이텔이 있었다. 오죽했으면 다들 입을 가린 채 〈라카이텔〉**이라고 수군거렸을까!

* 〈민간인과의 모든 교류를 금한다. 현지인의 집에 머무르는 것도 마찬가지다.〉 게다가 병원균을 옮길 위험이 있는 해충에 대한 경계도 곳곳에서 발견된다. 이질을 막으려면 파리를, 발진티푸스를 막으려면 빈대와 이를, 흑사병을 막으려면 잠재적 보균자인 우크라이나 쥐를 조심해야 한다.[39]

** Lakaitel. 〈아첨꾼 카이텔〉이라는 뜻. 라카이(아첨꾼)라는 말과 카이텔을 조롱조로 합성했다. — 옮긴이주.

러시아 침공을 시작한 지 13개월이 지난 1942년 7월 23일, 히틀러는 또 다른 중대한 전략적 실책을 범했다. 총통 지시 제45호를 통해 독일군의 분할 진격을 다시 명한 것이다. 이번에는 소련 남부에서 활동 중인 국방군이 대상이었다. 명령에 따르면 집단군 A는 석유가 풍부한 아제르바이잔 바쿠로 진격하고, 집단군 B는 스탈린그라드를 거쳐 카스피해로 진격해야 했다. 그렇지 않아도 적의 영토 800킬로미터 안쪽까지 깊숙이 형성되어 있던 전선이 이제 4,000킬로미터로 확장되었다. 감당할 수 있는 수준이 아니었다. 군 지휘부로부터 격한 항의가 쏟아졌다. 작전 지역은 기온이 무려 45~50도를 오가는 뜨거운 우크라이나였다. 〈이제껏 경험해 보지 못한 우발적 사건과 병사들의 탈진 현상이 일어났다. (……) 꿈과 같은 소망이 행동의 법칙이 되었다.〉 할더 참모총장이 최고 사령관의 작전을 비판한 말이다.[41] 슈페어 군수 장관은 특수한 형태의 〈감각적 장애〉를 언급하면서 〈히틀러 지근거리에 있는 사람이라면 누구나 피할 수 없는 종말이 다가오고 있음을 알고 있었다〉고 말했다. 진실은 군사 계획에서 삭제된 지 오래였다. 작전 회의라는 것도 허울만 남았고, 알맹이는 없었다. 〈국방군의 미화된 보고서들로 인해 (……) 심각한 상황이 제대로 인식되지 않을까 두렵다.〉[42]

낮질 작전의 창안자이자 크림반도의 정복자이며 그사이 야전 원수로 진급한 에리히 폰 만슈타인이 동부 전선 남쪽 지역의 심각한 상황을 브리핑했을 때, 국방군 최고 사령부는 대경실색했다. 전시 일지에 적힌 폰 만슈타인의 말을 보자. 〈지금까지처럼 또다시 완벽한 결정이 내려지지 않았다. 이는 총통에게 더 이상 그럴 능력이 없다는 것을 보여 주는 게 아닌가 싶다.)[43] 히틀러 입장에서는 합리적 의견이라는 이름으로 사사건건 트집만 잡는 장군들을 더는 참을 수 없었다. 물론 그렇다고 그들의 말을 아예 무시할 수도 없는 처지였다. 아무튼 그는 요들 대장(지휘 본부에서 모렐의 치료를 거부한 유일한 사람이다)과 악수를 나누는 것을 계속 거부했다. 게다가 공동 식사 자리에도 나타나지 않았고, 늘 그늘을 드리우는 너도밤나무 아래 지은 통나무집에 칩거하다가 어둠이 짙게 깔려야만 나왔다. 1942년 8월 중순, 전황을 두 눈으로 확인하기 위해 전선으로 날아갔을 때 그는 끔찍한 일광 화상을 입었다. 〈얼굴 전체가 붉게 탔고, 이마 화상은 특히 심했으며, 통증까지 있었다. 무척 불쾌한 표정이었다.)[44] 히틀러는 안전한 은신처로 돌아오자 무척 기뻐했다.

그는 이제 대중 연설도 거의 하지 않았다. 역사가이자 작가인 제바스티안 하프너Sebastian Haffner는 대중 앞에 그렇게 나서길 좋아하던 히틀러의 칩거를 다음과 같이 설명했다. 〈술을 마시지 않던 그는 대중의 열광으로 알코올의 취기를 대신했다. 어쩌면 6년 동안 독일인들에게 자기 자신을 마약처럼 제공하다가 전쟁 중에 갑자기 빼앗아 버렸다고 할 수 있다.)[45] 그로써 히틀러에게는, 예전에 그의 등장이 촉발하고 그의 이기심에 늘 흥분된 감정을 반복해서 주입해 주던 황홀감이 사라지는 결과가 나타났다. 그렇다면 한때 그가 그토록 많은 에너지를 흡수했던 열광하는 대중과의 접촉은 이제 완전한 고립 상태에서 화학 물질로 대체될 수밖에 없었고, 이는 독재자를 누에고치처럼 점점 더 자기 속에 갇히게 했다. 히틀러 전기 작가 페스트는 이렇게 썼다. 〈그는 항상 인위적인 충전이 필요한 사람이었다. 어떤 면에서 모렐의 마약과 약물은 대중의 환호라는 오래된 흥분제를 대체해 주는 역할을 했다.〉[46]

독재자 히틀러는 정무에는 거의 신경을 쓰지 않았다. 밤을 꼬박 새웠고, 아침 여섯 시 이전에 잠드는 일은 별로 없었으며, 여전히 군수 장관 슈페어와 거대한 건축 프로젝트에 대해 이야기하는 걸 가장 좋아했다. 물론 이제는 망상에 가까운 이야기이지만 말이다. 그런데 히틀러와 함께했던 시간을 〈도취의 세월〉이라 표현하고, 스스로를 진정한 억압의 달인으로 여기면서 〈총통을 도취에 빠뜨린 흥분제〉에 열광하던 충직한 군수 장관이자 총통의 총애를 받던 건축가조차 히틀러가 〈그런 이야기를 하다가 점점 더 자주 현실감을 잃고 환상의 세계에 빠져드는〉 것을 알아차렸다.[47]

전쟁에서 현실감의 상실은 심중한 결과를 초래하는 법이다. 히틀러는 실제 장비와 전투력, 보급 상황에 대한 어떤 신중한 고려 없이 부대를 전쟁터로 내보낼 때가 많았다. 게다가 대대 단위의 전술 문제 같은 군의 세세한 부분까지 본인이 직접 챙겼다. 그러면서 자신이 없어서는 안 되는 존재임을 스스로 각인시켰다.* 심지어 나중에는 작전 회의에서 자신이 했던 말을 모두 받아 적게

* 스탈린의 스타일은 정반대였다. 그는 1942년 5월 자신에게 패배 책임이 있는 하리코프 전투 이후 군사 문제에서 대체로 손을 떼고 최고 사령부Stawka에 어느 정도 전권을 맡겼다.

했다. 점점 현실과 동떨어진 그의 명령을 기피하려는 장군들에게 명시적으로 책임을 묻기 위해서였다.

히틀러가 군사 문제에서 아마추어였다는 사실은 됭케르크에서 돌격 중지 명령을 내릴 때 이미 명확히 드러났다. 그런 사람이 이제는 완전히 현실과 동떨어진 망상가로 변했다. 그 탓에 그의 병사들은 쓸데없이 광활한 압하스와 칼미크 대초원에서 헤매다가 흑해까지 진군해서는 공연히 캅카스산맥의 해발 5,633미터 엘브루스산에 하켄크로이츠 깃발만 꽂고 말았다. 1942년 여름 히틀러의 주사액 소비는 극에 달했고, 모렐은 베를린의 엥겔 약국에 특별 주문까지 해야 했다.[48]

1942년 가을, 크리스털 여우에서 사막 여우로 변신한 로멜은 아프리카에서 버나드 로 몽고메리Bernard Law Montgomery가 지휘하는 영국군에 맞서 곤경에 빠졌다. 같은 시각 스탈린그라드는 전략적 중요성의 감소에도 불구하고 점점 사이코패스적인 집착의 대상으로 변해 갔다. 히틀러는 이 도시에서의 극적인 사건들을 신화적으로 부풀린 운명의 전장으로 묘사하며 쓸데없이 사활을 걸었다. 그사이 그의 건강은 급속히 악화되었고, 프리드리히 파울루스Friedrich Paulus 장군의 제6 군단은 볼가 강변에서 소련군에 포위되었다. 독일군 수천 명이 굶주림과 추위, 적의 수류탄으로 허무하게 죽음을 맞았다. 〈장 가스, 구취, 불쾌감.〉[49] 모렐이 1942년 12월 9일 히틀러의 건강 상태를 기록한 내용이다. 괴링이 스탈린그라드 분지에 고립된 국방군을 위해 공중으로 연료를 공급하겠다며 현실과 동떨어진 거창한 계획을 세웠지만 결국 실

ENGEL-APOTHEKE

KÖNIGL. **1739.** PRIVIL.

Pharmacie internationale

ALLOPATHIE / BIOCHEMIE / HOMÖOPATHIE

Herrn
Prof. M o r e l l
Führerhauptquartier

FERNSPRECHER: 11 07 21
BANK DEUTSCHE BANK
STADTZENTRALE
MAUER STRASSE
POSTSCHECK: 7543

BERLIN W 8
MOHREN STR. 63/64

BETRIFFT:

DEN 29. August 1942

Sehr geehrter Herr Professor !

Auf beifolgendem Rezept bitte ich höflichst noch den
Vermerk " eingetragene Verschreibung" vermerken zu wollen
und mir dann das Rezept zurücksenden zu wollen.

Für die Beschaffungung der bestellten Spritzen bitte ich
um Ausstellung eines Rezeptes oder einer Bescheinigung
woraus hervorgeht, dass die Spritzen für das Führerhaupt-
quartier benötigt werden. Nur auf Grund dieser Bescheini-
gung ist eine Anfertigung der Spritzen möglich.

Mich Ihnen bestens empfehlend zeichnet mit

Heil Hitler !

Königl. 1739 priv.
Engel-Apotheke
Aph: ERNST JOST
Berlin W 8, Mohrenstrasse 63/64

엥겔 약국

KÖNIGL. 1739. PRIVIL

Pharmacie internationale

ALLOPATHIE / BIOCHEMIE / HOMÖOPATHIE

수신: 모렐 교수님   전보: 11 07 21

총통 지휘 본부   은행: 도이치 방크

Stadtzentrale

Mäuerstrasse

Postscheck: 7543

BERLIN W 8

MOHREN STR. 63/64

1942년 8월 29일

내용:

존경하는 교수님께!

동봉된 처방전에〈등록된 정식 처방전〉이라고 기재
하신 뒤 다시 저에게 보내 주실 것을 정중히 요청드
립니다.

주문하신 주사액을 제공하려면 정식 처방전이나
이 주사액이 총통 지휘 본부에 필요하다는 사실을
입증하는 확인서가 있어야 합니다. 그 증명서를
근거로 주사액 조제가 가능합니다.

다시 한번 정중히 요청드립니다.

하일 히틀러:

엥겔 약국에서 모렐에게 보낸 편지. 히틀러 주사액은 베를린 미테구의
엥겔 약국에서 조제되었다.

패로 돌아가고 만 시점이었다.

일주일 뒤 환자 A는 주치의에게, 다른 사람도 아니고 괴링이 이런 말을 했다고 하면서 조언을 구했다. 괴링은 몸이 좋지 않고 어지러울 때 카르디아졸이라는 약을 먹는다고 하던데, 〈자신도 중대 사안에서 몸이 약간 이상해지는 느낌이 들면 그 약을 먹는 게 도움이 되지 않겠느냐〉는 것이다.[50] 모렐은 거부했다. 카르디 아졸은 엄격하게 용량을 제한해야 할 순환계 자극제로서 혈압을 높이고 쉽게 뇌전증을 일으킬 수 있기 때문에 그사이 심장이 약해진 히틀러에게는 너무 위험하다는 것이다. 그럼에도 주치의는 독재자의 메시지를 정확히 알아차렸다. 점점 악화되는 스탈린그라드 위기 상황에 정신적으로 감당할 수 있도록 좀 더 강한 약을 달라는 뜻이었다. 모렐은 이 요구를 받아들였다.

우크라이나 도축장

그대들은 건강해야 한다. 몸에 독이 되는 것은 모두 멀리해야 한다. 우리에게는 멀쩡한 정신의 인민이 필요하다. 장차 독일인은 오직 정신력과 건강함에 따라 측정될 것이다.[51]
　　　　　　　　　　　　　　　　　　　　　　—아돌프 히틀러

비타물틴 정제의 지속적인 성공을 토대로 테오 모렐은 이전 체코슬로바키아 땅에서 거대 식용유 제조업체 중 하나인 하이코른을 인수했다. 유대인 소유주로부터 나치 당국이 몰수한 기업이었다. 모렐의 회사 인수에는 히틀러가 직접 힘을 썼다.* 구매 가격은 12만 제국마르크였다. 모렐의 주력 기업 하마의 주요 생산 기지로 개조한 수익성 있는 자산치고 정말 말도 안 되는 금액이었다. 그 자신도 그걸 인정한다. 〈더 이상 어떻게 더 싸게 살 수 있을까 싶을 만큼 저렴한 가격이다. (……) 모두 아리안화** 덕분이다.〉[53] 인수 이후 1,000명이 넘는 직원들은 양귀비씨 기름과 겨자, 세제, 그리고 별 효과가 없는데도 국방군이 계속 의무적으로 사용한, 모렐이 직접 개발한 머릿니 박멸제 〈루슬라〉 같은 다양한 제품을 생산했다. 물론 핵심 사업은 비타민 및 호르몬 제제 생산이었다. 이를 위해서 나치의 잔학한 테러로 상업적 수혜를 입은 주치의에게 필요한 것은 원료의 지속적인 공급이었다.

늑대 인간 지휘 본부에서 남쪽으로 8킬로미터 떨어진 비니차시에는 거대한 초현대식 도축장이 있었다. 미국 스위프트사가 전쟁 발발 직전에 시카고 도축장을 모델로 최신 기술을 이용해서 건설한 도축장이었다. 우크라이나 전역의 모든 도축이 주로 여기서 이루어졌다. 도축 시스템은 엄청난 양의 혈액 수집을 포함해 모든 것이 자동으로 돌아갔다. 모렐은 깊은 인상을 받았다. 독일에도 이런 도축장은 없었다. 거기서는 여전히 〈귀중한 동물 단백

---

* 1943년 11월 29일 자 구매 계약서에는 이렇게 적혀 있다. 〈유대인 아돌프 하이코른과 그의 아내 빌마 골트슈미트(결혼 전 이름), 그리고 그들의 자녀 프리드리히 하이코른과 헤트비히 하이코른의 재산은 국가 비밀 경찰국의 명령에 의해 압수되었다. 구매자는 자신이 유대인이 아니고, 이 법적 거래에서 어떤 형태로든 유대인과 유대인 기업, 또는 유대인 단체가 개입되지 않았음을 명시적으로 밝힌다.〉[52]
** Arianization. 유대인 재산을 강제로 몰수해서 아리아인에게 소유권을 넘기는 행위. — 옮긴이주.

질을 그대로 버렸다〉. 그가 노트에 쓴 글이다. 주치의는 이런 혁신 시설의 혜택을 보기로 결정했다. 히틀러가 스스로 불을 지른 세계로부터 바리케이드를 치고 숲속 오두막에 칩거하는 동안 자수성가형 약품 제조업자 모렐은 우크라이나 전쟁을 자신의 사업 확장에 이용했다.

돈 냄새를 맡은 그는 아주 노골적이고도 단순한 계획을 세웠다. 일단 나치의 핵심 이데올로그이자 동부 점령 지역의 관할 장관이던 알프레트 로젠베르크에게 〈장기 요법 공장〉을 설립하겠다고 통보하면서 특유의 사탕발림으로 그를 꾀었다. 〈만일 여기서 수확된 물품이 제 손에 들어오면 (……) 동부 전 지역에 호르몬을 공급하는 것이 가능해질 것입니다.〉[54] 여기서 물품이란 비니차에서 도축된 모든 동물의 뼈와 분비샘, 기관을 가리킨다. 예를 들면 갑상선, 부신, 고환, 전립선, 난소, 쿠퍼 샘, 담낭, 심장, 폐 같은 것들이다.

사업적으로 보면 이것은 노다지였다. 다만 관건은 고가의 도핑제 및 스테로이드 생산에 필요한 원료 공급이었다. 몇 주 동안 주치의는 이 추악한 사업을 위해 점령지를 쉬지 않고 돌아다녔고, 도축된 동물의 살코기를 뺀 나머지 부분을 전부 사용하고자 했다. 심지어 선지와 야채(특히 당근)로 만든 새로운 영양제에는 도살된 동물의 피까지 재활용했다.[55] 그는 아내에게 이렇게 썼다. 〈요즘은 운전을 너무 많이 해서 몹시 피곤해요. 이틀에 한 번씩, 가끔은 매일같이 300킬로미터씩 달린다오. 그것도 열악한 러시아 포석 길을 말이오.〉[56] 모렐은 그야말로 마지막 피 한 방울뿐 아니라 뼛속의 골수까지 점령지 우크라이나를 착취하기로 마음먹었다. 나치 정권의 최상부에서 쉽게 찾아볼 수 있는 권력을 이용한 사익 추구는 그에게서도 명확히 드러났다. 그는 독재자의 지근거리에서 일하는 자신의 공고한 직위를 이용해 점점 더 뻔뻔스럽게 개인적인 이득을 취해 나갔다.

당시 우크라이나의 제국 판무관은 관구 지도자 에리히 코흐 Erich Koch였다. 그 잔학성 때문에 〈리틀 스탈린〉이라고도 불리는 인물이다. 모렐의 환자이기도 했던 그는 주치의의 사업에 아주 흔쾌히 협력했다. 예를 들면 이런 식이다. 앞으로 도축할 때는 모렐이 〈장기 요법용 약물 생산에 필요한 폐기물을 (……) 그 대리인을 통해 수집해서 원하는 대로 사용하는 것을 허락한다〉.[57] 모렐은 감사를 표하고 즉시 또 다른 계획을 설명했다. 〈만일 분비샘과 생체 기관 문제만 원만히 해결되면 저는 우크라이나의 약초와 약물에 대한 평가와 활용에 착수하겠습니다. 이 일이 얼마나 체계적으로 잘 돌아가는지 보시게 될 것입니다.〉[58]

모렐은 신속하게 〈장기 요법용 제품 및 식물성 제품의 생산, 그리고 의약품 수출을 위한 우크라이나 비니차 제약 공장〉을 설립했다. 이름이 이미 모든 것을 말해 주었고, 회사는 처음부터 확장 일로에 나섰다. 그러니까 모렐은 서부 우크라이나에 만족하지 않고, 도네츠 분지의 수익성 높은 산업 지대로 눈을 돌린 것이다. 게다가 흑해의 초원 지대와 크림반도도 사정권에 두었다. 이 지역에서 그의 계획은 〈강력한 독일 경제 건설에 동참하기 위한 대규모 약초 재배〉였다.[59]

모렐이 특히 관심을 가진 곳은 독일 제6군이 1941년 10월에 점령한 동부 우크라이나의 하르키우였다. 당시 소련에서 네 번째로 크고 전략적으로 중요한 도시였다. 점령 이후 여기서는 광란의 피바람이 불었다. 건물의 3분의 2가 파괴되었고, 인구는 150만에서 19만 명으로 급감했다. 소련 주민들은 독일군에 쫓겨 발코니에서 떨어져 죽었고, 은행과 호텔 입구에는 시체가 줄줄이 매달렸다.[60] 집단군 C 예하의 특공 부대 4a는 오르포 314대대의 지원 아래 드로비츠키 계곡에서 유대인 대학살을 자행했다. 유대인 1만 5,000명이 총살당했고, 여자와 아이들은 독가스 차에서도 살해되었으며, 수많은 하르키우 주민이 강제 노역을 위해 독일로 끌려갔다. 1942년 5월 이 도시를 해방시키려던 붉은 군대의 시도가 실패했을 때는 약 24만 명의 소련군이 포로로 잡혔다.

이러건 말건 모렐은 신경도 쓰지 않았다. 아니, 하르키우의 절망적인 상황에서 오히려 사업가적 영감을 받은 듯했다. 〈수차례의 소유권 변경으로 타격을 입은 한 도시에서 전시 경제를 위해 가능한 모든 것을 뽑아내는 것은 무척 흥미로운 일이라고 생각합니다.〉 제국 판무관 코흐에게 쓴 편지다.[61] 게다가 하르키우에 내분비선 가공에 특화된 내분비학 연구소가 있다는 사실을 알게 되었을 때는 재차 코흐에게 도움을 청했다. 〈러시아 국가 소유의 이 연구소는 분비샘 공급 없이는 무의미합니다. 판무관 님께서 이미 저에게 동물 도축 시 나오는 신체 기관들을 사용하도록 호의를 베푸셨기에 이 연구소도 제가 구입할 수 있도록 도와주십시오. 그러면 분비샘을 활용해 우리 독일에 절실한 물질의 생산에 즉각

돌입할 수 있습니다.〉[62]

같은 날 전화로 바로 답이 왔다. 모렐에게 연구소를 〈양도〉할 테니 마음대로 사용하라는 것이다. 그에 더해 연구소의 완벽한 가동을 위해 우크라이나 18개 도축장에 다음 지침이 하달되었다. 〈우크라이나 제국 판무관의 지시에 따라 도축장에서 발생하는 장기들은 (……) 독점적이고 지속적으로 우크라이나 비니차 제약 공장에 인도해야 한다. 도축업자는 장기에서 지방을 제거한 뒤 도축 후 2시간 동안 영하 15도에서 냉동하거나, 아니면 최대한 낮은 온도로 보관해서 가져와야 한다.〉[63]

이제 호르몬 제제의 새로운 개발과 대량 생산을 가로막는 것은 없었다. 이런 장밋빛 전망에 취해 모렐은 동부 전선에서의 역겨운 착취 야욕을 노골적으로 드러낸다. 〈우리는 (……) 분비샘으로 얻을 수 있는 건 모두 얻어 내야 합니다.〉[64] 이처럼 좋은 기회는 없을 듯했다. 〈하루빨리 진공 건조 시설과 추출 장치가 나오길 기대합니다. 그러면 거대한 사업이 시작될 것입니다.〉[65]

그러나 시간이 도와주지 않았다. 이 안정적인 사업은 영원히 지속될 수 없었다. 전선에 구멍이 뚫리기 시작하면서 모렐의 내분비학 연구소도 호시절이 끝났다. 1943년 봄 붉은 군대가 하르키우를 탈환했다. 〈불행히도 현실 사건은 우리보다 강했고, 우리의 아름다운 희망과 초기의 작업을 완전히 망쳐 버렸다.〉[66] 실망한 주치의의 말이다. 그는 이제 체코 올로모우츠 공장에서의 분비샘 가공에 집중할 수밖에 없었다. 그러려면 막대한 양의 동물성 원료를 옮겨야 했다. 1,000킬로미터 넘게 떨어진 거리였지만 우크라이나에서 최대한 이익을 뽑아 먹으려면 이 방법밖에 없었다. 이를 위해 그는 국가 기관을 총동원했다. 필요하다면 악마와도 손을 잡을 판이었다. 편지에서도 드러나듯이 〈총통 주치의〉는 너무나 자연스럽고 뻔뻔하게 자신의 개인적 소망을 히틀러의 의지로 포장했다.

당시는 폭발할 것처럼 긴장감이 감도는 전쟁 국면이었다. 특히 동부 전선에서는 보급과 부상병 후송에 꼭 필요한 운송 수단이 얼마 없어 그 사용을 두고 경쟁이 치열했다. 이런 상황에서도 모렐은 총통 본부의 운송 수단과 물류 시스템을 제한 없이 사용했다. 그러니까 우크라이나에서 약탈한 돼지 위, 췌장, 뇌하수체, 척수, 소 간, 돼지 간, 양 간을 수백 대의 화물차와 제국 열차에 톤 단위로 실어 수백 킬로미터씩 운송한 것이다. 〈절박하지 않은 일에는 어떤 형태의 차량 사용도 중지한다〉[67]는 총통 본부의 엄정한 지시도 모렐에게는 적용되지 않았다. 그는 심지어 닭발까지 운반했다. 끓여서 젤라틴을 만들기 위해서다. 모렐의 지시로 움직인 화물 열차간의 전형적인 적재 목록은 다음과 같았다. 소금에 절인 간 70통, 돼지 위 1,026개, 난소 60킬로그램, 황소 고환 200킬로그램. 가격: 2만 제국마르크.[68]

이런 화물이 거의 매일 우크라이나로부터 점령지 체코슬로바키아의 아리안화된 모렐 공장에 도착했다. 그의 짐을 실은 열차가 지나갈 때는 중요한 국방군 수송도 멈추어야 했다. 모렐은 어떤 식의 지체도 용납하지 않았다. 예를 들어 우크라이나 제약 공장의 물품이 실린 기차가 빨리 역을 통과하지 못하면 곧장 수화기를 들고 〈열차 운송 부문〉[69] 최고 담당자에게 전화를 걸었다. 상대는 최소한 운송 사령관이었다. 어떤 때는 철도청장이나 제국 교통부 장관에게 직접 전화를 걸어 자신의 신분을 밝힌 뒤 열차가 〈최고 긴급으로 처리되지 않거나 국방군 운송장을 가진 열차처럼 신속하게 통과되지 않을〉 경우 뒷일을 감당할 수 없을 거라고 으름장을 놓았다. 만일 상대가 순순히 따르면 히틀러에게 직접 브리핑할 기회를 약속하거나, 최소한 은박지로 포장된 노벨-비타물틴을 보내 주었다.[70] 이처럼 모렐의 뜻은 늘 관철되었다. 그의 긴급 요청은 일종의 상부 명령처럼 이 지휘소에서 다른 지휘소로 전달되었다.

이로써 점점 더 유독한 물질의 생산은 가속화되었다. 모렐은 전쟁 중에 최대한 수익을 남기면서 공장을 운영하기 위해 강제 수용소 노동자의 투입도 주저하지 않았다. 그의 화학실장 쿠르트 물리Kurt Mulli박사가 그에게 보고하는 말을 들어 보자. 〈우리는 현재 노동력 확보에 상당한 어려움을 겪고 있습니다. (……) 비타물틴을 열차에 싣는 데 여자들만 투입되고 있는 실정입니다. 따라서 저는 죄수들도 가끔 우리 일에 투입했으면 하는 바람이 있습니다. 혹시 대표님이라면 보어만 사무실을 통해 우리 작업이 시급한 일이라는 사실에 대한 확인서를 받아 주실 수 있을지 모르겠습니다.〉[71] 물리는 자신의 상사가 막강한 마르틴 보어만Martin Bormann에게도 영향력을 행사할 수 있다는 것을 알고 있었다. 모두가 두려워하는 나치당의 최고 수장이자 총통의 수석 비서에게 말이다.

모렐은 공장의 가동 능력이 따라가지 못할 만큼 많은 장기를 축적했다. 그럼에도 우크라이나에서 도축된 동물 장기에 대한 독점권을 계속 고집했다. 남들에게 넘겨 가공하게 하느니 차라리 썩혀서 버리는 것이 낫다고 생각했다. 〈원료를 경쟁자에게 넘기는 것은 있을 수 없는 일입니다. (……) 우크라이나에서 생산된 분비샘과 장기의 수집 및 사용 권한은 오직 저에게 있습니다.〉[72]

주치의가 장기들 가운데에서 특히 주목한 것은 간이었다. 이것은 에너지 대사의 주요 기관으로서 수많은 스테로이드 물질을 비롯해 다양한 물질을 분해하고 형성한다. 예를 들어 콜레스테롤을 이용해서 근육을 구축하고 정력을 강화하는 남성 성호르몬, 그리고 에너지 수치를 단시간에 높인다고 해서 〈기적의 약물〉이라 불리던 코르티코이드나 당질 코르티코이드 같은 것들이다. 모렐은 이 물질들이 인체에 힘을 불어넣고 심지어 치료 효과까지 있다고 기대했다. 당시의 연구 결과가 그랬다. 하지만 간에는 자가 면역 반응과 함께 일종의 자기 파괴를 일으키는 다양한 병원체도 있다. 인체가 이물질과 자기 물질, 또는 위험 물질과 그렇지 않은 물질을 구별하지 못해 몸속의 건강한 부분에까지 면역 시스템을 가동시킨다는 말이다.

전쟁이 혼돈의 늪에 빠질수록 냉동 간이 운송 중에 녹는 일이 잦아졌다. 도중에 며칠씩 운행을 중단해야 하는 일이 불가피했기 때문이다. 심지어 어떤 때는 올로모우츠에 도착하기까지 3주가 걸리기도 했다. 거기 도착하면 역겨운 냄새가 나는 이 장기를 아세톤 및 메틸알코올과 섞어 큰 솥에 넣고 몇 시간씩 끓였다. 그러면 독성은 증류 과정을 통해 제거되고, 죽처럼 걸쭉한 갈색 덩어리만 남았다. 이것을 물로 희석해 앰플에 채웠다. 그 양이 하루에 1만 개였다. 어쨌든 이로써 모렐의 최종 제품인 〈하마 간〉이 완성되었다.

그렇다면 이렇게 양조한 제품이 실제로 소비자에게 전달되었을까? 주치의에게는 유감스러운 일이지만, 전시 경제의 새로운 규정에 따라 1943년 5월부터는 신약 출시가 더 이상 허용되지 않았다. 그러나 모렐은 이 장애물을 우회하는 법을 알고 있었다. 제국 보건 지도자 콘티가 이끄는 제국 보건청 담당 부서에 고압적인 자세로 다음과 같은 공문을 보냈다. 〈총통 각하께서는 내가 개발한 약품과 관련한 어려움을 듣고 이렇게 말씀하셨습니다. 각하께서 일단 약을 구해 시험해 보고, 이어 총통 본부에서도 사용해 본 뒤 그 효과가 충분히 입증되면 허가증 없이 독일 전역에서 사용해도 된다고 말입니다.〉[73]

냉소적으로 들릴 수도 있겠지만, 과거 베를린에서 잘나가던 의사였고 지금은 자수성가로 자기만의 제약 제국을 일군 모렐은 총통 본부의 그분을 〈실험실 토끼〉로 사용했다. 정말 열악한 위생 조건에서 생산된 수상쩍은 호르몬 제제와 스테로이드를 환자 A의 혈관 속으로 제일 먼저 주사함으로써 말이다. 물론 히틀러 본인도 원했을 가능성이 무척 크다. 아무튼 이 실험 이후 모렐의 신약은 제3 제국과 국방군에서 사용을 허락받았다. 이로써 자기 몸을 스스로 갉아먹는 일이 공공연히 일어났다.

〈X〉와 총체적 현실감 상실

건강과 관련해서 총통의 외모는 다소 기만적이다. 겉으로 얼핏 볼 때는 몸 상태가 최상인 것 같지만 실제로는 그렇지 않다.[*74]

— 요제프 괴벨스

1943년 2월 초 스탈린그라드에서 제6군 잔병이 붉은 군대에 항복하는 순간 국방군은 예전의 오라를 잃어버렸다. 그것은 히틀러도 마찬가지였다. 볼가강 유역에서의 군사적 재앙, 아프리카에서 영국군에 대한 로멜의 패배, 3월부터 독일 루르 지역에서 개시된 영국 공군의 무차별 폭격, 5월에 패배가 확인된 대서양에서의 잠수함 전투, 이 모든 전황에 대한 독재자의 외적 반응은 평소와 다름없었다. 자신의 결정이 여전히 유일하게 옳았다는 강력한 확신에 기초한, 현실과 유리된 방수 격벽이었다. 히틀러는 완강하게 〈최종 승리〉의 필연성을 고수했다. 그와 함께 이제는 이성이나 객관적 사실을 판단의 토대로 삼는 일 따위는 완전히 내팽개쳤다. 어쩌면 변화된 상황에 따라 평화적 해법 같은 새로운 전략을 모색했어야 했을 텐데 그러지 않았다. 그의 시스템은 점점 더 굳어졌다. 그것은 환자 A의 내부에서 진행 중인 조직 경화증 탓이기도 했다.

 * 덧붙이자면 괴벨스도 그사이 주사에 중독되어 있었다. 모렐의 조수 리하르트 베버 박사는 이렇게 말했다. 「제국 장관님께서는 더 이상 주사 놓을 곳이 거의 안 보일 정도로 피부에 주사 자국이 많습니다.」[75]

히틀러는 외로워졌다. 붉은 군대의 진격으로 1943년 내내 며칠간만 늑대 인간 사령부를 찾았다. 그 외에는 상처 입은 동물처럼 다시 늑대 소굴에 칩거했다. 이곳에서의 공동 식사 자리나 저녁 티타임은 참석한 모든 이에게 점점 고통스러운 시간으로 변해 갔다. 이런 자리에서 히틀러는 몇 시간씩 신경질적으로 혼잣말을 중얼거렸다. 가끔은 새벽까지 그러기도 했다. 불만 섞인 옹알이 같다고 할까! 아무튼 그는 부드러운 바리톤으로 특정인에게 말하는 것이 아니라 시선을 멀리 둔 채 마치 보이지 않는 수많은 측근에게 말하는 듯했다. 게다가 자신이 좋아하는 이야기를 줄기차게 되풀이하고 또 되풀이했다. 예를 들어 흡연의 유해성, 신체에 독이 되는 습성을 완전히 버려야 한다는 설교, 그리고 1943년 1월 30일 세금이 면제된 수당으로 10만 제국마르크를 받는 주치의가 과학적 근거를 대면서 칭찬한 자신의 채식주의에 대한 자랑에 이르기까지 말이다. 그는 심적 안정을 찾기 위해 예전에 엄격하게 지킨 규칙을 어기는 것도 마다하지 않았다. 저녁 식사 후 환자 A는 가끔 맥주를 마셨고, 아니면 과거 자신의 지시로 야전 실험실에서 개발한 싸구려 브랜디 슬리보비치를 들이켰다.[76]

전세가 확실히 기운 그해, 히틀러는 급속도로 늙어 갔고, 내면에서도 생리학적 변화가 뚜렷이 나타났다. 이것은 측근들에게는 더 이상 비밀이 아니었다. 히틀러의 마법이 더는 통하지 않는다는 사실은 이미 오래전부터 모두가 알고 있었다. 〈히틀러가 무거운 짐을 진 것처럼 구부정하게 내게 다가왔다. 느리고 다소 지친 걸음걸이로.〉 한 중장이 독재자를 만났을 때의 당혹감을 묘사한 말이다. 〈내 속에서 이런 소리가 들리는 듯했다.《이거 완전히 늙은 이네! 자신이 짊어진 짐을 더는 지탱할 수 없는 사람 같잖아!》히틀러의 몰골은 말이 아니었다. 나는 깊은 충격 속에서 그의 생기 없고 지친 눈을 들여다보았다. 의심할 바 없이 병든 눈이었다.〉[77]

히틀러의 건강 악화와 그것이 제3자에게 주는 의욕 상실의 부정적 영향은 모렐도 모르지 않았다. 그렇다면 자신의 환자에게 다시 원기를 북돋워 그를 예전처럼 모두에게 경탄받는 지도자로 만들려면 어떻게 해야 할까? 호르몬 제제와 스테로이드, 비타민 칵테일로는 충분하지 않다는 사실은 이제 명백해졌다.

1943년 7월 18일은 특별한 날이었다. 어느 때보다 드물게 긴장된 상황이었다. 붉은 군대는 쿠르스크 인근에서 군 역사상 가장 큰 전차전에서 승리를 거두며 러시아 땅에서 변화의 전기를 마련하려던 독일의 희망을 물거품으로 만들었다. 더구나 같은 시기에 연합군은 시칠리아에 상륙했고, 이탈리아는 독일과의 동맹을 파기하고 진영을 바꿀 채비를 했다. 히틀러는 연합군 병사들을 모조리 수장시켜 버리겠다고 위협하면서도 임박한 〈이탈리아 군의 배신 때문에 (……) 잠을 이루지 못했다〉. 모렐이 쓴 내용이다. 환자 A의 〈몸은 널빤지처럼 딱딱하게 긴장되어 있었다. 몸속에 가스가 가득 찬 듯했다. 얼굴은 납빛으로 창백했고, 신경은 극도로 예민했다. 내일은 두체(무솔리니를 지칭)와의 중요한 회담을 앞두고 있다.〉[78]

한밤중에 시종 링게가 주치의를 깨웠다. 총통이 사지를 비틀며 괴로워하고 있다는 것이다. 즉각적인 조치가 필요했다. 저녁에 시금치와 완두콩을 곁들인 룰라드와 화이트 치즈를 먹었는데, 그게 문제를 일으킨 것 같다고 했다. 모렐은 황급히 옷을 입고는 어두운 밤 속을 달려가 주사를 놓았다. 그러나 기본적인 약물 치료로는 효과가 없었다. 동부 전선이 적의 〈대규모 공격〉[79]으로 위태로웠다. 이런 상황에서 주치의는 무엇을 해야 할지 열심히 머리를 굴렸다. 다른 조치가 필요했다. 히틀러의 끔찍한 통증을 진정시키고 즉각 평소와 같은 원기를 찾게 해줄 특별 조치가 필요했다. 실제로 그런 게 있었다. 그의 에이스 약물이었다. 하지만 그 사용에는 위험이 따랐다.

1943년 2/4분기 환자 A의 진료 카드 오른쪽 아래 4분의 1 지점에 한 물질이 언급되는데, 거기에는 밑줄도 여러 번 그어져 있다. 다름슈타트 메르크사에서 만든 〈오이코달〉이라는 이름의 마취제였는데, 1917년 진통제와 기침 억제제로 출시되었고, 1920년대에는 〈오이코달리즘〉이라는 말이 회자될 정도로 선풍적인 인기를 누렸다. 이 약의 강력한 작용물질은 천연 성분의 아편으로 합성한 〈옥시코돈〉이라는 이름의 아편 유사제였다. 바이마르 공화국 시절 이 물질은 특히 의사들 사이에서 뜨거운 화젯거리였다. 의사들 가운데 이 약에 취한 사람이 많았기 때문이다. 전문가 집단에서 오이코달은 물질의 왕으로 여겨졌다. 즉, 꿈을 이루어 주는 물질이었다. 이 전형적인 합성 마약은 인기 면에서 자신을 추월한 모르핀보다 진통 효과가 거의 두 배에 달했고, 약리학적 사촌에 해당하는 헤로인보다는 투여 방법에 따라 훨씬 신속하고 강력하게 행복감을 높여 주는 것으로 유명했다. 게다가 복용량만

적절히 지키면 다른 물질들과는 달리 피곤하거나 녹초가 되지 않았다. 작가 클라우스 만은 아버지 토마스 만의 걱정에도 불구하고 여러 마약을 복용하며 효과를 실험했는데, 그 결과 오이코달의 특수 지위를 확인해 준다. 〈나는 순수 모르핀을 먹지 않는다. 내가 복용하는 것은 《오이코달》이라는 이름의 약물인데, 오이카 자매품쯤 된다. 우리는 오이코달이 훨씬 효과가 좋다고 생각한다.〉*80

그렇다면 모렐은 강력한 마약을 정말 투여해야 할까? 무솔리니와의 중요한 만남을 위해 출발해야 할 시점이 점점 다가오고 있었다. 환자 A는 병적인 무감각 상태였고, 통증으로 괴로워했으며, 아무와도 이야기를 나누지 않았다. 모렐은 오이코달을 투여하면 즉시 총통의 기분이 좋아지면서 심인성으로 보이는 극심한 경련성 변비까지 사라질 거라는 사실을 알고 있었다. 그러나 신들의 음식을 한번 맛본 독재자가 그로 인한 황홀한 상태를 잊지 못하고 계속 그 약을 원하게 되리라는 예상도 충분히 가능했다. 오이코달은 2~3주만 규칙적으로 복용해도 예민한 사람은 육체적으로 금방 의존 상태에 빠지기 때문이다. 그러나 지금은 백척간두의 국가적 위기 상황이 아닌가? 히틀러가 추축국 정상 회담에서 건강하지 못한 모습을 보이거나, 아니면 그 회담에 아예 참석하지 못하는 일은 생각하고 싶지도 않았다. 모렐은 고민에 고민을 거듭하다가 마침내 위험을 감수하기로 마음먹고, 새로운 마

---

* 클라우스 만의 일기에는 이렇게 적혀 있다. 〈약국에서 다시 오이카 알약을 받았다. 여자 약사가 좀 멍청한 사람이었다.〉81

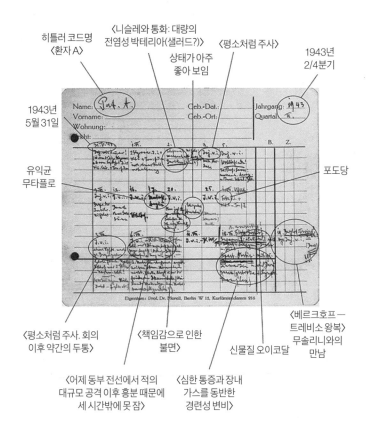

히틀러 코드명
〈환자 A〉

〈니슬레와 통화: 대량의
전염성 박테리아(샐러드?)〉

상태가 아주
좋아 보임

〈평소처럼 주사〉

1943년
2/4분기

1943년
5월 31일

유익균
무타플로

포도당

〈평소처럼 주사. 회의
이후 약간의 두통〉

〈책임감으로 인한
불면〉

신물질 오이코달

〈베르크호프 —
트레비소 왕복〉
무솔리니와의
만남

〈어제 동부 전선에서 적의
대규모 공격 이후 흥분 때문에
세 시간밖에 못 잠〉

〈심한 통증과 장내
가스를 동반한
경련성 변비〉

1943년 여름, 환자 A의 진료 카드. 처음으로 마취제 오이코달 투여.

약을 피부 아래에 주사했다. 치명적인 결과를 낳은 위험한 결정
이었다.

약물을 투여한 지 얼마 지나지 않아 나타난, 환자 A의 즉각적
인 변화는 수행원 모두가 입을 다물지 못할 정도로 놀라웠다. 물
론 이런 컨디션 변화의 이유는 당연히 아무도 알지 못했다. 어쨌
든 보스의 활기찬 모습에 다들 안도의 한숨을 내쉬었고, 이탈리

아 수반과의 만남을 의욕적으로 준비했다. 갑자기 완전히 딴 사람이 된 히틀러는 즉각 주사 한 방을 더 요구했다. 그러나 모렐은 〈15시 30분 출발 전에 중요한 회의와 결정이 임박하다는 이유로〉 처음에는 거절했다.[82] 그 대신 마사지와 올리브유 한 숟가락 복용을 제안했다. 그러나 소용이 없었다. 히틀러는 갑자기 현기증이 난다면서 출발하기 어렵다고 말했다. 이후 그가 그 강력한 물질을 다시 투여하도록 명령을 내렸는지, 아니면 모렐이 알아서 조치를 내렸는지는 알려지지 않았다. 어쨌든 주치의는 두 번째 주사를 놓았다. 이번에는 근육 조직이었다. 〈비행장으로 떠나기 전 오이코달 앰플 하나. 근육 주사.〉

히틀러가 베네토 지방의 펠트레 인근 가지아 빌라에서 무솔리니를 만났을 때 이상할 정도로 흥분했다는 사실은 당시 목격자들의 전언과 전후 작성된 미 정보국 보고서를 통해 확인된다. 총통은 무척 피곤해 보이는 동료 독재자에게 둔중한 목소리로 세 시간 동안 쉬지 않고 이야기했다. 무솔리니는 말할 기회조차 잡지 못하고, 큼직한 안락의자 가장자리에 다리를 꼰 채 한쪽 무릎을 꽉 움켜쥐고 초조하게 앉아 있었다. 사실 그도 히틀러에게 하고 싶은 말이 있었다. 이탈리아가 전쟁에서 빠지는 것이 모두에게 나을 거라고 설득하고 싶었다. 그러나 이 말은 꺼내지도 못하고 이따금 아픈 등을 주무르거나, 손수건으로 이마를 훔치거나, 깊은 한숨만 내쉬었다. 회담 중에도 문은 계속 열렸다 닫혔고, 무솔리니는 막 로마에 대한 연합군 폭격이 시작되었다는 새로운 보고를 받았다. 하지만 이 말조차 꺼낼 수 없었다. 왜냐하면 히틀러가 난감한 표정으로 서 있는 참석자들에게 추축국이 승리할 수밖에 없는 이유를 장밋빛 색채로 쉴 새 없이 설명하고 있었기 때문이다. 우울한 두체에게는 인위적 약물로 흥분한 총통이 혼자 벽을 보고 이야기하는 사람처럼 보였다. 아무튼 회담 결과, 이탈리아는 일단 추축국에 계속 남기로 했다. 모렐은 자신의 결정이 옳았음을 느꼈다. 흡사 주사기로 위대한 정치를 한 듯했다. 그는 일기장에 마치 자신이 대단한 사람인 양 이렇게 기록했다. 〈총통은 건강하다. 돌아오는 비행기 안에서도 몸에 이상은 전혀 없었다. 오버잘츠베르크에서 저녁 식사를 할 때 오늘의 성공이 내 덕이라고 말씀하셨다.〉

전쟁 후 미국 수사관들은 무솔리니와의 회담에서 히틀러가 보인 이상할 만큼 활달한 행동의 유발 요인으로 메스암페타민을 의심했다. 약리학적 진실을 제대로 짚지 못한 추정이다. 게다가 증거도 제시하지 못했다. 그렇다면 모렐이 흰 종이에 검게 쓴 〈오이코달Eukodal〉이라는 단어를 미국인들은 왜 몰랐을까? 이유는 해독하기 어려운 필체로 쓴 주치의의 기록을 영어로 번역한 공식 문서에서 명확히 드러난다. 이 문서에서 〈미군 유럽 전역 군사 정보 서비스 센터〉는 히틀러의 수많은 약물 가운데 오이코달을 〈엔카돌Enkadol〉[83]로 잘못 읽었다.

미 정보국이 해독할 수 없었던 모렐의 필체.

〈엔카돌〉이라는 이름의 약품은 마약 목록에 없었기에 미 조사
관들도 더 이상 의미를 부여하지 않았다. 게다가 미국에서는 〈오
이코달〉이라는 이름으로 출시된 약이 없었다는 사실도 그게 오
이코달일 수도 있겠다는 생각에 이르지 못하게 했던 것이다.[84] 읽
기 어려운 주치의의 필체는 미국인들을 잘못된 길로 이끌었다.

오이코달 복용

오이코달은 C(코카인을 의미한다)와 모르핀의 혼합물과 비
슷하다. 정말 나쁜 물질을 제조하는 능력과 관련해서는 독일
인들은 믿을 만하다.[85]

— 윌리엄 버로스*

괴링이 악의적으로 〈제국 주사기 거장〉[86]이라고 부른 모렐은
새로운 마약과 관련해서 마침내 큰 돌파구를 마련했다. 누가 히
틀러의 총애를 받는지에 대한 척도였던 야간 티타임에서 다른 일
원은 계속 바뀌었지만, 그만 늘 고정 멤버였다. 〈그는 그냥 거기
있어야 했다.〉[87] 이미 오래전부터 히틀러와 공생 관계를 유지하
던 모렐의 한껏 커진 위상에 대해 히틀러의 여비서 트라우들 융
에가 설명한 말이다.

그사이 히틀러 주치의로서의 활동은 재정적으로도 결실을 맺
었다. 모렐은 엄청난 부자가 되었다. 1943년 오이코달 첫해에 그

* William Burroughs(1914~1997). 미국의 소설가. — 옮긴이주.

는 사업을 어떻게 확장할지 고민하다가 마침내 아편 사업에 적극적으로 뛰어들기로 마음먹었다. 수익성이 무척 높은 분야였다. 게다가 전반적인 수요 증가를 공급이 따라가지 못하는 상황이었다. 특히 로멜이 아프리카에서 패배하고 영미 연합군이 카사블랑카에 상륙하면서 독일 제국과 모로코 양귀비 재배지 사이의 수송로는 차단되었고, 거기다 전황의 전반적인 악화로 페르시아와 아프가니스탄의 보급로도 끊겼다. 독일의 IG 파르벤/회히스트는 1937년부터 천연 모르핀을 대체할 완전 합성 물질을 연구했지만, 아직은 훗날 〈폴라미돈〉 또는 〈메타돈〉이라고 불리게 될 약제의 개발 단계에 머물러 있었다. 야전 병원에서는 효과적인 진통제가 모자라서 아우성이었다. 아편은 수많은 부상자가 생길 수밖에 없는 전면전에서는 아주 소중한 자산이었다.

이 부문에서 진하게 풍겨 나오는 돈 냄새를 맡지 못했다면 모렐이 아닐 것이다. 실제로 그는 노다지를 찾았고, 총통 본부의 사무실에서 전화와 우편으로 복잡한 회사 네트워크를 혼자 힘으로 확장했다. 라트비아 리가에서는 파르마치야사(社)를 사들였다. 아편 연구실과 흥미로운 저장고가 갖추어져 있다는 단 한 가지 이유에서였다. 〈40만 제국마르크 가치의 저장고에는 20만 마르크 가치의 모르핀 원료와 아편이 보관되어 있었다.〉[88] 그렇다면 이곳은 환자 A용 마약을 안정적으로 공급하기에 안성맞춤이었다. 지금까지는 베를린의 엥겔 약국을 통해서만 모든 걸 해결해 왔다. 그런데 최근에는 약사 요스트가 〈마취제 장부 기입을 위해 (……) 마약법 규정에 맞는 처방전을 보내 달라는〉 일이 부쩍 자

주 발생하고 있었다.[89]

이렇게 해서 히틀러 주치의는 진정한 아편 생산자가 되었고, 이 도박은 1943년 하반기에 동부 전선 전체에서 국방군이 퇴각을 시작할 즈음 다음 라운드로 넘어갔다. 히틀러는 대외적으론 독일의 명운을 위해 쉬지 않고 일하느라 삶을 즐길 시간이 없는 금욕주의자인 척했지만[90], 내적으론 총통 본부의 창문 하나 없는 음습한 벙커에서 오이코달을 탐닉했다. 마약을 얼마나 자주 복용했는지는 짐작만 가능하다. 다만 1944년 말까지 스물네 번 투약한 것은 확실하다. 하지만 과연 그뿐일까? 모렐의 일지에 자주 등장하는 〈x〉라는 수상쩍은 알파벳이 눈길을 끈다. 또한 〈평소처럼 주사〉라는 말도 주목할 만하다. 일주일에 수십 가지 물질을 섭취하는 다중 독극물 중독자에게 그 말은 과연 무슨 뜻일까?

독재 정권의 본질은 소수의 사람만 아는 비밀로 유지되고 그러면서도 최대한 많은 사람에게 영향을 미친다는 것이 맞다면[91] 모렐의 활동은 여러모로 그에 부응했다. 독재자의 마음속에 무엇이 있는지 아무도 모를 때만 그는 신성불가침의 존재가 된다. 모렐에게는 두 가지 가능성밖에 없었다. 오이코달의 사용을 제한하거나, 아니면 자기 자신과 환자 A를 외부 공격으로부터 지키기 위해 그 사용을 암호화하는 방법이다. 히틀러가 명시적으로든 암시적으로든 그 약을 강력히 요구했다면 주치의로서는 후자를 선택할 수밖에 없었을 것이다. 독재자가 어떻게든 모렐을 떠나보내지 않고 곁에 두려고 했던 것도 그 때문일 수 있다. 자신과 세상 사이의 생화학적 완충제인 〈x〉를 투여받기 위해서 말이다. 단 한 군데에서만 이 비밀스러운 〈x〉에 대한 설명이 여백에 기재되어 있다. 포도당 주사 그 이상도 이하도 아니라는 것이다. 하지만 다른 데서는 포도당Traubenzucker이 〈Trbz〉라는 약어로 나타날 때가 많은 걸 보면 그의 말은 별로 신빙성이 없어 보인다.

그렇다면 히틀러가 대외적으로 확신에 찬 모습을 보여 주고, 또 예전에 풍겼던 마법과도 같은 오라를 다시 불러내기 위해 〈x〉라는 익명 아래 오이코달을 투여받았다는 추정이 가능하다. 독재자의 악명 높은 카리스마는 대단했다. 특히 어려운 상황에서 그것은 더욱 도드라졌다. 예를 들어 1943년 9월 10일 나치 선전부 책임자 괴벨스는 일기에서 히틀러의 깜짝 놀랄 정도로 생기 있는 모습을 보고 감탄을 금치 못했다고 했다. 〈전날 낮은 물론이고 밤에도 엄청나게 많은 일을 했음에도 (……) 예상과 달리 총통의 상태는 굉장히 좋아 보인다. (……) 잠을 두 시간도 채 자지 않았지만 방금 휴가에서 돌아온 사람 같다.〉[92] 우크라이나 제국 판무관 에리히 코흐도 히틀러가 내뿜는 에너지에 전염된 것 같은 느낌을 다음과 같이 열광적으로 표현했다. 〈총통 각하와 이야기를 나누다 보면 나 자신도 에너지가 충만해지는 느낌이 들어 격정적인 감격에 휩싸인 채 돌아왔다.〉[93] 1943년 10월 7일에는 나치당 최고 위원과 독일 전역의 관구장들이 독일 도시에 대한 지속적인 공습을 하소연하려고 늑대 소굴에 모였다. 모두 낙담한 표정이었다. 이때 히틀러는 약리학적 지원 속에서 승리에 대한 흔들림 없는 확신을 쏟아 내는 불같은 연설을 했고, 감동을 받은 참석자들은 최종 승리를 가져다줄 비밀 병기가 독일 제국에 있음을 확고하게 믿으며 폭격으로 만신창이가 된 관할 지역으로 돌아갔다. 〈오전 11시: 평소처럼 주사. 오른 팔뚝이 심하게 부었다. 다만 상태는 매우 좋다.〉 그날 모렐이 기록한 내용이다.[94] 얼마 뒤 히틀러가 100주년 기념관에서 육해공군 장교 후보생 수천 명의 사기를 높여 주려고 브레슬라우로 날아갔을 때도 모렐은 주사기 소총을 들고 그를 뒤따랐다. 〈평소처럼 주사.〉[95] 결과는 최종 승리를 외치는 젊은 장교 후보생들의 폭풍 같은 함성이었다. 그들은 곧이어 사기충천해서 더 이상 아무 희망도 보이지 않는 전쟁터로 힘차게 걸어 나갔다.

마약 복용에 대해서는 전혀 모르고 있던 히틀러 최측근과 최고 사령부 장성들은 현실과 너무 동떨어진 총통의 낙관적인 전망을 들을 때마다 이해가 안 되는 표정을 짓거나 당황해했다. 〈혹시 히틀러는 우리들이 모르는 것을 알고 있을까? 전쟁 판세를 뒤집을 만한 기적의 무기를 등 뒤에 숨기고 있을까?〉 그러나 그런 게 아니다. 히틀러에게 그렇게 자신감을 불어넣고, 자신을 세계 지배자로 느끼게 하고, 흔들림 없는 낙관적 전망에 빠지게 한 것은 주사약으로 인한 고조된 감정이었다. 사실 사방에서 올라오는 참담한 보고에도 불구하고 다른 사람들을 여전히 믿게 만들고 계속 몰아붙이려면 그런 낙관적 확신은 반드시 필요했다. 그 시절 모렐의 일지에 전형적으로 나타나는 기록을 보자. 〈정오 12시 30분: 약 105명 장성들 앞에서의 연설을 앞두고 이전과 같은 주사.〉[96]

1943년 겨울이었다. 붉은 군대는 드네프르-카르파티아 작전과 함께 지난여름의 성공적인 공세에 다시 시동을 걸었다. 그 무렵 모렐은 바이에른 내무부 장관으로부터 크리스마스 선물로 괴테의 『파우스트』100주년 기념판을 받았다. 〈뮌헨의 친구들뿐 아니라 학창 시절도 떠올려 보라는 의미에서 보냅니다. 당신 말처럼 당시에는 다들 당신을 《메피스토》라고 불렀지요.〉 무심코 던진 말이지만, 바로 이 간결한 언급에 히틀러와 주치의가 주인공으로 나오는 이 현실적 드라마의 핵심이 담겨 있다. 〈물론 당신은 지금도 그렇지만 당시에도 나쁜 사람이 아니라 좋은 사람이었습니다.〉 장관이 뒤에 덧붙인 말이다. 실제로 어떤 일이 벌어지고 있는지 몰라서 한 소리였을 것이다.[97] 어쨌든 모렐은 이 기념판 선물에 즉각 감사의 뜻을 전했다. 이 책을 읽을 시간이 있을지는 의문이라고 하면서 말이다. 사실 그는 환자 A를 치료하느라 하루 24시간 밤낮없이 바빴다.

총통의 생화학적 도취가 심해질수록 주변 사람들에게도 예상치 못한 변화가 나타났다. 회의에 참석하거나 히틀러에게 불려가는 사람은 이 만남을 무사히 버텨 내기 위해 스스로도 약물의 도움을 받아야 했다. 본인뿐 아니라 어떤 누구에게도 낙담과 좌절의 모습을 용납하지 않고, 끊임없이 약에 취해 있으며, 부하의 생사여탈권을 쥐고 있는 독재자와 대화를 나누는 일이었기 때문이다. 그것은 지쳐 있을 때건 정상적일 때건 할 것 없이 많은 사람에게 무척 아슬아슬하고 위험한 일이었다. 히틀러는 몸에 이상이 있거나 약한 사람에게 관용을 보이지 않았다. 병들거나 기운이 없어 보이거나, 심지어 창의력이 없는 사람은 즉각 내쳤다. 건강이 좋지 않다고 하는 저명인사를 제거하는 지시도 여러 번 내렸다.* 이런 분위기는 모렐에게 또 다른 측면에서 상당한 이점으로 작용했다. 늑대 소굴 제1 제한 구역에는 의무대가 없었기에 자기만의 야전 약국을 갖고 있는 주치의는 수벌 막사에서 은밀한 비상 도우미 역할을 톡톡히 해냈다. 예를 들어 히틀러의 시종 링게는 독감에 걸렸을 때 아픈 티를 내지 않고 계속 일을 하기 위해 주치의로부터 즉시 오이코달을 투여받았다. 그만 그런 것이 아니었다. 뚱뚱한 주치의는 항상 장교와 부관 또는 장교 후보생들에게도 여러 약제를 제공했고, 그로써 벙커 생활에서 무척 중요한 이 조력자들에게서 호의를 얻어 두었다. 게다가 독재자를 만나기 전에 심적 불안을 없애고 자신감을 키우려는 장군들에게도 흔쾌히 도움의 손길을 내밀었다.[99]

페르비틴은 이런 긴장된 상황을 이겨 내는 데 굉장히 효과적인 물질로 여겨졌다. 물론 모렐은 이 각성제의 위험을 잘 알고 있었고, 그래서 그에게 처방전을 요구한 한 여성 환자에게는 이렇게 쓰기도 했다. 〈이건 원기 보충제가 아닙니다. 귀리가 아니라 채찍이라는 말입니다!〉[100] 그럼에도 그는 이 템러 제제를 주저 없이 내주었다. 늑대 소굴에서 메스암페타민을 활발하게 사용한다는 소문은 베를린까지 전해졌다.[101] 페르비틴의 오랜 반대자인 콘티

* 이와 관련해서 1942년 12월 23일 자 〈국가 주요 인사 질병 보고에 관한 지침〉을 참조하기 바란다. 〈나는 의사, 전문 치료사, 치과 의사들에게 나의 판무관 카를 브란트 의학 교수에 대한 비밀 엄수 의무를 면제할 뿐 아니라 국가와 당, 군대, 경제계 등 여러 분야에서 지도적이거나 책임 있는 위치에 있는 인사들의 심각하거나 위중한 질병을 확인할 시 즉시 내가 파악할 수 있도록 보고해야 할 의무를 부과한다. 아돌프 히틀러 서명.〉[98]

는 이 무분별한 사용 소식을 전해 듣고 당 총재인 보어만에게 편지를 보내, 당 지도부와 모든 관구장에게 원기 회복제로 알려진 이 약물의 위험성을 알릴 것을 강력히 요구했다. 그러면서 이 유행이 최상층부에서의 남용에서 비롯된 게 틀림없어 보인다고 덧붙였다. 이 편지에 대한 보어만의 반응은 알려져 있지 않다.

분명한 것은 있다. 히틀러를 만나는 사람들이 회의실에서의 심리적 압박을 이겨 내려고 점점 더 강한 마약을 필요로 했다면, 이는 나치 최상층부에서의 현실감 상실 분위기를 더욱 강화했다는 점이다. 누구도 몰랐던 환자 A의 상시적인 마약 섭취는 전염성이 있었다. 히틀러의 다중 독극물 중독 상태는 주변 모든 이들의 현실감을 무너뜨렸다.

마약 환적장 비밀 정보국

나치 국가에서 마약 남용이 얼마나 체계적으로 이루어졌는지는 군 의무 본부 파크와 독일 군 정보기관 사이의 수상한 연결 고리를 암시하는 문서들이 보여 준다. 1943년 국방군 대형 약국은 복잡한 경로로 순수 코카인 568킬로그램과 순수 헤로인 60킬로그램을 해외 방첩청에 전달했다.[102] 독일 제국 전체 연간 의료 소비량의 몇 배가 넘는 엄청난 양이었다. 방첩청 직원들은 독일 보건청 아편국에서 발행한 〈특수 물품〉 수령 허가증도 갖고 있지 않았다. 이 물질의 대부분은 방첩청의 조직 및 행정을 담당하는 Z국과 재정을 담당하는 ZF실로 넘어갔다. 코카인 염산염 0.5톤은 ZF실로만 전달되었다. 가격으로 따지면 수백만 제국마르크에 달하는 거금이었다. 이 순수 물질을 수출해서 외화를 조달하려는 것일까? 아니면 어려운 시기에도 충성을 유지하기 위해 주요 해외 연락망에 기름칠을 하려는 것일까?

1943년 12월 육군 의무감은 이 은밀한 거래에 빗장을 치려고 방첩청에 긴급 편지를 썼다. 〈치료 목적으로 통상적인 양을 복용하는 것〉[103] 외에 다른 목적으로 이 약물을 제공하는 것은 금한다는 내용이었다. 방첩청장 빌헬름 카나리스Wilhelm Canaris는 이 요구를 묵살했다. 1944년 4월 북아프리카에서 연합군에 대해 사하라 교란 임무를 수행 중이던 〈비머 특수 작전 팀〉에 코카인 염산염 2킬로그램과 모르핀 염산염 1.5킬로그램, 헤로인 200그램이 전달되었다. 이는 한 단계 더 진화한 명백한 마약 거래였다. 게다가 정보국에서는 제품명까지 명시적으로 요구했다. 세계적으로 인기 있는 다름슈타트의 메르크사 코카인이었다.[104] 이것으로 구체적으로 무엇을 했는지는 오늘날까지도 알려져 있지 않다. 다만 나치 제국이 마약 딜러 역할을 한 것은 분명하다.

환자 D

〈전쟁은 다른 수단으로 하는 정치의 연장〉이다. 카를 폰 클라우제비츠Carl von Clausewiz의 말이다. 제3 제국에서 그 다른 수단은 마약이었다. 이탈리아-독일의 파시스트 축은 약리학적 윤활유의 도움을 받아 매끄럽게 돌아갔다. 약물 제공자는 당연히 베를린이었다. 오래전부터 히틀러에게 예속되어 있던 무솔리니는 생화학적으로 동료 독재자와 동일한 파장 속에서 움직였다. 두체가 총통과 동일한 마약을 사용함으로써 둘 사이의 소통은 원활하게 이루어질 수 있었다. 히틀러의 주치의 모렐은 무솔리니를 〈환자 D〉(두체의 약자)로 기재했다. 여기서 알파벳 코드는 많은 것을 시사해 준다. 〈환자 A〉는 단 한 명의 최고 지도자를 뜻했고, 〈환자 B〉는 히틀러의 젊은 연인 에바 브라운을 의미했다.[105]

이탈리아 주재 독일 제국 전권 사무국 소속의 의사 게오르크 차하리에Georg Zachariae 박사가 모렐에게 은밀하게 보낸 수십 통의 보고서를 보면, 1943년 가을부터 독일 국가 사회주의자들이 무솔리니를 의료적으로 얼마나 치밀하게 관리했는지가 명확히 드러난다. 〈이 보고서를 보시면 제가 환자를 얼마나 세심하고 주의 깊게 돌보고 있는지 아실 거라 믿습니다.〉[106] 차하리에가 모렐에게 쓴 편지다. 그는 모렐의 〈즉석 제조〉 치료 방식을 두체에게도 그대로 적용했다. 무솔리니가 조금이라도 통증을 호소하면 즉각 증상을 제거하기 위해 고용량의 비타민과 의심스러운 호르몬 제제를 정맥에다 주사한 것이다.

〈환자가 식후에 약간 더부룩한 느낌〉이 있을 때도 즉시 〈어제와 동일한 주사를 처방〉했다. 무솔리니는 치료에 거부감을 보이지 않은 듯하다. 아니, 그 반대다. 〈환자는 처방된 조치를 순순히〉 받아들였다.[107] 추적추적 비가 내리는 북이탈리아의 을씨년스러운 11월 날씨로 인해 감기에 걸렸을 때도 게르만 의사가 시키는 대로 고분고분 침대에 누워서 지냈다. 〈환자가 독한 코감기에 걸

렸습니다. 며칠 침대에 누워 있는 게 좋을 것 같다고 했더니 환자
는 군소리 없이 지시를 따라 주었습니다.〉[108]

  이탈리아 사회 공화국*이라는 독일의 인위적인 위성 국가 내에
고립된 두체의 난파선은 최대한 오랫동안 기능을 유지해야 했다.
그러려면 독재자에게는 운동이 필요했다. 이것 역시 베를린 당국
의 지시 사항이었다. 〈날씨가 좋아지면서 환자는 테니스를 다시
시작했습니다. 이 스포츠 활동은 근육 강화에 퍽 도움이 됩니다.
61세라는 나이를 고려하면 환자의 육체적 민첩성은 무척 인상적
입니다.〉[109] 독일인들은 마치 늘어 가는 경주마를 바라보듯 걱정
스러운 눈으로 위기에 빠진 두체를 면밀히 주시하고 치료하고 도
핑 주사를 놓았다. 〈날씨가 안 좋아지면서 환자는 운동을 거의 중
단해야 했지만, 마사지를 하면서 확인해 보니 근육의 단단함은
잘 유지되고 있습니다. 소화 기능도 원만합니다.〉[110] 전쟁 전에는
히틀러의 표상이었지만 전쟁이 진행되면서 히틀러의 꼭두각시
로 전락한 두체가 다시 문제없이 움직일 수 있게 되면 이 사실은
즉각 총통 본부에 보고되었다. 〈움직임은 빠르고 경쾌하고, 걸음
걸이는 꼿꼿하고, 자세는 반듯합니다. 전체적으로 생체 나이보다
젊어 보이는 인상을 받습니다. 게다가 주변으로 짧게 외출하고
들어와도 피곤해하지 않았습니다.〉[111]

  차하리에 박사가 두체에게 투여한 약물은 모렐이 자신의 하마
사(社)에서 생산하여 히틀러의 몸에도 집어넣은 바로 그 약물이

---

  * 1943년 연합군의 상륙으로 이탈리아 왕국에서 쫓겨난 무솔리니가 히틀러의 도움
으로 이탈리아 북부에 세운 독일 괴뢰국. — 옮긴이주.

었다. 〈따라서 코르티론, 프로기논, 글리코노름 주사를 즉시 처방했고, 매일 투약했습니다.〉 1944년 11월 23일 자 일흔일곱 번째 의료 보고서에 적힌 내용이었다. 두체의 황혼기가 시작된 지 이미 오랜 시점이었다. 글리코노름은 굉장히 문제가 많은 위생 조건 아래 돼지 및 도축된 다른 동물의 심근 압착액, 부신피질, 간췌장을 모렐의 공장 솥에 함께 넣고 끓여서 만든 호르몬 제제였고, 프로기논은 에스트로겐 제제였으며, 코르티론은 부신피질로 만든 합성 호르몬이었다. 그 밖에 환자 D는 우울증에 좋다고 해서 황소 고환으로 만든 오르히크린도 복용했다.

이처럼 독일 의사를 통한 무솔리니의 약물 투여는 히틀러에 대한 두체의 의존성을 점점 높였다. 그것도 〈피〉에 큰 의미를 두는 국가 사회주의 이데올로기에 맞게 실제로 혈관에까지 침투한 의존성이었다. 두 의사 사이의 은밀한 소통에서는 두체에게 일격을 가한 약리학적 몽둥이의 효과가 늘 긍정적으로 묘사되어 있다. 〈환자의 음식 섭취는 매우 만족스럽고, 체중도 눈에 띌 만큼 불었습니다. (……) 환자의 기분은 변함없이 좋고 자신감에 차 있습니다. 주변 사람들에게도 매우 생기 있는 인상을 줍니다. (……) 모두 탁월한 주사 효과 덕분입니다.〉[112]

1945년 3월 23일 차하리에 박사의 지시로 한 독일 상사가 북이탈리아에서 베를린에 도착했다. 모렐에게서 개인적으로 두체 도핑제를 받고, 제국 총리실 인근의 엥겔 약국에서 〈그 밖의 필요한 물품을 구입하기〉 위해서였다.[113] 같은 날 〈환자 D〉에 관한 마지막이자 아흔네 번째 의료 보고서가 당도했는데, 다음과 같은 말로 끝맺고 있다. 두체는 〈여전히 개인적인 용기와 흔들리지 않는 확신의 빛나는 모범입니다. 그에 대한 이탈리아 국민들의 반향 역시 나날이 커져 가고 있습니다〉.[114]

한 달 후 무솔리니는 코모 호숫가에서 총에 맞았다. 그의 시신은 밀라노로 옮겨져 4월 29일 로레토 광장의 주유소 지붕에 거꾸로 매달렸다. 모렐도 이것까지는 어떻게 해볼 수 없었다.

환자 B

담배를 끊든지 나를 끊든지 해.[115]
—아돌프 히틀러가 에바 브라운에게 보낸 편지

1944년 1월 4일 폰 만슈타인 원수가 작전 회의에서 더 이상의 군사적 재앙을 피하려면 드네프르강 전선에서 퇴각해야 한다고 강력히 요구했을 때, 히틀러는 너무 화가 나서 〈급성 경련〉이 왔다. 부름을 받고 황급히 달려간 모렐은 즉시 오이코달 주사를 놓았다. 독재자는 금방 진정되면서 다시 편안한 상태로 돌아갔다.[116] 같은 날 붉은 군대가 1939년에 그어진 폴란드 동부 국경을 넘어 독일 제국으로 거침없이 밀고 들어왔다. 닷새 뒤 히틀러는 재차 강력한 아편 유사제를 요구했다. 모렐의 기록에 따르면 〈흥분으로 인한 장내 가스〉[117] 때문이었다. 독재자가 곧이어 대국민 라디오 연설을 한 것도 주치의의 일지에서 확인된다. 〈17시 40분. 대국민 연설(내일 라디오). 평소처럼 주사.〉[118]

1944년 2월 말 국방군이 우크라이나 전역에서 철수해야 할 위기에 직면했을 때, 히틀러는 오버잘츠베르크 산자락의 눈 덮인 별장 베르크호프로 숨어들었다. 그에게는 현실과 유리된, 일종의 구름 위 뻐꾸기 집 같은 곳이었다. 그곳에는 열아홉 살 연하의 연인 에바가 거주하고 있었고, 식탁에는 모렐의 아내 하니의 조리법에 따라 만든, 김이 나는 먹음직스러운 크럼블 케이크가 차려져 있었다. 〈세계에서 가장 맛있는 크럼블 케이크〉였다.[119]

거대한 거실의 자동으로 내려오는 대형 파노라마 창문 앞으로 굵은 눈송이가 내리고 있었다. 전설에 따르면 바르바로사 황제가 부활해서 행복한 제국을 재건할 때까지 깊이 잠들어 있다는 맞은편의 신비스러운 운터스베르크산은 이미 하얀 눈에 덮인 채 겨울빛에 반짝거리고 있었다. 그런데 히틀러는 눈을 보는데도 전혀 감흥이 일지 않았다. 아니, 꼴 보기가 싫었다. 스탈린그라드 패배 이후 눈에 대한 혐오감은 극에 달했다. 심지어 눈을 가리켜 산의 수의(壽衣)라고 부를 정도였다. 이런 까닭에 총통은 문 밖으로 거의 나가지 않았다.

어차피 상황은 독일인 모두에게 좋지 않았다. 추위에 단련된 러시아인들은 막 크림반도 탈환을 준비하고 있었고, 냉철한 영국인들은 베를린을 비롯해 얼어붙은 제국의 다른 도시들에 맹폭을 가했다. 또한 독일과 동맹을 맺었던 불가리아와 루마니아, 헝가리는 동맹 전선에서 이탈하겠다고 위협했으며, 곳곳에서 독일군의 패배는 점점 쌓여 갔다. 미국인들은 로마 남쪽의 이탈리아 땅에 진을 쳤고, 여기서도 독일군은 점점 밀리고 있었다. 폰 만슈타인[120]이나 폰 클라이스트*[121] 같은 유능한 야전 원수들은 해고되었다. 자신의 생각을 발설하는 일을 그만둘 마음이 전혀 없었기 때문이다.

주치의는 해고되지 않았다. 오히려 1944년 2월 24일 전쟁 공로를 인정받아 환자 A로부터 기사 십자 훈장까지 받았다. 히틀러는 높은 등급의 이 훈장을 수여하면서 모렐을 가리켜 재능 있는 의사고, 생명의 은인이며, 비타민과 호르몬 연구 분야의 선구적이지만 제대로 인정을 받지 못한 연구자로 칭했다.[122] 훈장을 받은 주치의는 얼마 뒤 감사의 표시로 환자 A에게 〈처음으로 비타물틴-포르테 주사(피로와 원기 회복 때문)〉를 놓아 주었다. 〈주사 전에는 매우 피곤하고 지치고 잠을 자지 못했다. 주사 후에는 매우 활기찼다. 제국 외무 장관과 2시간 면담. 저녁 식사를 할 때는 점심에 비해 무척 생기가 돌고 대화도 활발했다. 총통은 굉장히 만족해했다.〉[123]

에바 브라운도 모렐의 치료를 받는 횟수가 점점 늘어났다. 환자 B에 대한 투약은 크게 고민할 게 없었다. 그녀가 연인과 늘 동일한 기분과 감정 상태에 머물기 위해 환자 A와 동일한 약물을 요구했기 때문이다. 모렐은 호르몬 투약 시에만 이 화학적 동일성에 예외를 두었다. 히틀러에게는 성욕 향상을 위해 테스토스테론을 투여했다면, 에바에게는 생리 중지 약물을 처방했다. 이는 말 그대로 둘 사이의 케미에 딱 맞아떨어졌을 뿐 아니라, 점점 길

* 63세의 퇴역 장군이자 전직 기갑 집단 사령관이었던 폰 클라이스트는 미국인들에게 체포될 당시 손을 덜덜 떨었다고 한다. 그의 거처 서랍에는 아편 유사제와 주사기가 가득했다.

어지는 작전 회의 사이의 빡빡한 시간에 서둘러 섹스를 하는 데도 도움이 되었다. 다른 소문들도 있기는 하지만 어쨌든 히틀러는 성적 만족을 추구했고, 심지어 두 사람의 자연스러운 성적 매력에 뿌리를 둔 혼외 관계가 여러 면에서 훨씬 낫다고 주장하기도 했다.

히틀러는 모든 측면에서 육체적 사랑의 유익한 효과를 확신하고 있는 듯했다. 성적 사랑이 없으면 예술도 회화도 음악도 없고, 가톨릭 국가인 이탈리아를 포함해서 어떤 문화 국가도 혼외 성교 없이는 유지될 수 없다는 것이 그의 생각이었다. 베르크호프에서의 성교 방식에 대해서는 모렐이 전후에 진술한 기록에 간접적인 정보가 담겨 있다. 히틀러는 가끔 자기 몸에 대한 의료 검사를 하지 못하게 했는데, 에바 브라운의 격렬한 성행위에 원인이 있을 것으로 추정되는 상처를 숨기기 위해서였다고 한다.[124]

다른 한편, 1944년 봄에도 외적으로 총통의 건강한 세계를 보여 주는 영상이 독일 전역에 퍼졌다. 내면은 참혹한 전황으로 썩어 들어가고 있었지만. 사실 옛 거장들의 그림이 벽에 걸린 베르크호프는 선전의 확산에 중요한 역할을 했고, 총통 숭배의 구현에 상당한 기여를 했다. 봄이 깨어날 무렵, 모자를 쓴 히틀러가 개를 데리고 숲 가장자리에 서서 먼 곳을 지긋이 내다보고 있다. 배후에는 제국 사진 기자 하인리히 호프만에게 개인 교습을 받은 에바가 늘 서 있다. 그전에 히틀러의 넥타이를 미리 고르고, 연출 지시를 내리고, 아그파 모벡스 카메라를 돌린다. 오늘날에도 젊은 연인이 카메라 뒤에 숨어서 직접 촬영한 클립 영상이 여전히 인터넷에 떠돈다. 이 영상들을 보는 사람은 히틀러가 세상에서 가장 금욕적이고 성실하고 순결한 존재라고 믿는다. 강성 마약에 찌든 사람의 흔적이라고는 어디에도 보이지 않는다. 그는 새끼 사슴이나 가끔은 어린아이의 머리를 쓰다듬고, 부활절 달걀을 숨긴다. 테라스에서는 연두색 줄무늬 양복을 입은 군수 장관 슈페어가 자신감에 찬 표정으로 서성거린다. 케이크를 먹으며 흐뭇한 표정을 짓는 주치의의 모습도 보인다.

그러나 에바 브라운이 카메라를 끄는 순간 그들은 가면을 벗었다. 손톱으로 다시 팔뚝을 심하게 긁었고, 피가 날 때까지 입술을 잘근잘근 깨물었다. 사과차를 마시는 히틀러의 손도 덜덜 떨렸다. 찻잔이 받침대에 부딪혀 달그락 소리가 날 정도였다. 그걸 지켜보는 모든 사람의 표정이 몹시 어두웠다. 모렐도 멀쩡하지 않았다. 계단을 오르는 것이 힘겨워 보였다. 이미 지칠 대로 지친 상태였다. 그렇다고 쉴 수도 없었다. 그 무렵에는 모두가 그를 필요로 했기 때문이다.

뚱뚱한 의사를 방문하는 것은 유행이었다. 그사이 단골 고객은 제국과 동맹국의 전체 상류층으로 확장되었다. 환자 D 외에도 그의 치료를 받은 유명 인사는 무척 많았다. 예를 들면 알프리트 크루프Alfred Krupp나 아우구스트 티센August Thyssen 같은 산업가(치료비가 무려 2만 제국마르크였다[125]), 수많은 관구장과 국방군 장성들, 모르핀이 함유된 좌약을 받은 레니 리펜슈탈, 나치 친위대장 힘러, 독일 외무 장관 요아힘 폰 리벤트로프Joachim von Ribbentrop (〈환자 X〉), 군수 장관 슈페어, 일본 대사 오시마 히로시(大島浩),

이틀에 한 번꼴로 〈비타물틴 포르테〉를 주사 맞은 제국 원수 괴링의 아내 등이었다. 이들은 자신이 투여받은 물질 뒤에 무엇이 숨어 있는지 알지 못했다.[126]

점점 더 많은 영향력 있는 국가 사회주의자들이 모렐을 찾았다. 그중에는 단순히 히틀러와의 친밀감을 과시하거나 자신들의 입지를 공고히 하려고 찾아오는 사람도 있었다. 이들은 당연히 주치의의 시간을 쓸데없이 빼앗았다. 결국 그사이 자신도 지쳐 쓰러질 지경이던 모렐은 또 다른 환자인, 발터 풍크Walther Funk 경제부 장관의 아내에게 이렇게 하소연했다. 「나는 매순간 상부에서 내려오는 명령을 따라야 하는 사람입니다. 오늘 낮 12시에 총통 각하께 가서 약간의 치료를 해드린 다음 14시쯤 호텔로 돌아와서 쉬어야 합니다. 그렇지 않고는 각하와 다시 동행할 힘이 없습니다.」 그사이 주치의도 마약에 빠졌다. 자신을 대신해서 베를린 병원을 운영하던 리하르트 베버Richard Weber 박사는 멀리 떨어진 베르크호프까지 와야 할 때가 많았다. 그는 〈최고로 주사를 잘 놓는 의사고 내 정맥을 가장 확실하게 찾는 유일한 사람〉[127]이었기 때문이다. 모렐이 어떤 마약을 했는지는 전해지지 않는다.

1944년 전반기에 베르크호프의 일상을 지배한 것은 질병과 약물, 그리고 대량 학살이었다. 1930년대의 명소였던 볼링장은 더이상 거의 사용되지 않았다. 공습에 대한 상시적인 두려움 때문에, 유명한 파노라마 창에는 위장망이 내려와 있었다. 다들 늘 어스름한 불빛 속에서 궁핍하게 살았고, 난로 옆의 벤치나 최고급 소파에 앉아 먼지 묻은 고블랭 벽걸이 양탄자를 속절없이 응시했다. 다들 자연광을 두려워하는 흡혈귀 같았다. 밖에는 해가 밝게 비치는데 안에는 늘 전등불이 켜져 있었고, 두꺼운 카펫에서는 곰팡내가 났다.

총통의 55번째 생일을 맞아 해군 총사령관 카를 되니츠Karl Dönitz가 베르크호프로 왔다. 신형 잠수정 모형을 선물로 가져온 제독은 기적의 무기로 무장한 특공대 창설을 보고하면서 원활한 잠수정 작전을 위해 발트해 연안의 항구들을 반드시 확보해야 한다고 말했다. 장난감에 빠진 아이처럼 잠수정 모형에 푹 빠진 히틀러는 이 대담한 해상 도박꾼에게 무턱대고 그리하겠다고 약속했다. 생일날 환자 A는 주치의로부터 〈x〉를 비롯해 비타물틴 포르테, 장뇌(樟腦), 심장 기능 강화제인 식물성 스트로판틴을 주사 맞았고,[128] 이튿날 아침에는 모렐의 회사 하마에서 개발한 프로스트로판타 제제를 투여받았다. 마찬가지로 심장 기능을 강화하는 약물이었다. 거기다 포도당과 비타물틴을 재차 주사 맞았고, 기생충에 감염된 간으로 만든 수상쩍은 크림 형태의 제제[129]도 투여받았다. 오늘날이라면 이런 주사를 놓는 의사는 즉각 돌팔이로 낙인찍힐 뿐 아니라 감옥행도 각오해야 했다. 아무튼 환자 A는 자신을 도와주는 유일한 사람인 주치의에게 진심으로 감사를 표했다.

생일 파티는 공습경보로 중단되었다. 사이렌이 미친 듯이 울렸고, 대형 연막 발산기가 급하게 켜지면서 비현실적인 은신처 베르크호프는 흰색의 인조 연기 속에 가라앉았다. 마치 불투명한 베일로 세계와 분리된, 전설적인 아발론 섬의 악몽 버전이라고 할까! 모렐은 심장 손상에 대한 불안과 〈방출된 연막 가스로 점점 심해지는 호흡 곤란〉[130] 때문에 잠시 골짜기로 대피했다.

저녁 식사 때는 모든 게 정상으로 돌아왔다. 히틀러는 손님들 앞에 차려진 소고기 수프를 〈시체 국물〉이라고 부르며 자신의 도덕적 우월성을 한 번 더 강조한 뒤 시금치 푸딩을 곁들인 하르처 치즈와 속을 채운 오이, 보리죽, 양배추, 비타물틴 여섯 조각, 그리고 식후 속이 더부룩한 것을 막으려고 오이플라트 알약과 가스 방지제를 먹었다. 게다가 전반적인 기력 증강을 위해 돼지 심근 추출물도 섭취했다. 저녁 식사 후, 자칭 채식주의자인 독재자는 나이프를 손에 든 채 배 위에 손을 포개고는 잠시 꾸벅꾸벅 졸았고, 형편없는 식사 매너로 유명한 그의 마법사 의사 역시 필수 코스인 포트와인을 한 잔 마시고는 소파에 등을 기댄 채 두꺼운 안경 뒤로 눈을 감았다. 늘 밑에서 위로 치켜뜨는 특유의 버릇 때문에 소름끼치는 인상을 주는 두 눈이었다. 아무튼 두 사람은 똑같이 심장이 약했고, 똑같이 늙어 가고 있었다.

에바는 벽난로에 불을 붙이게 하고는 미국 재즈 레코드판을 올렸다. 사실 수십 번도 더 본 영화지만 이날 저녁에는 「바람과 함께 사라지다Gone with the Wind」가 또 보고 싶어졌다. 클라크 게이블을 너무 좋아했기 때문이다. 그러나 당 총재 보어만은 강탈한 유대인 금이빨을 입에 문 채 냉소적인 미소를 지으며 고개를 흔들었다. 「각하께 필요한 건 (……) 영화를 통한 휴식이 아니라 강력한 주사 한 방입니다.」[131] 순간 모렐은 그게 자신에게 한 말인 줄 알고 화들짝 놀라 일어났다. 그는 깜박 잠이 든 걸 부끄러워하면서 예전에 자신이 아프리카에서 선의(船醫)로 일할 때의 일화를 얼른 좌중에 들려주었다. 하지만 모두가 이미 아는 이야기였다. 이어 사과 케이크가 나왔고, 히틀러는 이것을 먹고 난 뒤 위경련 때문에 밀실에서 오이코달을 맞았다. 「정맥에 주삿바늘이 들어가는 순간 천천히 숫자를 세기 시작하십시오. 열다섯을 세면 더 이상 고통이 느껴지지 않을 겁니다.」[132]

생일 이후 몇 주 동안 히틀러의 건강은 계속 나빠졌다. 그사이 붉은 군대는 1944년 6월 말부터 동프로이센 진격에 장애가 되는 모든 걸림돌을 제거할 〈바그라티온 작전〉을 준비하고 있었다. 대개 스코티시 테리어 품종의 검은 슈타지와 네구스를 데리고 다니던 에바는 부쩍 늙은 연인의 쇠약해진 모습에 점점 경악했다. 그녀가 연인에게 왜 그렇게 항상 구부정하게 걷느냐고 힐난하자, 히틀러는 주머니에 무거운 열쇠를 넣고 다녀서 그렇다는 농담으로 자신의 걷잡을 수 없는 노쇠함을 넘기려고 했다. 그러나 날씨가 좋은 날, 두 사람이 발코니에 서서 멀리 불타오르는 뮌헨의 불그스름한 하늘을 바라볼 때면 얼마 지나지 않아 히틀러의 무릎은 후들후들 떨렸다. 에바는 불타는 뮌헨의 하늘을 보면서 독재자가 자신에게 사 준 보겐하우젠의 말쑥한 집이 아직 무사할지 걱정스레 물었다. 히틀러는 이미 육체적으로 막바지에 다다랐다. 그런데도 괴벨스는 일기에서 그보다 더 뻔뻔할 수 없을 정도로 거짓말을 늘어놓았다. 연합군이 노르망디에 상륙한 1944년 6월 6일 자 일기에는 이렇게 적혀 있다. 〈모렐 교수는 기력이 약간 쇠한 내 건강 상태를 개선하는 데 도움을 주었다. 총통 각하에게도 건강 면에서 든든한 버팀목이 되는 사람이다. 총통과의 만남에서 나는 각하의 눈부신 모습과 기분 좋은 상태를 확인할 수 있었다.〉[133]

사실 나치 국가의 관 뚜껑에 또 한 차례 단단히 못을 박은 연합군의 노르망디 상륙 당일에 히틀러의 감정 상태는 하늘과 땅 사이를 오갔다. 아침 9시 히틀러의 짐승과도 같은 괴성이 조찬실에 쩌렁쩌렁 울려 퍼졌다. 「이건 침략인가 아닌가?」* 모렐이 달려와 〈x〉를 주사하자[134] 그제야 진정되었다. 아니, 진정을 넘어 별안간 상냥하고 쾌활한 사람으로 변해서 아름다운 날씨를 즐기고, 만나는 사람마다 호기롭게 어깨를 두드려 주었다. 12시 작전 회의에서도 뚜렷해진 군사적 재앙에도 불구하고 모두가 깜짝 놀랄 정도로 표정이 밝았다. 이어진 점심시간에는 세몰리나 만두 수프, 밥을 곁들인 버섯 요리, 사과 슈트루델을 먹으면서 끊임없이 혼잣말을 뱉어 냈다. 이번에는 세상에서 가장 강한 동물이자 자신과 마찬가지로 고기를 끔찍이 싫어하는 코끼리에 관한 독백이었다. 그다음에는 예전에 폴란드 점령지에서 방문한 적이 있는 한 도살장의 공포를 자세히 설명했다. 고무장화를 신은 처녀들이 발목까지 차오른 피 웅덩이를 아무렇지도 않게 첨벙거리며 걷더라는 것이다. 그사이 모렐은 다음 투약을 위해 도축된 동물 분비샘 주사를 준비하고 있었다.

6월 6일 저녁에도 히틀러는 북대서양 연안의 침공이 실제 사건임을 여전히 믿지 않았다. 대신 성급한 대응으로 끌어내기 위

---

* 다른 자료들에 따르면 히틀러는 밤에 잠을 자지 못해 주로 오전에 잤고, 그래서 측근들은 중요한 일이 있어도 감히 깨울 엄두를 내지 못했다고 한다.

한 가짜 공격이고 기만전술이라고 생각했다. 하지만 그렇지 않았다. 실제로 연합군은 자정 무렵 50킬로미터에 이르는 전선을 돌파해 독일군을 초토화시켰다. 이로써 서부 전선은 뻥 뚫렸다. 군사적으로 독일 제국에는 더 이상 희망이 없었다. 그런데 그 무렵 히틀러를 즐겁게 한 일이 하나 있었다. 괴벨스가 마침내 담배를 끊은 것이다.

1944년 7월 14일 총통은 베르크호프를 떠났다. 그것도 영원히. 늑대 소굴로 가는 비행기 안의 창문에는 모두 커튼이 쳐져 있었다. 환자 A는 〈독감과 양쪽 눈에 결막염이 걸렸다. 왼쪽 눈에 머리 기름이 흘러 들어갔다〉.[135] 히틀러는 아드레날린 용액을 처방받았다. 아울러 연합군이 프랑스 땅을 관통해서 진격 중이고, 동쪽에서는 붉은 군대가 제국 국경 방향으로 점점 접근해 오고 있으며, 독일 도시들에 또다시 공습이 재개되었다는 보고도 받았다. 그는 이 모든 나쁜 소식을 해독하려고 힘겹게 돋보기를 걸쳤다. 비행기 아래쪽은 내려다보고 싶지도 않았다.

암살 시도와 약리학적 결과

늑대 소굴는 물오른 초록으로 빛났고, 여름은 뜨거웠으며, 숲은 햇빛의 유희로 희번덕거렸다. 모렐은 성가신 모기를 막으려고 자신이 디자인한 군모 위에 방충망을 썼다. 총통 본부의 목조 막사 주변에는 폭탄 파편으로부터 보호하기 위해 두꺼운 벽을 쳤고, 괴벨스는 다시 담배를 피웠으며, 1944년 7월 20일 〈환자 A는 오전 11시 15분에 평소처럼 주사〉를 맞았다.[136] 진료 카드에 표기된 주사 이름은 〈x〉였다.

이렇듯 약물의 힘으로 생기를 찾은 히틀러는 운명의 날 작전 회의가 열리던 1층 건물로 향했다. 몇몇 장교는 이미 문 밖에서 기다리고 있었다. 독재자는 짙은 눈썹을 안쪽으로 모았고, 그 바람에 이마의 도톰한 부분이 더욱 도드라져 보였다. 그는 도열한 사람들과 차례로 악수를 나누고는 안으로 들어갔다. 막사 안의 창문 10개는 푹푹 찌는 열기 때문에 활짝 열려 있었다. 24명의 참석자는 긴 떡갈나무 테이블에 둘러서 있었고, 히틀러만 유일하게 의자에 앉아 돋보기를 만지작거렸다. 오른쪽에 서 있던 호이징거 중장이 어두운 표정으로 동부 전선의 암담한 상황을 보고했다. 조금 늦게 도착한 클라우스 솅크 그라프 폰 슈타우펜베르크Claus Schenk Graf von Stauffenberg 대령이 히틀러와 악수를 나눈 뒤 갈색 서류 가방을 테이블 밑으로 밀어 넣었다. 최대한 목표물에 가깝게 두려는 의도에서였다. 그러고는 얼마 뒤 눈에 띄지 않게 방을 나갔다. 12시 41분, 한 제독이 일어나 신선한 공기를 마시려고 창문으로 다가갔다. 히틀러는 군사 지도를 더 잘 보려고 테이블 위로 몸을 숙였다. 손으로 턱을 받치고, 팔꿈치는 테이블에 댄 채였다. 12시 42분. 브리핑하던 장군이 막 다음과 같이 설명할 때였다. 「만일 집단군이 페이푸스 호수에서 퇴각하지 않으면 우리는 재앙을 맞게……」 순간 끔찍한 폭발이 일어났다.

〈나는 갑자기 치솟은 지독하게 환한 화염을 똑똑히 보았고, 그 즉시 영국의 폭발물일 거라고 생각했다. 독일 폭발물은 그렇게 샛노랗고 환한 불꽃을 일으키지 않았다.)[137] 이 사건에 대한 히틀러 본인의 묘사는 이상할 정도로 거리감 있게 들린다. 마치 베일 뒤에서 사건을 보듯 말한다. 그는 폭발의 압력으로 방 중앙에서 출구 쪽으로 날아갔다. 어쩌면 〈x〉에 몽롱하게 취해 마치 면솜에 싸인 것처럼 폭발을 경험하면서 바그너의 지그프리트처럼 자신이 무적이라고 느꼈을지 모른다. 반면에 중상을 입은 장성들은 머리에 불이 붙은 채 살기 위해 몸부림을 치고 있었다. 얼마 뒤 독재자는 마치 구경꾼처럼 이렇게 묘사했다. 〈짙은 연기 때문에 더 이상 아무것도 똑똑히 보이지 않았다. 보이는 것이라고는 누워서 꿈틀대는 희미한 형체 몇뿐이었다. 나는 막사 안에 누워 있었다. 왼쪽 문기둥 근처였다. 머리 위로 천장의 긴 각목과 들보 몇 개가 보였다. 그럼에도 나는 혼자 일어나 걸을 수 있었다. 다만 약간 어지럽고 몽롱했을 뿐이다.)[138]

모렐은 자신의 작업실에서 폭발음을 듣는 순간 폭탄이라고 생각했다. 아니나 다를까, 히틀러의 시종 링게가 득달같이 달려와서 총통에게 가야 한다고 말했다. 주치의는 화급히 검은색 진료 가방을 챙겨 육중한 몸을 이끌고 부리나케 달려갔다. 날씨는 푹푹 쪘다. 중간에 다리가 잘려 나가고 한쪽 눈을 잃은 장군이 바닥에 누워 있었다. 모렐은 그를 치료하기 위해 걸음을 멈추려 했지만 링게가 잡아끌었다. 총통이 더 중요하다는 것이다.

히틀러에게 당도하기까지는 오래 걸리지 않았다. 그런데 그의 모습이 기괴했다. 이마에 피를 흘리고, 뒷머리가 불에 탔으며, 장딴지에 손바닥만 한 크기의 2도 화상 자국이 있는데도 아무렇지도 않게 침대에 앉아 웃고 있었다. 「카이텔과 바를리몬트가 나를 내 벙커로 데려다주었네.」 독재자는 이런 일을 당한 사람이라고는 믿기지 않을 정도로 활달하고 밝은 표정으로 말했다. 〈돌아가는 길에 나는 내 바지가 형편없이 찢어져 있고, 곳곳에 맨살이 드러난 것을 보았다. 꼭 무어인 같아서 얼굴을 씻고 옷을 갈아입었다.〉[139]

무솔리니가 국빈 방문으로 두 시간 후에 도착한다는 히틀러의 말에, 모렐은 그날 두 번째로 장비를 꺼내 〈x〉를 주사했다. 이게 단순한 포도당일 가능성은 거의 없다. 어느 모로 보나 효과가 높은 마약성 진통제일 가능성이 크다. 환자 A는 몸에 수십 개의 파편이 박혀 있었다. 이제 고통스러운 처치를 통해 하나씩 제거해야 했다. 그런데도 히틀러는 별로 개의치 않았다. 게다가 양쪽 고막이 파열되어 귀에서도 피가 흘렀지만, 히틀러는 인상 하나 찡그리지 않았다. 그의 의연한 모습에 다들 깊은 감동을 받았다.

환자 A의 의무 기록에서 모렐은 히틀러가 전혀 흥분 상태가 아니었다고 적었다. 맥박은 평소처럼 정상이었다. 그럼에도 주치의는 침대에 누워 안정을 취할 것을 권했다. 그러자 주사약으로 몸이 가뿐해진 히틀러는 링게가 벌써 번쩍번쩍 광이 나게 닦아 온 군화를 신고는, 이렇게 멀쩡한 사람이 침대에 누워 손님을 맞는 것은 참으로 우스운 일이라고 말했다. 히틀러는 어깨에 잔뜩 심을 넣은 검은 망토를 걸치고 늑대 소굴 기차역으로 내려가 초조하게 무솔리니를 기다렸다. 두체는 총통의 건강한 모습을 보고는 아연실색하며 이렇게 외쳤다. 「이건 하늘의 신호야!」[140]

그러나 히틀러의 상태는 겉모습과는 달리 심각했다. 청력은 거의 제 기능을 발휘하지 못했고, 저녁에 〈x〉의 효과가 떨어질 즈음에는 팔다리에 심한 통증이 찾아왔다. 양쪽 귀에서는 여전히 계속 피가 흘러내렸다. 심리적 타격도 무척 컸다. 환자 A는 통증 및 신경 쇼크를 막으려고 이틀 주기로 〈x〉를 맞았다. 그 정도 간격이 적당한 것으로 입증되었다. 히틀러는 국가 모반의 위기 상황에서도 결코 공식 석상에 나타나는 것을 미루지 않았다. 하지만 무적의 이미지, 심지어 불사신의 이미지에 대한 연출이 항상 마음먹은 대로 작동하지는 않았다. 일주일 뒤 히틀러가 한 무리의 육군 장교들을 만났을 때, 총통 만세를 외치는 함성은 실제 모습에 대한 경악과 함께 곧바로 잦아들었다. 허구적인 총통과 실제 히틀러 사이의 간극이 불현듯 그들의 가슴속에 느껴진 것이다.

드디어 코카인!

아, 나는 오늘 밤 코카인을 먹었다. / 혈관 속으로 약 기운이 퍼지기 시작한다. / 어느새 머리는 희고, 세월은 속절없이 흘러간다. / 가슴 벅찬 감정을 느끼고 싶다. / 죽기 전에 다시 한번 활짝 피어나고 싶다.[141]

—고트프리트 벤

양쪽 고막 손상 때문에 인근 예비군 병원에서 근무하던 이비인후과 군의관 에르빈 기징Erwin Giesing 박사가 서둘러 늑대 소굴로 불려 갔다. 그 역시 최고 지도자의 실제 상태를 즉시 알아차렸다. 직접 보기 전까지는 〈신비스럽고 위대한 초인〉[142]으로 알고 있었지만, 실제로 다가온 사람은 맨발에 실내화를 신고, 짙은 줄무늬 목욕 가운을 입은 구부정하고 절뚝거리는 남자였다. 기징은 자신의 느낌을 아주 세밀하게 묘사한다. 〈얼굴은 창백하고 약간 부어 있었다. 충혈된 눈 밑의 피부는 축 처져 있었다. 눈빛도 언론에서 그렇게 자주 말한 것처럼 사람을 휘어잡지 않았다. 대신 코에서 입 바깥쪽 가장자리까지 날카롭게 그어진 팔자 주름과 약간 찢어진 메마른 입술이 눈에 띄었다. 머리카락은 이미 뚜렷이 회색으로 물들었고, 빗질도 되어 있지 않았다. 뒤쪽까지 가지런한 가르마도 없었다. 얼굴은 깨끗하게 면도를 했지만, 피부는 탄력 없이 시들어 있었다. 과도한 피로가 원인으로 보였다. 목소리는 부자연스러울 정도로 컸다. 어떤 때는 고함을 지르는 듯했고, 나중에는 약간 쉬기까지 했다. (……) 마지막 남은 힘으로 간신히 버티는 노쇠하고 지친 남자였다.〉[143]

전문의의 판단에 따르면 신경학적인 측면에서 환자 A의 상태는 정상이었다. 환각 없음, 집중력 양호, 감정 조절 장애 없음, 기억 기능, 시간 및 공간 판단 능력 정상. 〈사랑이든 미움이든 정서적으로는 불안정한 상태지만, 사고는 지속되고 있고, 진술은 항상 맥락이 있다. (……) 총통의 심리 상태는 매우 복잡하다.〉

고막 손상과 관련해서 기징은 오른쪽 귀에서 낫 모양으로 뚜렷이 찢어진 상처를 발견했다. 왼쪽 귀의 상처는 그보다 심하지 않았다. 그런데 이 민감한 부위를 산(酸)으로 치료할 때 히틀러의 놀라운 참을성에 감탄을 금치 못했다. 환자도 본인 입으로 자랑스럽게 말했다. 자신은 더 이상 통증을 느끼지 않는다고. 고통은 사람을 더욱 강하게 만들기 위해 존재한다는 것이다. 히틀러가 바로 얼마 전에 주치의로부터 약물을 투여받아서 통증을 느끼지 못한다는 사실을 기징은 알 리 없었다. 사실 두 의사 사이에는 소통이 전혀 없었다. 기징은 히틀러가 어떤 약을 복용하는지 모렐에게서 듣지 못했고, 모렐도 이 신참이 자기 환자에게 어떤 처치를 하는지 알지 못했다. 〈나는 귀 전문의 기징 박사로부터 아무 말도 듣지 못했다.〉 모렐이 언짢게 적은 말이다.[144] 사실 두 의사는 처음부터 서로에게 거부감을 느꼈다. 모렐은 기징을 처음 본 순간 이렇게 물었다. 「누구죠? 누가 당신을 불렀지요? 왜 사전에 나한테 보고하지 않았어요?」 이 말에 기징은 적절하게 반격했다. 「나는 장교로서 내 직속상관에게만 보고해야 할 의무가 있습니다. 민간인인 당신이 아니라.」[145] 이후 우두머리 수사슴은 이리로 불려 온 이비인후과 전문의의 얼굴조차 보려고 하지 않았다.

기징은 주치의의 전형적인 행동을 별 호감 없이 다소 냉소적으로 묘사한다. 〈모렐이 들어온다. 숨이 차는지 헉헉거린다. 히틀러하고만 악수를 하더니 긴장한 목소리로 간밤에 별일 없었는지 묻는다. 히틀러는 없다고 대답한다. 간밤에 잘 잤고, 심지어 어제저녁에 먹은 야채샐러드도 문제없이 소화했다고 덧붙인다. 이어 링게의 도움으로 저고리를 벗고 다시 소파에 앉아 왼쪽 소매를 걷는다. 모렐이 히틀러에게 주사를 놓는다. 곧 주삿바늘을 빼내고 손수건으로 주사 자국을 닦는다. 그러더니 방을 나가 행정실로 들어간다. 오른손에는 사용한 주사기를, 왼손에는 앰플을 들고서. 하나는 크고, 두 개는 작은 앰플이다. 그는 주사기와 앰플을 들고 부관 화장실로 들어가더니 손수 주사기를 씻고는 빈 앰플을 변기에 던져 흔적을 없앤다. 그런 다음 손을 씻고 행정실로 돌아와 사람들에게 작별 인사를 하고 사라진다.〉

그런데 기징도 총통에게 갈 때 빈손으로 가지 않았다. 고막 파열로 인한, 귀와 코, 목구멍 통증을 없애기 위해 그가 가장 애용한 약물은 바로 코카인이었다. 나치들이 〈유대인의 퇴폐적 독극물〉이라며 지독하게 경멸하던 약물이었다. 하지만 이 선택도 처음 들었을 때와는 달리 그리 특별한 일이 아니었다. 당시에는 국소 마취를 위한 대안이 많지 않았을 뿐 아니라[146] 일반 약국에서도 코카인을 얼마든지 치료제로 구입할 수 있었기 때문이다. 이 사건의 유일한 출처인 기징의 말을 신뢰할 수 있다면, 그는 1944년 7월 22일부터 10월 7일까지, 즉 75일 동안 50번 넘게 이 유행 물질을 독일 국가수반에게 사용했다. 그것도 코와 목에 직접 바름으로써 효과를 극대화한 도포제 형태였다. 약물은 메르크사의 유명한 코카인으로서 일등급 순수 결정체였다. 인간의 정신 기능에 지극히 큰 영향을 끼치는 함도 10퍼센트의 〈코카인 용액〉은 병에 담겨 베를린에서 전령 열차로 배달되었는데, 이 용액을 엄격한 규정에 따라 병에 채우는 일은 무장 친위대 의무대 소속의 약사가 담당했다. 늑대 소굴에서는 히틀러의 시종 링게가 이 약물을 자물쇠로 잠그고 보관했다.

히틀러 전기 작가들은 이 명백한 마약 복용도 거의 눈치채지 못했다.[147] 약물 도취로 인한 강력한 정신 기능의 변화가 암살 시도 후의 위기 국면에서 반드시 언급할 가치가 있는데도 말이다. 코카인 투여 절차는 다음과 같았다. 히틀러의 외과의 카를 브란트Karl Brandt가 아침에 기징 박사를 손님용 벙커 뒤편의 한 텐트로 안내한다. 여기서는 7월 20일 이후 극도로 강화된 보안 조치에 따라 외부인에 대해 검색이 실시된다. 일단 기징의 가방에 있는 내용물을 모두 꺼낸 뒤 모든 장비를 하나하나 꼼꼼히 검사한다. 심지어 귀 검사경 전구까지 풀었다 다시 끼워 넣는다. 기징은 군모와 대검을 넘기고, 바지 주머니와 재킷 주머니의 내용물을 꺼낸 뒤 주머니 속까지 뒤집는다. 손수건과 열쇠는 즉석에서 돌려받지만 만년필과 연필은 나중에 반환된다. 마지막으로 머리부터 발끝까지 몸수색이 이루어진다. 다만 코카인은 이 엄격한 통제의 영향을 받지 않는다. 이미 안에 있기 때문이다. 이제는 시종 링게가 행동에 나설 차례다. 그는 행정실 독극물 찬장에서 작은 병을 꺼내고는 기징에게 들어올 것을 요청한다.[148]

환자 A는 바뀐 메뉴를 무척 마음에 들어 했다. 기징의 보고에 따르면 히틀러는 〈코카인을 먹으면 머리가 굉장히 가벼워지고 생각도 더 명확해지는 느낌〉[149]이었다고 한다. 이비인후과 전문의는 이렇게 설명한다. 〈이 약물이 정신에 미치는 효과가 부어오른 비강 점막에도 긍정적인 영향을 끼친다. 이제 코로 숨을 쉬는 것이 좀 더 편해질 것이다. 약효는 대개 4~6시간 지속된다. 어쩌면 가벼운 코감기 증상이 생길 수도 있지만, 일반적으로 얼마 지나면 사라진다.〉 히틀러는 이 약을 매일 한두 번 발라도 되는지

물었다. 1944년 9월 10일 이후 고막 치료가 끝나고 귀가 다시 정상으로 돌아왔을 때도 말이다. 자신에게 별의 순간이 찾아온 것을 느낀 기징은 그렇다고 대답하면서도 코카인이 코 점막으로 흡수되어 혈관으로 흘러들어간다는 점을 유의시켰고, 그 때문에 너무 많은 양을 사용하면 안 된다고 경고했다. 하지만 히틀러는 그 뒤로도 계속 약을 요구했다. 어느 날에는 땀을 무척 많이 흘렸음에도 약효가 있었다고 말했다. 「자네가 있어서 참 좋아, 박사. 코카인은 기적의 약이야. 자네가 이렇게 빨리 적절한 약을 찾아서 기뻐. 앞으로도 당분간 이 끔찍한 두통에서 벗어나게 해주게.」

두통은 아마 그 무렵 늑대 소굴의 가장 안쪽 제한 구역에서 진행된 공사 때문으로 보인다. 건설 중장비를 동원해 좀 더 단단한 새 총통 벙커를 만드느라 끊임없이 쿵쾅대고 덜거덕거리는 소리가 이어졌는데, 이런 소음에는 보통 사람도 신경이 곤두설 수밖에 없다. 특히 신경이 예민한 환자 A는 코카인에 의지해야만 이 소리를 참을 수 있었고, 이 약물을 통해서야 자신이 아프지 않은 것처럼 느꼈다. 「이제야 다시 머리가 맑아지고 편안해지는 것 같군.」 그런데 걱정이 안 되는 것은 아니었다. 「설마 자네가 나를 코카인 중독자로 만들지는 않겠지?」 히틀러가 현재 총애하는 의사에게 물었다. 그러자 기징은 즉시 대답했다. 「진짜 코카인 중독자는 코카인을 코로 흡입하지 않습니다.」 이 말에 히틀러는 안심했다. 「나도 코카인 중독자가 될 생각은 없어.」

이렇게 해서 총통은 비강에 도포한 코카인이 만들어 낸 인위적인 자신감과 낙관에 가득 차서 작전 회의실로 들어갔다. 그에게 이젠 모든 것이 명백해 보였다. 러시아와의 전쟁은 어떻게든 반드시 승리하게 되리라는 것이다! 심지어 1944년 9월 16일 기징에게서 또 한 번 약물을 투여받았을 때는 아주 특별한 영감까지 번뜩였다. 모두가 두려워하는 이른바 총통의 기발한 발상이었다. 그는 측근들에게 이 생각을 털어놓았다. 서부 전선에서의 병력과 물자의 막대한 열세에도 불구하고 재차 공세를 취하자는 것이다. 그는 즉석에서 이것을 명령으로 전환했다. 동원될 모든 병사에게 〈광신적 용기〉를 요하는 명령이었다.[150] 다들 이 두 번째 아르덴 공세가 승산이 없다며 포기할 것을 충고했지만 독재자는 흔들리지 않았다. 이번 작전은 대성공을 거둘 수밖에 없다는 것이다!

그 결과, 기징은 합리적인 의심을 모두 지울 뿐 아니라 과대망상증을 불러일으키는 흥분제 코카인에 대한 히틀러의 애착을 걱정하기 시작했고, 약물 투여를 중지하기로 마음먹었다. 그러나 히틀러가 허락하지 않았다. 「아니네, 의사 선생, 계속하게. 오늘 아침에 다시 머리통이 깨질 듯이 아팠어. 아마 코감기 때문인 듯해. 독일의 미래에 대한 걱정이 하루하루 내 몸을 갉아먹고 있어.」[151] 그럼에도 기징은 명령 복종보다 의사로서의 양심을 택하고, 히틀러에게 마약 투여를 거부했다. 그날, 그러니까 1944년 9월 26일 히틀러는 반항적으로 작전 회의에 참석하지 않았고, 전체 전선이 붕괴 위기에 빠진 동부 전선의 상황에는 관심조차 없다고 아이처럼 샐쭉거리며 헛소리만 내뱉었다. 겁에 질린 기징은 태도를 누그러뜨리며 코카인을 주겠다고 약속했다. 그 대신 히틀러의 건강 상태를 전체적으로 검진하게 해줄 것을 요청했다. 그런 식의 검진을 늘 거부해 왔던 환자 A도 기징의 제안만큼은 받아들였다. 심지어 1944년 10월 1일에는 벌거벗은 몸을 기징에게 보여 주기도 했다. 평소에는 주저하던 일이었다. 이유가 무엇일까? 오직 하나였다. 원하는 약물을 탐하기 위해서였다. 「이제 이런 대화는 그만두고 치료만 생각하자고. 내 콧속을 들여다보고 안에다 코카인을 넣어 주게. 두통이 말끔히 사라지게 말이야. 오늘 정말 중요한 일을 처리해야 해.」[152]

기징은 복종하고 약물을 투여했다. 그런데 이번에는 히틀러가 의식을 잃고 잠시 호흡 마비에 빠질 정도로 많은 양이었다. 이비인후과 군의관의 이 말이 사실이라면 자칭 금욕주의자인 독재자는 코카인 과다 복용으로 사망에 이를 뻔했다.

스피드볼

히틀러는 알코올만 빼고 모든 마약을 잘 받아들였다. 게다가 특정 물질에 의존한 게 아니라 그냥 자신을 기분 좋고 인위적인 현실로 보내는 모든 물질에 의존했다. 이렇게 해서 그는 단기간에 열렬한 코카인 사용자가 되었다. 하지만 1944년 10월 중순부터는 이 약물을 버리고 다시 다른 자극제로 눈을 돌렸다. 코카인 중독자들이 흔히 그러하듯 히틀러 역시 당시의 실존적 위기 상황을 일종의 영웅적 허세로 포장했다. 〈7월 20일 이후 몇 주 동안은 내 인생 최악의 시기였다. 어떤 인간도, 어떤 독일인도 감히 꿈꾸지 못할 영웅적 행위로 위기를 이겨 냈다. 극심한 고통과 몇 시간씩 이어지는 현기증, 점점 악화하는 건강에도 불구하고 나는 꿋꿋이 버텼고, 강철 같은 에너지로 이 모든 것과 맞서 싸웠다. 종종 붕괴의 위험이 있었지만, 항상 내 의지로 이 상태를 극복해 냈다.〉[153]

여기서 〈강철 같은 에너지〉와 〈내 의지〉라는 말을 〈오이코달〉과 〈코카인〉으로 바꾸어야만 진실에 좀 더 가까워진다. 공군 부관 니콜라우스 폰 벨로프Nicolaus von Below도 암살 사건 이후의 총통 모습을 잘못된 개념으로 묘사했다. 〈오직 단단한 의지력과 강렬한 사명감만이 그를 꿋꿋이 버티게 했다.〉[154] 현실에서 그를 버티게 한 것은 강력한 코카인과 훌쩍 늘어난 오이코달이었다. 실제로 후자는 이제 대용량으로 사용되었다. 전년도에 비해 두 배 증가한 0.02그램이었는데, 일반적인 의료 사용량의 최대 네 배에 달하는 수치였다.[155]

히틀러의 핏속에 흐르는 마약 칵테일, 즉 코카인과 오이코달로 이루어진 혼성 마약은 암살 사건 이후 몇 주 동안 전형적인 스피드볼*로 변형되었다. 아편 유사제의 진정 작용은 코카인의 흥분 효과를 상쇄한다. 몸의 세포 하나하나까지 느끼는 엄청난 행복감과 흥분감은 이 약리학적 양면 공격의 효과로 설명된다. 이 공격에서 생화학적으로 상반된 두 진영의 강력한 분자들은 몸의 패권을 놓고 싸운다. 그로써 심각한 순환 장애와 불면증이 나타나고, 간은 이 독들의 맹공으로부터 필사적으로 자신을 방어한다.

* speedball. 코카인과 헤로인 또는 모르핀을 섞은 마약. 약물들의 시너지 효과로 도취 작용이 훨씬 빠르고 강력하게 나타난다. — 옮긴이주.

인공 낙원에서 독재자는 전쟁 및 자기 삶의 이 마지막 가을에 독성 과일을 풍성하게 따 먹었다. 환자 A는 작전 회의실에 도착하면 마치 구름 위를 걷듯 황홀하게 걸어갔다. 일단 발뒤꿈치를 붙인 뒤 무릎을 쭉 뻗고 혀로 딱 소리를 내면서 두 팔을 흔들었다. 자신은 모든 것을 지극히 명확하게 생각할 수 있고, 온 세상을 자신의 행복한 도취 상태에 맞게 정리할 수 있다고 믿었다. 전선의 압박감으로 침울해 있는 정신이 멀쩡한 장군들로서는 총통의 그런 내면세계를 뚫고 들어가는 것이 불가능했다. 약물은 군 통수권자를 망상으로 몰아넣어 안정감을 주었고, 그에게 난공불락의 벽을 세워 주었다. 그 누구도 그 무엇도 뚫을 수 없는 빈틈없는 방어벽이었다. 어떤 의구심도 인공적으로 조성된 자신감과 확신에 찬 낙관에는 상대가 되지 않았다.[156] 당장 그 시각에도 그를 둘러싼 세계는 잿더미로 바뀌고, 그의 행동으로 수백만 명이 희생되고 있음에도, 총통은 혈관을 타고 흘러가면서 인공적인 열락을 만들어 내는 그 강력한 물질에 의해 자신의 결정과 행동이 옳다고 굳게 믿었다.

히틀러는 괴테의 『파우스트』를 청소년기에 읽었다. 바이마르 고전주의 시대에 모르핀을 발견했고, 그로써 오이코달 및 다른 모든 아편 유사제의 시조로 여겨지는 약물 연구자 프리드리히 제르튀르너 덕분에, 환자 A는 마침내 1944년 가을 악마와 협정을 맺었다. 마취제는 외적으로 그의 심한 장 경련을 제거했을 뿐 아니라 내적으로 그 순간을 달콤하게 즐기게 했다. 히틀러의 임상적 의존성은 입증할 수 없지만, 그 강성 물질이 실제로 얼마나 자주 사용되었는지는 1944년 9월의 의료 일지에 모렐이 해독하기 어려운 필체로 써놓은 기록을 보면 충분히 짐작할 수 있다. 오이 코달이 〈x〉나 〈평소처럼 주사〉의 형태로, 혹은 그냥 기록 없이 히 틀러의 혈관으로 들어갔을 가능성을 결코 배제할 수 없다. 아니, 그럴 가능성이 무척 높다. 이 물질은 한번 시작하면 대부분 끊을 수 없기 때문이다.

1944년 9월 23일, 24~25일 양일간, 28~29일 양일간, 그러니 까 일주일 동안 환자 A는 각각 하루의 휴식기를 가지면서 마취제 를 총 네 번 투여받았다. 이는 중독자의 전형적인 주기로서, 순수 의료 목적의 투여에 벗어난다. 그런데 모렐이 경련을 해소하는 오이파베린(목사베린)을 함께 사용한 것은 눈길을 끈다. 아편꽃 양귀비에서 추출한 파파베린의 합성 유사제인 오이파베린은 중 독성 없이 근육을 진정시키기 때문에 비교적 무해한 약물이다. 이것을 오이코달과 번갈아 사용한 것은 의도적이건 아니건 은폐 에 기여했다. 히틀러조차 오랫동안 이 비슷한 이름의 두 약물을 혼동했고, 오이코달을 요구할 때도 오이파베린을 달라고 했다. 모렐의 말을 직접 들어 보자. 〈총통 각하는 항상 그 약에 무척 행 복해했고, 내 손을 꼭 잡으며 우리에게 오이파베린이 있어서 얼 마나 다행인지 모르겠다고 말씀하셨다.〉[157]

독재자는 0.02그램의 강력한 물질을 정맥으로 주사 맞고 나서 어떤 기분이었을까? 약물 효과는 주사 직후 구강 점막에서 처음 으로 감지되는데, 그것을 마약 전문 용어로 〈미각〉이라고 한다.

환자 A와 주치의. 「의사 양반, 아침에 와줘서 너무 좋아.」

히틀러 역시 〈미각〉을 느꼈다. 약발이 들었다는 말이다. 그렇다
면 이후의 감정 상태는 이렇게 추측해 볼 수 있다. 전설 속의 지
크프리트가 용을 죽이고, 보물을 얻고, 크림힐트의 품에 안기고,
주변의 모든 것이 황금빛으로 덮이는 듯하고, 온몸이 지극한 쾌
락으로 녹아 버릴 것 같던 상태와 비슷하지 않았을까? 에너지는
늘 몇 초 만에 갑자기 밀려온다. 그것도 온몸 곳곳에서. 사람을 행
복하게 만드는 동시에 진정시키는 엄청난 힘이다. 그럴 때 히틀
러는 모렐에게 말한다. 「의사 양반, 아침에 와줘서 너무 좋아.」[158]
어느 때보다 솔직한 말이다. 아침에 주사를 맞으면 자신이 위대
하다는 상상과 완벽하게 일치하고, 현실을 완전히 잊게 만드는
고양된 감정이 순식간에 일어나기 때문이다.

의사들의 전쟁

다들 나를 아픈 사람으로 만들자고 약속을 했군.[159]

— 아돌프 히틀러

1944년 가을 주치의의 권력은 절정에 이르렀다. 암살 사건 이후 환자 A는 과거 어느 때보다 모렐을 필요로 했고, 주사를 한 방씩 더 맞을 때마다 그의 영향력도 커졌다. 독재자가 늑대 소굴에서 주치의만큼 개인적으로 가까이 지낸 사람은 없었다. 그는 누구와도 잡담을 나누지 않았고, 더 이상 누구도 믿지 않았다. 장성들과의 회의가 있을 때는 또 다른 테러를 막기 위해 무장한 친위대원들이 각 의자 뒤에 한 명씩 서 있었다. 히틀러를 만나려는 사람은 사전에 온몸의 주머니부터 모두 비워야 했다. 이 규칙은 모렐의 진료 가방에만 적용되지 않았다.

많은 사람이 스스로 〈유일한 주치의〉라고 불렀던 모렐의 특권적 지위를 부러워했다. 그런 만큼 그에 대한 불신도 커져 갔다. 모렐은 여전히 자신의 치료법에 대해 남들과 이야기하는 것을 완강히 거부했다. 자신이 이 직책을 맡으면서 맹세한 비밀 엄수의 의무를 충실히 지킨 것이다. 그것도 끝까지. 하지만 그런 태도는 편집증이라는 독성 식물이 두꺼운 콘크리트 벽을 사방에서 휘감고 올라가는 유령성과도 같은 벙커의 답답한 분위기에서는 위험한 면이 있었다. 모렐은 히틀러의 치료와 관련해서 상의할 수 있었던 다른 분야의 주치의 카를 브란트Karl Brandt와 한스카를 폰 하셀바흐HansKarl von Hasselbach를 철저하게 무시했다. 아웃사이더에서 주인공으로 변신한 그는 이제 누구에게도 의료 정보를 제공하지 않았고, 그로써 스스로를 특별하고 신비한 오라로 감쌌다. 무소불위의 권력을 자랑하던 총통 비서 보어만조차 생물학에 기반한 다른 치료법을 히틀러에게 쓰라고 요구했지만, 뚱뚱한 의사는 일언지하에 거절했다.

그런데 전쟁에서 패색이 짙어졌을 때 책임자 물색이 시작되었다. 모렐에 반기를 든 세력이 형성되었다. 힘러는 모르핀 중독에 대한 모렐의 혐의를 입증하고 그로써 압박을 가하기 위해 오래전부터 이미 주치의에 관한 정보를 수집하던 중이었다. 조사를 할수록 의심은 짙어졌다. 혹시 총통을 비밀리에 독살하려는 외국 스파이가 아닐까?

1943년에는 폰 리벤트로프 외무 장관이 이미 모렐을 떠보려고 잘츠부르크 푸슐성으로 불렀다. 점심 식사나 같이하자면서. 처음에는 결혼 생활이나 사생아에 대한 국가 지원, 생필품을 사려고 늘어선 줄, 그로써 발생하는 시간 손실처럼 별 의미 없는 잡담을 나누었다. 그러다가 식사가 끝나자 장관은 무표정한 얼굴로 모렐에게 〈잠시 위에서 이야기나 하자〉고 말했다.

오만하고 무시하는 태도가 몸에 밴 폰 리벤트로프는 잔뜩 멋을 부리며 이집트 담배를 입에 물었다. 그러다 돌처럼 굳은 표정으로 허공을 둘러보며 기적의 의사에게 질문 공세를 퍼부었다. 총통에게 그렇게 자주 주사하는 게 괜찮은지, 포도당 외에 다른 주사를 맞는 것은 아닌지, 전체적으로 너무 많이 맞는 게 아니냐는 것이다. 주치의의 답은 간결했다. 〈필요한 것만〉 주입하고 있다는 것이다. 그러나 폰 리벤트로프는 〈저항력 향상을 위해 총통의 몸에 대한 전면적인 개조〉가 이루어져야 한다고 요구했다. 모렐은 이 말을 귀담아듣지 않고 굳은 얼굴로 성문을 나섰다. 〈의학에 대해 잘 알지도 못하는 문외한들이 얼마나 태평스럽고 단순하게 의학적 판단을 내리는지 모른다.〉 그날의 대화를 기록한 모렐의 평이다.[160]

하지만 주치의는 그리 쉽게 빠져나올 수 없었다. 보어만이 포문을 열었다. 시스템에 의한 첫 번째 공격이었다. 그는 히틀러에 대한 치료를 체계적으로 규제하거나, 최소한 통제 가능한 상태 아래 두려고 했다. 한 통의 문건이 주치의에게 전달되었다. 〈제국 비밀 서신!〉이라는 딱지가 붙어 있었다. 여기에는 〈약물 투여와 관련해서 총통의 안전을 지키려는 보안 조처〉가 여덟 개 조항으로 기술되어 있었다. 보어만은 앞으로 나치 친위대 실험실에서 임의 추출 방식으로 약품을 검사하겠다고 통보하면서 〈매달 특정 목적을 위해 어떤 약품을 얼마나 사용하는지〉 반드시 미리 알릴 것을 요구했다.

사실 이것은 평소 무기력한 모습을 보이지 않던 보어만의 다소 무기력한 접근 방식이었다. 한편으로 그는 자신의 이 제안으로 히틀러의 약물 투여를 공식적으로 통제하고, 다른 한편으로 약품 구입을 위한 민간인들의 서신 교환을 최소화하고, 마지막으로 우수한 게르만족을 대표하는 총통의 완벽한 건강을 지키고자 했다. 문건 1항에 적시된 것처럼 마약을 현금으로 구입하겠다는 것도 후세에 돈 흐름의 증거를 남기지 않겠다는 뜻이었다. 게다가 보어만은 〈월별 패키지〉를 항상 남들의 손이 미치지 않는 튼튼한 금고에 보관하게 했고, 〈앰플도 식별이 가능하도록 번호를 매기게(예를 들어 첫 번째 배송: 1/44)〉 했다. 〈동시에 패키지 포장지에는 의무국장의 서명을 포함해서 내용물을 정확히 기재하도록〉 지시했다.[161]

자신의 작업을 투명하게 관리하려는 관료주의적 시도에 대한 모렐의 반응은 어이없을 정도로 간단했다. 그는 막강한 힘을 자랑하는 국가 보위 기구의 지시를 그냥 무시해 버리고는 평소 하던 대로 계속해 나갔다. 자신은 태풍의 눈 속에서 안전할 거라 여겼다. 자신의 신변에 무슨 일이 생기도록 환자 A가 방치하지 않으리라는 확신이 있었다.

1944년 9월 말 이비인후과 전문의 기징은 벙커의 창백한 전구 빛 아래에서 히틀러의 얼굴색이 이상하게 변한 것을 알아차리고는 황달로 추측했다. 같은 날 총통의 식탁에서 〈포도당과 초록색 포도를 곁들인 사과 죽〉 접시 옆에 있는 〈Dr. 쾨스테르 가스방지제〉를 발견했다.[162] 별로 알려지지 않은 약품이었다. 기징은 이 약의 성분 표시에서 아트로파와, 다른 가지과 식물에서 추출한 스트리크닌과 아트로핀이 함유된 것을 발견하고 당혹감을 감추지 못했다. 특히 스트리크닌은 마전자나무 열매에서 추출한 알칼로이드로서 척수 신경을 마비시키고 쥐약으로도 쓰이는 물질이었는데, 이 약에 함유된 양이면 독성이 무척 높았다. 기징의 내면에서 스멀스멀 의심이 피어오르기 시작했다. 실제로 이 가스방지제를 너무 많이 먹었을 때 나타나는 부작용도 히틀러의 증상과 일치하는 듯했다. 아트로핀은 먼저 중추 신경계를 자극해서 마비 현상을 일으키고, 이어 심각한 관념분일과 수다스러움, 환시 및 환청을 동반한 쾌활한 상태로 발전하거나, 가끔 폭력성과 광기를 보이는 섬망 상태로 나아가게 한다. 반면에 스트리크닌은 햇빛 공포증에 이를 정도로 빛에 대한 민감성을 상승시키고, 심각한 무기력 상태에 빠지게 한다.[163] 이제야 기징은 모든 게 분명해지는 듯했다. 〈히틀러는 도저히 설명이 안 되는 희열 상태를 줄곧 나타냈다. 중대한 정치적, 군사적 실책 이후 결정을 내릴 때 본 그의 한껏 고양된 감정 상태는 상당 부분 이것 말고는 설명할 길이 없다.〉[164]

기징은 히틀러의 과대망상증과 육체적 쇠약의 원인을 발견했다고 믿고, 일단 자가 실험에 들어갔다. 며칠 동안 작고 둥근 가스방지제를 직접 복용한 것이다. 얼마 뒤 동일한 증상이 자신에게도 나타나는 것을 확인한 기징은 이를 공격 기회로 삼기로 마음먹었다. 목표는 모렐에게 총통의 의도적 독살 혐의를 씌워 실각시킨 뒤 자신이 그 자리를 대신 차지하는 것이었다. 외부에서는 연합군이 제국 국경을 사방에서 무너뜨리고 있는 동안 밀실 집착증에 사로잡힌 늑대 소굴 내부에서는 약리학적 광기가 의사들의 전쟁으로 비약하고 있었다.

기징은 이 음모를 꾸미면서 히틀러의 외과의를 동맹군으로 끌어들였다. 벌써 오래전부터 모렐과 사이가 좋지 않은 사람이었다. 브란트는 현재 베를린에 머물고 있었지만, 기징의 전화를 받자마자 지체 없이 다음 기차를 타고 동프로이센으로 달려와서는 즉시 모렐을 불러 추궁했다. 드디어 오이코달 때문에 사달이 났다고 염려하던 주치의는 반대자들이 처방전 없이도 구입할 수 있는 가스방지제로 트집을 잡으며 자신을 옭죄려 한다는 사실을 알아차리고는 속으로 안도의 한숨을 내쉬었다. 그러면서 그 약은 자신이 처방하지 않고 히틀러가 시종을 시켜 직접 구입했다고 강력히 반박했다. 그러나 생화학 지식이 별로 없고 오직 스트리크닌의 부작용에만 집착하던 외과의 브란트는 그 말을 받아들이지 않고 다음과 같이 위협했다. 「당신이 그 약을 처방하지 않았다는 말을 누가 믿을 것 같소? 힘러가 당신을 남들과 다르게 대우할 거라고 생각해요? 이런 일에 연루돼서 교수형에 처해진 사람은 부지기수요!」[165] 그로부터 일주일이 채 지나지 않아 브란트는 이렇게 덧붙였다. 「당신이 스트리크닌으로 총통 각하를 서서히 독살시키려 했다는 증거가 내 손에 있소. 솔직히 내가 지난 닷새 동안 여기 있었던 것도 각하의 병환 때문이었소.」[166]

무슨 병을 말하는 것일까? 정말 황달일까? 아니면 모렐이 충분히 멸균하지 않은 상태로 주사하는 바람에 생긴 약물 중독자의 전형적인 간염일까? 아무튼 항상 알코올로만 소독한 주사를 맞은[167] 히틀러는 안색이 좋지 않았다. 지난 몇 달 동안 많은 독성 물질의 심한 공격을 받은, 그의 간에서는 담즙 색소 빌리루빈이 분비되었다. 피부와 눈을 누렇게 변색시켜 보내는 경고 신호였다. 브란트는 히틀러를 만나 주치의가 총통을 독살시키려 한다는 혐의를 풀어놓았다. 그사이 모렐은 1944년 10월 5일 왼쪽 눈 뒤의 가벼운 출혈과 뇌부종으로 고통을 겪고 있었다. 브란트의 말을 들은 히틀러는 엄청난 충격에 휩싸였다. 도저히 믿을 수 없었다. 독살이라니? 반역이라니? 모렐이 자신을 수년 동안 속여 왔다고? 그것도 모든 충직한 부하들 가운데 가장 충직하고, 모든 친구 가운데 가장 믿을 만한 주치의가? 사실이라면 이건 지독한 배신이었다. 그러나 얼마 전에도 오이코달 주사로 자신을 행복하게 해준 주치의를 보안 기구에 넘기는 것은 자기 자신도 완전히 포기하는 것이나 다름없었다. 국가 기반이 흔들리고 음모와 술수가 난무하는 상황에서 과연 마약이라는 방비책 없이 버틸 수 있을까? 자기 자신을 위험에 내맡기는 꼴이 되지 않을까? 독재자는 이 분란에서 정말 말 그대로 갈피를 잡지 못한 채 괴로워했다. 하지만 모렐을 포기하는 것은 위험했다. 그의 힘은 카리스마에 있었다. 이제는 그게 예전 같지 않았다. 많은 것을 좌우하던 과거의 자연스러운 카리스마를 인위적으로 유지하는 데 도움을 준 것은 마약이었다.

사실 후계자 자리를 둘러싼 권력 투쟁은 독재자의 급속한 육체적 쇠퇴 이후 불붙은 지 오래였고, 이런 상황에서 의사들의 전쟁은 후계자 자리를 노리는 나치 수뇌부의 대리전 양상으로 변질되었다. 대립은 점점 격화해 갔다. 힘러는 브란트에게, 주치의가 히틀러를 죽이려고 하는 것이 충분히 가능한 일이라고 말했다. 나중에는 모렐을 나치 친위대장 사무실로 직접 불러 면전에다 대고, 자신은 이미 많은 사람을 교수대로 보냈기 때문에 당신 같은 사람 하나 죽인다고 해서 문제될 게 없다고 차갑게 말했다. 같은 시각 베를린에서는 게슈타포 수장 에른스트 칼텐브루너Ernst Kaltenbrunner가 모렐 병원의 대리 운영자 베버 박사를 프린츠-알브레히트가(街)의 제국 보안청으로 불러서 심문했다. 베버는 상관의 혐의를 벗기려고 애쓰면서 그런 음모는 절대 가능하지 않다고 진술했다. 그러기에 모렐은 겁이 너무 많다는 것이다.

문제 약품에 대한 화학적 분석이 마침내 이루어졌다. 결과는 이랬다. 이 약품의 아트로핀과 스트리크닌 함량은 히틀러가 상당히 많은 양을 복용했더라도 독살에 이르기에는 턱 없이 부족하다는 것이다. 모렐의 완벽한 승리였다. 히틀러는 이 문제를 다음과 같이 마무리 지었다. 「이제 이것으로 가스방지제 문제는 완전히 잊고 싶다. 당신들이 모렐에 대해 무슨 말을 하든 자유지만, 모렐은 나의 유일한 주치의이고 앞으로도 그럴 것이다. 나는 그를 전적으로 믿는다.」[168] 기징은 질책을 받았다. 히틀러는 모든 독일인에게는 자신을 치료할 의사를 자유롭게 선택할 권리가 있고, 그것은 자신에게도 해당된다는 말과 함께 그를 해고했다. 게다가 의사와 치료 방법에 대한 환자의 신뢰는 건강 회복에 무척 중요하고, 자신은 친숙한 주치의와 함께하겠다는 말도 덧붙였다. 또한 모렐의 주사기 사용만큼은 어쨌든 안이하다는 지적도 일축했다. 「나는 모렐의 새로운 치료 방식이 아직 국제적으로 인정받지 못하고, 모렐이 여기서도 여러 연구를 진행하고 있지만 여전히 명확한 결과를 내지 못하고 있다는 사실을 안다. 하지만 그것은 모렐만 그런 게 아니라 과거 의학의 모든 혁신이 그랬다. 나는 모렐이 자기만의 길을 개척할 거라 믿는다. 필요하다면 그의 연구에 재정 지원도 아끼지 않을 것이다.」[169]

히틀러의 뜻이라면 항상 바람에 나부끼는 깃발처럼 오락가락 하던 힘러는 이번에도 즉시 노선을 바꾸었다. 그는 히틀러의 또 다른 주치의 하셀바흐와 기징에게 이렇게 설명했다. 「당신들은 외교관이 아닙니다. 각하가 모렐에 대해 무조건적인 신뢰를 갖고 있다는 사실을 알아야 하고, 그것은 앞으로도 바뀌지 않을 겁니다.」 하셀바흐는 즉시 항의했다. 어떤 의료 법원이나 어떤 민간 법원이든 최소한 과실 신체 상해로는 모렐을 처벌할 수 있다는 것이다. 그러자 힘러는 언짢은 표정을 지었다. 「교수님, 내가 내무부 장관이자 보건 당국의 수장이기도 하다는 사실을 잊었습니까? 나는 모렐이 기소되는 걸 원치 않아요.」 기징도 일주일에 알약을 120~150개씩 먹고, 주사도 대략 8~10방씩 맞는 국가 원수는 세계에서 히틀러가 유일할 거라고 반박했지만, 그조차 묵살당했다.

마침내 바람의 방향이 바뀌면서 모렐에게 반기를 들었던 사람들에게 역풍이 불었다. 기징은 보어만에게서 그간의 치료에 대한 보상으로 1만 제국마르크 수표 한 장만 달랑 받고 쫓겨났고, 하셀바흐와 브란트는 총통 본부를 떠나야 했으며, 브란트의 뒷배이자 내심 히틀러의 후계자 자리를 탐냈던 슈페어 군수 장관은 자리에서 물러나야 했다. 남은 사람은 모렐뿐이었다. 1944년 10월 8일 그에게 좋은 소식이 있었다. 〈총통 각하께서, 브란트는 이제 베를린에서 자기가 하던 일이나 계속하면 된다고 말씀하셨다.〉[170] 환자 A는 모렐에게 한없이 관대했다. 마치 모든 마약 중독자가 딜러에게 매달리듯 히틀러 역시 자신이 요구하지 않아도 필요한 모든 것을 알아서 제공해 주는 의사를 떠날 수 없었다.

독재자는 주치의에게 결론적으로 이렇게 말했다. 「대체 그 멍청한 것들이 생각이 있는 거야 뭐야. 나한테 어떤 일이 벌어질지 조금이라도 생각해 봤어? 그 사람들 말대로 됐다면 갑자기 나는 의사 없이 혼자 여기 있어야 돼. 그게 아니더라도 당신이 나와 함께한 8년 동안 내 목숨을 여러 번 구해 준 것도 기억해야지, 어떻게 그걸 까먹어? 그전에 내가 어떤 상태였어? 이리로 부른 의사들은 모두 실패했어. 박사, 난 배은망덕한 사람이 아니야. 우리가 행복하게 전쟁을 이겨 내면 나는 당신한테 정말 큰 보상을 해줄 생각이야.」[171]

자기 확신에 찬 모렐의 대답은 후세에 대한 변명으로 읽히기도 한다. 주치의가 그 말을 솔직하게 기록으로 남겼기 때문이다. 「각하, 그 이후 각하께서 아마 다른 일반 의사에게 치료를 받으셨다면 오랫동안 집무를 보지 못해 우리 제국이 무너졌을지 모릅니다.」 모렐의 기록에 따르면 히틀러는 한참 동안 감사의 눈길로 자신을 바라보더니 이렇게 말했다고 한다. 「나의 주치의 선생, 당신이 곁에 있어 정말 기쁘고 행복해.」

이로써 의사들의 전쟁은 모렐의 일방적인 승리로 끝났다. 환자 A 역시 어쩌면 조기에 실각할 수도 있었을 사태를 다음으로 연기할 수 있었다. 그 대가는 신임을 재확인한 주치의에 의한 지속적인 건강 파괴였다. 독재자에게는 신경 안정을 위해 다시 약물이 투입되었다. 〈오이코달-오이파베린. 포도당 정맥 주사와 호모세란 근육 주사.〉[172]

자기 붕괴

총통 본부에서의 생활은 전반적으로 내부 기밀에 속하기 때문에 자세히 쓸 수가 없어 유감이네. 다만 총통 각하께서는 잘 지내고 계시고, 독일의 운명을 어떻게 개선하고 관리할 수 있을지 밤낮으로 걱정하고 있다는 점은 분명히 말할 수 있네. 내가 있는 곳은 여전히 동부 전선에서 아주 가까운 곳이네.[173]

— 테오 모렐이 쓴 한 편지 중에서

베를린의 엥겔 약국에서 특수 제작된 총통 전용 주사기 속의 강력한 물질이 히틀러의 혈액 속으로 녹아 들어가는 것처럼, 오랫동안 굳건하게 버티던 히틀러의 실존도 서서히 녹아내리기 시작했다. 이 전개는 과거의 빛나던 지도자가 인간 폐물로 바뀌는 과정을 이해하고, 이 과정과 역사적 사건의 상호 작용을 비교하기 위해서는 반드시 고려해야 할 요소다.

전선이 사방에서 좁혀 오고, 죽음의 나사가 점점 강하게 옥죄이고 있었다. 그런 와중에 장 경련까지 심해지던 1944년 마지막 4분기에 히틀러가 얼마 남지 않은 시간을 버틸 수 있었던 것은 강력한 약물의 힘으로 스스로를 외부 세계와 차단했기 때문이다. 게다가 그가 만든 전체주의적 망상 시스템 내에서는 어차피 정신이 멀쩡한 지도자는 예정되어 있지 않았다. 히틀러는 국가 사회주의의 야심찬 목표를 자신이 살아서 실현해야 한다고 믿었다.

어떤 후계자도 게르만 세계 제국을 건설할 수 없다고 생각했기에 최대한 서둘러야 했고, 그 과정에서 결코 물러서거나 포기할 생각은 전혀 없었다. 모렐의 도핑이 필요한 것도 그 때문이었다. 그래야 일을 계속 추진해 나가고, 옆으로 시선을 돌리지 않고 무작정 앞만 보고 달리며, 어떤 일이 있어도 자신의 우월성을 고수할 수 있었다. 히틀러는 독일군의 파멸적 군사 상황에도 불구하고 과대망상적 환각 상태에서 빠져나올 생각이 추호도 없었다. 제정신이 돌아와서는 안 되었다. 그러면 이 모든 시도가 얼마나 무모하고 미친 짓인지 즉시 알아차릴 것이다. 그는 전 세계와 맞선 이 투쟁에 대해 의심이 생기거나, 자신이 촉발했지만 이미 오래전에 승부가 끝나 버린 이 전쟁을 그만두는 것을 스스로에게 절대 용납할 수 없었다. 주삿바늘이 힘차게 피부를 찌르고, 약물이 투입되고, 피를 타고 강력한 물질이 정맥으로 미친 듯이 흘러 들어가면 다시 기운이 났다.

히틀러는 1941년 가을부터 호르몬 주사와 스테로이드를 투여받았고, 늦어도 1944년 후반기부터는 처음에 코카인을, 나중에는 오이코달을 집중적으로 맞았다. 단 하루도 멀쩡한 정신으로 살아간 날이 거의 없었다. 물론 그럴 수밖에 없었다. 약물은 히틀러가 자신의 체제를 깨부수고 악몽 속에서 깨어나지 않도록 끝까지 버티게 하는 힘이었기 때문이다. 그로써 현실과의 균열은 이미 되돌릴 수 없는 상태였고, 더 이상 무엇으로도 메울 수 없었다. 세계로 연결되는 다리는 재건되자마자 바로 약리학적 물질에 의해 다시 폭발되었다.

부족한 열정을 활활 타오르게 한 연료는 마약이었다. 히틀러는 이 강력한 물질을 통해서만 자신의 잘못된 믿음을 사실이라고 굳게 믿었다. 그는 여기 총통 본부에서 저기 총통 본부로, 이 벙커에서 저 벙커로 정처 없이 떠돌면서 마약의 힘을 빌려 현실에서 눈을 돌린 채 끊임없이 헛된 전쟁 행위를 일삼았다. 약물의 부작용에는 눈을 질끈 감아 버렸다. 불가피한 자기 붕괴의 지점까지 멈추지 않고 거침없이 달려간, 도핑에 중독된 육상 선수였다.

슈퍼 벙커

사랑하는 나의 오랜 친구여, 비록 지금은 세계적으로 유명 인사가 되었지만 부디 제가 당신을 이렇게 불러도 되길 바랍니다. 당신이라는 사람을 아니까요. 독일 민족은 당신의 축복 가득한 활동에 무척 감사하고 있습니다. 당신의 강력한 손이 없었다면 우리는 이미 패배했을 겁니다. 지금도 그 손이 굳건히 움직이고 있다는 사실은 당신의 잊을 수 없는 업적입니다.[174]

—테오 모렐이 받은 편지 중에서

1944년 11월 8일 오후, 환자 A는 늑대 소굴 제1 제한 구역 내에 새로 지은 은신처로 거처를 옮겼다. 장차 있을지도 모를 암살 위험과 감염, 또는 다른 공격으로부터 좀 더 안전하게 자신을 지키기 위해서였다. 2미터 두께의 일반적인 콘크리트 천장 대신

7미터(!) 두께의 자갈 콘크리트로 완전히 덮은 슈퍼 벙커였다. 창문이 없어서 직접적인 공기 유입이 없는 이 거대한 동굴은 마치 고대 이집트 무덤을 연상케 했다. 건축에 들어간 자재만 해도 사용 가능한 실제 공간보다 몇 배나 더 많았다. 이제부터 히틀러는 완전히 밀폐된 공간에서 일하고 자고 먹으며 궁핍하게 생활했다. 약물로 피폐한 몸뚱이와 자기만의 망상에 사로잡힌 채. 그런데 히틀러 본인은 마치 하늘에서 숲으로 뚝 떨어진 괴물체 같은 이 거처가 마음에 들었다. 이제는 내부에서 산책을 해도 될 만큼 공간이 넓은 점을 긍정적으로 보았기 때문이다. 모렐이 계산해 보니, 총통의 침실과 집무실은 이전 벙커에 비해 23세제곱미터가 더 넓었다. 주치의는 당연히 완전 밀폐된 이 거대한 석관으로의 출입이 상시적으로 가능했다. 〈엄청난 스트레스로 인해 오이코달 정맥 주사〉를 놓아야 했기 때문이다.[175]

모렐은 히틀러의 건강 상태가 어떤지, 얼마나 내리막길을 걷고 있는지, 그와 관련한 소문이 얼마나 널리 퍼져 있는지 이미 오래전부터 알고 있었다. 1944년 늦가을, 주치의가 아내와 몇몇 관구장, 옛 지인들에게 보낸 편지에는 현실을 실제와 다르게 표현하고픈 필사적인 소망이 담겨 있었다. 매일 저녁 늑대 소굴에서 새로 조합한 약물의 샘플을 보낸 것도 같은 차원이었다. 다시 말해, 그것은 히틀러가 〈건강하고 이성적으로 잘 지내고 있다〉[176]는 것을 외부에 보여 주는 증거나 다름없었다. 예전에는 제3자에게 환자 A의 건강에 대해 언급한 적이 없는 사람이었지만, 지금은 일부러 총통의 무탈함을 퍼뜨리려고 애썼다. 그와 관련한 편지를 보자. 〈나의 높으신 환자께서는 잘 지내고 있어요. (……) 나의 가장 중요한 환자는 늘 아주 잘 지내고 있답니다. (……) 건강이 다시 온전히 회복되었습니다. (……) 환자가 건강해서 참 다행입니다. (……) 제 환자의 건강 상태는 정말 좋습니다. 독일 민족을 위해 오랫동안 예전과 같은 생기를 유지하도록 하는 게 제 임무입니다. 두체 외에도 저는 다른 일부 국가 원수들의 건강을 돌보아 주었고, 실제로 의료적으로 큰 성공을 거두었다고 자부합니다.〉[177]

그러나 환자 A는 잘 지내지 못했다. 사실 모렐은 점점 짧은 간격으로 투여하는 약물을 통해서만 히틀러의 무탈함을 대외적으로 속이고 연출할 수 있었다. 그즈음 독재자는 새로운 벙커의 창문 없는 침실에서 흰색 잠옷을 입고, 소박한 야전 침대 위에 군용 담요를 덮은 채 파리하고 쇠진한 얼굴로 누워 있을 때가 많았다. 머리 위에는 손으로 길이를 조종할 수 있는 램프가 걸려 있었고, 침대 옆 낮은 탁자에는 메모와 군사 지도, 펼쳐진 책, 긴급 보고서가 어지럽게 널려 있었다. 이 혼란 더미 한가운데에 울리지 않는 전화기가 한 대 놓여 있었다. 회백색 벽에서는 콘크리트가 아직 완전히 굳지 않아 쿰쿰한 냄새가 났다. 침대 곳곳에는 부러진 연필이 나뒹굴었고, 또 한쪽 구석에는 손 떨림 현상 때문에 더 이상 스스로 착용할 수 없는 니켈 테 안경이 놓여 있었다. 그가 부끄러워하던 안경이었다. 아무튼 독재자의 이런 몰골에도 모렐은 다음과 같이 썼다. 〈총통 각하는 잘 지내고 있습니다. (……) 내 환자가 건강하게 잘 지내고, 예전의 강철 같은 실행력과 넘치는 에너지로 모든 스트레스를 이겨 내고, 온갖 위기를 극복해 내고 있는 것이 나의 가장 큰 기쁨이고 안도이고 만족입니다. (……) 위안이 되실지 모르지만, 저는 우리 총통님의 건강에 아무 이상이 없다고 자신 있게 말씀드릴 수 있습니다.〉

하지만 오이코달의 효과가 떨어지면 바로 몸 떨림이 시작되었다. 1944년 마지막 몇 주 동안에는 그 증상이 더욱 심해졌다. 이제 히틀러의 건강 상태와 관련해서 모든 토론이 이 진전증에 집중되었다. 잿빛 안색의 독재자도 이것을 알아차렸고, 혼신의 힘을 다해 몸 떨림을 억제하려고 애썼다. 그럴수록 떨림은 더 심해졌다. 단단한 팔을 위로 쭉 뻗던 나치식 인사도 이제는 옛말이었다. 사지의 격렬한 신경성 떨림이 온몸을 지배했다. 모렐은 이렇게 기록했다. 〈왼손 수전증이 매우 심하다.〉〈오른손 수전증도 점점 나빠지고 있다.〉 또는 〈이제는 왼다리뿐 아니라 왼팔과 왼손도 떨린다.〉[178] 히틀러는 이것을 숨기려고 코트 주머니에 손을 깊숙이 찔러 넣었다. 어떤 때는 오른손으로 왼손을 꽉 잡기도 했다. 가끔은 단순히 몸을 떠는 것이 아니라 고르게 몸을 흔드는 것처럼 보이기도 했다. 독재자의 이런 모습에 주변 사람들은 큰 불안에 휩싸였다. 그사이 육군 참모총장으로 승진한 기갑 총감 구데리안은 히틀러가 앉아 있는 동안 떨림을 덜 보이게 하려고 오른손을 왼손 위에 놓거나, 오른다리로 왼다리를 꼬고 앉았다고 적었다. 그런데 히틀러의 손이 규칙적으로 떠는 것을 보고 의도적인 행동이라고 믿는 사람도 많았다. 그가 팔짱을 끼면 상체가 리듬을 타기 시작했다. 모렐은 목욕과 휴식을 제안했다. 그러면 히틀러는 차라리 〈주사를 놓아 줄 수 없는지〉 물었다.[179]

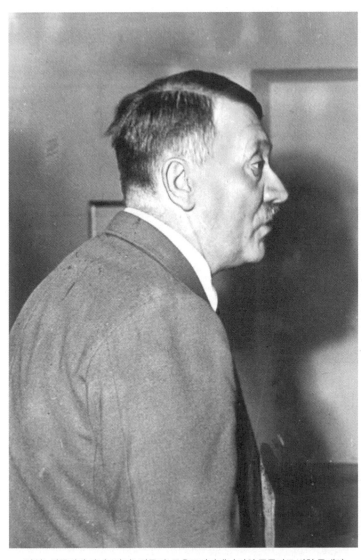

〈하일〉 히틀러가 아닌 〈하이〉 히틀러! 금욕주의자에서 마약 중독자로 변한 독재자.

그러나 이 문제만큼은 주사도 해결책이 될 수 없었던 것처럼 보인다. 한스요아힘 노이만 같은 의학사가들은 히틀러의 사지 떨림과 늘 구부정한 자세의 원인으로 동맥경화성 파킨슨병을 지목한다. 즉, 몸속 신경 세포가 면역 체계에 의해 이물질로 오인되어 공격받는 자가 면역성 파킨슨병이라는 것이다. 터무니없는 동물호르몬 제제의 복용이 원인일 수 있는데, 그로 인해 나타나는 현상이 중뇌의 도파민 생성 신경 세포의 사멸과 학습 및 제어 과정을 담당하는 중요한 대뇌피질 신경핵에 대한 영양 공급 부족이다. 모렐 역시 의료 일지에서 파킨슨병에 대한 의심을 내비치기도 했다. 물론 1945년 4월에 처음 언급했지만 말이다.[180] 이 진단이 정확한지는 더 이상 확인되지 않는다. 다만 히틀러의 악명 높은 사지 떨림이 무분별한 마약 사용의 직접적인 결과라는 설명도얼마든지 가능해 보인다.

어쨌든 모렐은 이런 상황에서 더 이상 환자를 혼자 내버려둘수 없었다. 그로써 한편으로는 총통을 전적으로 책임지면서도 다른 한편으로는 히틀러의 개인적 포로가 되었다. 그는 총통의 주치의라는 자리가 얼마나 힘들고 괴로운지 아무도 모를 거라고 한탄하기도 했다. 몇 년 전부터는 잠시도 자리를 비울 수 없었고, 자기 마음대로 할 수 있는 것이 없었으며, 삶에서 다른 모든 것은 뒷전으로 미루어 두어야 했다. 사랑하는 아내도, 베를린의 병원도, 올로모우츠와 함부르크의 공장과 연구실도. 심지어 형이 죽었을 때 장례식 참석도 허락되지 않았다. 모렐은 그사이 잠시도 없어서는 안 될 사람이 되었기 때문이다. 히틀러는 외부 위험을 들어 장례식 참석을 불허했다. 〈형의 부고 소식을 듣고 총통 각하는 내 여행을 무척 걱정하셨다. 비행기로 가는 건 적의 전투기 때문에 안 되고, 자동차는 시간이 너무 많이 걸려 내가 견딜 수 없을 거라면서 안 되고(나는 괜찮다고 했지만 통하지 않았다), 기차는 적의 공격 때문에 열차 시간이 무척 유동적이어서 안 된다고 하셨다.〉[181]

모렐이 자신의 짧은 부재 기간 동안 나치 친위대 의사 루트비히 슈툼페거Ludwig Stumpfegger가 대신 돌봐 줄 거라고 말했지만, 히틀러는 〈주사를 잘 놓지 못할 거〉라고 하면서 제안을 거절했다. 혹시 슈툼페거가 〈x〉의 비밀을 몰라서 거절했던 것은 아닐까? 아무튼 주치의는 자신을 늑대 소굴에 묶어 두려는 온갖 시도를 뿌리치고 최소한의 사생활과 가정생활을 고집하며 마침내 형의 장례식 참석을 위해 떠났고, 돌아오는 길에는 베를린의 아내에게도 잠시 들렀다. 히틀러는 모렐이 떠나기 전에 제국 보안청 소속의 경호원 한 명을 붙여 주었다. 그런데 박사가 돌아오자 그는 전에 없이 퉁명스럽게 대했다. 〈15시 30분 총통께 복귀 신고. 환자는 쌀쌀맞았고, 아무것도 묻지 않음 (……) 호된 질책.〉[182] 모렐은 재빨리 주사기 세트를 꺼냈고, 숨을 깊이 몰아쉰 뒤 손수건으로 이마의 땀방울을 훔치고는 백금 주삿바늘을 환자의 팔뚝에 찔렀다. 〈포도당 정맥 주사와 비타물틴 포르테, 글리코노름, 토노포스판.〉 히틀러는 왼손을 허리띠 버클에 올린 채 요란하게 숨을 내쉬었고, 어깨를 약간 굽혔으며, 꼭 다문 입술을 앞으로 내밀었다. 그 바람에 입이 더 작아 보였다. 곧이어 그의 얼굴에 긴장이 풀렸다. 모렐은 익숙한 동작으로 히틀러의 복부를 밑에서부터 마사지해서 배 속의 공기를 빼주었다. 이로써 둘 사이는 다시 회복되었다.

지퍼 자국

1944년 11월 붉은 군대가 동프로이센의 여러 지역을 계속 점령하는 동안, 히틀러의 혈관은 너무 손상되어 주사의 달인 모렐도 바늘을 찌를 자리를 찾기가 점점 어려워졌다. 주사를 너무 자주 맞은 정맥 피부는 곪아서 흉터가 생겼고, 색깔도 누르튀튀하게 변했다. 모렐은 주사를 중단해야 했다. 〈오늘은 주사를 생략했다. 바늘 자국이 잘 아물게 하기 위해서였다. 왼쪽 팔오금은 양호한 편이지만, 오른쪽은 바늘 자국에 붉은 점들이 아직 남아 있다 (농포는 없음). F(총통의 줄임말) 말로는 이전에는 그렇지 않았다고 한다.〉[183]

그 몇 주 동안 모렐이 주삿바늘을 찌를 때 제대로 문제가 생겼다. 주사를 놓을 때마다 예전의 상처 옆에 새로운 상처가 연이어 생겨나면서 일련의 딱지 줄이 길쭉하게 만들어졌다. 기차역 주변의 마약 중독자들에게서 나타나는 전형적인 〈지퍼 자국〉, 즉 흉측한 직선 형태로 이어진 주삿바늘 자국이다. 히틀러조차 서서히 신경이 예민해지면서 과도한 주사가 자신에게 미치는 영향을 염려하기 시작했다. 〈정맥 주사 시 총통은 내가 주사 자리를 알코올로 충분히 오래 문지르지 않는다고 생각했다(사실 나는 항상 너무 짧게 한다). 그 때문에 최근에 총통의 주사 자국에 작고 붉은 농포가 자주 생긴다.〉 모렐은 이런 증상에도 또 다른 설명을 준비해 놓았다. 「햇빛과 공기 유입이 없는 벙커에서 몇 달씩 지내면 혈액 속에 산소가 부족해지고, 팔이 막힐 때처럼 혈액이 고여 주사 자국이 붉게 남게 됩니다.」 그래도 히틀러는 의구심을 버리지 못했다. 〈총통은 그럼에도 이게 박테리아 때문이라고 믿었고, 어쩌면 주사 맞을 때 박테리아가 몸에 들어간 것 같다고 말했다.〉[184]

모렐은 부득이 주사의 향연을 한동안 중단하려고 했다. 그러자 히틀러는 이전의 의구심을 모두 벗어던지고, 자기 파괴적인 속성을 여실히 드러냈다. 그는 수많은 주사로 인한 온갖 불편함에도 불구하고 주사를 놓아 달라는 요구를 멈추지 않았다. 주치의가 들어오면 맨 먼저 한 말도, 진료는 필요 없으니 얼른 주사를 놓으라는 것이었다. 〈아침 6시. 나는 서둘러 환자에게 갔다. (……) 20분 후 도착. 총통은 쉬지 않고 일했고, 매우 어려운 결정을 내려야 했다. 결정 과정에서 내적으로 상당히 흥분해 있었고, 흥분은 점점 고조되었다. 그러다 마침내 늘 그렇듯이 갑자기 경련이 찾아왔다. 총통은 검사를 원치 않았다. 통증만 높일 뿐이라고 했다. 나는 즉시 오이코달-오이파베린 혼합제를 만들어 정맥에다 주사했는데, 최근의 많은 주사 자국 때문에 퍽 힘들었다. 따라서 나는 한동안 정맥을 아껴야 한다는 점을 재차 환기시켰다. 나는 주사를 놓을 때 중간에 잠시 멈추었기 때문에 주사 중에 이미 긴장 완화 효과가 나타났고, 통증은 사라졌다. F는 무척 기뻐하며 감사의 뜻으로 내 손을 꽉 잡았다.〉[185]

전화로 불러 약물을 투여받기까지 20분이 걸렸다. 마약 중독자에게 이렇게 편리하고 효율적인 딜러가 있을까? 꿈에서나 가능한 이야기다. 실제로 히틀러는 필요할 때면 언제든 달려와 약물을 주입해 주는 주치의에게 늘 감사했다. 예를 들어 1944년 10월 31일에는 이렇게 칭찬했다. 「어제 아침의 신속한 개입 덕분에 간신히 살아났다.」 모렐은 다음의 말로 히틀러를 안심시켰다. 「또다시 이런 일이 생기면 언제든 부르십시오. 한밤중에라도 즉시 달려오겠습니다. (……) 각하를 도울 수 있다는 것이 제게는 가장 큰 기쁨입니다.」[186]

지난 몇 주 동안 환자 A는 늑대 소굴에서 강성 물질 투약을 위해 24시간 룸서비스를 자주 받았다. 자정이 넘은 시간에도 전화를 걸어 부끄러움 없이 이런저런 통증이나 신경 쇠약을 거론하며 모렐을 불렀다. 주사 후 부관이 왕진 가방을 수벌 막사로 갖다 놓는 동안 주치의는 약물 효과가 나타날 때까지 환자 곁을 지켰다. 1944년 11월 8일 히틀러가 하이 상태에 충분히 이르지 못했을 때 모렐은 당시 상황을 다음과 같이 상세히 기록했다. 〈수요일 오전 0시 30분: 갑자기 누군가 전화를 했다. 총통이 급성 가스 팽창으로 괴로워하고 있다는 것이다. 총통은 현재 자신의 인생에서 가장 중대한 결정을 내려야 하고, 그로 인해 신경이 예민해질 대로 예민해져 있다고 말했다. 오이코달-오이파베린을 정맥으로 주사했지만, 통증과 경련은 부분적으로만 해소되었다. 주사를 반만 더 놓아 달라는 총통의 부탁에 나는 가방을 다시 갖고 오게 해서 0.02그램 대신 0.01그램만 주사했다. 오이코달 0.01그램을 정맥에 주사하자 통증과 경련은 즉시 멈추었다. 총통은 나의 즉각적인 도움에 여러 번 감사의 뜻을 표했고, 이제 다시 행복한 표정을 지었다.〉[187]

원래 모든 마약 중독자는 자신이 하이 상태에 이르지 못한 것을 금방 느낀다. 그러면 자신을 완벽한 만족 상태로 만들어 줄 최후의 한 방을 갈망하는 것 말고는 다른 생각을 하지 않는다. 실존의 다른 모든 측면은 한낱 하찮은 것으로 밀려난다. 낮이든 한밤중이든 할 것 없이. 암살 사건 이후 히틀러의 마약 소비는 나날이 신기록을 세우다가 마침내 신체의 생화학적 균형이 깨지면서 건강이 망가졌다. 슈타우펜베르크는 비록 독재자를 암살하지는 못했지만 이렇듯 간접적인 방식으로 마약 중독자로 만들었다. 히틀러는 쇠락했다. 얼굴은 누렇게 떴고, 눈꺼풀은 축 처졌으며, 사지 떨림은 더욱 심해졌고, 집중력은 현저히 감소했다. 히틀러의 두 번째 외과의인 하셀바흐는 예전에 모렐의 치료를 가리켜 모멸적인 뜻으로 〈마술〉이라고 불렀다.[188] 전후 연합군의 심문에서는 히틀러의 건강 상태에 대해 이렇게 요약했다. 1940년까지 히틀러는 실제 나이보다 훨씬 젊어 보였는데, 이후 상당히 빨리 늙어 갔다. 1943년까지만 해도 외모가 실제 나이와 비슷했지만, 나중에는 급격한 신체 몰락이 한눈에 보일 정도였다.

사실 주범은 오이코달이었다. 1943년에 처음 손대기 시작해서 1944년 9월과 12월 사이에 집중적으로 투여받았다. 그로써 육체적 의존성을 의심할 수밖에 없는 오이코달은 행복감의 대가로 불쾌한 부작용을 지불하게 했다. 결과는 수면 장애와 몸 떨림, 변비인데, 히틀러는 이 증상들을 모두 겪었다. 하이 상태가 가라앉으면 소화관은 즉시 〈경련성 변비〉로 반응했고, 그는 〈배설 없는 복부 팽창으로 괴로워했다〉.[189] 뜬눈으로 밤을 지새우는 일은 이제 그에게 일상이 되었다. 그의 말을 직접 들어 보자. 〈잠이 오지 않는다. (……) 어둠 속에서 줄곧 내 앞의 군사 지도만 바라본다. 뇌는 계속 돌아가고 있고, 이 상태에서 벗어나기까지는 몇 시간이 걸린다.〉[190] 히틀러는 제국 상공을 쉴 새 없이 날아다니는 영국 폭격기들 때문에 잠이 들지 못했다고 주장하지만, 그를 깨어 있게 한 것은 마약일 가능성이 높다. 모렐은 총통에게 필요한 수면을 위해 루미날이나 쿼바드로-녹스 같은 바르비투르산이 함유된 마취제를 투여했다. 그로써 죽음의 나사는 점점 더 깊이 파고들었다.

히틀러의 소화 기능이 거의 작동하지 않은 것은 빈번한 오이코달 투여의 결과로 보인다. 그의 장 문제 해결과 관련해서 모렐은 1936년 무타플로(미생물 군집)로 치료했던 시점으로 다시 돌아가야 했다. 환자 A는 만성 변비를 앓았고, 캐모마일 관장을 위해 〈변기에 앉았다〉. 〈나는 밖에 있어야 했다(총통은 심지어 문을 잠갔다).〉 그러나 소용이 없었다. 〈액체는 자연스럽게 나오지 않고 총통은 (안타깝지만) 짜내듯이 밀어 내야 했다. (……) 총통은 어떻게든 잠을 자려고 노력해야 한다(약물의 도움 없이!).〉[191] 가장 단순한 생리 기능이 이제 히틀러에게는 생리학적으로 혹독한 군사 작전이 되어 버렸다. 모렐은 이 과정을 국방군 최고 사령부의 전시 일지에서 전선 상황을 기술하듯 꼼꼼히 기록했다. 〈16시부터 18시까지 네 번의 배설. 두 번은 약했고, 두 번은 매우 강했다. 두 번째는 마치 마개를 뽑은 것처럼 폭발적으로 설사가 나왔다. 세 번째와 네 번째는 냄새가 아주 독했다. 특히 네 번째가 그랬다. (아마 그전에 분해된 잔변과 장내 가스, 독성 물질이 원인으로 보인다.) 아무튼 비교적 상태가 좋았다. 표정에도 변화가 보였다. 총통이 나를 부른 것도 이 기쁜 소식을 전하기 위해서였다.)

책임 문제

1944년 11월 21일 미음과 으깬 감자, 구운 샐러리 슬라이스로 마지막 점심을 먹은 후 늑대 소굴는 문을 닫았다. 히틀러가 새로 지은 슈퍼 벙커에 머문 지 13일밖에 되지 않았지만, 점점 가까워 오는 러시아군 때문에 대피할 수밖에 없었다. 히틀러는 브란덴부르크 총통 전용 열차에 몸을 싣고 제국 수도로 향했다. 폭탄으로 폐허가 된 지역과 생생한 현실을 보여 주는 곳을 지나갈 때는 열차 창문에 반복해서 커튼이 쳐졌다. 열차가 통과하는 모든 역은 사전에 모든 사람의 출입이 통제되었다. 이제 히틀러의 머릿속에는 한 가지 계획밖에 없었다. 스탈린의 붉은 군대와 싸워서는 더 이상 가망이 보이지 않았기 때문에 동부를 포기하고, 지난 9월에 코카인의 힘을 빌려서 세운 두 번째 아르덴 공세를 실행하는 것이었다. 1940년 초의 전격전 기적이 다시 한번 일어난다면 최소한 서부 전선에서는 전세를 돌려 결정적인 순간에 단독 강화를 체결할 수도 있었다.

베를린-그루네발트 역에 도착한 것은 새벽 5시 20분이었다. 모든 것이 극도의 보안 속에서 이루어졌다. 속기사도 〈기밀 유지!〉라는 말을 강조해서 기록했다. 성대 결절로 목소리를 잃을까 불안해하는 히틀러는 어차피 속삭이듯이 말했다. 두 눈은 더 이상 주변에 고정되어 있지 않고 가상의 점을 응시했다. 그는 모렐이 여행을 위해 마련해 준 작은 휴대용 산소 호흡기로 게걸스럽게 산소를 흡입했다. 히틀러의 기분은 전에 없이 어둡고 우울했다. 공룡과도 같은 미영 연합군을 격퇴하는 것이 무모한 환상에 불과하다는 사실을 모두가 알고 있었지만, 군 통수권자인 히틀러는 여전히 승리의 확신에 차 있었다. 사실 그는 〈오이코달로만 진정될 수 있는 심각한 흥분 상태에 사로잡혀 있었고, (……) 그로 인해 복부 팽창과 경련이 심했다.〉[192] 하루 뒤 그는 0.01그램의 모르핀도 투여받았다. 그로부터 이틀 뒤인 1944년 11월 24일 모렐은 다음과 같이 적었다. 〈나는 주사가 필요 없다고 생각했지만, 총통은 신속한 기력 회복을 위해 투약을 원했다.〉[193] 사흘 뒤에도 〈총통은 신경이 많이 쓰이는 임박한 중대사를 이유로 주사를 놓아 달라고 했다〉.[194]

그렇다면 여러 약물의 과도한 복용은 히틀러의 지력과 정신에 어떤 영향을 미쳤을까? 독재자는 자기 행동에 책임을 질 수 있을 만큼 제정신이었을까? 1934년 오이코달을 직접 시험해 본 적이 있는 철학자 발터 베냐민Walter Benjamin(구강 흡입을 했는데 이는 중독성이 현격히 떨어진다)은 반(半)합성 아편 유사제의 심리적 영향에 대해 이렇게 말한다. 〈이 상태에서는 외부 생각을 고통에 가까운 것으로 느끼고 자유로운 천상의 공간에 대한 반감이 드는데, 이것을 자기기만이라고 할 수는 없을 것 같다. 이것은 (······) 자기 속으로 촘촘하게 짜 들어간 거미줄이다. 이 거미줄에는 세계의 사건들이 마치 진액을 빨아 먹히고 껍데기만 남은 곤충의 몸처럼 여기저기 매달려 있다. 약을 먹은 사람은 이 동굴에서 나오려고 하지 않는다. 여기서는 주변 사람들을 경원시하는 행동의 퇴화 기관도 만들어진다. 저들이 나를 방해하고 끌어내리려고 할지도 모른다는 불안이 그것이다.〉[195]

과학 저술가이자 화학자인 헤르만 룀프Hermann Römpp는 이렇게 쓰고 있다. 지속적인 아편 남용은 〈인격과 의지의 손상〉으로 이어진다는 것이다. 〈(······) 정신적 창조력은 파괴당한다. 다만 이전의 정신적 자산을 상실하지는 않는다. 높은 직위에 있는 사람조차 서슴없이 사기를 치고 속임수를 쓴다.〉 게다가 편집증과 주변에 대한 병적 불신을 보인다고 한다.[196]

사실 가망이라고는 전혀 보이지 않는 상황에서 히틀러의 벙커 정신은 오이코달 속에서 적절한 종말론적 마약을 발견했다. 어차피 그에게 태생적으로 주어져 있던 잔인성과 경직된 세계관, 판타지에 대한 애착, 온갖 경계를 가차없이 뛰어넘는 성향은 1944년 4분기에 그렇게 자주 복용한 아편 유사제를 통해 재앙의 방식으로 강화되었다. 동부 전선과 마찬가지로 서부 전선에서도 연합군이 제국으로 쏟아져 들어오던 시기에, 이 강력한 마취제는 승리에 대한 의심과 무고한 민간인 희생자에 대한 동정심까지 깡그리 지워 버렸을 뿐 아니라 자기 자신과 외부 세계에 대해서도 더욱 무감각하게 만들었다.

독재자는 진통제와 마취제에 취한 상태에서야 온전히 자신이 된 듯한 기분을 느꼈을 것이다. 예전에도 그랬지만, 그게 진정한 히틀러였다. 그의 견해와 계획, 자신에 대한 과대망상증, 적에 대한 오인은 모두 1925년에 출간된 강령서 『나의 투쟁』에 자세히 기록되어 있다. 아편 중독은 기존의 강경 노선과 타인에게 대리 위임한 잔혹한 폭력성을 더욱 공고히 했고, 전쟁과 유대인 학살의 마지막 국면에서는 결코 뜻을 굽히지 않게 하는 데 기여했다.

이는 목표와 동기, 이념적 망상, 이 모든 것은 마약의 결과가 아니라 훨씬 이전부터 이미 그의 내면에 자리하고 있었다는 것을 의미한다. 히틀러는 혼미한 정신 상태에서 학살을 저지르지 않았고, 끝까지 제정신을 유지했다. 마약은 결코 결정의 자유에 제약 조건으로 작용하지 않았다. 히틀러는 항상 자기 의지의 주인이었고, 자신이 무엇을 하는지 정확히 알고 있었으며, 깨어 있는 정신으로 냉철하게 행동했다. 그는 처음부터 도취와 현실 도피에 기반한 체계 안에서 끝까지 일관되게 행동했고, 지독히 철저했으며, 결코 미치지 않았다. 이는 〈원인에 있어서 자유로운 행위〉*의 전형적인 예다. 즉, 범죄를 저지를 수 있는 심적 상태를 계속 유지하려고 그렇게 많은 마약을 스스로 복용한 것이다. 천하의 몹쓸 죄악이 경감될 수는 없다.

* actio libera in causa. 자유 의지로 스스로를 책임 무능력 상태에 빠뜨려 범죄를 일으키는 행위. 예컨대 미워하는 사람을 죽이려고 고의로 술을 마셔, 만취 상태에서 죽이는 행위가 여기에 해당된다. 그럴 경우 범행의 원인이 되는 만취 상태는 자유의사로 이루어진 것이기 때문에 죄를 경감받지 못한다. — 옮긴이주.

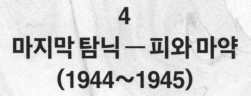

4
마지막 탐닉 ― 피와 마약
(1944~1945)

나쁜 상처, 어떻게 아물까?[1]

― 리하르트 바그너

　1944년 하반기 히틀러의 병사들에게 더 이상 승리는 없었다.
8월 말 파리는 연합군에 함락당했고, 8월 23일 독일군은 그리스
뿐 아니라 남동부 유럽 전역에서 퇴각했다. 9월 11일 미군은 트
리어에서 제국 국경을 넘었다. 모든 전선에서 피 흘리고 쇠약해
지고 짓밟힌 독일군은 이미 패배를 목전에 두고 있었다. 페르비
틴은 이제 버티고 탈출하는 데만 도움이 되었다. 한 기갑 부대 사
령관은 다음과 같이 간결하게 보고했다. 〈우리는 러시아에서 탈
출할 때까지 멈추지 않고 달려가고 있습니다. 100킬로미터마다
운전을 교대하고, 페르비틴을 삼키고, 주유를 위해 정지합니다.〉[2]
　한 연구에 따르면, 크리스털 메스를 과도하게 섭취한 사람의
3분의 2가 3년 뒤에 정신병을 앓는다고 한다.[3] 페르비틴과 크리

스털 메스는 동일한 활성 물질인데, 수많은 병사가 폴란드 기습과 프랑스 전격전, 그리고 늦어도 소련 침공 이후에는 웬만큼 규칙적으로 이 물질을 복용했다. 그렇다면 전쟁 막바지 무렵에는 그 부작용으로 집단 정신병이 발생했을 테고, 게다가 더 뚜렷한 효과를 얻기 위해 지속적으로 복용량을 늘렸을 거라고 추정할 수 있다.[4]

따라서 1944년에도 페르비틴 열풍이 분 것은 놀랍지 않다. 템러 공장에서 보건 및 건강국장에게 보낸 한 편지가 이를 증명한다. 종전 몇 개월 전에도 이 회사는 에페드린, 클로로포름, 염산 가스 같은 원료를 페르비틴 생산을 위해 자사에 배당해 줄 것을 당국에 요청했다. 〈군수 및 전쟁〉을 위해 400만 정의 페르비틴을 생산해야 한다는 것이다.[5] 그사이 템러 공장은 전쟁 때문에 독일 남서부의 목골 건물 도시 마이젠하임으로 이전했다. 그것도 하필 양조장으로 옮겼다. 이렇게 해서 전시 독일인들이 가장 좋아하는 두 가지 물질이 한 지붕 아래서 생산되었다. 맥주와 메스.[6]

독일 공군도 성능 향상 물질을 포기하지 않았다. 1944년 7월 공군에서는 오직 페르비틴 문제만을 논의하기 위해 의료-과학 업무 협의가 열렸다.[7] 육군 의무대도 페르비틴을 사용했는데, 특히 부상자 수송 과정에서의 사용은 명확한 기록으로 남아 있다. 1944년 11월, A 집단군 야전 병원 열차의 의무감은 모르핀과 모르핀-페르비틴 칵테일의 효과를 비교하는 실험을 했다.[8] 그 결과, 중상자도 아편 유사제 주사에다 페르비틴 두 정을 추가했더니 〈기분이 좋아지는 것〉이 확인되었다. 생의 활력이 개선되면서 건강 회복의 의지도 강해졌다. 그렇게 전쟁에 다시 투입할 수 있는 가능성은 한층 높아졌다.

그러나 재투입을 원하는 병사는 거의 없었다. 그들은 이미 바닥이 드러날 정도로 지쳤고, 긴 회복 시간이 필요했다. 이제는 마지막 총알까지 결사 항전 하자는 선전 슬로건도 공허하게 들렸다. 이런 상황에서 전쟁에 대한 열정은 말을 꺼낼 수가 없었고, 분위기는 완전히 착 가라앉았다.[9] 그러나 중단은 없었다. 야전 원수 게르트 폰 룬트슈테트Gerd von Rundstedt의 일일 훈시는 여전히 다음과 같은 말로 끝맺었다. 〈가차 없는 전진의 종이 울렸다!〉 최고 사령부의 지침도 다르지 않았다. 〈과도한 스트레스와 손실이 발생할 수 있고, 의료적 양심에 걸릴 수도 있지만, 작금의 상황은 우리에게 모든 것을 쏟아부을 것을 요구한다.〉[10] 여기에는 당연히 화학 물질도 포함된다.

이데올로기는 더 이상 먹히지 않았다. 〈최종 승리〉라는 구호는 병사들에게 점점 더 진부하게 들렸다. 하지만 그것 말고는 전의를 다시 일으켜 세울 마땅한 방법이 떠오르지 않았다. 이런 상황에서 국방군은 새로운 약물을 개발하기로 결정했다. 죽은 사람도 벌떡 일으켜 세워 다시 총을 들게 할 만큼 중추 신경계의 수용체를 인위적으로 강력하게 자극하는 물질이었다. 미친 짓거리로 들리지만, 나치 지도부는 지푸라기라도 잡아야 하는 전쟁 막바지에 기적의 무기를 개발하려는 부단한 노력과 병행해서 다시 한번 화학적 방법으로 전세를 뒤집을 기적의 마약을 찾는 일에 혼신의 힘을 쏟았다.

연방군 의무 아카데미, 뮌헨

전후 독일 연방군은 예전의 나치 친위대 병영 안에 의무 아카데미를 설립했다. 1930년대 말, 랑케 교수가 장교 후보생들에게 페르비틴 실험을 했던 베를린 군사 의학 아카데미의 후신이다. 여기서 나를 맞아 준 사람은 국방군 소속의 수상쩍은 마약 밀매상이 아닌 건강 관리 교육 부서를 책임지고 있는 친절한 폴커 하르트만Volker Hartmann 박사다. 그는 적십자 표시가 달린 탱크와 주차된 의료 헬리콥터를 지나 방대한 군사 지역으로 나를 인도했다. 중간에 〈위험 등급 알파〉라고 적힌 표지판이 보였다. 내 눈길이 거기에 머물자 하르트만이 나를 안심시켰다. 「모든 게 정상이라는 뜻입니다.」 아울러 하르트만은 연방군에 대한 자신의 비전을 설명했다. 무기를 사용하지 않고, 오직 인도주의적 임무만을 수행하는 군대가 미래 독일 연방군의 모습이라는 것이다. 「독일군은 어차피 더 이상 제대로 싸울 수 없습니다. 그래서도 안 되고요. 우리의 강점은 다른 데 있어요.」 그가 이 말의 근거를 댔다. 「우리는 도와야 합니다. 인간은 서로 기대며 살아가는 존재니까요. 우리 독일은 봉사해야 합니다.」

하르트만은 이미 세계 곳곳에서 봉사 경험이 있는 사람이었다. 고르히 포크호(號)와 레바논 연안의 한 호위함, 〈아프리카의 뿔〉 작전 지역의 지원 부대에서 의사로 일했고, 인도네시아의 반다아체에서는 쓰나미 피해 지원 활동을 펼쳤으며, 코소보와 아프가니스탄에서는 연방군 소속으로 구호 활동을 했다. 특히 아프가니스탄의 마자르에 샤리프에서는 2012년 의료 봉사 협회장으로서 전 지역의 독일군 의료 봉사를 이끌었다. 한 중대장이 탈레반과의 전투 상황에 대비해서 부대원들에게 나누어 줄 각성제 모다피닐을 요청했을 때는 다음과 같은 이유로 약품 교부를 거절했다. 모다피닐은 정신 자극제에 속하는데, 지금도 정확한 작용 메커니즘이 알려져 있지 않다는 것이다. 이 물질은 스포츠에서 도핑제로 금지되어 있다. 중고등학생과 대학생들은 가끔 집중력과 성적 향상을 위해 스마트 약물로 사용한다. 「윤리적, 정치적 측면은 제쳐 놓고서라도 나는 군인을 어떤 형태로든 중독자로 만들고 싶지 않았어요. 그래서 이미 배포된 것도 모두 회수하게 했지요.」

군대와 마약은 하르트만이 오래전부터 집요하게 다루어 온 분야였다. 게다가 그는 제2차 세계 대전 끝 무렵에 기적의 마약을 개발하려던 독일 해군의 시도를 공개한 사람이기도 했다. 우리는 그의 제안에 따라 뮌헨 오데온 광장에서 두 번째로 만났다. 그것도 펠트헤른할레(전쟁 영웅 기념관) 바로 옆이었다. 지리적으로나 역사적으로나 퍽 적절한 장소였다. 이곳은 1923년 11월 9일 나치당이 대형 비어홀 뷔르거브로이켈러에서 만취한 뒤 술기운이 남은 상태에서 쿠데타를 시도했다가 실패한 장소였기 때문이다. 우리가 만난 것은 9월 말의 어느 온화한 저녁이었다. 주변에는 옥토버페스트의 열기가 후끈했다. 곳곳에서 많은 사람이 전통 의상을 입고 즐겁게 맥주를 마시고 있었다. 역사와 폭력, 도취 약물에 대해 말하기에는 더할 나위 없이 좋은 분위기였다.

「히틀러가 쿠데타를 일으켰을 때 바이에른 경찰이 저 앞에 서서 발포했어요.」 하르트만이 앞쪽을 가리켰다. 「치명상을 입은 첫 나치 무리 중 하나는 히틀러와 팔짱을 끼고 있었는데, 그 바람에 히틀러도 함께 바닥에 쓰러졌지요. 동시에 히틀러의 경호원들도 총알 세례를 받고 그 위에 포개졌어요. 당시 열두 명 이상의 나치가 즉사했고, 경찰관 넷과 행인 한 명도 희생되었지요. 구경꾼들은 즉시 뿔뿔이 흩어졌어요. 혼돈의 도가니였죠. 그런 가운데 히틀러는 벌떡 일어나 달아났답니다. 거의 다치지 않은 채로요. 가끔은 우연에 의해 역사가 만들어지기도 하는 것 같아요.」

우리는 인근의 펠처 레지렌츠 와인 바에 들어갔다. 와인 바 입구에는 나치의 첫 희생자인 바이에른주 경찰관 네 명을 기리는 강판이 붙어 있다. 안에서 우리는 탄산수를 섞은 화이트 와인을 주문했다. 평소보다 맥주의 지배력이 훨씬 강한 뮌헨의 옥토버페스트 시즌에는 거의 이단처럼 보이는 주문이다. 아무튼 이제 하르트만은 우리의 원래 주제로 돌아갔다. 반복해서 타오르는 국방군의 청정 신화를 완전히 무너뜨리는 이야기이고, 도덕성과 관련해서 그렇게 정갈한 척하고 군의 간판처럼 행세하는 독일 해군에 관한 더러운 이야기이다.

기적의 마약을 찾아서

진짜 전쟁은 결코 책에 나오지 않는다.[11]

—월트 휘트먼

제2차 세계 대전 당시 독일 해군에는 헬무트 하이에Hellmuth Heye라는 이름의 고위 장성이 있었다. 1950년대에는 기민당 소속으로 연방 하원에 입성했지만, 1944년 3월 16일에는 여전히 독일의 승리를 위해 두 동료와 함께 킬의 회의실에 앉아 있던 인물이다. 1945년 5월 히틀러의 뒤를 이은 카를 되니츠의 직속 부하였던 하이에는 이른바 〈소규모 전투 부대〉* 사령관이었다. 해상상황도 〈황실 해군〉에는 썩 좋지 않았다. 해군 사람들이 스스로를 〈국가 사회주의 공군〉과 구별해서 부르기 좋아하던 명칭이었다. 아무튼 대서양 전투는 패배했다. 불가능이라 여겼던 독일 무선 암호 체계에 대한 영국군의 해독 성공, 공중전에서 연합군의 우위, 그로 인한 막대한 손실, 군수 산업의 실책으로 인해 독일은 잠수함 전쟁을 중단해야 했다. 이후 연합군은 아무런 방해 없이 미국에서 영국으로 대규모 물자를 실어 와 노르망디 상륙을 준비하고 있었다. 1944년 초 하이에는 바로 이것을 자신의 새로운 전투 부대로 저지해야 했다.

히틀러는 개발 중인 〈소형 무기들〉이 미군의 상륙을 막을 수 있는 진정한 기회라며 환호했다. 「그것만 있으면 적의 침공은 얼마든지 막을 수 있다.」[12] 1944년 1월 초 늑대 소굴에서 슈페어 장관과 친위대 사령관 힘러, 몇몇 야전 원수가 참석한 가운데 열린 전시 군수 회의에서, 히틀러는 자신이 큰 기대를 거는 이 기적의 무기들을 더 빨리 생산할 것을 촉구했다. 새로운 유형의 2인용

* 독립적으로 운영되고 쉽게 이동할 수 있는 소규모 해상 전투 부대로서 주로 어뢰, 전투 수영 소조, 잠수정, 폭탄 보트를 가리킨다. 전쟁 중 독일 해군에는 이런 부대가 506개 있었다고 한다. ─ 옮긴이주.

잠수정과 소형 잠수함, 폭탄 보트, 인간 어뢰를 동원하면 게릴라 전술로 공룡 같은 적을 공격해서 수장시키거나 최소한 혼을 빼놓을 수 있다고 믿었다. 이는 성경만큼은 아니지만 기본적으로 골리앗과 다윗의 싸움이었다. 아무튼 〈소규모 전투 부대〉는 해군의 숨은 병기였다. 그들의 특수 작전은 기습 효과를 기반으로 하고 있었다. 게다가 적에게 노출되지 않는다는 것이 최대 강점이었다. 목표는 적의 함정에 은밀히 접근해서 어뢰를 제거한 뒤 공격하는 것이었다. 그러려면 몇 날 며칠 동안 잠을 자지 않고 수중에 머물러 있어야 했다. 고용량 복용 시 보통 최대 48시간까지 깨어 있게 하는 각성제 페르비틴의 효과보다 훨씬 더 긴 시간이었다. 그렇다고 해서 이렇게 위험한 작전에 대비한 사전 특수 교육은 준비되어 있지 않았다. 그렇다면 방법은 하나였다. 성능 면에서 기존의 모든 약물을 뛰어넘는 새로운 마약이 필요했다.

제2차 세계 대전에서 독일이 끝까지 버텨야 할 시간이 있었다면 마지막 4분의 1 시기였다. 이제 인내의 종이 울렸다. 1944년 봄, 하이에는 〈인간의 정상적인 한계를 넘는 시간 동안 단독으로 작전을 수행해야 하는 병사들을 위해 계속 깨어 있게 하고 신속하게 복용할 수 있는 약〉을 열렬히 찾았다. 게다가 〈병사의 자긍심을 높이고 몸속의 마지막 힘까지 동원하게〉 만드는 약이어야 했다.[13] 누가 이런 기적의 약을 개발할 수 있을까?

해군 참모부 의사이자 발트해 해병 최고 사령부 의무국 약리학 팀장인 게르하르트 오르체코프스키Gerhard Orzechowski 박사는 민간인 시절 킬 대학교의 약리학 교수였다. 독일의 프랑스 점령기에는 브르타뉴 지방의 카르나크에 있는 잠수함 의학 연구소에서 일하면서 성능 향상제 개발에 몰두했다.[14] 안경을 쓴 이 과학자는 지칠 대로 지친 군인들의 잠재력을 쥐어짜고, 소규모 특수 부대원들의 사기를 북돋우고, 약리학의 도움으로 최종 승리를 거두게 하는 데 적임자로 보였다. 오르체코프스키의 목표는 명백했다. 화학을 통해 〈인간을 맹수로 바꾸는 것〉이었다.[15]

그의 이런 접근 방식은 일인 전투선 네거*를 작전에 투입하려는 하이에의 생각과 전적으로 일치했다. 네거의 모양은 마치 2개의 어뢰를 포개 놓은 것 같은 2층 구조로 이루어져 있었다. 아래쪽은 실제 어뢰이고, 위쪽은 조종석이었다. 승조원이 탄 조종석은 둥근 방수 플렉시 유리로 덮여 있었다. 어뢰 운반체와 길쭉한 어뢰로 조합된 네거는 단순한 모양의 조준기를 통해 목표물로 나아갔다. 그러다 시야가 확보되면 조종사는 발판으로 어뢰를 분리한 뒤 항구 쪽으로 부리나케 되돌아갔다. 목숨을 구하려면 이 방법밖에 없었는데, 이것은 크나큰 모험이었다. 물 위에 떠 있는 플렉시 유리 덮개는 상공을 나는 미군 전투기에 쉽게 노출되어 언제든 공격을 받을 수 있었기 때문이다.

목숨을 내걸어야 하는 이 작전을 위해 오르체코프스키는 총 열 가지 혼합 제제를 제안했다. 이름은 약어로 D I부터 D X까지였는데, 간단히 말하면 마약 1에서 마약 10이었다. 이것들은 오이코달, 코카인, 페르비틴, 하이드로콘(작용 방식이 코데인과 유사

* Neger. 개발자 리하르트 모어의 이름을 따서 붙여진 명칭인데, 흑인을 비하하는 〈검둥이〉이라는 뜻이다. 일명 인간 어뢰.

하지만 효과는 더 강력한 반합성 모르핀 유도체)을 각각 상이한 양으로 섞은 것들이었다. 한마디로, 지상에서 가장 강력한 물질들을 이리저리 혼합해서 만든 제제들이다. 이는 독일 해군이 향정신성 물질을 얼마나 느슨하게 취급했고, 또 당시 상황이 얼마나 절박했는지를 보여 주는 징표이기도 하다.

1944년 3월 17일 킬의 해군 병원 약리실에서는 10가지 신형 마약에 대해 각각 5개의 알약을 만들었고, 이튿날 블라우코펠 훈련소 군인 50명에게 시험 삼아 먹였다. 모든 과정은 신속하게 진행되어야 했다. 그 때문에 개별 성분의 복잡한 상호 작용에 대한 진지한 테스트는 이루어지지 않았다. 일단 성능이 가장 좋아 보이는 후보는 오이코달 5밀리그램과 코카인 5밀리그램, 메스암페타민 3밀리그램을 섞은 D IX였다. 히틀러도 분명 좋아했을 법한 강력한 조합이었다. 해군 의무 총감 그로일 박사는 이 약을 보고 고개를 끄덕였다. 코카인은 분말 형태로는 처방할 수 없었기 때문이다. 하이에도 그린 라이트를 주었다. 의무국은 서둘러 500정을 만들어 네거와 비버에 제공했다. 비버는 어뢰 2개를 장착한 소형 잠수함이었다.

엄격한 비밀 유지에도 불구하고 해군이 강성 마약을 개발했다는 소문은 그사이 나치 친위대에까지 들어갔다. 여기서도 특수 정예 부대를 중점적으로 운영하는 중이라 해군이 휘하 특수 부대를 지원할 목적으로 개발한 마약에 관심을 가질 수밖에 없었다. 이로써 협력 작업의 길이 열렸다. 물론 전후 해군 구성원들은 이 협력 작업에 대해 입을 다물었다. 1944년 3월 30일 나치 친위대

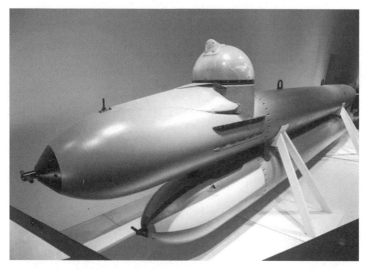

강성 마약으로만 임무 수행이 가능했던 1인용 인간 어뢰, 네거.

비밀 작전 팀장 오토 스코르체니Otto Skorzeny 중령이 킬에 있는 하이에의 부대를 찾았다. 무자비함으로 악명이 높고, 서방 정보국이 한동안 유럽에서 가장 위험한 남자로 지목한 인물이었다. 물론 그의 능력을 과대평가한 판단이었지만 말이다. 아무튼 1943년 9월 체포된 무솔리니를 빼내 오는 과정에 깊이 관여한 뒤로 히틀러와 힘러는 스코르체니의 모든 비밀 프로젝트에 지원을 아끼지 않았다. 얼굴에 선명한 흉터가 있는 이 남자는 공식적으로는 소규모 전투 부대의 신형 무기를 보고 싶어 찾아왔다고 했지만, 마약 복용을 숨기지 않던 그의 가장 큰 관심사는 오르체코프스키의 D IX였다. 그는 〈특수 작전을 위한〉 테스트 명분으로 1,000개의 알약을 즉시 포장했다.[16] 그와 함께 두 기관의 연결고리가 만들어졌고, 결과는 참담했다.

그렇다면 D IX의 효과는 어땠을까? 〈한두 정을 복용한 지 1시간 이내에 모든 사람에게서 불쾌한 장애가 발생했다.〉 남아 있는 몇 안 되는 보고서 가운데 하나에 적힌 내용이다. 〈그전에 충분히 휴식을 취하고 생기가 있던 사람들은 짧은 행복감 동안에도 양손을 떨었고, 그전에 지쳐 있던 사람들은 무릎이 후들거리고 근육이 쑤신다고 호소했다. D IX의 약효가 완전히 퍼진 상태에서는 중추 신경계가 점차 마비되었고, 기대한 행복감은 즉시 가라앉았으며, 결단력과 이지력은 억제되었고, 기력은 떨어졌고, 비판력은 감소했다. 게다가 숙취감과 극심한 피로감에 이어 땀을 비 오듯 흘렸다.〉[17]

이것은 결코 유망한 약이 아니었다. 그럼에도 D IX는 작전에 투입되었고, 해군은 큰 타격을 입었다. 비버 조종사의 3분의 2가 위험한 임무에서 살아남지 못했다. 이른바 기적의 약은 작전 수행을 도와주기보다 오히려 더 어렵게 만드는 심한 부작용 때문에 개발될 때만큼이나 빠른 속도로 사라졌다.

그사이 독일군의 군사적 상황은 급격히 악화되었다. 유럽 대륙에 상륙한 연합군은 대규모 병력을 이끌고 제국의 서부 국경으로 물밀 듯이 진격했다. 1944년 가을부터 독일은 새로운 소규모 전투 무기에 모든 희망을 걸었다. 바로 어뢰 2개를 장착한 신형 잠수정 〈바다표범〉이 그 주인공이었다. 탁월한 잠수 능력을 갖춘 혁명적인 무기였다. 하이에는 바다표범을 템스강 하구와 노르망디 해변으로 침투시켜 연합군의 함정들을 폭파시키려 했다. 그러나 목표물을 향한 조종과 항법 장치는 크나큰 도전이었다. 게다가 선내 생활 역시 극도로 열악했다. 식사는 통조림을 데워 먹는 게 전부였고, 용변은 빈 통조림통으로 해결했다.[18] 〈이런 잠수정에서 나흘 동안 버티는 것은 무척 힘들었고, 각성제 없이는 가능하지 않았다.〉[19] 소규모 전투 부대의 의료를 책임지고 있던 군의관 한스요아힘 리헤르트Hans-Joachim Richert의 말이다. 어쨌든 그도 선상에서 복통을 앓았고, 이 자연스러운 통증을 이겨 내기 위해 화학적 도취 약물을 복용했다. 늘 사무적인 태도로 약간 거리감을 두고 기록한 그의 전시 일지를 보자. 〈이 전쟁에서는 필요하다면 강력한 약물로 인한 부작용을 감수해야 한다는 것이 군 지도부의 입장이다.〉 1944년 10월 11일 리헤르트는 뤼베크 근처에서 약물 설계자 오르체코프스키를 만나 〈바다표범에 제공된, 사람을 깨어 있게 하고 성능을 향상시켜 주는 약물〉에 대해 이야기를 나누었다.

이 복합 제제들은 높은 부작용으로 인해 기피되었기 때문에, 두 사람은 순수 코카인이나 순수 메스암페타민을 고용량으로 복용했을 때 이틀 밤낮 동안 자지 않고 임무를 수행할 수 있지 않을까 논의했다. 시간이 없었다. 나흘 뒤, 그러니까 1944년 10월 20일 기적의 무기를 철석같이 믿고 있던 히틀러로부터 강한 압박을 받던 되니츠 대제독이 소규모 전투 함대를 방문했다. 리헤르트는 그에게 〈4×24시간을 운용해야 하는 신무기 바다표범의 여러 조건이 열악하고, 그것을 극복하려면 신약 개발과 시험이 필요하다〉고 설명했다. D IX를 투입했을 때와 같은 재앙을 피하기 위해 이번에는 사전 테스트를 거치기로 결정했다. 그러니까

〈고용량의 코카인 알약과 고용량의 페르비틴 껌, 소량의 코카인과 바시쿰을 섞은 껌의 작용과 부작용을 명확하게 확인〉하기로 한 것이다.

Datum	Ort	Eintragungen
Zu: 11.10.44.	Timmendorfer Strand	Dr. Orzechowski über ein wachhaltendes und
		leistungssteigerndes Mittel für Seehund. In
		diesem Kampfmittel müssen 2 Mann etwa 4 Tage
		Einsätze fahren. Die Bedingungen sind ähnliche
		wie im Hecht. Die Soldaten sitzen in gepolsterten
		Stühlen hinter einander. Die Rückenlehne des
		vorderen Sitzes kann umgelegt werden, sodaß ein
		Mann zeitweise liegen kann. Antrieb über Wasser
		durch Diesel-, unter Wasser mit E=Motor. Luft=
		erneuerung mit Injektorverfahren. Verpflegung
		durch Konserven, die mittels eines elektrischen
		Topfes gewärmt werden. Der vordere Mann ist
		Kommandant und navigiert, der achtere ist L.I.
		und bedient die Maschinenanlage. Der Letztere hat
		in dem ihm zur Verfügung stehenden Raum sehr wenig
		Bewegungsfreiheit. Die Bedingungen in dieser Hin=
		sicht für den vorderen Mann sind besser, zumal er
		im Turm sitzen bzw. stehen kann. Das Aushalten
		für 4 Tage in diesem Kampfmittel wird schwierig
		und ohne Reizmittel nicht immer möglich sein.
		Die militärische Führung steht auf dem Standpunkt,
		daß in diesem Krieg, wenn es erforderlich ist,
		auch Schädigungen durch stark wirkende Medikamente
		in Kauf genommen werden müssen, sofern sie die
		Durchführung von Einsätzen ermöglichen. Zur Aus=
		wahl stehen neben Bohnenkaffee die Mittel Cardiazol-
		Coffein, Pervitin und Cocain. Mit Prof. Dr. Orzechowski
		werden die notwendigen Versuche besprochen.
15.10.44.	- " -	Aufstellung der K - Flottille 212 (Linsen).
16.10.44.	- " -	Stabsarzt d.Lw. Dozent Dr. Malorny zur Ver=
		fügung Kom.Adm. U.-Boote abkommandiert. Zusammen=

일자	장소	내용
1944.10.11.	티멘 마을 해변	바다표범에 제공된, 사람을 깨어 있게 하고 성능을 향상시켜 주는 약물에 대해 오르체코프스키 박사와 대화. 이 잠수정에서 2명이 약 나흘 동안 작전을 수행한다. 생활 조건은 마치 꼬치고기 배 속에 있는 것과 비슷하다. 두 병사는 앞뒤로 쿠션이 있는 의자에 나란히 앉아 있다. 앞사람 등받이는 뒤로 젖혀져서 잠시 누울 수 있다. 수상에서는 디젤 엔진으로 움직이고, 수중에서는 전기 엔진으로 움직인다. 환기는 증기 분사 방식으로 이루어진다. 식사는 통조림으로 해결하는데, 내용물을 전기냄비에 데워 먹는다. 앞사람이 지휘관으로서 조종을 맡고, 뒷사람은 부조종사로서 기계 설비를 담당한다. 뒷사람은 워낙 공간이 좁아 이동의 자유가 극도로 제한된다. 이런 면에서는 앞사람의 조건이 한결 낫다. 조종석에서 앉거나 설 수 있기 때문이다. 잠수정에서 나흘 동안 버티는 것은 무척 힘들고, 각성제 없이는 가능하지 않다. 이 전쟁에서는 필요하다면 강력한 약물로 인한 부작용을 감수해야 한다는

		것이 군 지도부의 입장이다. 그로써 임무 수행에 도움이 된다면 말이다. 원두 커피 옆에는 카르디아졸-카페인, 페르비틴, 코카인이 있는데, 선택해서 먹을 수 있다. 오르체코프스키 박사와 필요한 테스트에 대해 상의했다.
1944.10.15.	- 〃 -	K-소형 함대 212 부대 창설(린젠)
1944.10.16.	- 〃 -	참모부 군의관 말레르니 박사 잠수함 파견……

한 해군 장교의 전시 일지: 카페인, 페르비틴, 코카인.

그렇다면 이 위험한 실험을 누구와 함께 어디서 진행했을까? 이 대목에서 오토 스코르체니를 통해 이루어진 나치 친위대와의 연결 고리를 기억할 필요가 있다. 이 고리가 단단히 잠겨 있던 해군의 문을 열게 할까? 그랬다. 되니츠는 동의했고, 하이에도 승낙했다. 이로써 먼지 하나 없는 제복을 입은 깨끗한 해군이 더러운 친위대와 다시 손을 잡았고, 그와 함께 오늘날까지도 세세하게 밝혀지지 않고 있는 일급비밀 프로젝트가 시작되었다. 1944년 11월 말 실험을 책임진 해군 의사 리헤르트의 눈앞에 실제로 거대한 시설의 문이 열렸다. 어차피 그로서는 잃을 게 없는 곳이었다. 시설의 강판에는 이렇게 적혀 있었다. 노동이 너희를 자유롭게 하리라![20]

작센하우젠 강제 수용소

중간중간 십자형 총안이 있는 3미터 높이의 원형 담장으로 둘러싸인 공터에 찬바람이 불고 있다. 공터에는 일일초를 심어 놓은 대형 화분이 대칭 배열로 서 있다. 외벽에는 보안을 위해 전기 울타리가 쳐져 있다. 그 앞에는 둥근 철조망과 자갈밭이 길게 펼쳐져 있다. 〈중립 지대: 접근하면 경고 없이 발포함!〉

베를린에서 북쪽으로 35킬로미터 떨어진 소도시 오라니엔부르크 외곽에 위치한 작센하우젠 강제 수용소는 올림픽 기간인 1936년에 문을 열었다. 나치 친위대 건축가가 도면으로 설계한 최초의 수용소였다. 건축 구조는 총체적인 감시 체계가 용이하도록 정삼각형으로 이루어져 있었다. 연두색으로 칠한 목골 구조의 주망루 난간에서는 경비병 한 명이 반원형의 점호장을 중심으로 4개의 아치 형태로 늘어선 막사들을 한눈에 감시할 수 있었다. 그러니까 기관총 한 정으로 모든 수감자를 구석으로 몰아넣는 것이 가능했다. 수용소 존속 기간 동안 40여 개국의 20만 명이 넘는 사람이 이곳에 투옥되었다. 정치적 반대자, 유대인, 집시, 동성애자, 여호와의 증인, 점령된 유럽 국가의 주민, 〈반사회적 인간〉, 알코올 중독자, 마약 중독자 같은 사람이었다. 수감자 수만 명이 여기서 굶주림과 질병, 강제 노동, 학대, 의료 실험으로 목숨을 잃었다. 1941년 가을에는 1만 3,000~1만 8,000명으로 추산되는 소련 포로들이 살해 과정을 표준화한 〈경추 사격 시설〉*에서 숨

---

* 수감자를 의료 기기로 위장해 놓은 방에 데려간 다음, 옆방에서 경추를 바로 쏠 수

졌다.

　이 수용소의 또 다른 추악한 면은 소위 〈신발 테스트 걷기 부대〉였다. 수감자들은 쉼 없는 강제 걷기를 통해 독일 신발업계에서 만든 신발의 밑창 마모도를 테스트했다. 잘라만더, 바타, 라이저 같은 신발 회사는 최신 개발 상품을 강제 수용소로 보냈다. 전쟁으로 인해 제한적으로 배급되던 가죽의 대체품을 찾고 있었던 것이다. 오늘날 작센하우젠 기념관에 일부 남아 있는 신발 테스트 걷기 트랙은 700미터 길이의 보도였는데, 그중 58퍼센트는 콘크리트, 10퍼센트는 광석 찌꺼기, 12퍼센트는 모래, 8퍼센트는 늘 물에 잠겨 있는 점토, 4퍼센트는 쇄석, 4퍼센트는 자갈, 또 4퍼센트는 포석이었다. 이것은 독일군이 침공한 유럽의 모든 토양 조건을 샘플화해 놓은 것이다.

　신발 테스트 걷기 부대는 일종의 징벌 부대였다. 노동을 거부하거나, 노름을 하거나, 물물교환을 하거나, 식당이나 개 사육장에서 음식을 훔친 사람은 이 부대에 배속되었다. 〈게으름〉과 불복종, 동성애 행위도 이리로 들어가는 지름길이었다. 이 부대를 진두지휘한 사람은 동프로이센 센스부르크 출신의 신발 장인이자 공무원이었던 에른스트 브렌샤이트Ernst Brennscheidt 박사였다. 나치 친위대나 나치당에 가입한 적은 없지만 잔인하기로 유명했다. 그는 처음에 수감자 120명으로 출발했다가 나중에는 부대 규모를 170명으로 확대했다. 또한 보행 속도를 높여 일일 할당량을 40킬로미터 이상으로 늘렸다. 게다가 마라톤에 육박하는 거리를

있는 지점에 세워 놓고 살해한 나치의 처형 시설. ― 옮긴이주.

걷는 동안 발바닥에 하중을 높이기 위해 수감자들에게 약 11킬로그램의 배낭을 지게 했고, 심지어 추가로 다른 정보를 얻으려고 일부러 꽉 죄는 신발을 주거나, 아니면 오른발과 왼발에 각각 치수가 다른 신발을 신기기도 했다.

행진을 감독하는 카포*는 숫자 카드를 준비해 놓고 있다가 죄수들이 한 바퀴씩 돌 때마다 기둥에 부착해 놓은 봉인된 나무 상자 속에 넣었다. 얼마나 걸었는지 합산하기 위해서였다. 신발은 10킬로미터 단위로 마모 상태를 확인했다. 죄수들은 명령에 따라 눕거나 무릎을 굽히거나 포복을 하거나 제자리에서 점프를 했다. 녹초가 된 〈신발 테스트 주자〉가 쓰러지는 일은 자주 일어났다. 그러면 브렌샤이트가 양치기 개를 풀어서 위협했다. 죄수들은 행진, 분열, 사열 대형으로 걸었다. 악천후에도 걷기는 멈추지 않았다. 그래야 금전적 손실을 막을 수 있었다.

신발 테스트 걷기의 비용은 독일 경제부가 부담했다. 이 기관은 소재 평가에 집중했고, 작센하우젠 수용소에서 성공적으로 테스트를 거친 가죽 대체제만 생산을 허락했다. 수용소 당국에는 죄수 일인당 하루에 6제국마르크를 지불했다. 고무 밑창은 수차례 품질 개선을 통해 3,000킬로미터를 버텼다. 이는 실전에서 75일간의 행군에 해당한다. 다른 소재는 대부분 탈락했다. 가죽 섬유 소재는 1,000킬로미터를 채 가지 못했고, IG 파르벤에서 부드러운 PVC로 만든 이겔리트 밑창은 2,000킬로미터 넘게 갔

---

* Kapo. 다른 수감자를 관리 감독하거나 잡무를 보는 대가로 수용소 내에서 나름의 특전을 누리던, 완장 찬 죄수. — 옮긴이주.

다.[21] 이 모든 내용은 꼼꼼히 기재되었다. 다만 희생자 수는 처음부터 기록하지 않았거나, 기록했어도 폐기했을 가능성이 높다. 걷다가 쓰러진 사람은 하루에 최대 20명으로 추정된다.[22] 나치 친위대에서는 그런 사람들을 〈노동을 통한 절멸〉로 기록했다.

알약 정찰대

1944년 11월 17일부터 20일까지 해군은 〈비밀 지휘 서신〉을 통해 신발 테스트 걷기 부대를 임대했다. 첫날 저녁 8시 30분 정각, 수감자들은 해군 의사 리헤르트로부터 고용량의 마약을 받았다. 알약 형태로 순수 코카인 50~100밀리그램(엄청난 양이다), 껌 형태로 20밀리그램, 페르비틴 20밀리그램, 또는 마찬가지로 껌 형태로 기존 템러 알약의 7배 함량에 해당하는 약을 받았다. 30분 뒤 효과가 나타나자 테스트 트랙에서 걷기가 시작되었다. 말 그대로 밤을 꼬박 새운 행군이었다.

새벽 4시에서 5시 사이, 어둠 속에서 꼬박 일고여덟 시간을 정신없이 걷다가 대부분 〈발이 아파〉[23] 포기했다. 이곳에 수감되었다가 훗날 유니세프를 공동으로 설립한 오드 난센Odd Nansen은 나중에 이 실험을 이렇게 묘사했다. 〈현재 이상한 정찰대가 끊임없이 《신발 부대》와 유사하게 점호장을 빙빙 돈다. 모두 무거운 배낭을 진 채 걸어가면서 노래를 부르고 휘파람을 분다. 이른바《알약 정찰대》다. 이들은 새로 고안된 에너지 알약의 실험용 토끼다. 알약을 먹은 뒤 효과가 얼마나 오래 지속되는지 이들을 통해 알아보는 것이다. 그런데 대부분 24시간 후에 포기하고 쓰러졌다. 알약을 먹으면 피곤함 같은 통상적인 반응 없이 믿기 어려운 능력을 발휘할 수 있다고 했지만 말이다. 지금 독일인들에게는 이런 알약이 꼭 필요한 모양이다.〉[24]

행군 과정에서 수감자들이 어떤 학대를 받았는지는 리헤르트의 기록에 나오지 않는다. 다만 피험자 3번인 20세의 귄터 레만 Günter Lehmann은 코카인 75밀리그램을 섭취한 상태에서 다음 날 오전에도 계속 걸은 유일한 사람이었다. 오전 11시까지 〈피로감 없이〉 총 96킬로미터를 혼자 돌았다고 실험 보고서에 냉소적으로 적혀 있다.[25] 그는 13시에야 막사로 보내졌다. 그곳에는 여전히 약에 취한 수감자들이 저녁까지 머물렀다. 아무도 잠을 잘 수 없었다. 20시경 같은 약물이 다시 배포되었다. 그날 밤에도 쉴 수 있는 사람은 없었다. 〈참가자들은 (……) 마음만 먹으면 할 수 없는 게 없다.〉 강력한 코카인과 크리스털 메스에 완전히 취한 채. 그것도 강제 수용소에서 말이다.

이튿날 20시, 〈다시 약이 나왔다. 그룹은 동일한 조건하에서 방에 머물렀다.〉 남자들은 카드놀이를 했고, 대화를 나누거나 책을 읽었다. 몇몇은 누워 있거나, 앉아서 꾸벅꾸벅 졸았다. 하지만 다들 다시 깨어났다. 이튿날 리헤르트는 그들의 모습을 이렇게 묘사했다. 〈1번, 10번, 11번은 아침에 졸려 보였고, 9번은 고단해 보였다. 나머지는 생생했다. 이전처럼 계속 일을 했다. 19시 30분 재차 약을 배포했다.〉 넷째 날 16시에 실험은 종료되었고, 비자발적 피험자들은 비틀거리며 막사로 돌아갔다.

그사이 두 번째 그룹이 배낭을 진 행군을 시작했다. 제2의 알약 정찰대였다. 이 그룹에서는 레만의 성적이 달성해야 할 기준이 되었고, 그보다 먼저 포기하는 사람은 죽음을 맞이할 거라는 협박이 가해졌다. 그 결과 거의 모든 참가자가 90킬로미터 행군 목표를 달성했다. 해군 참모부 의사는 흐뭇하게 이렇게 기록했다. 〈이 약물의 작용은 개인의 기질 및 의지와는 전반적으로 별 상관이 없어 보인다. (……) 피험자들은 기질에 반하는 상태로 강제로 끌려 들어간 게 분명했다.〉 이렇게 해서 수감자들은 극도로 지치고 쇠진한 상태였음에도 행진 기계로 변신했다. 하이에 제독도 이 결과가 마음에 들었다. 가망 없는 최후의 전투에 필요한 힘과 의지를 병사들의 내면에서 자발적으로 끌어낼 수는 없다고 보았기 때문이다.

그렇다면 얼마만큼의 용량이 원하는 〈상태〉를 강제로 끌어내는 데 가장 좋을까? 리헤르트의 말을 들어 보자. 〈나흘 밤낮 동안 잠깐만 자거나 전혀 자지 않으면서도 임무 수행 능력을 유지하려는 목표는 A에서 D까지의 약물을 사용할 때 가능하다. 여기서 우선적으로 고려해야 할 약물은 B와 C다.〉 B와 C는 껌 형태로 제공되는 20밀리그램의 코카인 염과 코카인 염기다. 그렇다면 리헤르트의 제안은 분명하다. 젊은 해병들에게 코카인 껌을 씹게 하면서 전쟁의 마지막 파고를 헤쳐 나가게 하자는 것이다. 사흘 밤낮 동안 자지 않고 임무를 수행함으로써 말이다.

정말 터무니없고 비인간적인 실험이었음에도 불구하고 해군 의사는 이 수용소 출장을 퍽 만족스러워했다. 그래서 다른 테스트를 계획하기도 했다. 목표는 〈약물 효과로 밤낮없이 계속 깨어 있는 상태에서 인간의 집중력은 어떻게 변하는지〉 확인하는 것이었다. 그러나 시간이 없었거니와 연합군도 점점 더 빠르게 치고 들어오는 바람에 후속 실험은 이루어지지 않았다.

　해군 의무국 요원들은 뉘른베르크에서 열린 전범 재판에 피고인으로 불려가지 않았다. 전쟁이 끝난 뒤에도 그들은 늘 나치 친위대와 어떤 형태로도 연결되어 있지 않았다고 주장한다. 그러나 그것은 사실이 아니다. 예전에 군사 의학 아카데미에서 의무 장교 후보생들이 랑케와 함께 페르비틴으로 자발적 자기 실험을 했듯이, 전쟁 중에도 성능 향상제를 찾는 작업은 해군의 주도하에 강제 수용소에서 인간 실험의 형태로 더 한층 도착적으로 진행되었다.

진정한 몰락

　1944년 12월 7일, 총통 후계자로서 자격이 충분하던 되니츠가 드레스덴에서 5,000명의 히틀러 소년단 앞에 섰다. 대부분 15세 또는 16세 청소년이었는데, 개중에는 10~12세의 어린아이도 상당수 포함되어 있었다. 연단 위 마이크 옆에는 꽃으로 장식해 놓은, 길쭉한 대형 항아리처럼 생긴 잠수함 모형이 설치되어 있었다. 대제독이 최종 승리를 위한 독일의 유일한 희망이라며 극찬한 무기였다. 여기는 자원 입대자를 모집하는 자리였다. 수많은 히틀러 소년단이 자원 신고서를 냈고, 이후 며칠 사이 검게 그을린 번호판을 단 트럭에 실려 각자 배정받은 항구로 실려 갔다. 거기서 비밀 작전용 해군 제복을 지급받았다.[26] 이 소년들은 작은 황금색 톱상어가 그려진 군모[27]를 이마까지 눌러 쓰고, 리벳으로 급하게 접합한 어뢰정에 탑승하고, 마찬가지로 급조한 알약이나 코카인이 잔뜩 첨가된 껌을 받을 때까지도 당연히 자신들에게 무슨 일이 일어날지 몰랐다. 곧 자루 속에 갇힌 어린 고양이처럼 대부분 비참하게 물에 빠져 죽을 것이다.

해군 사관생도 하인즈 만타이Heinz Mantey는 잠수정 바다표범으로 연습 운항을 했던 상황을 이렇게 묘사한다. 그는 탑승 전에 동승한 엔지니어 병사와 함께 성분을 알 수 없는 각성제를 받았다. 〈우리는 기분이 엄청나게 좋아지는 것을 느꼈다. 마치 무중력 상태 같았고, 모든 게 비현실적인 색깔로 어른거렸다.〉[28] 얼마 안 가 환청이 찾아왔다. 환상적인 음악이었다. 잠수정 안의 모든 계기와 장비가 빛나기 시작했고, 형체와 크기도 이리저리 바뀌었다. 그러나 이런 기분 좋은 환상은 계속 이어지지 않았다. 효과가 점점 강력해지면서 겁이 났고, 그들은 혼란스러운 상태에서 얼른 물 위로 떠올라 몇 시간 동안 정처 없이 바다 위를 헤맸다. 나중에는 해안으로 돌아가야 한다는 생각조차 떠오르지 않았다.

약에 취한 오디세이는 예외적인 일이 아니었다. 다른 사관생도도 〈각성제가 대대적으로 사용되었다〉고 보고했다. 당연히 자신도 출항할 때 늘 약을 받았다고 한다. 또 다른 바다표범 조종사의 증언도 비슷하다. 그는 작전 투입 전, 피곤할 때 하나씩 먹으라면서 빨간 당의정을 다섯 알 받았다. 효능과 부작용에 대해서는 일절 설명을 듣지 못해서 두 시간 뒤 예방 차원에서 다섯 알을 다 먹어 버렸다. 결과는 명확했다. 나흘 동안 계속 깨어 있었다.

또 다른 조종사는 자신의 임무를 다음과 같이 상세히 묘사했다. 1945년 1월, 템스강 어귀가 4박 5일 동안의 작전 지역으로 적합한지를 확인하는 임무가 그에게 맡겨졌다. 잠수정 안은 너무 좁고 너무 많은 것이 설치되어 있어서 운신하기조차 쉽지 않았다. 게다가 조종사에게는 고용량의 약물이 주입된 상태였다. 〈무서웠다.〉 몸을 꽉 죄는 안전벨트, 고장이 잘 나는 기기와 급조된 장비들, 외부 세계와의 차단, 미숙한 조종, 높은 파고에 혼자 남겨진 것 같은 두려움, 혈액 속의 도취 물질, 폭발물을 실은 금속 캡슐……, 결국 그는 템스강 하구에 도달하지 못했다. 결코 이상한 일이 아니다.

상황을 통제하지 못하기는 다른 사람들도 마찬가지였다. 한 장교 후보생에게 마약의 효과가 찾아왔다. 끊임없는 흔들림 속에서 마약은 그의 내장을 강타했다. 기계의 일정한 리듬이 만들어 내는 소리는 심장 박동처럼 펌프질을 해댔다. 오줌이 마려우면 즉시 앉은 채로 일을 보았다. 그것도 속에 있는 것을 모두 게워 낸 바닥에 말이다. 〈지금껏 뱃멀미를 한 적은 없었다. 그런 내가 속에 있는 마지막 찌꺼기까지 다 게워 내고도 계속 토악질을 해댔다. 이것은 뱃멀미가 아니었다. 이것은 아픈 것이었다. 그냥 쌩하고 달리고 싶은 충동이 점점 강해졌다. 우리는 이틀 동안 제대로 잠을 자지 못했다. 추운데도 땀이 났다. 계속 앉아 있는 건 고역이었다. 흔들림, 악취, 소음, 습기.〉[29] 영국 해협에서의 공포와 증오였다.

　마약에 취한 해군의 소규모 전투 부대는, 한때 세계 정복의 허황한 꿈을 안고 적에게 두려움의 대상이 되었던 과거 독일군의 잔당이었다. 1945년 4월에도 바다표범은 여전히 출항했다. 한 조종사는 출발 전에 알약을 여러 개 먹었다고 진술했다. 망망대해에서 눈앞에 집과 거리가 떠오르는 것이 보였다. 〈갑자기 까마귀가 뒤에서 목을 쪼려고 하는 느낌이 들어서 고개를 홱 젖혔다. 웽웽거리는 엔진 소리 속으로 우리를 향해 돌진해 오는 번갯불이 보였다. 순간 상공의 적기에서 검은 두 점이 분리되었다.〉 다행히 그와 부사수는 총에 맞지 않고 위험에서 벗어났다. 임무 수행 다섯째 날부터 일곱째 날까지 두 사람은 하루에 15~20알을 먹었다. 슬픈 신기록이다. 나지막한 하늘 위로 일부 파손된 도크 크레인이 우뚝 솟은 에이마위던 기지에 그들의 잠수정이 도착했을 때, 두 남자는 잠망경에 흰색 수건을 묶은 뒤 서로 팔짱을 끼고 잠수정 몸체 가장자리에 앉았다. 대상이 누구든, 앞으로 무슨 일이 벌어지든 그들은 항복했다. 〈7일간의 불면도 이것으로 끝났다.〉

　독일 제국은 밀폐된 베를린 총통 벙커의 폐소 공포증 속에서만 무너진 것이 아니라, 강제 수용소에서 테스트를 거친 코카인 껌에 취해 무모한 작전을 펼친 북대서양의 차가운 바다에서도 약리학적으로 붕괴했다. 여기서는 소규모 전투 무기들이 지속적으로 첨벙거리고, 잠수하고, 떠다녔다. 어뢰를 실은 무기들 안에는 젊은 해군 병사들이 지금껏 유례가 없는 강력한 마약에 취해 갇혀 있었다. 1945년 4월 3일 14시 48분, 이 작전의 최고 책임자 하이에 제독은 라디오 연설에서 이렇게 설명했다. 〈작금의 전황 보고에 따르면 우리 전투 부대들은 임무 수행을 위해 전력을 다하고 있습니다. 불명확한 전선 상황과 통제할 수 없는 소문에도 불구하고 우리 군은 역류에 맞서 과감하게 전진하고 있습니다. 총통 각하와 군이 한마음으로 단결할 때 여전히 길이 있다는 사실이 다시 한번 증명되었습니다. 당장의 성공은 이루지 못하더라도 자랑스러운 성취는 영원히 남을 것입니다.〉[30]

총통과 군이 한마음으로 단결했다고? 가당찮은 소리다. 마음보다는 비슷한 종류의 강한 마약으로 단결했다는 말이 더 적확해 보인다. 소규모 전투 부대원들이 죽음을 무릅쓰고 감격적으로 잠수정에 승선했다는 하이에의 주장은 철면피 그 자체다. 약에 취하지 않고는 〈목숨을 걸어야 하는 그런 임무〉에 나설 일반 병사는 없다. 그들 속의 마지막 잠재력까지 끄집어낸 것은 약물일 뿐이다.

헬무트 하이에는 전쟁에서 살아남아 평생 독일군과 관련된 일을 했다. 심지어 1961년에는 콘라트 아데나워Konrad Adenauer 총리가 이끄는 기민당 연방 정부의 국방 위원이 되었다. 금빛 톱상어가 수놓인 군모를 쓴 그의 병사들은 지금도 대서양 바다의 차가운 강철 관 속에 누워 있는데도 말이다.

세뇌

나치 친위대 대위이자 라이프치히 대학교의 쿠르트 플뢰트너 Kurt Plötner 박사는 전후 미군에 체포된 뒤 신상 보고서에 이렇게 기재되었다. 〈단단한 체구, 둥근 얼굴, 반(半)금발, 푸른 눈, 뿔테 안경, 근시, 통통한 볼, 수염 없음. 왼쪽 관자놀이에 단검 흉터. 차고 축축한 체질.〉[31] 그는 뮌헨 인근의 다하우 수용소에서[32] 국방 과학 연구소 팀장으로 일하며 수감자들에게 〈의지를 무력화시키는 화학적 방법〉을 실험했다. 이 방법의 토대는 아우슈비츠 절멸 수용소에서 위생-세균학 조사 센터장을 맡고 있던 브루노 베버 Bruno Weber가 바르비투르산염, 모르핀 유도체, 메스칼린으로 실시한 실험이었다. 이 실험의 출발점은 포로로 잡은 폴란드 저항군의 심문 과정에서 만족할 만한 정보를 빼내지 못한 게슈타포의 요구였다.* 그렇다면 인간의 체력적 한계를 시험하던 작센하우젠 수용소와 달리 아우슈비츠에서는 세뇌와 의식의 통제에 초점을 맞추고 있었다.

플뢰트너는 다하우 수용소에서 이 야만적인 실험을 이어 갔다. 일단 멕시코 페요테 선인장에 천연 상태로 함유된 향정신성 알칼로이드 물질 메스칼린을 수감자들에게 주입했다. 그것도 당사자들 모르게 말이다. 수천 년 전부터 아메리카 원주민 문화에서 신들 및 선조와의 영적 접촉을 위해 제식으로 사용하던 이 물질은

---

* 이전에도 게슈타포는 히틀러 암살을 시도한 게오르크 엘저를 체포한 뒤 배후를 밝히기 위해 고용량의 페르비틴을 투여했지만 실패했다.

환각성이 강했다. 1920년대에 메스칼린은 이른바 의식을 활짝 열어 준다는 이유로 사상가와 예술가, 심리학자들 사이에서 인기가 많았다. 작가 올더스 헉슬리Aldous Huxley는 『지각의 문Doors of Perception』에서 그 효과를 실제로 〈지각(知覺)의 문이 활짝 열리는 것〉으로 표현했다. 그러나 마약의 약리 효과에서 중요한 것은 항상 세팅, 그러니까 복용 상황이다. 플뢰트너는 메스칼린으로 피험자들을 정신적으로 자유롭게 놓아 줄 마음이 없었다. 아니, 그 반대였다. 그는 전임자인 아우슈비츠의 베버 박사처럼 세뇌를 통해 심문 과정에서 더 나은 결과를 얻을 수 있는지 밝혀내고 싶었다.[33]

〈모든 질문은 내면으로의 침입이다. 그것은 권력의 수단으로 사용될 경우 질문받는 사람의 몸을 칼처럼 베어 버린다.〉엘리아스 카네티Elias Canetti의 『군중과 권력Masse und Macht』에 나오는 말이다.[34] 인간의 자유는 상당 부분 개인적인 비밀의 보호를 향해 있기에 플뢰트너는 인간의 깊숙한 내면으로 깊이 찔러 들어가는 날카로운 칼날을 개발하려 했다. 이 도착적인, 나치 친위대의 샤먼은 총 30명의 수감자들에게 메스칼린을 몰래 탄 커피나 알코올을 제공한 뒤 처음에는 아무것도 모르는 피험자들과 일상적인 대화를 나누었다. 그러다 30분에서 60분 후에 서서히 변화가 나타났다. 알칼로이드가 위 점막을 통해 혈관으로 흘러 들어간 것이다. 플뢰트너는 이제 마약을 통해 존재의 문이 활짝 〈열린〉 실험용 토끼들에게, 이 특별한 심문 공간에서 자신이 그들의 가장 깊은 내면을 직접적으로 들여다볼 수 있다고 믿게 만든 뒤, 자발적으로 모든 것을 털어놓지 않으면 아주 끔찍한 일이 생길 수 있다고 협박했다. 이 음험한 전략은 효과가 있었다. 〈메스칼린 약효가 퍼지기 시작하면 조사자는 죄수의 가장 은밀한 비밀까지도 어렵지 않게 끄집어낼 수 있었다. 질문만 노련하게 던지면 말이다. 그들은 에로틱하고 성적인 문제도 술술 털어놓았다. (……) 더 이상 정신적 유보는 없었다. 증오와 복수의 감정은 늘 쉽게 드러났다. 그들은 이 교묘한 질문들의 함정을 꿰뚫지 못하고 기소될 수 있는 내용들도 순순히 답변했다.〉[35]

플뢰트너는 이 실험을 마저 끝내지 못했다. 미국인들이 수용소를 해방시키고, 관련 자료를 압수했기 때문이다. 이 자료는 미국 정보기관에는 무척 먹음직스러운 먹잇감이었다. 그를 토대로 하버드 의학자 헨리 K. 비처Henry K. Beecher와 찰스 새비지Charles Savage는 코드명 〈프로젝트 채터Project Chatter〉를 실시했고, 워싱턴 D.C.의 해군 의학 연구소에서도 다른 실험들이 진행되었다. 또한 1950년대에는 플뢰트너의 실험 결과를 기반으로 피험자 수천 명을 대상으로 한 연구가 줄을 이었고, 그 연구 결과는 한국 전쟁 중에 소련 스파이들의 입을 열게 하는 도구로 투입되었다. 독일인들과 비슷하게 미국인들의 목표도 분명했다. 〈민간인 죄수와 군사 포로에게 사용할 실질적인 도구로서 마약의 작용 방식을 정확히 파악하는 것〉이었다. 승전한 미국은 로켓 비행, 즉 외부 세계의 탐사 측면에서 나치 제국의 지식을 아낌없이 받아들였을 뿐 아니라 내부 세계의 통제를 위해서도 나치의 마약 실험을 고스란히 수입했다.[36] 플뢰트너의 선행 연구에 기반한 미국의 비밀 프로그램 〈MK 울트라〉는 〈마인드 컨트롤Mind Kontrol〉을 목표로 삼았는데, 여기서 컨트롤의 첫 알파벳을 영어 〈C〉로 쓰지 않고 독일어 〈K〉로 쓴 것은 이 방면에서 앞서 나간 독일에 대한 오마주로 해석될 수 있다.

플뢰트너는 그런 비인간적인 행위로 처벌을 받지 않았다. 1952년까지 〈슈미트〉라는 가명으로 북부 독일에 숨어 지내다가 월드컵이 열렸던 1954년 프라이부르크 의과 대학 강사에 임명되었다.

마약의 황혼녘

사람은 더 고결해질수록 무언가를 포기하는 것도 더 쉬워질 수밖에 없다. (……) 만일 거리 청소부가 파이프 담배나 맥주를 포기할 수 없고 포기하고 싶지도 않다면 스스로에게 이렇게 말해야 한다. 〈그래, 포기의 고귀한 필연성을 꿰뚫어 보는 통찰력이 없기 때문에 너는 국가를 이끄는 인물이 아니라 거리 청소부가 된 거〉라고.[37]

　　　　　　　　　　　　　　　　　—아돌프 히틀러

1944년 11월 28일, 연합군이 탈환한 안트베르펜 항구에 미국의 첫 호송 선단이 도착했다. 이로써 연합군의 보급로가 확보되었다. 같은 해 12월, 미군은 서부 전선 전역에서 제국 국경을 향해 진격을 개시했다. 모렐은 1944년 12월 9일 히틀러의 왕진 내용을 이렇게 기록했다. 〈주사를 중단하고 싶었지만, 목전의 상황으로 인한 극도의 심신 쇠약 때문에 총통의 요청으로 포도당 10밀리리터와 호모세란 10밀리리터를 근육에 주사했다.〉 그날 밤 히틀러는 오이코달 정맥 주사도 맞았다.[38]

그 겨울철, 히틀러의 심신 쇠약은 그야말로 극한으로 치달았다. 히틀러는 점점 또렷해지는 패배를 명확하게 보여 주는 일종의 인간 지진계가 되어 버렸다. 그는 거의 매일 밤 〈생에서 가장 큰 스트레스와 (……) 임박한 사건과 독일 도시들에 대한 끊임없는 폭격으로 극도의 신경 쇠약을 경험했다〉.[39] 그는 이 모든 것을 견뎌야 한다는 핑계로 지속적으로 주사를 요구했다. 1944년 12월 10일 독재자는 바트 나우하임 인근의 또 다른 총통 본부로 옮겼다. 〈독수리 둥지〉라는 이름의 지휘 본부였다. 여기서 그는 서방 연합군에 대해 망상에 가까운 해방 공격을 계획했다. 주치의는 이렇게 기록했다. 〈새벽 4시 40분 호출. 재차 경련 발발. 오이코달-오이파베린 정맥 주사. 인생에서 가장 긴장되는 날들. 반드시 위대한 승리를 이루어 내야 한다! 오전 11시 30분, 총통은 여전히 경련 증상을 보였고, 잠을 자지 못했다. 그런 상태에서도 대규모 회의는 수시로 열렸다. 기대되는 몇 가지 중요한 소식을 기다리며 출발. 기차에서는 주사를 여러 번 맞는 것이 불가능했지만, 총통은 내릴 때 생기 있는 모습을 보여야 한다며 반드시 정맥 주사가 필요하다고 말했다.〉[40]

12월 11일 꼭두새벽이었다. 초라한 행렬의 부대가 타우누스 산지의 새 지휘소에 도착했다. 히틀러는 보안상의 이유로 두 그룹으로 나누어 서부 전선 지휘관들을 소집했다. 총기와 가방을 빼앗긴 채 당황한 표정을 짓던 장군들은 차량에 실려 헐벗은 겨울 숲을 30분 동안이나 이리저리 돌았다. 방향 감각을 잃게 하기 위해서였다. 마침내 차량은 한 벙커 앞에 멈추어 섰다. 하소 폰 만토이펠Hasso von Manteuffel 장군은 당시 상황을 이렇게 묘사했다. 중무장한 친위대원들로 이루어진 사람 울타리를 지나자 그들 앞에 〈창백하고 부은 얼굴의 구부정한 형체〉가 나타났다. 〈소파에 힘없이 무너져 내린 상태에서 쉴 새 없이 두 손을 떨었고, 격렬하게 움찔거리는 왼팔을 숨기려고 끊임없이 애썼다.〉[41] 그 형체는 다름 아닌 아돌프 히틀러였다. 침을 질질 흘리는 소름 끼치는 난파선 같은 모습의 독재자는 그전에 기력 보강을 위해 미음을 두 그릇 먹었고, 현재 상황을 완벽히 통제하는 척했으며, 비겁하게 한마디도 못 하는 장성들에게 공격 계획을 설명했다. 그러나 히틀러 역시 이 모든 계획이 모험이고, 〈양 세력 간에 힘의 불균형〉이 존재한다는 사실을 인정할 수밖에 없었다.[42] 모렐의 기록에는 이 으스스한 분위기의 회의가 터무니없이 미화되어 있다. 〈총통은 약 40~50명의 장성들과 장시간 회의를 가졌다. 총통은 무척 생기가 넘치고, 활달하고, 감동적이고, 충동적이었다고 한다. 전반적으로 아픈 데는 없었다.〉[43]

제2차 아르덴 공세는 1940년 봄과는 완전히 다르게 진행되었다. 이번에는 전력 열세를 극복할 길은 트릭뿐이었다. 게다가 연합군 폭격기들이 공중에서 독일 특공대를 쉽게 발견하고 폭격할 수 없도록 날씨가 좋지 않기만 기대했다. 나치 친위대 스코르체니 중령은 약탈한 미 군복을 입힌 병사 1,000명을 적진 후방으로 침투시켰다. 그들의 배낭에는 당연히 D IX가 들어 있었다. 그리고 혼란을 야기할 목적으로 미 사령관 드와이트 D. 아이젠하워 Dwight D. Eisenhower를 암살하려 한다는 소문을 퍼뜨렸다. 이 전략은 단시간이지만 실제로 먹혔다. 연합군의 주의력을 극도의 보안 강화 쪽으로 쏠리게 했기 때문이다.

그러나 독일군의 작전은 곧 무위로 돌아갔다. 국방군과 무장 친위대는 큰 손실을 입고 격퇴당했다. 1944년 12월 19일 히틀러는 시금치 수프를 먹고 나서 〈과도한 스트레스를 호소하며 간 제제와 페르비틴〉을 요청했다.[44] 그렇다면 이제는 메스암페타민도 복용했다는 말이다. 그것을 주사로 맞았는지, 아니면 입으로 먹었는지는 모렐의 기록에 명확하게 언급되어 있지 않다. 다만 전자일 가능성이 높아 보인다. 늘 주사로 투여하는 간 제제와 바로 연결해서 페르비틴을 언급하기 때문이다. 과거 힘러의 영양 감독관이었던 에른스트 귄터 솅크 Ernst Günther Schenck는 환자 A도 규칙적으로 각성제를 입으로 복용했다고 주장했다. 노벨-비타물틴에 몰래 섞어서 말이다. 솅크는 황금색 포장지에 싸인 이 약물 중 하나를 군사 의학 아카데미 산하 국방 약리학 연구소에 성분 분석을 맡겼는데, 그 결과 페르비틴과 카페인이 함유된 것으로 드러났다.

1944년에서 1945년으로 해가 바뀔 때도 총통은 약물에 취해 있었다. 그는 우선 포도당에 이어 호르몬이 풍부한 동물 간 주사를 맞았고, 그다음에는 송년회 기념으로 오이코달 정맥 주사를 맞았다. 정확한 용량은 기록되어 있지 않지만, 효과는 적혀 있다. 〈총통은 거의 완벽에 가깝게 안정을 찾았다. 왼팔과 왼손의 떨림도 경미해졌다.〉[45]

대외적으로 독재자의 상태는 여전히 미화되었다. 1944년 마지막 날에 발행된 주간지 『제국*Das Reich*』에서 괴벨스는 다음과 같이 썼다. 〈민족 구원을 넘어 대륙의 얼굴을 새로 만들겠다는 목표를 세운 이 남자는 일상의 즐거움과 시민적 삶의 안락함을 완전히 외면했다. 아니, 그에게 그런 삶은 아예 존재조차 하지 않았다. (……) 그가 얼마나 강하고, 얼마나 엄청난 힘을 내뿜는 사람인지는 곁에 잠깐만 함께 있어도 알 수 있다.〉 이 선전 장관은 국가 수반의 명백한 나쁜 자세에 대해서도 나름의 설명을 갖고 있다. 〈그의 목이 아주 살짝 구부정한 것은 늘 군사 지도를 내려다보며 고민하고 또 고민한 데서 비롯되었다. (……) 그는 소박함 그 자체다. 만일 우리 인민의 점심과 저녁 식탁이 총통의 식탁과 같다면 독일 식량 예산은 걱정할 필요가 없을 것이다.〉[46]

독일 공군의 마지막 대공습은 1945년 1월 1일 오전 완전한 대실패로 끝났다. 1,000대에 육박하는 전투기가 작전을 위해 공중으로 치솟았다. 그러나 철저한 보안에도 불구하고 연합군의 방공망은 효과적으로 대응했고, 수십 명의 조종사가 마지막 페르비틴을 복용한 상태에서 하늘에서 떨어졌다. 그런데 진짜 재앙은 적으로부터 살아남은 자들의 귀환 과정에서 일어났다. 독일 조종사들은 이 작전을 알지 못하는 아군의 대공포로부터 맹렬한 사격을 받았다. 모든 게 너무 비밀스럽게 진행된 것이다. 독일 공군은 이렇게 어이없이 구름 덮인 하늘에서 추풍낙엽처럼 떨어지며 자멸했다. 이후에는 더 이상의 이렇다 할 출격은 없었다.

1945년 1월 2일, 국가 사회주의의 마지막 해 첫 근무일이었다. 히틀러는 〈진행 중인 공세로 인한 긴장만 빼면 상태가 좋았다. 그는 왼손 떨림을 없애 줄 방법을 물었다. 그러려면 진정제가 필요하지만, 지극히 중요하고 집중적인 사고로 인해 진정제 효과는 억제될 수밖에 없기에 투여할 수가 없었다〉.[47]

이 기록은 일종의 휴지기를 암시한다. 이후에는 오이코달이 더이상 투여되지 않았기 때문이다. 히틀러가 마약에 취해 얼마나 비현실적인 환상에 얽매여 있는지 모렐도 마침내 깨달은 것일까? 아니면 전혀 다른 이유에서, 그러니까 약물이 점점 부족해지는 상황을 걱정해서 덜 사용하려고 했을까? 그사이 영국군은 제국의 제약 산업이 밀집한 지역에 대한 폭격을 강화했고, 생산 시설을 집중 타격했다. 크리스마스 2주 전에는 다름슈타트의 메르크사가 큰 피해를 입었다. 오이코달과 코카인을 만드는 곳이었는데, 시설의 70퍼센트가 잿더미가 되었다. 한 직원의 말을 들어 보자. 〈그 무렵 대부분의 노동력(독일인 2,292명, 외국인 약 700명)은 파괴의 혼돈 속에서 질서를 되찾느라 바빴다. (……) 전체적으로 생산성은 굉장히 미미해졌다. 공습경보로 인해 작업 시간의 3분의 2를 잃었기 때문이다.〉[48] 상황이 이렇다면 모렐의 약품도 재고가 떨어지고, 더 이상 공급이 이루어지지 않은 게 아닐까?

1945년 1월 16일 독수리 둥지는 다시 비워졌다. 제2차 아르덴 공세는 참담한 실패로 끝났고, 낙담한 환자 A와 주치의는 기차를

타고 수도로 가서 측근들과 함께 제국 총리실 지하 벙커로 숨어
들었다. 그로써 현실 부정의 마지막 단계에 이르렀다. 그전에 모
렐은 한 편지에서, 지난 몇 년 간 베를린에 며칠 일정으로 고작
두 번밖에 가지 못했고, 6개월 이상 아내를 보지 못했다고 한탄
했다. 그런 그가 이제 베를린의 하벨 및 슈프레 강변으로 되돌아
왔지만, 두더지처럼 땅 밑에 숨어 지내는 신세가 되었다. 1945년
1월 17일, 그들이 도착한 지 하루 만에 바르샤바는 붉은 군대에
함락되었고, 스탈린 군대는 중단 없이 전진했다.

마지막 출구, 총통 벙커

나는 주삿바늘이 무슨 짓을 했는지 안다. (······) 모든 마약
중독자는 떨어지는 해와 같다.[49]

—닐 영[*]

1945년 1월 30일, 국가 사회주의자들이 권력을 잡은 지 정확
히 12년 되는 날이었다. 붉은 군대는 오데르강 서쪽의 퀴스트린
인근에 교두보를 세우고 베를린을 직접적으로 위협했다. 같은 날
작전 회의가 열렸고, 이어 총통의 마지막 라디오 연설이 있었다.
그날 회의에서 히틀러는 또다시 혼자 황홀한 기분에 취해 있
었다.

1945년 2월 3일 2,264톤의 폭탄이 제국 수도에 떨어졌고, 2만

* Neil Young(1945~). 캐나다 가수. — 옮긴이주.

2,000명이 사망했다. 지하철도 50곳이 동시에 명중되었다. 그중에는 벨레-알리안스 광장 역(지금의 할레세스 토어 역)에서 막 출발한 만석의 고가(高架) 열차도 포함되어 있었다. 하늘은 핏빛으로 물들고, 생존자들은 짙은 연기 사이에서 유령처럼 어른거렸다. 슐레지엔 기차역에는 다음 글귀가 적힌 플래카드가 몇 시간 동안 걸려 있었다. 〈우리는 어떤 식으로든 평화를 원한다!〉[50] 랑케가 한때 연구에 몰두했던 인발리덴가(街)의 군사 의학 아카데미도 온전치 못했다. 검게 뼈대만 남은 지붕, 뻥 뚫린 창문, 운동장의 폭탄 분화구, 전소한 강의실 의자……. 남은 것은 연기가 피어오르는 벽의 잔해뿐이었다. 사이렌은 미친 듯이 울부짖었고, 하늘에서는 쉴 새 없이 포탄이 쏟아졌다. 지옥의 춤은 끝 모르게 이어졌다. 파편만 남은 대피소에는 사람들이 허무하게 누워 있었다.[51] 열하루 뒤, 피난민 수십만 명이 밀집해 있던 드레스덴 도심은 완전히 초토화되었다.

그사이 총통 벙커의 마약 창고도 바닥을 드러낸 게 분명했다. 그전까지 모렐의 기록에서 그렇게 자주 거론되는 약물들이 거짓말처럼 싹 사라진 것도 그 때문으로 추정된다. 2월 17일 그는 이렇게 적었다. 〈F는 진정제 없이 지내보려 한다.〉[52] 어차피 직접 제조한 기생충 간 제제 앰플 몇 개 말고는 남아 있는 것도 거의 없었다.[53] 그 몇 주 동안 히틀러는 금단 현상을 보였다. 몸 떨림이 증가했고, 신체는 급속히 무너졌다. 1945년 2월 24일 관구장들 앞에서의 마지막 연설에서도 특유의 암시력을 보여 주지 못했다. 오히려 가엾은 인상만 풍겼고, 구부정하게 선 채로 침을 질질 흘렸다. 전세를 기적처럼 바꾸어 놓을 거라는 해군 신병기, 즉 하이에의 소규모 전투 부대에 대한 히틀러의 예고도 더 이상 진지하게 받아들이는 사람이 없었다. 같은 날 모렐은 자체 제조한 새로운 스테로이드의 승인을 요청하는 편지를 제국 내무성에 보냈다. 부신피질 제제와 뇌하수체 제제 두 가지였다.[54] 하지만 이 비현실적인 요청은 응답을 받지 못했다. 모렐이 이렇게까지 급히 요청한 데에는 그럴 만한 사정이 있어 보인다. 이제 베를린에서는 의약품을 구하는 것이 하늘의 별 따기만큼 어려워졌다. 환자 A의 처방전을 써도 약을 구할 곳이 없었다. 그의 하수인들은 폐허가 된 도시를 샅샅이 훑고 다녔다. 〈동물원 근처 여섯 번째 약국에서야 약을 조제해 주겠다며 내일 찾으러 오라고 했다. (……) 나치 친위대 본청의 의무국조차 약을 구하기가 무척 어려운 실정이었다. 공장 폭격으로 대부분의 약품 공급망이 무너졌기 때문이다.〉[55]

마약 딜러로서는 절대 있어선 안 되는 일이 모렐에게 일어났다. 익숙한 마약을 갑자기 환자에게 끊어 버리는 죄악을 저지른 것이다. 〈환자 A는 4~5일 전부터 무척 생각이 많아진 듯했고, 지치고 잠을 못 잔 것 같은 인상을 풍겼다. 그는 진정제 없이 지내 보려 한다.〉 모렐은 이 난국에 대해 언급하면서 걱정스럽게 덧붙였다. 〈총통이 나를 대하는 태도가 예전 같지 않다. 화가 난 듯했다.〉[56] 이 모든 게 직접적인 증거는 아니지만, 히틀러가 1944년 마지막 분기에 오이코달에 중독되었고, 지금도 계속해서 마약을 갈망하고 있음을 시사하는 단서다. 물론 제국 총리실 지하 벙커에서 마지막 몇 주를 보내는 동안 그 소망을 명시적으로 표현하지는 않은 것으로 보인다. 그러나 여러 징후로 보건대, 그는 그동안 자신에게 무슨 일이 일어났고, 자신이 약리학적으로 어떤 곤경에 빠져들었는지 서서히 깨닫기 시작한 듯하다.

전쟁의 끝이 다가오고 있었다. 히틀러는 지도자로서의 열정과 도취를 완전히 잃어버렸다. 그저 극심한 고통을 참아 가며 지하 묘지의 나지막한 복도에서 간신히 걸음을 뗐다. 상체는 구부정했고, 몸은 오른쪽으로 약간 기울었으며, 가끔 차가운 벽에 몸을 기대면서 자신의 거주 공간과 회의실을 발을 질질 끌며 오갔다. 카리스마를 내뿜던 자기 양식화의 에너지는 모두 고갈되었다. 이유가 무엇이든 간에 그는 더 이상 오이코달을 복용하지 않았고, 부상자 간호용으로 의료 가방에 항상 비치되어 있던 모르핀도 투여받지 않았다. 마약 없이는 껍데기밖에 남지 않았고, 그 껍데기가 걸치고 있던 제복은 미음 얼룩으로 더러워져 있었다. 몸은 지금껏 의지하던 물질 없이는 엔도르핀을 분비하지 않았다. 도파민과 세로토닌 수치도 그에 강한 영향을 받을 수밖에 없었다. 더 이상 좋은 감정은 들지 않았고, 위협적인 외부 세계로부터 자신을 보호해 주는 것은 없었다. 남은 것은 극도의 예민함뿐이었다. 벙커의 콘크리트 벽은 아직 버티고 있었지만, 내면의 화학적 벙커는 이미 무너져 내렸다.

이제 총통의 눈에 전쟁 패배의 현실이 똑똑히 보였다. 별안간 모든 것이 엄청난 무게로 자신을 짓눌렀다. 완전히 벌거벗은 듯했다. 인위적 자극 없이는 행복 호르몬도 나오지 않았다. 지금의 자신을 도울 수 있는 것은 오이코달뿐이었다. 그것을 주입하면 순식간에 지옥의 고통에서 벗어나 쾌락의 낙원으로 들어가고, 지극히 숭고한 감정에 휩싸일 것 같았다. 희열감이 혈관을 타고 흐르고, 옛 믿음이 돌아오고, 남들에게도 승리에 대한 확신을 다시 불어넣을 수 있을 듯했다. 그러나 안타깝게도 이제 오이코달은 없었다. 약물에 도취되지 않은 상태에서 열린 1945년 3월과 4월의 마지막 작전 회의는 우울을 넘어 끔찍한 분위기 속에서 진행되었다. 모든 장군이 자신을 끊임없이 속이는 것 같았다. 절대 일어나서는 안 될 일이 일어나고, 역사는 반복되고, 군은 더 이상 통수권자에게 복종하지 않고, 도처에서 사보타주가 일어난 것 같은 기분이었다. 이는 카이사르가 브루투스의 비수에 찔렸듯 두 번째 거대한 역사적 배신이었다. 히틀러는 비명을 지르고, 사지를 비틀고, 분노하고, 미친 듯이 날뛰기 시작했다. 얼굴도 알아볼 수 없을 정도로 일그러졌다. 곳곳에서 악취를 풍기는 배신자들로부터 자신을 지키는 길은 오직 공격뿐인 듯했다.

아직 히틀러의 지근거리에 머물러 있던 괴벨스는 상관의 신체적 몰락을 노골적으로 언급했고, 현재 그의 심신이 결코 바람직한 상태가 아님을 서면으로 확인해 주기도 했다. 그러면서 모렐의 치료 방법에 대해 혹독한 비판을 가했다. 히틀러의 몸이 끊임없이 계속 떨리는데, 그때마다 많은 알약과 마취제로 잠시 활기를 되찾아 주는 방법이 과연 옳으냐는 것이다. 괴벨스는 이렇게 적었다. 자신은 늦어도 첫 증상이 나타났을 때 이미, 모든 질병을 막으려고 했던 예방적 주사가 실은 히틀러의 건강과 생명을 해친 극단적 남용이 아니었는지 벌써 여러 번 고민해 왔고, 지금 그 참담한 결과를 명확하게 보고 있다는 것이다.

아침 6시, 환자 A는 빈 약통만 내내 만지작거리던 전날 밤의 작전 회의를 마치고는 기진맥진하고 무감각한 표정으로 작은 소파에 누워 있었다. 머릿속에는 곧 이날의 아름다운 첫 식사가 나올 거라는 생각밖에 없었다. 초콜릿과 조각 케이크가 든 작은 그릇과 음식 가득한 접시 세 개였다. 설탕은 마지막 마약이었다. 이것을 섭취하면 도파민이 다시 조금 분비되었다. 이는 우울한 마음에 대한 작은 보상이었다. 한때 상대를 옴짝달싹 못 하게 하던 새파란 눈은 이제 흐릿해졌고, 보라색 입술에는 음식 부스러기가 묻어 있었다. 게걸스럽게 단 것에 매달리는 인간 폐허였고, 그것을 덮은 피부는 힘없이 늘어져 있었다. 몸은 마치 존재하지 않는 듯 빈껍데기로만 느껴졌고, 체온은 지속적으로 높았다. 그러면 독재자는 산소 텐트로 이동했다.

히틀러의 이런 모습은 모두에게 역겨움을 자아냈다. 그나마 좋게 이야기하면 동정심을 불러일으켰다. 다들 그런 지도자를 어떻게든 돌보려고 항상 곁을 지켰다. 그럼에도 상태는 점점 나빠졌다. 충복들은 그가 기침을 하거나 코만 풀어도 벌써 긴장했다. 이제 그의 치아 법랑막은 무너졌고, 구강 점막은 바짝 말랐으며, 썩은 이는 빠졌다. 신경 독성 물질로 돌이킬 수 없는 손상을 입은 뇌는 각성제를 투여받지 못함으로써 전달 물질을 받아들일 모든 수용체의 문을 닫아 버렸다. 이제는 백약이 무효했고, 오직 망상의 실타래만 풀려 나갔다. 추격에 대한 두려움, 붉은 농포에 대한 공포, 유대인과 볼셰비키에 대한 패닉이었다. 지독한 두통이 시작되었다. 히틀러는 황금 핀셋으로·자신의 누리끼리한 피부를 공격적이고 신경질적인 손놀림으로 후벼 파기 시작했다. 그전의 많은 주사 과정에서 표피를 지나 자신의 시스템에 침투하여 이제 내부에서부터 자신을 파괴하는 박테리아를 제거하기 위해서였다. 모렐은 어떻게든 환자를 진정시키려고 사혈을 시도했다. 하지만 히틀러의 혈액은 호르몬과 지방이 많은 돼지 간 주사로 인해 젤리처럼 걸쭉해진 상태로 변해 있어서 밖으로 나오자마자 응고되어 버렸다. 결국 사혈도 실패했다. 히틀러는 이 고약한 상황을 억지로라도 가볍게 넘기려는 듯, 자신의 응고된 피로 〈총통 선지 소시지〉를 만들어도 되겠다고 농담했다.[57]

환자 A는 심한 금단 현상 때문에 옆에서 보기 애처로울 정도로 숨을 헐떡거렸고, 머리부터 발끝까지 불안하게 몸을 떨었으며, 숨을 몰아쉬었고, 체중이 줄었고, 순환계와 마찬가지로 신장 기능도 마비되었다. 정상적인 집중은 거의 불가능한 상태였다. 내면에서는 고통스러운 욕망이 그를 갉아먹었다. 온몸의 세포 하나하나가 느끼는 진정되지 않는 갈망이었다. 이제는 왼쪽 눈꺼풀이 부어올라 시야까지 가렸다. 그는 쉴 새 없이 눈가를 누르고 비벼 댔다. 그러나 〈총통은 눈 보호대를 착용하는 것을 좋아하지 않았다〉.[58] 그는 잠깐잠깐 벙커를 떠나 총리실 정원을 힘겹게 서성거렸다. 건물 잔해를 비척거리며 걷다 보면 먼지를 품은 바람이 마치 패배의 망토처럼 그의 몸을 휘감았다. 그러다 간신히 발걸음을 옮겨 벙커로 돌아왔다. 벙커에 도착하면 달달한 고명을 올린 케이크가 나왔다. 이제는 모든 음식이 그를 위해 잘게 부셔져 나왔다. 치아가 제 기능을 하지 못해 달달한 것들을 홀짝홀짝 떠먹다 보니 너무 많은 공기가 내장으로 들어가 가스가 찼다. 측근들은 총통 로봇에다 늘 무언가를 넣으려 했다. 그들이 개발하고 그들이 키운 기계였다. 무언가 먹을 것이 들어오면 망가진 로봇은 움찔거렸고, 무언가를 했고, 말도 안 되는 군사 명령을 내렸고, 누군가에게 복수했고, 최측근에게 사형 선고를 내렸다. 예를 들면 자신의 전직 수행 외과의로서 의사들의 전쟁에서 밀려난 카를 브란트가 그중 한 명이었다.

제바스티안 하프너가 제국 총리실 지하 벙커에서 히틀러의 육체적 몰락을 〈절망에서 비롯된 현상〉[59]으로 단순화한 것은 잘못이다. 그 보고들은 정확하지 않고, 전반적으로 충분하지도 않다. 금단 현상의 순간을 고려하지 않았기 때문이다. 비록 시간적 거리와 부족한 자료 때문에 명확한 진단을 내리는 것은 어렵고, 그래서 중독 현상을 객관적으로 증명할 수는 없다고 하더라도, 히틀러를 더 괴롭혔던 것은 전쟁 패배가 아니라 세포 하나하나까지 온몸으로 겪어 내야 했고, 자살의 순간까지도 멈추지 않았던 육신의 고통이었을 것이다.

그 무렵에도 독재자 곁에는 항상 주치의가 지키고 있었다. 1945년 3월 3일 오더브루흐로 마지막 전방 시찰을 떠날 때 히틀러는 안전상의 이유로 모렐의 동행을 막았다. 주치의는 나름 뿌듯한 심정으로 이렇게 기록했다. 〈혹시라도 사고나 저공비행 하는 적기로 인해 내가 중상을 입을까 두려워했기 때문이다. 만일 내게 무슨 일이 생기면 총통 옆에는 더 이상 의사가 없다. (……)

집으로 돌아가면 언제나 자신을 돌봐 줄 의사가 있을 거라는 사실이 그에게는 무척 중요했을 것이다.)[60]

그렇다면 이 집은 앞으로 얼마나 더 버틸 수 있을까? 3월 7일 미군은 드디어 레마겐 다리를 건넜고, 그로써 라인강을 넘었다. 동쪽으로는 단치히가 러시아인들의 손에 떨어졌고, 남쪽으로는 빈이 함락되었다. 그 시각 모렐은 그저 막연한 방식으로 총통을 치료했다. 전체적인 신경 손상에 갈바닉 전기 치료 방법을 사용하고 비타민을 투여한 것이다. 한편, 지금껏 샤리테 병원 같은 수도의 전문 병원에 가본 적이 없는 총통은 그사이 완전히 쇠락한 모습을 보였다. 미쳤다고 밖에 볼 수 없는 그의 마지막 거대한 파괴적 시도도 이 모습에서 설명이 가능할 듯하다. 1945년 3월 19일 독재자는 자신의 허무주의를 명확히 드러내는 이른바 〈네로 명령〉을 내렸다. 핵심 내용은 독일의 완전한 파괴였다. 〈제국 영토 내의 모든 군사 교통 시설, 통신 시설, 산업 시설, 공급 시설, 물질적 자산은 (……) 파괴되어야 한다.)[61] 게다가 모든 갑문과 제방, 댐, 운하 교량, 항구 시설을 폭파하고, 모든 전기선을 끊고, 모든 은행과 남아 있는 문화재까지 초토화시키라고 지시했다. 증오의 화신과도 같은 이 마지막 명령의 전면적 실행은 인적, 물적 자원의 부족으로 이루어지지 않았다. 이제야 독일 제국은 자신의 파괴적 힘을 모두 소진했다. 아울러 히틀러의 약물 캐비닛도 바닥을 드러냈다.

4월 8일 모렐은 환자에게 더 이상 비타물틴이 없다고 전했다. 이제부터는 아직 남은 다른 약물을 주사로 투여했다. 스트로판토

세 I과 II, 베네르바 포르테, 베타비온 포르테, 옴나딘 같은 수상쩍은 물질들인데, 모두 서둘러 징발한 것들이었다. 들어 본 적이 거의 없는 이 물질들은 전쟁 막바지에 갑자기 이틀에 한 번씩 집중적으로 주입되었다. 마치 아직 학교도 마치지 않은 14세 청소년들을 긴급히 대공포 부대에 투입한 것처럼 생화학 전선에 새로 투입한, 듣도 보도 못한 약물 돌격대였다.

베를린에 대한 직접적인 공격은 1945년 4월 16일 개시되었다. 나흘 뒤 환자 A는 마지막 생일을 맞았다. 모렐은 손이 너무 떨려 생일 축하 주사를 놓으면서 실수를 했다. 수행 의사 슈툼페거가 대신 주사를 놓았고, 독물 약장에 아직 남아 있는 것을 투여했다. 〈스트로판토세, 베타비온 포르테 정맥 주사, 그리고 하르민.〉[62] 후자는 운향과 식물의 알칼로이드였다. 모렐은 이것들 외에 경구 섭취용 약물을 추가했다. 〈나는 심장 캡슐을 간 제제와 섞었다. 그로써 강력한 자극 효과가 나타나길 기대했다.〉[63]

해고

나는 과거 모든 인간을 멀찌감치 따돌리고, 역사상 가장 위대한 인간이 되고자 한다. 그 과정에서 독일 민족 전체가 죽더라도.[64]

　　　　　　—아돌프 히틀러가 테오 모렐에게 한 말

다음 날 러시아인들은 〈스탈린의 오르간〉이라는 별칭을 가진

다연장 로켓포로 베를린 도심을 쑥대밭으로 만들었다. 얼마 뒤 주치의는 해고되었다. 물건도 없고, 주사도 제대로 놓지 못하는 피폐한 마약 딜러를 어디다 쓰겠는가?「내가 바보라고 생각해?」 히틀러는 어리둥절한 표정을 짓는 모렐에게 직격탄을 날렸다. 주치의의 손에는 어디선가 구해 온 카페인 주사가 담긴 쟁반이 들려 있었다.「나한테 모르핀을 놔주려나 보군.」히틀러가 격분했다. 모렐이 항의하자 환자는 주치의의 멱살을 잡고 독설을 퍼부었다.「당신 집으로 돌아가. 주치의 제복을 벗고 나를 한 번도 본 적이 없는 사람처럼 살아!」[65]

이 거친 해고 통보는 모렐에게 날벼락이었다. 특히 베를린의 슈바넨베르더 지역이 폭격당하고, 쿠르퓌르스텐담에 있는 그의 개인 병원도 창문을 마분지로 막고 대기실 칸막이벽까지 내려앉을 정도로 온전치 못한 상태였기에 더더욱 그랬다. 뚱뚱한 의사는 히틀러 발아래 잠시 엎드려 사정을 했지만, 총통이 총까지 꺼내 들면서 위협하자 마침내 벙커를 떠났다. 이상한 느낌의 서두름이었다. 그는 심장 장애와 호흡 곤란을 느끼며 서른일곱 개의 계단을 올라가 마지막으로 운행 가능한 업무용 차량에 몸을 실었다. 어린아이처럼 흐느껴 울면서. 오후 2시 콘도르 항공기가 이륙했다. 쫓겨난 주치의는 넋이 나간 사람처럼 그 안에 앉아 있었다. 비행기는 러시아 전선과 불타는 마을을 낮게 날았고, 파르텐키르헨 인근에서 미군 탐조등과 대공포를 피해 전선을 가로질렀다. 그리고는 적당한 곳을 물색하다가 뮌헨 남쪽의 노이비베르크 공군 기지의 아직 사용 가능한 활주로에 착륙했다.

모렐의 목적지는 베르히테스가데너 란트의 바이에리시 그메인이라는 작은 마을이었다. 그전에 자신의 연구 실험실을 대피시켜 놓은 곳이었다. 며칠 동안 그는 여기서 모든 게 정상인 것처럼 생활했고, 이상한 흥에 취해 서신을 주고받았으며, 무너져 가는 자신의 제약 사업을 돌보았다. 그리고 히틀러가 선물한 반(半)조립식 전자 현미경을 시험해 보았고, 얼마 남지 않은 직원들과 회의를 했으며, 이해가 안 되지만 세무서에 매출 보고서와 법인세 및 영업세 신고 기한을 연장해 달라고 요청했다. 〈전쟁으로 인한 인적 어려움 때문에 기한에 맞게 결산을 할 수 없다〉는 이유를 대면서 말이다.[66]

마지막 독

나는 더 이상 정치를 하지 않을 것이다. 정치는 너무 역겹다.[67]

—아돌프 히틀러

괴링도 옷 이음새가 터진 우스꽝스러운 위장복을 입고 독일 남부로 몸을 숨겼다. 혹여 체포되더라도 소련군이 아닌 미군의 손에 잡히고 싶어서였다. 그는 바이에른에서 히틀러의 행위 무능력 상태를 암시하면서 총통 벙커로 전보를 쳤는데, 그 속에서 총통의 후계자 자리에 대한 야망을 숨기지 않았다. 히틀러는 노발대발했고, 괴링을 나약한 배신자라며 욕을 퍼부었다. 자신은 괴링이 모르핀 중독자라는 사실*을 오래전부터 알고 있었다고 하면서 그의 모든 직위와 직책을 즉석에서 박탈한다고 선포했다.

4월 27일, 히틀러는 충성스러운 신하들에게 청산가리를 나누어 주면서 갈라지는 목소리로 더 좋은 것을 주지 못해 유감이라고 말했다. 괴벨스의 아내 마크다는 자녀 여섯 명에게 청산가리 캡슐 여섯 개를 사용했다. 환자 A는 그전에 테스트로 자신의 애완견 블론디를 독살시켰다. 아직 자신에게는 위해를 가하지 않았다. 대신 독극물로 스스로 목숨을 끊게 될 이 남자는 손가락이 떨려 서명이 불가능했던 정치적 유언장에서 마지막으로 다시 한번 유대인들에 대한 반감을 부추겼고, 모든 죄를 유대인에게 전가했으며, 유대인을 〈세계의 독살자〉라고 칭했다.

그사이 올림픽 주경기장 앞에서는 진격하는 붉은 군대의 탱크와 중화력 포대를 보고 오줌을 지리지 않도록 아이들에게 메스암페타민을 배포하고 있었다. 그런 가운데에도 대제독 되니츠는 〈만고의 위대한 장군〉에게 아침 조공으로 충성 서약서를 보냈고, 아울러 일군의 해군 신병들을 베를린으로 급파했다. 시가전 훈련을 받은 적이 없는 신병들로서는 사지에 뛰어든 것이나 다름없었다. 수도 한복판의 총통 벙커는 사방에서 다가오는 전투의 진앙지였다. 이곳은 구석구석이 폭발되거나 파괴되었고, 폭격의 충격으로 벽이 흔들렸다. 히틀러가 오랫동안 밖에 나가 신선한 공기

* 연합군에 체포될 당시 괴링은 2만 4,000개의 아편 유사제 알약(주로 오이코달)이 든 여행 가방을 갖고 있었는데, 매일 일반 복용량의 20배에 달하는 양을 먹고 있었다. 그는 룩셈부르크의 곤도르프에 있는 팰리스 호텔에 억류되었는데, 여기서는 미군 경비병과 의사들의 통제로 복용량이 차츰 줄었다.

를 마실 엄두를 내지 못하던 제국 총리실 정원의 흙도 쉴 새 없이 속살을 드러냈다. 일순 포격 소리가 멎으면 어딘가가 불에 타 먼지를 일으키며 무너졌고, 솟구치는 화염 폭풍은 작은 불꽃과 연기, 산소를 미친 듯이 빨아들였다.

몰락이 진행된 곳은 평화로운 땅이 아니었다. 지옥이었고, 공포 여행의 끝이었고, 12년이나 지속된 광기의 종착점이었다. 여기서 그들은 현실이 두려워 끊임없이 자기들만의 세계로 도피했고, 그 때문에 역사상 최악의 악몽을 현실로 만들었다. 마지막 순간에 상상의 바이러스가 히틀러를 잡아먹었다. 그는 평생 그것을 제거하려고 애썼지만 소용이 없었다. 이제 그는 이중 자살을 계획했다. 그전에 최측근들과 이 문제를 집중 논의했다. 방아쇠를 당길 때 손이 너무 떨리면 어떡하지? 생전에 그토록 끔찍한 짓을 저지른 인간이 이제 책임을 회피하려 들었다. 골든 샷을 위한 오이코달은 더 이상 남아 있지 않았기에 결국 총알을 선택했다. 총은 바늘보다 강한 법이다. 그전에 히틀러는 개인적 유언장에서 비장하게 묘사한 것처럼, 베르크호프에서 〈포위된 도시로〉[68] 급히 달려온 에바 브라운과 서둘러 결혼식을 올렸다. 유령 같은 결혼식이 끝나자 토마토소스 스파게티로 마지막 식사를 즐겼고, 디저트로 시안화수소 캡슐을 삼킨 뒤 발터 6.35밀리미터 구경 권총으로 머리를 쏘았다.

1945년 4월 30일 15시 30분경, 환자 A는 현실 억압의 자기 시스템으로 파멸했다. 마약과 독성 물질 칵테일에 찌들고, 세계를 활짝 피우려는, 처음부터 실패할 수밖에 없었던 허황한 꿈에 취한 채. 마약의 나라, 현실 도피와 세계 고통의 나라였던 독일은 슈퍼 마약 중독자를 찾았고, 가장 암울한 시기에 아돌프 히틀러에게서 그런 인물을 발견했다.

모렐의 몰락

히틀러의 죽음이 알려지자 제국 전역에서 충성스러운 동지들의 자살이 잇따랐다. 명예 때문일 수도 있고, 결과에 대한 두려움 때문일 수도 있다. 예를 들어 노이브란덴부르크에서는 600명이 넘는 사람이, 소도시 노이슈트렐리츠에서는 681명이 스스로 목숨을 끊었다. 독일 전체로 보면 10만 명이 넘었다. 그중에서 고위직은 다음과 같다. 육군 장성 35명, 공군 장성 6명, 해군 제독 8명, 무장 친위대 장성 13명, 경찰 장성 5명, 43명의 관구장 가운데 11명, 게슈타포와 제국 보안청 수뇌부, 나치 친위대와 경찰 고위직 약간 명이었다. 모두 총통의 본보기에 따라 처참한 현실에서 영원히 도망친 인간들이다. 1945년 5월 8일 마침내 국방군은 항복했다. 그럼에도 하이에의 전투 수영 부대 일부 병사들은 그 소식을 모른 채 더 이상 존재하지도 않는 전쟁에서 5월 12일까지 나흘 밤낮 동안 약에 취해 열심히 임무를 수행했다.[69]

1945년 5월 중순 『뉴욕 타임스*New York Times*』 기자가 바이에른의 은신처에 숨어 있던 테오 모렐을 발견했다. 며칠 뒤 〈주치의가 밝히는 히틀러의 주사〉라는 제목의 기사가 신문에 실렸다. 그리고 얼마 뒤 히틀러의 주치의는 바트 라이헨할에서 2년 가까이 미

Arbeitsplatz: *REICHSKANZLEI*
BERLIN
970—86 CIC Personalbogen

1. Name *Dr. MORELL* *THEODOR*
   Zu-(Familien-)name   Vor-(Tauf-)name

2. Andere von Ihnen benutzte Namen oder solche, unter welchen Sie bekannt sind: *GILBERT*

3. Geburtsdatum *22.7.86* 4. Geburtsort *TRAIS - MÜN-* 5. Größe *178 mm*
   ZENBERG

6. Gewicht *90 KG* 7. Haarfarbe *SCHWARZ* 8. Farbe der Augen *GRAU*

9. Narben, Geburtsmale oder Entstellungen *HYPOSPADIE (ANGEBOREN)*

10. Gegenwärtige Anschrift: *UNTERS. GEFÄNGNIS*
    (Stadt, Straße und Hausnummer)

11. Ständiger Wohnsitz *BERL. KURFÜRSTEND. 216*
    (Stadt, Straße und Hausnummer)

12. Art der Ausweiskarte *ÄRZTE* B. Nr. *KEINE* 13. Wehrpaßnummer *NEIN*

14. Reisepaß-Nr. *NEIN* 15. Staatsangehörigkeit *DEUTSCH* 16. Falls naturalisierter Bürger,

geben Sie Datum und Einbürgerungsort an *NEIN*

17. Aufzählung aller Ihrerseits oder seitens Ihrer Ehefrau oder Ihrer beiden Großeltern innegehabten

Adelstitel *KEINE* 18. Religion

19. Welcher Kirche gehören Sie an? *EVANGEL.* 20. Haben Sie offiziell oder inoffiziell Ihre

Verbindung mit einer Kirche aufgelöst? *NEIN* 21. Falls ja, geben Sie Einzelheiten und Gründe an

NICHT BETREFF. 22. Welche Religions-

zugehörigkeit haben Sie bei der Volkszählung 1939 angegeben? *EVANG.* 23. Führen Sie alle Verge-

ben, Übertretungen oder Verbrechen, an für welche Sie je verurteilt worden sind, mit Angaben des

Datums, des Orts und der Art *AUTOSCHNELL. (GOTHA)*

24. Waren Sie vom Militärdienst zurückgestellt? *JA* 25. Falls ja, geben Sie die genauen Umstände an *LEIBARZT HITLERS* 26. Waren Sie Generalstäbler? *NEIN*

27. Wann? *N. BETR.* 28. Waren Sie NS.-Führungsoffizier? *NEIN* 29. Wann

und in welchem Truppenverband? *NICHT BETR.*

30. Haben Sie in der Militärregierung oder Wehrkreisverwaltung irgendeines der von Deutschland be-

setzten Länder, einschließlich Oesterreich und Sudetenland, gedient? *NEIN* 31. Falls ja, geben Sie

Einzelheiten über Ihre Aemter und Pflichten sowie Ort und Zeitdauer des Dienstes an:

NICHT BETR.

32. Sind Sie berechtigt, militärische Orden oder andere militärische Ehrenauszeichnungen zu tragen?
Falls ja, geben Sie an, Ihnen verliehen wurde, das Datum, den Grur   nd Anlaß für die Ver-
leihung *UNGEFAHR 15 AUSZEICHN.*
33. In der folgenden Liste ist anzuführen, ob Sie Mitglied einer der angeführten Organisationen waren
und welche Aemter Sie darin bekleideten.

	1 ja oder nein	2 von	3 bis	4 Nummer	5 Höchstes Amt oder höchster Rang	6 Antritts- datum
34. NSDAP.	*JA*	*1933*	*ENIXE ?*		*LEIBARZT*	
35. Allgemeine SS.		*UNBEKANNT*				
36. Waffen-SS.						
37. Sicherheitsdienst der SS.						
38. SA.						
39. HJ. einschl. BdM.						
40. NS-Frauenschaft						
41. NSKK.						
42. NSFK.						
43. Gestapo						
44. Geheime Feldpolizei						
45. RSHA						
46. KRIPO						
47. RAD						

LEIBARZT HITLERS NICHTMEHR ERINNERLICH

48. Sind Sie jemals zu einem Schweigegebot für eine Organisation verpflichtet worden? *NEIN*

49. Falls ja, geben Sie die Organisation und Einzelheiten an
NICHT BETREFF.

50. Waren Sie seit 1933 Mitglied einer verbotenen Oppositionspartei oder -gruppe? *NEIN*
51. Welche? *NICHT BETR.* 52. Seit wann? 53. Jeglicher Dienst in
militärischen, militärähnlichen, polizeilichen, Gesetzvollzugs-, Schutz-, Aufklärungs- oder Luftschutz-
diensten, wie z. B. der Organisation Todt, der Technischen Nothilfe, den Stoßtrupps, Werkscharen, dem
Bahnschutz, Postschutz, Funkschutz, Werkschutz, der Land- und Stadtwacht, Abwehr, des SD., der Ge-
stapo und ähnlichen Organisationen. *N) LUFTSCHUTZ*
Die auf diesem Formular gemachten Angaben sind wahr und ich bin mir bewußt, daß jegliche
Auslassung oder falsche und unvollständige Angabe ein Vergehen gegen die Verordnungen der Militär-
regierung darstellt und mich der Anklage und Bestrafung aussetzt. *ANDERE JEWEIN*
Eigenhändige Unterschrift   Datum *Aug. 45.*
Bescheinigung des unmittelbaren Dienstvorgesetzten
Ich bescheinige hiermit die Richtigkeit obigen Namens und obiger Unterschrift. Mit Ausnahme der
nachfolgenden Punkte sind die in diesem Personalbogen gegebenen Antworten meines besten Wissens und
Gewissens und im Rahmen der mir zur Verfügung stehenden Auskunfsmöglichkeiten richtig. Ausnahmen: (Das Wort „keine" ist einzufüllen, falls solche nicht vorhanden sind.)
Georg Haider, Wachtm. d. Hilfspolizei, Reichenhall.

Beglaubigung der Unterschrift:
Eigenhändige Unterschrift   Amtsstellung   Datum *5.8.45*

1945년 체포 후 모렐이 직접 쓴 자술서. 근무지를 제국 총리실로 밝혀 놓았다.

군 포로로 생활했다. 그는 수많은 심문 과정에서 두서없이 말했고, 종종 모순적인 진술을 했으며, 긴 침묵과 깊은 우울증에 빠졌다. 그가 지금까지 쌓아 온 모든 것, 그러니까 1인 제약 제국은 침몰했다. 다른 많은 사람과 달리 모렐은 새 시대에 맞게 변신하지 못했다.

심문관들은 히틀러에 대해 거의 듣지 못했다. 게다가 완전히 무기력한 상태에 빠져 있는 주치의의 전쟁 범죄도 증명할 수 없었다. 모렐은 감방에 무감각하게 앉은 채로 편집증 발작에 시달렸다. 마치 의사들의 전쟁 때처럼 힘러가 여전히 자기 뒤를 캐고 있다고 생각했다. 이런 사람을 뉘른베르크 전범 재판소의 증인석에 세울 수는 없었다. 그의 입에서는 〈내가 내가 아니었으면 좋겠다〉[70]라는 진술 외에는 알아들을 수 있는 말이 거의 나오지 않았다. 결국 미군은 1947년 초여름 심장병을 앓는 이 초라한 몰골의 죄수를 석방해서 뮌헨 중앙역 앞에 내려놓았다. 한때 제복 목깃에 황금빛 아스클레피오스 지팡이를 부착한 나치의 실세였던 사람이 이제 너덜너덜한 저고리를 입고 신발도 신지 않은 채 길바닥에 쪼그리고 앉아 있었다. 적십자사의 반(半)유대인 간호사가 그를 불쌍히 여겨 테게른제의 한 병원으로 데려갔고, 거기서 그는 1948년 5월 26일 사망했다.

천년의 도취

영원한 역사적 논쟁이 있다. 역사에서 중요한 것이 역사적 인물의 성격인지, 아니면 본질적인 것은 시대 상황이고, 그 안에서 행동하는 위대한 영웅이나 실패자, 범죄자는 얼마든지 대체될 수 있는 꼭두각시에 불과한지에 대한 논쟁이다. 당연히 양쪽 다 일리가 있다. 역사적 중요 사건의 원인으로서 인간 본성을 포함한 개인적 동기와 구조적 원인을 구별하는 것은 이미 역사학의 시조인 아테네의 투키디데스 때부터 이어져 오고 있다.[71] 그런데 이 두 측면은 히틀러의 조직적이면서 매우 개인적인 약물 남용의 장에서 실제로 만났다. 히틀러라는 〈사건〉을 무척 복잡하고도 흥미롭게 만드는 대목이다. 이 책에서 자칭 금욕주의자라고 하는 인간의 마약 복용을 추적한 것은 내밀한 조사를 통해 사람들의 이목을 끌기 위함이 아니다. 제바스티안 하프너는 이렇게 썼다. 〈그(히틀러)가 저지른 잘못은 대부분 그가 갖고 있던 잘못에 뿌리가 있었다.〉[72] 히틀러와 제3 제국의 진면목을 가장 적나라하게 보여 주는 것은 1945년 봄 베를린 벙커에서의 마지막 몰락 단계가 아니라 1944년 7월 20일의 암살 사건 이후 다중 독극물 중독에 빠진 몇 개월의 자멸 기간이다.

우리의 시선을 역사 인물로부터 시대적 구조로 돌리려는 모든 시도에도 불구하고 우리는 여전히 그 독일 독재자를, 한 인물의 의지와 힘이 얼마나 강력하게 역사를 바꿀 수 있는지를 보여 주는 상징으로 여긴다. 사실 히틀러를 그런 인물로 각인시킨 것은 나치 선전 기구였다. 다시 말해 오랫동안, 아니 너무 오랫동안 작동한 연출의 힘이었다. 왜냐하면 무수한 인간들의 운명과 세계 대전의 과정에 영향을 미친 사회적 현실은 1941년 가을부터 히틀러의 혈관으로 들어가 내면에서부터 그에게 영향을 미쳤기 때문이다. 이런 식이었다. 히틀러가 원했고, 히틀러가 그런 생각을 갖고 있었기에 독일은 소련을 공격했다. 하지만 이 개인도 시대의 자식일 수밖에 없다. 이런 관점에서 보면, 마약 공급자에게 점점 의존하던 히틀러 자아의 해체에 주목하는 것은 퍽 유익해 보인다. 그는 주삿바늘과 여러 다양한 줄에 매달린 인형이었다. 히틀러는 세계를 파멸로 몰고 간 만큼이나 그 자신도 현대적 화학 시대의 제물이 되었다. 겉으로는 〈마약 퇴치〉라는 모순된 정책을 펼쳤지만 말이다.

제3 제국에서 마약이 느슨해지는 전의를 북돋우고 지도부의 전쟁 수행 능력을 유지하는 인위적 수단으로 사용되었다는 것이 이 책의 핵심 논제라고 하더라도, 우리는 역사상 가장 어두운 그 시대가 중독성 물질을 너무 많이 복용했기 때문에 탈선한 것이 아니라는 사실을 강조해야 한다. 마약은 우리와 우리 시대에 이미 내재되어 있던 것을 강화했을 뿐이다. 그렇다면 이 책은 바람직한 현실과의 끈을 상실한 채 수많은 사람에게 고통을 야기한 제3 제국의 뒤틀린 세계를 이해하는 데 도움이 될 듯하다.

감사의 말

학자 양반들은 (……) 틀림없이 내 생각을 아주 같잖게 여길 걸세. 아니면 자기들은 훨씬 더 잘할 수 있다고 생각하면서 내 걸 완전히 무시하겠지. 왜 그런지 아나? 내가 전공자가 아니라서 그래.

— 요한 볼프강 폰 괴테[1]

소설가로서 논픽션 역사서 저자로의 변신은 자연스럽지는 않지만 끊임없는 즐거움을 얻는 뜻밖의 과정이었다. 비슷한 생각의 사람과 친구, 가까운 지인들이 나의 그런 변신을 적극 도와주었다. 모든 것은 알렉산더 크래머에게서 시작되었다. 나치가 많은 마약을 사용했고, 그 이야기로 영화를 만들어도 손색이 없을 거라고 내게 처음 말해 준 사람이 그였기 때문이다. 우리는 이 문제를 추적해 들어갔다. 그러다 야니나 핀다이젠이 실제 사건을 조사하려면 기록물 보관소에 가야 한다고 제안하면서 이 일은 점점 더 흥미로워졌다. 그런 맥락에서 베를린과 작센하우젠, 코블렌츠, 마르바흐, 뮌헨, 프라이부르크, 다하우, 워싱턴에서 내 일을 도와준 기록물 보관소 담당자 모두에게 감사드린다. 역사가 페터 슈타인캄프도 초기에 내게 영감을 주었다. 특히 감사의 말을 전하고 싶은 또 다른 전문가는 연방군 의무 아카데미의 폴커 하르트만이다. 책이 나오기 전에 내 원고를 읽어 준 마르티나 아슈바허, 미하엘 딜링거, 프랑크 퀸스터, 콘라트 라우텐, 그리고 내 아버지 볼프강 올러도 감사를 받아 마땅하다. 그건 약리학 분야에서 조언을 아끼지 않은 마르쿠스 베르거도 마찬가지다.

또한 이 원고를 비판적으로 검토해 준 의학 역사가이자 국가사회주의 국방 의학 전문가인 율리엔 라이첸슈타인에게도 특별한 감사를 돌린다. 내게 도움을 준 또 다른 전문가로는 빈프리트 하이네만, 페터 베르츠, 베르너 베르크가 있다. 그리고 드레스덴 연방군 역사 박물관 관장인 고르흐 피켄과 그의 동료 옌스 베너도 빠뜨릴 수 없다. 한스 로트는 나를 바위 둥지의 잔해로 안내해 주었다. 이 책의 표지를 디자인해 준 더글러스 고든에게도 특별한 감사를 전한다. 그 밖에 편집자 루츠 두르스트호프, 에이전트 마티아스 란트베어, 그리고 이 소재를 논픽션 책으로 낼 수 있도록 배려한 출판인 헬게 말초프가 없었더라면 이 책은 나올 수 없었을 것이다. 마지막으로 그사이 유명을 달리한 우리 시대의 위대한 역사가 한스 몸젠Hans Mommsen에게 감사드린다. 그의 도움은 잊을 수 없다. 이번 일을 하면서 분명히 깨달은 게 하나 있다.

논픽션 책은 한 사람의 노력만으로 되는 게 아니라 많은 사람의 힘이 모인 집합적 성과물이라는 것이다. 따라서 여기에 언급되었든 되지 않았든 이 책이 나오기까지 도움을 주신 모든 분들께 진심으로 감사를 전한다.

2015년 여름, 스위스 질스-마리아에서

노르만 올러

한스 몸젠의 후기
국가 사회주의와 정치적 현실감의 상실

노르만 올러는 지금껏 충분히 고려되지 않았던 나치 정권의 한 특정 측면을 세밀히 톺아본다. 각성제의 사용 증가가 국가 사회주의 체제에 끼친 영향과 의미가 그것이다. 이 책은 강요된 민족 공동체가 제대로 돌아가기 위해서는 어떻게 점점 더 광범하게 마약을 필요로 했는지를 명확히 보여 준다. 이로써 국가 사회주의자들이 선전하던 이상주의적 이념은 급격히 퇴락한다. 독재 정권의 내부 붕괴는 전쟁 이전에 이미 그 동력을 대체할 화학 물질의 점진적 증가 속에 암시되어 있다. 노르만 올러는 〈알약으로 돌아가는 국가 사회주의〉에 대해 말한다.

이 책의 가장 큰 공로는 히틀러와 주치의 모렐의 공생 관계에 대한 묘사다. 이것은 가히 혁명적이다. 1941년 가을 이후의 과정을 한눈에 들어오게 만들기 때문이다. 노르만 올러는 총통 본부가 어떻게 점점 더 리더십을 발휘할 수 없는 상태로 변해 가고,

히틀러가 어떻게 자멸의 길로 나아가는지 인상적으로 보여 준다. 이 책은 세계사적 사건도 통속적 약리학에 의해 조종될 수 있다는 사실에 대한 흥분되는 탐색이다. 점점 더 많은 독일 국민이 각성제를 복용한 것처럼 국가 수뇌부도 파국적인 전쟁 상황에서 약물의 복용량을 점점 늘려 나갔다. 이데올로기가 부족해지자 히틀러는 이미 접어든 길에서 쓰러지지 않으려고 인공 목발을 집어들었다. 모스크바 외곽에서의 첫 겨울 전쟁부터 스탈린그라드의 패배까지 그는 결정적인 단계마다 약에 취해 인공적인 망상의 세계 속에서 행동했다. 이는 심각한 위기를 초래했고, 결국 내면의 붕괴로 이어졌다. 히틀러가 개인적 능력을 상실해 가는 과정을 따라가는 것은 흥미진진하면서도 섬뜩하다. 군사적, 경제적 현실을 점점 더 외면한 수뇌부의 무능은 실로 놀랍다. 제2차 세계 대전에 책임이 있는 독일 지도부의 속살을 이렇게 가차 없이 폭로한 것은 노르만 올러의 업적이다. 이 책은 역사의 전체 그림을 바꾼다.

주

의약품 첨부 문서로 서문을 대신하며

1 다음 작품은 제외. Pieper, Werner, *Nazis on Speed. Drogen im 3. Reich* (Birkenau-Löhrbach, 2002).

2 Jens, Walter, *Statt einer Literaturgeschichte* (München, 2001), 11 이하.

1 국민 마약, 메스암페타민(1933~1938)

1 메스암페타민 기반의 약제는 가끔 의사에 의해 처방되기도 하지만(예를 들어 미국에서는 주의력 결핍 과잉 행동 장애 치료제로 데속신을 처방한다), 전체적으로 보면 전 세계에서 마약법에 따른 규제 대상이다. 메스암페타민은 대체로 처방을 내려서는 안 되고, 의약품 제조의 원료로 사용될 시 〈판매만 허용〉된다. 유럽에는 메스암페타민 기반 약물이 없고, 메틸페니다트 또는 덱스트로암페타민 같은 유사 약물만 존재한다.

2 Dansauer, Friedrich, und Adolf Rieth, *Über Morphinismus bei Kriegsbeschädigten* (Berlin, 1931).

3 Fleischhacker, Wilhelm, "Fluch und Segen des Cocain", *Österreichische Apotheker-Zeitung* No. 26 (2006).

4 다음 기사 참조: "Viel Spaß mit Heroin", *Der Spiegel*, 26/2000, 184 이하.

5 Pieper, *Nazis on Speed. Drogen im 3. Reich*, 47면.

6 Ridder, Michael de, Heroin. *Vom Arzneimittel zur Droge* (Frankfurt, 2000), 128.

7 Pieper, *Nazis on Speed. Drogen im 3. Reich*, 26면 이하. 같은 맥락에서 205면도

참조.

8 BArch-Berlin(베를린 연방 기록물 보관소) R 1501, Vertrieb von Opium und Morphium, 8권, Bl. 502, 15.9.1922.

9 Holzer, Tilmann, "Die Geburt der Drogenpolitik aus dem Geist der Rassen hygiene – Deutsche Drogenpolitik von 1933 bis 1972", 박사 학위 논문 (Mannheim, 2006), 32.

10 외무부, AA/R 43309, Vermerk von Breitfeld (Opiumreferent im AA), 10.3.1935. Holzer, "Die Geburt der Drogenpolitik aus dem Geist der Rassen hygiene", 32면.

11 이름 있는 자유주의적 성향의 역사가들조차 전쟁 전사(前史)와 관련해서 공식 문서를 의도적으로 위조하는 일에 가담했다. 참조: Mommsen, Hans, *Aufstieg und Untergang der Republik von Weimar 1918–1933* (Berlin, 2000), 105.

12 Mann, Klaus, *Der Wendepunkt* (Reinbek, 1984). 인용: Gordon, Mel, *Sündiges Berlin – Die zwanziger Jahre: Sex, Rausch, Untergang* (Wittlich, 2011), 53.

13 Pieper, *Nazis on Speed. Drogen im 3. Reich*, 175면.

14 Von Ostini, Fritz, "Neues Berliner Kommerslied"("Wir schnupfen und wir spritzen"이라고도 불렀다), Abgedruckt in: *Jugend* Nr. 52 (1919).

15 Pohlisch, Kurt, "Die Verbreitung des chronischen Opiatmissbrauchs in Deutschland", in: *Monatsschrift für Psychiatrie und Neurologie* 79권 (1931): 193 – 202, 부록 도표 II.

16 나치당은 전통적인 의미의 정당 강령을 만들지 않았고, 비합리적인 접근 방식을 숨기지 않았다. 그들의 당 구조는 마지막 순간까지 혼란스럽게 유지되었다. 참조: Mommsen, *Aufstieg und Untergang der Republik von Weimar 1918-1933*, 398면.

17 Grass, Günter, *Die Blechtrommel* (Neuwied am Rhein und Berlin-West, 1959), 173.

18 이 발언의 주인공은 게오르크 슈트라서이다. 인용: Wellershoff, Dieter, *Der Ernstfall – Innenansichten des Krieges* (Köln, 2006), 57.

19 Pieper, *Nazis on Speed. Drogen im 3. Reich*, 210면.

20 위의 책, 364면.

21 BArch-Berlin R 1501/126497, Bl. 214, 216, 220.

22 〈강제 수용은 그 목적에 부합할 때까지 지속된다.〉 인용: Holzer, "Die Geburt der Drogenpolitik aus dem Geist der Rassen hygiene", 191면. 참조: "Maßregeln der Sicherung und Besserung", in §§42 b, c RStGB: Unterbringung von straffälligen Süchtigen in Heil- und Pflege- oder Entziehungsanstalten. 이 규정은 1953년 10월

1일까지 유효했다.

23 1935년 12월 13일 자 제국 의료 조례. 참조: Pieper, *Nazis on Speed. Drogen im 3. Reich*, 171면과 214면, 다음 책도 참조: Fraeb, Walter Martin, *Untergang der bürgerlich-rechtlichen Persönlichkeit im Rauschgiftmißbrauch* (Berlin, 1937).

24 Holzer, "Die Geburt der Drogenpolitik aus dem Geist der Rassen hygiene", 179면.

25 위의 책, 273면.

26 BArch-Berlin R58/473, Bl. 22 (Mikrofiche).

27 인용: Pieper, *Nazis on Speed. Drogen im 3. Reich*, 380면, 그 다음에 나오는 인용도 마찬가지다.

28 위의 책, 186면과 491면.

29 Freienstein, Waldemar, "Die gesetzlichen Grundlagen der Rausch giftbekämpfung", in: *Der öffentliche Gesundheitsdienst* A권, 1936 – 1937, 209 – 218. 참조: Holzer, "Die Geburt der Drogenpolitik aus dem Geist der Rassen hygiene", 139면.

30 Gabriel, Ernst, "Rauschgiftfrage und Rassenhygiene", in: *Der öffentliche Gesundheitsdienst*, Teilausgabe B, 4권, 245 - 253. 인용: Holzer, "Die Geburt der Drogenpolitik aus dem Geist der Rassen hygiene", 138면. 참조: Pieper, *Nazis on Speed. Drogen im 3. Reich*, 213면 이하.

31 Geiger, Ludwig, "Die Morphin-und Kokainwelle nach dem Ersten Weltkrieg in Deutschland und ihre Vergleichbarkeit mit der heutigen Drogenwelle"(München, 1975), 49 이하. 다음 책도 참조: Scheer, Rainer, "Die nach Paragraph 42 RStGB verurteilten Menschen in Hadamar", in: Roer, Dorothee, und Henkel, Dieter, *Psychiatrie im Faschismus. Die Anstalt Hadamar 1933–1945* (Bonn, 1986), 237 – 255, 특히 247 참조. 예를 들어 치과 의사 헤르만 비르스팅의 사례가 표준적이다. 1940년 4월 15일 강제 치료를 위해 작센의 발트하임 요양원에 도착한 그는 불과 하루 만에 구급차에 실려 살해 시설로 이송되었다. 다음 책들 참조: Holzer, "Die Geburt der Drogenpolitik aus dem Geist der Rassen hygiene", 262면. Friedlander, Henry, *Der Weg zum NS-Genozid. Von der Euthanasie zur Endlösung* (Berlin, 1997), 191.

32 Klee, Ernst, *Das Personenlexikon zum Dritten Reich – Wer war was vor und nach 1945* (Frankfurt/M., 2003), 449.

33 BArch-Berlin NS 20/140/8, Ärzteblatt für Niedersachsen, Nr. 5, Jg. 1939, 79 이하. (Bruns, Erich). 참조: Holzer, "Die Geburt der Drogenpolitik aus dem Geist der Rassen hygiene", 278면.

34 Binion, Rudolph, "······daßIhr mich gefunden habt"(Stuttgart, 1978), 46.

35 Reko, Viktor, *Magische Gifte: Rausch- und Betäubungsmittel der neuen Welt* (Stuttgart, 1938). 파시스트 속성이 드러난 레코의 서문이 이미 많은 점을 시사한다. 9면에 이렇게 적혀 있다. 이 책의 〈엄선된 열두 챕터에서는 몇 년 전의 코카처럼 저급한 인종 집단에서 문화 민족의 사회로 파고드는 상당수의 도취적 자극제가 기술되어 있다〉.

36 Hecht, Günther, "Alkohol und Rassenpolitik", in: Bekämpfung der Alkohol- und Tabakgefahren: Bericht der 2. Reichstagung Volksgesundheit und Genußgifte Hauptamt für Volksgesundheit der NSDAP und Reichsstelle gegen den Alkohol- und Tabakmißbrauch (Berlin-Dahlem, 1939).

37 Kosmehl, Erwin, "Der sicherheitspolizeiliche Einsatz bei der Bekämpfung der Betäubungsmittelsucht", in: Feuerstein, Gerhart, *Suchtgiftbekämpfung. Ziele und Wege* (Berlin, 1944), 33 – 42, 특히 34 참조.

38 Pohlisch, "Die Verbreitung des chronischen Opiatmissbrauchs in Deutschland", 72면.

39 Hiemer, Ernst, *Der Giftpilz. Ein Stürmerbuch für Jung und Alt* (Nürnberg, 1938).

40 인용: Pieper, *Nazis on Speed. Drogen im 3. Reich*, 364면 이하. 이어지는 인용도 마찬가지다.

41 의사의 45퍼센트가 나치 당원이었다. 다른 직군에 비해 월등히 높았다. 참조: Lifton, Robert Jay, *Ärzte im Dritten Reich* (Stuttgart, 1938), 37.

42 이 제제는 오늘날에도 〈독특한 천연 활성 성분 Escherichia coli Stamm Nissle 1917〉이라는 이름으로 출시되어 있다. 염증성 만성 장 질환의 치료에 사용된다.

43 Goebbels, Joseph, in: *Das Reich – Deutsche Wochenzeitung*, 1944년 12월 31일 자 논평 기사 1면 이하.

44 Giesing, Erwin, "Bericht über meine Behandlung bei Hitler", Wiesbaden 12.6.1945, in: "Hitler as seen by his Doctors", Headquarters United States Forces European Theater Military Intelligence Service Center: OI – Consolidated Interrogation Report (CIR), National Archives at College Park, MD.

45 〈1914년과 마찬가지로 지금도 세계에 포위된 독일의 정치적, 경제적 상황을 고려하면, 적대 행위가 개시되자마자 전면적 섬멸 공격을 핵심으로 하는 전쟁을 신속히 결정해야 할 것으로 보인다.〉 당시 독일 화학 산업의 대부 카를 크라우흐가 강령적으로 밝힌 내용인데, 이미 여기에 전격전의 구상이 나타나 있다. Frieser, Karl-Heinz, *Die Blitzkrieg-Legende – der Westfeldzug 1940* (München, 2012), 11.

46 대단위 화학 산업의 부산물인 프로피오페논을 브롬화한 뒤 메틸아민으로 가공하고, 이어 환원을 통해 에페드린으로 전환하면, 이 물질에서 요오드화수소와 인의 환원을 통해 메스암페타민이 생겨났다. 참조: Kaufmann, Hans P., *Arzneimittel-Synthese* (Heidelberg, 1953), 193.

47 제국 특허청 1938: 특허 번호 767.186, Class 12 q, Group 3, 제목: 〈아민 생산 방법〉. 알약 하나에 3밀리그램의 활성 성분이 함유되어 있었다.

48 베를린 지방 기록물 보관소, A Rep. 250-02-09 / Nr. 218. 이 홍보지에는 날짜가 적혀 있지 않다. 다음 책도 참조: Holzer, "Die Geburt der Drogenpolitik aus dem Geist der Rassen hygiene", 225면.

49 Pieper, *Nazis on Speed. Drogen im 3. Reich*, 118면 이하. 이것은 하루에 메스암페타민 6밀리그램의 양이다. 인체가 빠르게 적응하는 복용량으로서 며칠 복용하지 않아도 더는 처음과 같은 효과를 느끼지 못한다. 이런 내성 형성은 기분 좋은 효과를 되찾기 위해 복용량을 늘리려는 갈망으로 이어진다. 이때 소비 행동이 통제 불능에 빠지고, 부작용 없이는 약을 끊을 수 없는 상태가 되면 중독에 이른다.

50 Püllen, C., "Bedeutung des Pervitins (1-Phenyl-2-methylamino-propan) für die Chirurgie", in: *Chirurg*, 11권, H. 13 (1939): 485–492. 특히 490과 492. 다음 책도 참조: Pieper, *Nazis on Speed. Drogen im 3. Reich*, 119면.

51 Haffner, F., "Zur Pharmakologie und Praxis der Stimulantien", in: *Klinische Wochenschrift*, 17권, H. 38 (1938): 1311. 다음 책도 참조: Pieper, *Nazis on Speed. Drogen im 3. Reich*, 119면.

52 Snelders, Stephen, and Toine Pieters, "Speed in the Third Reich: Methamphetamine (Pervitin) Use and a Drug History from Below", in: *Social History of Medicine Advance Access* (2011).

53 오늘날까지도 이 직업군에서 메스암페타민의 인기는 굉장히 높다. 다음 책들 참조: Müller-Bonn, Hermann, "Pervitin, ein neues Analepticum", in: *Medizinische Welt*, H. 39 (1939): 1315–1317. 인용: Holzer, "Die Geburt der Drogenpolitik aus dem Geist der Rassen hygiene", 230면. Pieper, *Nazis on Speed. Drogen im 3. Reich*, 115면.

54 참조: Seifert, W., "Wirkungen des 1-Phenyl-2-methylamino-propan (Pervitin) am Menschen", in: *Deutsche Medizinische Wochenschrift*, 65권, H. 23 (1939): 914 이하.

55 Neumann, Erich, "Bemerkungen über Pervitin", in: *Münchener Medizinische Wochenschrift*, H. 33 (1939): 1266.

56 Eichholtz, Fritz, "Die zentralen Stimulantien der Adrenalin-Ephedrin-

Gruppe", in: "Über Stimulantien", *Deutsche Medizinische Wochenschrift* (1941): 1355 - 1358. 다음도 참조: *Reichsgesundheitsblatt* 15, 296 (1940). 제국 보건청의 권유로 과도한 양이 함유된 프랄린 생산은 중단되었다. 그 밖에 힐데브란트사는 카페인이 함유된 〈쇼-카-콜라〉도 출시했는데, 이것은 지금도 판매되고 있다.

57 Hauschild, Fritz, "Über eine wirksame Substanz", in: *Klinische Wochenschrift*, 17권, H. 48 (1938): 1257 이하.

58 Schoen, Rudolf, "Pharmakologie und spezielle Therapie des Kreislaufkollapses", in: *Verhandlungen der Deutschen Gesellschaft für Kreislaufforschung* (1938): 80 - 112, 특히 98. 인용: Holzer, "Die Geburt der Drogenpolitik aus dem Geist der Rassenhygiene", 219면.

59 참조: Graf, Otto, "Über den Einfluss von Pervitin auf einige psychische und psychomotorische Funktionen", in: *Arbeitsphysiologie*, 10권, H. 6 (1939): 692 - 705, 특히 695.

60 Lemmel, Gerhard, und Jürgen Hartwig, "Untersuchungen über die Wirkung von Pervitin und Benzedrin auf psychischem Gebiet", in: *Deutsches Archiv für Klinische Medizin*, 185권, 5. und 6. H. (1940): 626 이하.

61 Püllen, C., "Erfahrungen mit Pervitin", in: *Münchener Medizinische Wochenschrift*, 86권, H. 26 (1939): 1001 - 1004.

62 Haffner, Sebastian, *Anmerkungen zu Hitler* (München, 1978), 31 이하.

63 Mann, Golo, *Deutsche Geschichte des 19. und 20. Jahrhunderts*, (Stuttgart/ Mannheim, 1958), 177.

2 전격전은 메스암페타민 전쟁이다(1939~1941)

1 Böll, Heinrich, *Briefe aus dem Krieg 1939–1945* (Köln, 2001), 15.

2 위의 책, 16면.

3 위의 책, 30면.

4 위의 책, 26면.

5 위의 책, 81면.

6 위의 책, 22면.

7 Wenzig, K., *Allgemeine Hygiene des Dienstes* (Berlin - Heidelberg, 1936), 288 - 307.

8 Ranke, Otto, "Ärztliche Fragen der technischen Entwicklung", in: Veröff. a. d. Geb. d. Heeres-Sanitätswesens, 109 (1939), 15. 다음도 참조: BArch-Freiburg(프라

이부르크 기록물 보관소) RH 12 −23/1882, 랑케의 군사 의학 아카데미 개교기념일 축하 연설, 〈의료 조치를 통한 성능 향상〉 (1939년 2월 19일), 7-8면: 〈페르비틴은 차량이나 비행기 운행처럼 육체적으로 많은 수고를 요하지는 않지만 장시간에 걸쳐 장거리를 달려야 하고, 그 과정에서 졸음이 가장 위험 요소로 작용하는 활동에서 특히 중요한 역할을 할 것입니다.〉

9 BArch-Freiburg RH 12 −23/1882, 육군 의무감실에 보낸 랑케의 보고 (1938년 10월 4일).

10 BArch-Freiburg RH 12 −23/1882, 각성제에 대한 랑케의 강연 원고 (1940년 2월), 6면. 성능 향상제에 대한 랑케의 보고 (1939년 5월 4일).

11 게다가 1938년 독일군이 주데텐란트로 진군할 때 페르비틴에 대한 최초의 긍정적인 경험이 있었다. BArch-Freiburg RH 12 −23/1882, 〈페르비틴 투입에 관한 보고서, N.A. 39부대〉

12 BArch-Freiburg RH 12 −23/1882, 랑케의 MA 개교기념일 축하 연설, 〈의료 조치를 통한 성능 향상〉 (1939년 2월 19일), 7면.

13 Benn, Gottfried, "Provoziertes Leben: ein Essay", in: Benn, Gottfried, *Sämtliche Werke*, 4권, Prosa 2 (Stuttgart, 1989), 318.

14 BArch-Freiburg RH 12 −23/1882, 빈 대학교 생리학 연구소장이 랑케에게 보낸 편지 (1941년 12월 8일).

15 같은 곳. 교수 C그룹에 보낸 랑케의 편지 (1939년 5월 4일).

16 같은 곳. 키텔 의무 장군에게 보낸 랑케의 편지 (1939년 8월 25일).

17 같은 곳. 페르비틴 투입에 대한 랑케의 보고.

18 같은 곳. 군사 의학 아카데미 국방 생리학 연구소, 1940년 4월 8일 자 214a 보고서 첨부 문서.

19 같은 곳. 페르비틴 투입에 대한 랑케의 보고. 이어지는 두 인용도 마찬가지다.

20 같은 곳. 비르트 박사의 보고, 〈강장제로서 페르비틴의 사용〉 (1939년 12월 30일).

21 제20 보병 사단이 한 예다. 참조: BArch-Freiburg RH 12 −23/1842, 참모부 의무 장교 크뤼거의 보고서.

22 BArch-Freiburg RH 12 −23/1882, 랑케에게 보낸 페르비틴 투입에 관한 보고서. 이어지는 두 인용도 마찬가지다.

23 BArch-Freiburg RH 12 −23/1882, 의무 장교 그로셀케플러 중위의 보고서 (1940년 4월 6일).

24 BArch-Freiburg RH 12 −23/1882, 참모부 의무 장교 슈미트가 랑케에게 보낸 보고서 (1940년 3월 25일). 다음도 참조: BArch-Freiburg RH 12 −23/271, 교수 C그

룹에 보낸 랑케의 보고서 (1940년 1월 13일). BArch-Freiburg RH 12 -23/1882, 참모부 의무 장교 크뤼거의 보고서.

25 BArch-Freiburg RH 12 -23/1882, 〈페르비틴과 유사 물질에 대한 경험〉, A. O. K. 제6 군단 의무관 하우벤라이서 (1940년 4월 15일).

26 BArch-Freiburg RH 12 -23/1882, 〈페르비틴, 엘라스토노, 기타 물질에 대한 경험〉, 제4 군단 의무관 귄터 (1940년 4월 8일).

27 Ballhausen, Hanno(Hg.), *Chronik des Zweiten Weltkrieges* (München, 2004), 27.

28 Mann, Golo, *Deutsche Geschichte des 19. und 20. Jahrhunderts,* 915면 이하.

29 Kroener, Bernhard R., "Die personellen Ressourcen des Dritten Reiches im Spannungsfeld zwischen Wehrmacht, Bürokratie und Kriegswirtschaft 1939 – 1942", in: Müller, Rolf-Dieter, und Hans Umbreit, *Das Deutsche Reich und der Zweite Weltkrieg,* Bd. 5.1: Organisation und Mobilisierung des Deutschen Machtbereichs, Kriegsverwaltung, Wirtschaft und personelle Ressourcen 1939 – 1941 (Stuttgart, 1988), 826.

30 Frieser, *Die Blitzkrieg-Legende — der Westfeldzug 1940,* 11면, 43면, 57면.

31 Speer, Albert, *Erinnerungen* (Frankfurt/M., 1969), 431.

32 BArch-Freiburg RH 2/768, 한스-아돌프 할더 파일, Bl. 6 (뒷면).

33 BArch-Freiburg H 20/285/7, 국방 생리학 연구소, 제목: 〈페르비틴〉 (1939년 10월 16일). 다음도 참조: RH 12 -23/1644, 빈클러에게 보낸 편지 (1939년 10월 16일), 그리고 랑케의 전시 일지 (1940년 1월 4일).

34 BArch-Freiburg RH12 -23/1644, 랑케의 전시 일지 (1939년 12월 8일).

35 BArch-Freiburg RH12 -23/1644, 체홀린에게 보낸 랑케의 편지 (1940년 1월 24일). 다음도 참조: BArch-Freiburg RH 12 -23/1882, 랑케의 MA 개교기념일 축하 연설, 〈의료 조치를 통한 성능 향상〉 (1939년 2월 19일), 5면: 〈나는 도움을 주신 모든 분들과 나 자신을 위해 다음 사실을 분명히 말씀드릴 수 있습니다. 우리는 페르비틴과 함께 항상 열정적으로 작업에 뛰어들 수 있었고, 힘든 일조차 좀 더 쉽게 극복했으며, 특히 힘겨운 과제를 수행하겠다고 결심하는 것이 한결 수월해졌습니다.〉

36 BArch-Freiburg RH12 -23/1644, 랑케의 전시 일지, 1939년 11월 8일 자 기록, 6면.

37 같은 곳. 1939년 11월 19일 자 기록, 16면.

38 Kramer, Eva, "Die Pervitingefahr", in: *Münchener Medizinische Wochenschrift,* 88권, H. 15 (1941): 419 이하.

39 Liebendörfer, "Pervitin in der Hand des praktischen Nervenarztes", in:

Münchener Medizinische Wochenschrift, 87권, H. 43 (1940): 1182.

40 Benn, 같은 책, 317면.

41 BArch-Berlin R22/1475, Bl. 395, 제국 법무부에 보낸 콘티의 서신 (1939년 10월 21일). 이어지는 두 인용도 마찬가지다.

42 BArch-Berlin R36/1360, 〈이전의 R. f. R. 자원봉사자에게〉(1939년 10월 19일).

43 제국 관보 1 (1939), 2176면; 제국 보건청 회보 (1940), 9면: 〈페닐아미노프로판 및 그 염(예: 벤제드린, 아크테드론, 엘라스토논), 페닐메틸아미노프로판 및 그 염(예: 페르비틴)은 간 제제 및 다른 의약품 조제에 관한 독일 내무부 경찰 조례에 따라 규제되고, 약국에서는 반드시 의사 처방전이 필요하다.〉

44 Conti, Leonardo, "Vortrag des Reichsgesundheitsführers Dr. Conti vor dem NSD-Ärztebund, Gau Berlin, am 19. März 1940, im Berliner Rathaus", in: *Deutsches Ärzteblatt*, 70권, H. 13 (1940): 145 – 153, 특히 150.

45 Speer, Ernst, "Das Pervitinproblem", in: *Deutsches Ärzteblatt*, H. 1 (1941): 4 – 6 und 15 – 19, 특히 19. 다음 책도 참조: Holzer, "Die Geburt der Drogenpolitik aus dem Geist der Rassen hygiene", 238면 이하.

46 BArch-Freiburg RH 12 – 23/1575, 한트로저에게 보낸 콘티의 편지 (1940년 2월 17일) 및 한트로저의 답신 (1940년 2월 26일).

47 〈초점을 남쪽으로 이동함으로써 북부 벨기에의 강력한 적군을 차단시켜 섬멸해야 한다.〉 RH 19 I/41, Akten HGr 1: 만슈타인의 전시 일지를 위한 비망록 (1940년 2월 17일), Anl. 51 (Bl. 174 f.). 다음도 참조: BArch-Freiburg RH 19 I/26, 총통 연설에 관한 메모, Bl. 121 이하.

48 Frieser, *Die Blitzkrieg-Legende — der Westfeldzug 1940*, 81면.

49 BArch-Freiburg, 에리히 폰 만슈타인의 유고, Notiz Nr. 32.

50 Waldmann, Anton, 미공개 일기 (1940년 4월 13일), 연방군 의무국의 세계사적 교안.

51 BArch-Freiburg RH 12 – 23/1882, 〈의료 조치를 통한 성능 향상〉 및 각성제에 대한 랑케의 연설. 두 번째 원고는 1940년 2월에 작성되었지만, 실제로 연설이 이루어지지는 않았다.

52 같은 곳. 폰 클라이스트 집단군의 군단 의무관 슈미트 박사가 랑케에게 보낸 편지 (1940년 4월 15일).

53 같은 곳. 육군 의무 총감, 제목: 〈각성제〉, 첨부 문서 1과 2 (1940년 4월 17일).

54 같은 곳.

55 BArch-Freiburg RH 12 – 23/1884, 〈제국 의무국에서 육군과 공군에 제공한

페르비틴과 이소펜〉.

56 BArch-Freiburg RH 21 – 1/19, Ia/op Nr. 214/40 (1940년 3월 21일), 2.

57 Wahl, Karl, "⋯⋯es ist das deutsche Herz"(Augsburg, 1954), 246. 다음도 참조: Leeb, Wilhelm Ritter von, "Tagebuchaufzeichnung und Lagebeurteilungen aus zwei Weltkriegen. Aus dem Nachlaß", herausgegeben und mit einem Lebensabriss versehen von Georg Meyer (Stuttgart, 1976), in: *Beiträge zur Militär- und Kriegsgeschichte*, 16권, 184.

58 구데리안에 따르면 자신이 〈자주 사용한 표현〉이었다고 한다. 다음 책 참조: Guderian, Heinz, *Erinnerungen eines Soldaten* (Stuttgart, 1960), 95.

59 2015년 5월 7일, 『차이트 *DIE ZEIT*』와의 인터뷰, 50면.

60 Frieser, *Die Blitzkrieg-Legende — der Westfeldzug 1940*, 114면.

61 위의 책, 136면.

62 사단 병력은 400명이 채 안 되는 장교와 2,000여 명의 하사관, 약 9,300명의 병사로 이루어져 있었다.

63 BArch-Freiburg RH 12 – 23/1882, 여기서 예를 들어 〈홍분제에 대한 경험 보고서 원본〉 (1940년 2월 23일) 2면 참조: 〈이튿날 밤 운전자와 동승자에게 각각 두 개의 알약을 나누어 주면서 군모 깃 사이에 보관해 두었다가 필요시 복용하되 늦어도 새벽 1시에는 꼭 복용하라고 지시했다.〉

64 참조: Frieser, *Die Blitzkrieg-Legende — der Westfeldzug 1940*, 195면 이하.

65 Fischer, Wolfgang, *Ohne die Gnade der späten Geburt* (München, 1990), 62 이하.

66 BArch-Freiburg N 802/62, 구데리안 유고, 〈프랑스에서 작전 시 사령관의 운행에 관한 3차 보고서 중에서〉, Bl. 008.

67 같은 곳, Bl. 010.

68 Bloch, Marc, *Die seltsame Niederlage: Frankreich 1940* (Frankfurt/M., 1995), 93 이하.

69 Frieser, *Die Blitzkrieg-Legende — der Westfeldzug 1940*, 219면.

70 구어로 알려진 정보다.

71 Frieser, *Die Blitzkrieg-Legende — der Westfeldzug 1940*, 419면.

72 이것은 제2차 세계 대전뿐 아니라 오늘날까지 전차가 불가피하게 주도적인 역할을 하는 재래식 전쟁에도 해당된다.

73 이른바 배낭 원칙. 이 출정의 첫 며칠도 군사 작전이 보급, 즉 가장 토대가 되는 물류에 얼마나 좌우되는지를 잘 보여 준다. 이와 관련해서는 다음 책 참조: Kielmansegg, Johann Adolf Graf von, *Panzer zwischen Warschau und Atlantik*

(Berlin, 1941), 161.

74 Frieser, *Die Blitzkrieg-Legende — der Westfeldzug 1940*, 162면.

75 BArch-Freiburg N 802/62, 구데리안 유고, 같은 곳, Bl. 007 u. Bl. 011/012.

76 Churchill, Winston, *Zweiter Weltkrieg*, Bd. II, 1. Buch (Stuttgart, 1948/1949), 61.

77 BArch-Koblenz N 1348, 아내에게 보낸 모델의 편지 (1940년 6월 3일).

78 Frieser, *Die Blitzkrieg-Legende — der Westfeldzug 1940*, 336면.

79 Frieser, 위의 책, 326면. 이어지는 인용도 마찬가지다.

80 Churchill, *Zweiter Weltkrieg* 65면.

81 Ironside, Edmund, *Diaries 1937-1940* (New York, 1962), 317. 인용: Frieser, *Die Blitzkrieg-Legende — der Westfeldzug 1940*, 325면.

82 Halder, Franz, *Kriegstagebuch. Tägliche Aufzeichnungen des Chefs des Generalstabes des Heeres 1939-1942*, 1권, (1964), 302. 인용: Frieser, *Die Blitzkrieg-Legende — der Westfeldzug 1940*, 322면.

83 BArch-Koblenz N 1348, 아내에게 보낸 모델의 편지 (1940년 5월 26일).

84 같은 곳. 아내에게 보낸 모델의 편지 (1940년 5월 28일).

85 Ironside, *Diaries 1937-1940*, 333면.

86 Hansen, Hans-Josef, *Felsennest, das vergessene Hauptquartier in der Eifel* (Aachen, 2008), 81.

87 Die Deutsche Wochenschau Nr. 22 vom 22.5.1940.

88 게슈타포는 괴링의 중독에 대한 증거를 부지런히 수집했다. 예를 들어 다음 책 참조: Speer, Albert, *Erinnerungen*, 278면.

89 *Berliner Lokal-Anzeiger*, 제국 수도 중앙 기관지, 대베를린 일간지. 1940년 6월 1일 자, 1면.

90 Hesse, Reinhard, *Geschichtswissenschaft in praktischer Absicht* (Stuttgart, 1979), 144.

91 Bradley, Dermot, *Walther Wenck, General der Panzertruppe* (Osnabrück, 1982), 146.

92 BArch-Freiburg RH 12-23/1931, 〈클라이스트 집단군 지휘 보고서〉 (1940년 7월 12일).

93 같은 곳.

94 BArch-Koblenz N 1348, 아내에게 보낸 모델의 편지 (1940년 6월 3일).

95 연방군 의무 아카데미의 폴커 하르트만 박사가 보여 준 육군 의무 총감의 미공개 전시 일지.

96 BArch-Freiburg ZA 3/163, 공군 참모총장 발다우의 전시 일지, 1939년 3월부터 1942년 4월 10일까지. 그중에서 1940년 5월 25일 기록. 다음도 참조: BArch-Freiburg ZA 3/163, 슈미트, 〈1940년 프랑스 출정〉. BArch-Freiburg ZA 3/58, USAF History Project, 16면, in: Ob. d. L./Führungsstab Ic, Nr. 10641/40 geh., 네덜란드, 벨기에, 북프랑스 작전에서 공군 투입 개요 (1940년 6월 3일).

97 Guderian, Heinz, *Erinnerungen eines Soldaten* (Stuttgart, 1986), 118.

98 *Berliner Lokal-Anzeiger*, 제국 수도 중앙 기관지, 대베를린 일간지, 1940년 6월 20일 자, 2면, 〈스위스 국경까지 거침없는 돌격〉.

99 BArch-Freiburg RH 12-23/1931, 〈클라이스트 집단군 지휘 보고서〉 (1940년 7월 12일). 다음 네 개의 인용도 마찬가지다.

100 BArch-Freiburg RH 12-23/1882, 의무관 자이파르트 대령이 참모부 의무관 알트호프 대령에게 보낸 편지. 제목: 〈페르비틴 남용〉 (1941년 5월 16일), 군사 서신 제28806호.

101 BArch-Freiburg RH 12-23/1882, 랑케 파일 (1941년 4월 25일).

102 BArch-Freiburg RH 12-23/1882, 참모부 의무관 숄츠 박사에게 보낸 랑케의 편지 (1941년 5월 27일).

103 MA 기록물 보관소(IfZArch, MA) 617, Rolle 2. 참조: 하마사에서 모렐에게 보낸 편지(1941년 5월 27일): 여기에 함유된 장미 열매 분말, 호밀싹, 아노이린, 니코틴산은 천연 비타민이고, 〈전유 분말, 코코아, 약간의 코코아 버터〉는 향미 증진제이다.

104 같은 곳. 하마사에서 약사 요스트에게 보낸 편지 (1942년 10월 29일).

105 BArch-Koblenz N 1348, 아내에게 보낸 모렐의 편지 (1940년 5월 16일).

106 BArch-Freiburg R43, 하마사에서 SS-본부/의무국에 보낸 편지 (1941년 8월 26일).

107 나치 친위대는 러시아 전쟁에서도 모렐의 비타물틴을 사용했다. 그것은 1942년 1월 12일 자 힘러의 지휘 서신(IfZArch, MA 617, Roll 2)에서 확인된다. 〈총통께서는 동부 전선의 무장 친위대에 즉각 적절한 비타민 제제를 공급하라고 지시하셨다. 이 비타민 제제의 생산은 함부르크의 하마사에 위탁되었다. 총통 각하의 명령이 기한 내에 실행될 수 있도록 필요한 모든 원료와 부자재 확보에 가능한 모든 방법으로 지원할 것을 요청한다. 제국 나치 친위대장.〉

108 BArch-Koblenz N 1348, 아내에게 보낸 모렐의 편지 (1940년 5월 16일).

109 히프케 일로 모렐이 괴링에게 보낸 편지. 이것은 개인 기록이다. Dr. Theo Morell, National Archives Microfilm Publication T253, Roll 35. National Archives, College Park, MD.

110 BArch-Freiburg ZA 3/801, Suchenwirth, Richard, "Hermann Göring", unveröffentlichte Studie, 42.

111 Aldgate, Anthony, and Jeffrey Richards, *Britain can take it: The British Cinema in the Second World War*, Second Edition (London, 2007), 120.

112 Luttitz, Horst Freiherr von. 고르히 피켄과 죈케 엘 비타르의 다큐멘터리 영화 「불면의 전쟁 Schlaflos im Krieg」에서 인용 (Arte, 2010).

113 Steinhoff, Johannes, *Die Straße von Messina* (Berlin, 1995), 177 이하. 이어 지는 두 인용도 마찬가지다. 제2차 세계 대전에서 자신의 전시 투입을 문학적이고 비 판적으로 회고하는 슈타인호프는 1950년대에 연방군 산하의 공군 창설을 주도한 인 물 중 하나였다. 나중에는 NATO 군사 위원회 의장에 선출되었고, 1970년대 중반에 는 방위 산업계로 옮겨 갔다. 이 책에서 슈타인호프는 메스암페타민을 1943년에 사용 했다고 밝혔는데, 1940년의 〈영국 공중전〉에도 참전한 바 있는 사람이 마치 그때 처음 이자 마지막으로 이 각성제를 복용한 것처럼 말하고 있다.

114 Osterkamp, Theo, *Durch Höhen und Tiefen jagt ein Herz* (Heidelberg, 1952), 245. 다음 책도 참조: Speer, Albert, *Erinnerungen*, 272면.

115 Falck, Wolfgang, *Falkenjahre. Erinnerungen 1903–2003* (Moosburg, 2003), 230.

116 Overy, Richard J., "German Aircraft Production 1939 – 1942", in: Study in the German War Economy, zugl. Diss. Queens College (Cambridge, 1977), 97.

117 BArch-Freiburg ZA 3/842, 1944년 가을, 괴링이 K.G. 제4 항공 편대장 클로 진스키 중령에게 한 말이다. 1957년 2월 1일 클로진스키 심문 조서에서 인용. 출처: http://hss.ulb.uni-bonn.de/2005/0581/0581.pdf.

118 코카인은 제1차 세계 대전에서도 피로감을 극복하는 드문 방법이 아니었다. 랑케도 1940년 2월 각성제에 대한 강연에서(실제 강연은 이루어지지 않았다. BArch-Freiburg RH 12-23/1882) 코카인에 관심을 보였지만, 당시에는 사용을 거부했다. 〈이 각성제는 매우 효과가 큰 의약품입니다. 그러나 코카인은 (……) 심각한 신체적, 인격적 손상을 야기하는 중독 현상 때문에 군사적 사용을 배제해야 합니다.〉

119 BArch-Freiburg ZA 3/326, 1943년 10월 7일에 열린 제국 원수와의 회의 속 기록. 제목: 〈조국 방어 프로그램〉.

120 Linge, Heinz, *Bis zum Untergang* (München, 1980), 219.

121 "Udets Ernst, Spaßpilot, Kriegsverbrecher und komischer Zeichner", in Meurer, Christian, *Wunderwaffe Witzkanone – Heldentum von Heß bis Hendrix*, Essay 09 (Münster, 2005), 73 이하.

122 독일 베를린 통신사, 1941년 11월 18일. 다음 책에서 인용: Udet, Ernst, *Mein*

Fliegerleben (Berlin, 1942).

123 참조: Suchenwirth, Richard, "Ernst Udet – Generalluftzeugmeister der deutschen Luftwaffe", 미발표 논문, BArch-Freiburg ZA 3/805.

124 메스암페타민은 한편으로 암페타민보다 효과가 훨씬 강하지만, 다른 한편으로 무분별하게 사용하면(너무 높은 용량, 너무 빈번한 복용) 신경 독성을 일으키는 것으로 증명되었다. 이 물질은 중추 신경계에서 세로토닌과 도파민의 형성과 분비를 감소시키고, 인체 신경 화학을 장기적으로 변화시킬 수 있다.

125 BArch-Freiburg RH 12 – 23/1884, 콘티의 편지 (1940년 12월 20일).

126 BArch-Freiburg RH 12 – 23/1884, 한트로저의 편지 (1941년 1월 20일과 29일).

127 Speer, Ernst, "Das Pervitinproblem", 18면.

128 Holzer, "Die Geburt der Drogenpolitik aus dem Geist der Rassen hygiene", 242면 이하.

129 Holzer, "Die Geburt der Drogenpolitik aus dem Geist der Rassen hygiene", 245면 이하.

130 BArch-Berlin NS 20 – 139 – 6/Rundschreiben Vg. 9/41, NSDAP, 국민 보건청, 1941년 2월 3일, 콘티. 다음 책에서 인용: Holzer, "Die Geburt der Drogenpolitik aus dem Geist der Rassen hygiene", 244면.

131 RGBl.I, 1941년 6월 12일, 328: 〈6항. 기타 물질에 대한 아편법 조항 적용에 관한 조례〉.

132 육군 의무감 안톤 발트만처럼 경험 많은 의무 장교는 일찍이 이렇게 경고했다. 〈현재 우리 국민은 상당히 예민하고 긴장된 상태다. 자신의 한계를 월등히 뛰어넘을 만큼 요구는 높다. 만일 이 상태에서 충분한 휴식과 수면, 긴장 이완이 이루어지지 않으면 급격한 행위 불능 상태에 빠질 수 있다.〉Waldmann, 같은 곳, 1940년 11월 1일 일기.

133 1941년 5월 7일 제국 화학국에서 템러사에 보낸 확인서: 〈제국 국방 위원회 의장인 괴링 제국 원수의 법령에 따른 국방군 생산 프로그램의 긴급성〉, 베를린 지방 기록물 보관소, A Rep 250-02-09 Temmler.

3 하이 히틀러 – 환자 A와 주치의(1941~1944)

1 IfZArch, MA 617, Rolle 2, 테오 모렐의 연설 원고, 4면. 시대의 아이였던 그는 이 연설문에서 의사와 환자 사이의 전형적인 가부장적 역할 분담에서 출발하는 두 개의 인용문을 통합하였다. 〈신뢰 관계……〉는 서프로이센의 의사이자 의학 저술가인

에르빈 리크(1878-1935)의 책 『의사와 그 사명 *Der Arzt und seine Sendung*』(1925)에서 따왔고, 원고의 마지막 문장은 비스마르크의 주치의 에밀 슈베닝거에게서 빌려왔다.

2 Fest, Joachim, *Hitler*(Mariner Books, 2013), 737면.

3 위의 책, 992면.

4 *Der Spiegel*, 42/1973, 201.

5 Gisevius, Hans Bernd, *Adolf Hitler. Versuch einer Deutung* (München, 1963), 523.

6 Kershaw, Ian, *Hitler 1889–1945 - Das Standardwerk* (München, 2008), 850. 커쇼는 다른 곳에서도(947면) 이상하게 결정을 내리지 못하고 있다. 〈1944년 가을에 독일이 처한 비참한 상황과 관련해서 모렐과 그의 치료 방법은 중요한 요소도, 그렇다고 중요하지 않은 요소도 아니었다.〉

7 참조: Neumann, Hans-Joachim, und Eberle, Henrik, *War Hitler krank? – Ein abschließender Befund* (Köln, 2009), 97 und 100.

8 BArch-Koblenz N1348, 모렐 기록 (1944년 11월 8일).

9 〈모렐 교수에 대한 감정(鑑定)〉, Camp Sibert, 15.1.1946, Entry ZZ-5. In: IRR-Personal Name Files, RG NO. 319, Stack Area 230, Row 86, Box 11, National Archives at College Park, MD.

10 같은 곳.

11 특별 보고서 제53호에는 전문가로서 다음 인물들이 적혀 있다. 튀빙겐 대학교의 약리학 연구소장 펠릭스 하프너 박사, 튀빙겐 대학교의 콘라트 에른스트 박사, 그리고 테오도르 벤칭거 폰 크레프슈타인: 〈1947년 4월 23일, 이 세 과학자는 기존 정보 파일에서 히틀러의 빈번한 마약 복용 가능성을 증명하는 어떤 것도 찾을 수 없다는 취지의 서면 보고서에 서명했다.〉 게다가 베를린 대학교 약리학 연구소의 호이프너 교수와 제국 보건청 아편국 국장 린츠 교수도 히틀러의 대규모 투약 혐의를 부인했다. 그러나 다른 목소리도 있다. 베를린 마약국 형사 융니켈, 베를린 엥겔 약국의 약사 요스트, 베를린 대학교의 법의학 및 범죄학 연구소 소장 뮐러-헤스 교수도 감정 의뢰를 받았는데, 이들은 히틀러가 주치의로부터 아편 유사제를 공급받았을 가능성이 무척 높지만, 그 양과 결과에 대해서는 진술할 수 없고, 하고 싶지도 않다고 밝혔다. In: IRR impersonal Files, RG NO. 319, Stack Area 770, Entry 134A, Box 7: "Hitler, Poisoning Rumors", XE 198119, National Archives at College Park, MD.

12 〈……무수한 히틀러 신화가 잘못되었음을 밝히는 추가 자료를 제공하기 위해〉, 같은 곳.

13 BArch-Koblenz(코블렌츠 기록물 보관소) N1118, 괴벨스의 유고, 히틀러에게

보낸 편지, 1943 성탄절.

14 Schramm, Percy Ernst, "Adolf Hitler – Anatomie eines Diktators"(5. und letzte Fortsetzung), in: *Der Spiegel*, 10/1964.

15 Schenck, Ernst Günther, *Dr. Morell. Hitlers Leibarzt und seine Medikamente* (Schnellbach, 1998), 110.

16 BArch-Koblenz N 1348, 모렐의 의료 달력 (1941년 8월 18일).

17 BArch-Koblenz N1348, 모렐 기록 (1943년 8월 9일).

18 BArch-Freiburg RH 12 – 23/1884. 참조: Holzer, "Die Geburt der Drogenpolitik aus dem Geist der Rassen hygiene", 247면.

19 BArch-Koblenz N1348, 모렐 기록 (1941년 8월 8일).

20 BArch-Koblenz N1348, 모렐 기록 (1941년 8월 8일). 글리코노름 혼합과 관련 해서는 1944년 12월 2일 자 모렐의 유고 참조.

21 BArch-Koblenz N1348, 모렐 기록 (1941년 8월 8일).

22 BArch-Koblenz N1348, 모렐 기록 (1941년 8월 11일).

23 Keller, Philipp, *Die Behandlung der Haut- und Geschlechtskrankheiten in der Sprechstunde* (Heidelberg, 1952).

24 BArch-Koblenz N1348, 모렐 기록 (1941년 8월 27일).

25 히틀러가 복용한 개별 의약품에 대한 일목요연한 자료는 다음 사이트에 있다: www.jkris.dk/jkris/Histomed/hitlermed/hitlermed.htm.

26 인용: Katz, Ottmar, *Prof. Dr. med. Theo Morell – Hitlers Leibarzt* (Bayreuth, 1982), 219.

27 Schramm, Percy E. (Hg.), *Kriegstagebuch des Oberkommandos der Wehrmacht 1940–1941*, Teilband II (1982), 673.

28 위의 책, 1941년 10월 21일 자 기록, 716면.

29 BArch-Freiburg RH 12 – 23/1882, Dr. Guther, Otto, "Erfahrungen mit Pervitin"(1942년 1월 27일).

30 이것은 해군도 마찬가지였다. 예를 들면 독일 중순양함 〈프린츠 오이겐호〉가 프랑스 브레스트항을 탈출할 때의 상황이 그랬다. 여기서 이 전함은 영국 폭격기의 공격에 반복적으로 노출되어 있었다. 독일 전함의 침몰과 그에 따른 체면 손상을 막으려고 히틀러는 복귀 명령을 내렸다. 같은 상황에 처해 있던 전함 그나이제나우호와 샤른호르스트호도 마찬가지였다. 그런데 문제는 근 이틀을 쉴 새 없이 달려서 독일 만에 도착하려면 영국 해협을 지나야 한다는 점이었다. 지난 수세기 동안 약 482킬로미터가 넘는 영국 해안을 통과하던 적의 군함치고 아무 피해 없이 지나간 배는 한 척도 없었다. 따라서 해군 총사령관은 〈실행 불가능〉을 이유로 이 작전에 여러 번 반대 의사를

표했다. 그러나 1942년 2월 11일 밤, 브레스트항에 짙은 안개가 깔리고, 독일 기지를 감시하던 영국 잠수함의 승조원들조차 적 함선의 출항을 예상하지 못하고 잠들었을 때 밧줄이 풀렸다. 이어 48시간 동안 다들 초긴장 상태에서 전투태세를 유지하며 바다를 달렸다. 누구도 잘 수 없었다. 모든 승조원은 포탑, 기계실, 관제실, 사격대 등 각자 위치를 중단 없이 지켰다. 〈모든 승조원의 집중력과 효율성 저하가 성공적인 작전 수행에 부정적인 영향을 끼친다는 점을 고려해서 쇼카콜라(1인당 1팩)와 페르비틴이 제공되었다.〉 프린츠 오이겐호 의무관의 2월 12일 자 의료 보고서에 나오는 내용이다. 〈전투조별로 승조원 한 사람당 세 정씩 분배되었다.〉 정오경 독일 전함이 도버를 지나 갔다. 그제야 영국인들도 눈앞에서 무슨 일이 벌어지는지 알아차렸다. 모든 해안포에서 불이 뿜어져 나왔고, 240대가 넘는 영국 폭격기가 출격했다. 물론 동시에 출격한 독일 전투기 280대의 견제가 있었다. 선상에서도 모든 승조원은 대공포를 비롯해 각자의 사격 위치에서 벗어날 수 없었다. 이른바 암페타민 해전이었다. 〈페르비틴은 강력한 중추 자극 효과로 서서히 찾아오는 수면욕과 피로감을 몰아낼 수 있었다.〉 해군 참모부 의무 장교 비테 중위의 보고다. 2월 13일 저녁, 전함은 마침내 빌헬름스하펜에 도착했다. 독일의 이 운하 돌파 작전은 영국 역사상 가장 큰 해상 굴욕 중 하나로 여겨졌다. 독일인들은 이 성공적인 작전으로 무엇보다 한 가지 중요한 깨달음을 얻었다. 의무 보고서의 결론에 따르면 〈작전 중인 전함에 페르비틴을 비치하는 것은 꼭 필요한 일〉이라는 것이다. 〈승조원이 1,500명이면 페르비틴 1만 정이 필요하다.〉(BArch-Freiburg RM 92 - 5221/Bl. 58 - 60, 순양함 〈프린츠 오이겐호〉 전시 일지, 1942년 1월 1일~1943년 1월 31일, 2권, 비밀 지휘 서신 - 1942년 2월 11일~1942년 2월 13일까지 순양함 〈프린츠 오이겐호〉의 영국 해협 돌파와 독일 만으로의 귀환.)

31 경험에 따른 대체적인 규칙은 이렇다. 메스암페타민 불내성(정상적인 약물 복용량을 지키더라도 중독 반응을 나타내는 상태)은 10밀리그램(페르비틴 알약 서너 개)을 연속으로 이삼 일 동안만 세 번 복용해도 벌써 발생한다. 물론 개인마다 내성 한계치는 다르다. 예를 들어 어떤 사람은 처음과 같은 효과를 얻으려면 두 번째 이후 벌써 더 많은 양을 복용해야 하고, 어떤 사람은 눈에 띄는 효과 감소 없이 고정된 복용량으로 며칠씩 효과가 지속되기도 한다. 하지만 일반적으로, 메스암페타민은 뇌의 신경 세포 속에서 일으키는 인위적 자극 때문에 몸의 경고 신호인 자연스러운 효능 한계를 느끼지 못하게 한다. 심리적, 육체적으로 감당할 수 있는 한계치도 더 이상 인지되지 않고, 오래전에 복용을 그만두어야 함에도 복용량은 오히려 계속 늘어난다.

32 BArch-Freiburg RH 12 - 23/1384, Heeresverordnungsblatt 1942, Teil B, Nr. 424, 276면, 〈마약 남용 퇴치〉. 다음 책도 참조: Holzer, "Die Geburt der Drogenpolitik aus dem Geist der Rassen hygiene", 289면 이하.

33 Halder, Franz: *Kriegstagebuch. Tägliche Aufzeichnungen des Chefs des*

Generalstabes des Heeres 1939–1942, 3권 (Stuttgart, 1964), 311.

34 Gisevius, *Adolf Hitler*, 471면. 인용: Fest, *Hitler*, 883면.

35 BArch-Koblenz N1348, 심장 전문의 베버 교수에게 보낸 모렐의 편지 (1944년 12월 2일): 〈산책은 상당히 낯선 일이 되었습니다. 매일 15분 정도만 맑은 공기를 마시는 것이 몇 달 동안 일상이 되었기 때문입니다.〉

36 Schenck, Ernst Günther, *Patient Hitler* (Augsburg, 2000), 389.

37 IfZArch, MA 617, Rolle 3. 무타플로 개발자 니슬레가 모렐에게 보낸 편지 (1943년 3월 1일).

38 Speer, *Erinnerungen*, 592면.

39 IfZArch, MA 617, Rolle 1, 총통 지휘소 〈늑대 인간〉 보안 규칙 (1943년 2월 20일).

40 Speer, Albert, *Erinnerungen*, 256면 이하.

41 Fest, *Hitler*, 903면.

42 Speer, Albert, *Erinnerungen*, 361면과 368면.

43 Schramm, *Kriegstagebuch des Oberkommandos der Wehrmacht 1940–1941*, 1942년 12월 21일 자 기록.

44 BArch-Koblenz N1348, 모렐 기록 (1942년 8월 18일).

45 Haffner, *Anmerkungen zu Hitler*, 110면.

46 Fest, *Hitler*, 922면.

47 Speer, Albert, *Erinnerungen*, 345면, 353면, 475면.

48 엥겔 약국에서 테오 모렐에게 보낸 편지 (1942년 8월 29일), National Archives Microfilm Publication T253/45.

49 BArch-Koblenz N1348, 모렐 기록 (1942년 12월 9일).

50 같은 곳, 모렐 기록 (1942년 12월 17일).

51 Pieper, *Nazis on Speed. Drogen im 3. Reich*, 174면.

52 IfZArch, MA 617, Rolle 1.

53 모렐 인터뷰 기록, National Archives Microfilm Publication T253/45. 다음 두 인용도 마찬가지다.

54 BArch R42/5281 – 5182, 1942년 8월 20일 편지, BA R38/0156 – 0157, 1943년 1월 25일 편지.

55 IfZArch, MA 617, Rolle 1, 1943년 2월 14일 기록. 그는 〈수용성 척수 제제(신경 물질 농축물)를 생산할〉 계획도 세웠다. 참조: 같은 곳, 1943년 9월 22일, 물리 박사와의 대화.

56 아내에게 보낸 모렐의 편지 (1942년 10월 22일), National Archives Microfilm

Publication T253/45.

57 제국 판무관 코흐의 결정 (1942년 8월 29일), National Archives Microfilm Publication T253/35.

58 IfZArch, MA 617, Rolle 2, 코흐에게 보낸 모렐의 편지 (1942년 9월 22일).

59 참조: 뢰켈에게 보낸 편지 (1944년 4월 1일): 〈나는 마약에 대한 선호를 포함해서 당신의 유익한 과학적 연구에 관심이 있습니다.〉 이와 관련해서 다음도 참조: 코흐에게 보낸 모렐의 편지 (1943년 12월 14일과 17일 자), National Archives Microfilm Publication T253/35.

60 Schlögel, Karl, in: *DIE ZEIT* (2014년 10월 30일), 19.

61 Schenck, *Dr. Morell*, 267.

62 코흐에게 보낸 모렐의 편지 (1942년 10월 16일), National Archives Microfilm Publication T253/35.

63 코흐의 서신 (1943년 10월 31일). 수신자는 다음 도살장들이다. Winniza, Kiew, Proskurow, Berditschew, Shitomir, Dubno, Darnitsa, Kasatin, Kirowograd, Biala-Cerkow, Nikolajew, Melitopol, Saporoshje, Dnjepropetrowsk, Poltawa, Krementschuk, Uman, Korosten. National Archives Microfilm Publication T253/42.

64 Schenck, *Dr. Morell*, 253.

65 Vandenberg, Philipp, *Die heimlichen Herrscher: Die Mächtigen und ihre Ärzte* (Bergisch Gladbach, 2000), 256.

66 렘베르크에 있는 암트만 슈마허에게 보낸 모렐의 편지 (1943년 12월 12일), National Archives Microfilm Publication T253/35.

67 총통 본부에서 국방군 부관실에 내린 지침: 〈실수든 의도적이든 전쟁에 필수적이지 않은 목적으로 연료를 사용하는 사람은 전쟁 수행의 방해꾼으로 간주한다.〉 National Archives Microfilm Publication T253/36.

68 IfZArch, MA 617, Rolle 3, 물리 박사와의 대화록 (1943년 10월 9일 22시 35분경).

69 같은 곳, 하마사에서 모렐에게 보낸 편지 (1945년 2월 5일). 다음 인용도 마찬가지다.

70 예를 들어 모렐은 1944년 2월 11일 오네조르게 제국 장관에게 이런 편지를 보낸다. 〈……괜찮으시다면 총통 각하께 직접 브리핑할 자리를 주선해 보도록 하겠습니다.〉 National Archives Microfilm Publication T253/41.

71 IfZArch, MA 617, Rolle 3, 모렐에게 보낸 물리의 편지 (1943년 8월 10일).

72 코흐에게 보낸 모렐의 편지 (1942년 1월 28일), National Archives Microfilm

Publication T253/35.

73 모렐의 서신 초고, 제목: 〈신약 제조와 관련해서〉(1944년 3월 30일), National Archives Microfilm Publication T253/38. 서신에는 다음 내용도 있다. 〈그래서 나는 (……) 특수 활성 성분을 추가해서 우크라이나 소간으로 주사 가능한 간 추출물을 개발했습니다. 이 최초의 간 제제는 통증 없이 몸에 잘 받을 뿐 아니라 개인적으로 친분이 있는 유명 종합 병원의 의사들을 통한 1년 이상의 임상 실험과 나 자신의 경험을 통해 효과가 매우 뛰어난 것으로 증명되었습니다. (……) 이와 비슷한 품질의 의약품은 시중에서 구할 수 없고, 게다가 내 환자를 정상적인 방법으로는 더 이상 치료할 수 없기에(내 환자 건강의 중요성은 굳이 설명을 드리지 않아도 알 것입니다) 부득이 이렇게 직접 제조에 나설 수밖에 없었습니다. 그렇게라도 해야 내 환자의 건강을 지킬 수 있을 테니까요. (……) 행정상의 난관은 국민 건강과 특히 내 환자의 건강을 위해서 어떻게든 극복되어야 합니다.〉

74 괴벨스의 일기 (1942년 3월 20일). 인용: Gathmann, Peter, und Martina Paul, *Narziss Goebbels – Eine Biografie* (Wien, 2009), 95.

75 모렐에게 보낸 베버의 편지 (1943년 6월 16일), National Archives Microfilm Publication T253/34. 게다가 이 편지에는 괴벨스가 모렐의 간 제제 주사를 맞은 뒤 사흘 동안 심한 두통에 시달렸다는 보고도 나온다.

76 BArch-Koblenz N1348, 〈슬리보비츠 샘플에 대한 메틸알코올 및 기타 유해 물질 검사를 위한 총통 지시〉(1944년 1월 11일). 같은 날 야전 실험실의 서면 답변: 〈냄새와 맛: 슬리보비츠는 (……) 검사 결과 음용에 따른 건강상의 문제는 발견되지 않았다.〉

77 Schenck, Ernst Günther, *Patient Hitler – eine medizinische Biographie* (Augsburg, 2000), 389 이하.

78 BArch-Koblenz N1348, 모렐 기록 (1943년 7월 18일).

79 BArch-Koblenz N1348, 모렐 기록 (1943년 12월 6일).

80 Yang, Rong, "Ich kann einfach das Leben nicht mehr ertragen – Studien zu den Tagebüchern von Klaus Mann (1931 – 1949)"(Marburg, 1996): 107.

81 Pieper, *Nazis on Speed. Drogen im 3. Reich*, 57면.

82 BArch-Koblenz N1348, 모렐 기록 (1943년 7월 18일). 이어지는 두 인용도 마찬가지다.

83 같은 곳, "Special Entry of July 18, 1943."

84 오이코달의 활성 물질인 아편 유사제 옥시코돈은 미국에서 〈옥시제식〉과 〈옥시콘틴〉이라는 이름으로 판매되고 있고, 2010년에는 35억 달러의 매출로 성공한 약물 5위를 차지했다. 독일에서 옥시코돈은 무엇보다 〈옥시제식〉으로 알려져 있으며,

가장 널리 처방되는 경구용 아편 유사제이다. 현재 독일 시장에서 옥시코돈 함유 의약품은 147개가 승인되어 있고, 대부분은 만성 통증 치료를 위한 〈방출 통제 약물〉(활성 성분의 흡수 지연)로 사용되고 있다. 1943년 여름 히틀러가 처음으로 주사 맞은 오이코달이라는 이름의 제제는 1990년 이후 독일 시장에서 사라졌다.

85 Burroughs, William, *Naked Lunch* (1959). 인용: *Die tageszeitung*, 2014년 2월 5일 자, 15면.

86 Speer, Albert, *Erinnerungen*, 119면.

87 Katz, *Prof. Dr. med. Theo Morell - Hitlers Leibarzt*, 280면.

88 지베르트에게 보낸 모렐의 편지 (1943년 8월 26일), National Archives Microfilm Publication T253/45.

89 모렐에게 보낸 약사 요스트의 편지 (1942년 4월 30일): 〈저희 약국의 코카인 사용을 증명하고 마취제 장부에 기재해야 하므로 처방전이 반드시 필요합니다. BMG 규정에 맞게 작성한 처방전 다섯 장을 가능한 한 빨리 보내 주시길 간곡히 부탁드립니다.〉 National Archives Microfilm Publication T253/45. 또한 1943년 10월 10일자 편지(in T253/39)도 참조.

90 이 시기의 엽서에는 이런 선전 문구가 인쇄되어 있었다. 〈총통 각하는 오직 전투와 일, 걱정밖에 모른다. 그중에서 우리가 덜어 드릴 수 있는 부분은 우리 스스로 덜어 드리자.〉

91 Canetti, Elias, *Masse und Macht* (Frankfurt/M, 1994), 330.

92 Goebbels, Joseph, *Die Tagebücher*, Teil II, Diktate 1941 – 1945, 9권, 1943년 7월부터 9월까지 (München, 1987), 456 이하.

93 모렐에게 보낸 코흐의 편지 (1943년 5월 31일), National Archives Microfilm Publication T253/37.

94 BArch-Koblenz N1348, 모렐 기록 (1943년 10월 7일).

95 같은 곳, 모렐 기록 (1943년 11월 21일).

96 같은 곳, 모렐 기록 (1944년 1월 27일).

97 당 비서 쾨글마이어가 모렐에게 보낸 편지 (1943년 12월 10일), National Archives Microfilm Publication T253/35.

98 Speer, Albert, *Erinnerungen*, 339면.

99 예를 들어 국방군 총통 부관 폰 크리스의 아내가 모렐에게 보낸 편지 (1943년 2월 17일): 〈……우리는 현재 형편이 좀 좋지 않아요. 부족한 약을 보내 주시면 감사하겠습니다. 하일 히틀러!〉 (IfZArch, MA 617, Rolle 2).

100 모렐의 편지 (1944년 12월 1일), National Archives Microfilm Publication T253/37.

101 이와 관련해서 1944년 4월 14일 모렐에게 도착한 한 늙은 환자의 편지도 많은 것을 시사한다. 〈우리는 당신과 당신들에 대해 무척 자주 이야기합니다. 그 기억들은 항상 우리를 기쁘게 하고 기운 나게 합니다.〉 National Archives Microfilm Publication T253/38.

102 BArch-Freiburg RH 12 – 23/1321, Durchschlag, Ph IV Berlin, 20.12.1943, 〈참모 장교들에게〉. 다음도 참조: Holzer, "Die Geburt der Drogenpolitik aus dem Geist der Rassen hygiene", 254면 이하.

103 BArch-Freiburg RH 12 – 23/1321, Bl. 125 a, 슈미트-브뤼켄과 보르트만 서명, 참모부 약국.

104 〈국방부 ZF Vi C국에 제조업체의 오리지널 포장 상태로 1킬로그램의 코카인 염산염 전달.〉 BArch-Freiburg RH 12 – 23/1322, Bl. 123, Wortmann an Hauptsanitätspark Abt. 1, 22.5.1944, 비밀.

105 환자 C는 모렐의 유고에 나오지 않는다.

106 BArch-Koblenz N1348, 모렐에게 보낸 차하리에의 편지 (1944년 12월 3일).

107 BArch-Koblenz N1348, 〈환자 D. – 79번째 의료 보고서〉(1944년 12월 2일). 이어지는 두 인용도 마찬가지다.

108 BArch-Koblenz N1348, 〈환자 D. – 76번째 의료 보고서〉(1944년 11월 18일).

109 BArch-Koblenz N1348, 〈환자 D. – 75번째 의료 보고서〉(1944년 11월 9일). 〈환자 D. – 91번째 의료 보고서〉(1945년 2월 26일).

110 BArch-Koblenz N1348, 〈환자 D. – 74번째 의료 보고서〉(1944년 11월 1일).

111 BArch-Koblenz N1348, 〈환자 D. – 92번째 의료 보고서〉(1945년 3월 7일).

112 BArch-Koblenz N1348, 〈환자 D. – 75번째 의료 보고서〉(1944년 11월 9일). 〈환자 D. – 78번째 의료 보고서〉(1944년 11월 29일).

113 BArch-Koblenz N1348, 모렐에게 보낸 차하리에의 편지 (1945년 3월 23일).

114 BArch-Koblenz N1348, 〈환자 D. – 94번째 의료 보고서〉(1945년 3월 23일).

115. 헤르타 슈나이더의 구두 정보, 인용: Toland, John, *Adolf Hitler* (Bergisch Gladbach, 1977), 920면.

116 BArch-Koblenz N1348, 모렐 기록 (1944년 1월 9일).

117 같은 곳, 모렐 기록 (1944년 1월 9일).

118 같은 곳, 모렐 기록 (1944년 1월 29일).

119 같은 곳, 아내에게 보낸 모렐의 편지 (1940년 5월 16일).

120 1949년 에리히 폰 만슈타인은 영국 군사 법정에서 전쟁 범죄로 유죄 판결을 받았다. 1953년 석방 뒤에는 새로 창설된 독일 연방군에 1960년까지 비공식적으로

조언을 제공한 유일한 전직 야전 원수였다. 1955년 회고록 『잃어버린 승리 *Verlorene Siege*』를 출간했는데, 여기서 그는 러시아 전쟁에서 자신의 행동을 정당화하고, 가능한 한 많은 책임을 히틀러에게 떠넘기려 했다.

121 참조: "Marshal von Kleist, Who Broke Maginot Line in 1940, Seized", in: *The Evening Star* (Washington, D.C.), 1945년 5월 4일 자, 1면.

122 하셀바흐의 보고 (1946년 5월 29일), 3면, IRR-Personal Name Files, 같은 곳, Box 8, National Archives at College Park, MD.

123 BArch-Koblenz N1348, 모렐 기록 (1944년 3월 14일).

124 "Life History of Professor Dr. med. Theo Morell", 6면, IRR-Personal Name Files, 같은 곳, Box 8, National Archives at College Park, MD.

125 Dr. Stephan Baron v. Thyssen-Bornemisza의 편지 (1943년 11월 5일), National Archives Microfilm Publication T253/45.

126 모렐이 이 모든 환자들에게 어떤 약물을 투여했는지는 일부만 전해지고(예를 들어 무솔리니의 치료에 관한 메모), 나머지는 전쟁 막바지의 혼돈 속에서 없어진 것으로 보인다.

127 IfZArch, MA 617, Rolle 2, 모렐이 제국 경제부 장관의 아내 루이제 풍크에게 보낸 편지 (1944년 5월 12일). 어쩌면 모렐이 보조 의사들을 둔 데에는 다른 이유가 있었을지도 모른다. 나중에 베버가 심문 조사에서 진술했듯이, 모렐은 베버를 히틀러 주변에 배치하려고 했다. 자신은 적당한 기회에 히틀러의 지근거리에서 물러나기 위해서였다. 그러려면 자기 자리를 대신할 사람이 필요했다. 그런데 이런 출구 전략은 머릿속에만 있었지, 실제로 해고될 때까지 그가 권력의 핵심부에서 벗어나려고 시도한 적은 없었다.

128 BArch-Koblenz N1348, 모렐 기록 (1944년 4월 20일과 21일).

129 붉은 군대의 진격으로 우크라이나에서 더 이상 간을 구할 수 없게 된 모렐은 이제 보헤미아와 모라비아에서 〈기생충 간과 거머리 간〉을 수집했다. 예를 들면 대형 흡충(Fasciola hepatica)과 소형 흡충(Dicrocoelium lanceolatum) 같은 다양한 흡충류 (Trematoda)에 감염된 간이었다. 이런 감염 상태도 주치의에게는 문제가 되지 않았다. 참조: 1944년 10월 28일 하마사에서 모렐에게 보낸 편지 (T253/34), 모렐이 독일 내무부 장관에게 보낸 편지(T253/42). 〈……우크라이나 땅을 잃은 이후 약제 생산의 기반이 될 새로운 원료가 필요합니다. 굳이 말씀드리지 않아도 이젠 예전의 제국 땅에서 목적에 맞는 건강한 간을 구할 수 없다는 것을 잘 알고 계실 겁니다. 하지만 소위 기생충 간이나 거머리 간 또한 가공 처리 과정에서 특정한 예방 조치를 취하면 간 추출물을 얻는 데 어려움이 없습니다. 이로써 지금까지는 그냥 버려졌던 것들을 고품질 치료제로 사용할 수 있습니다.〉

130 BArch-Koblenz N1348, 경제부 장관 풍크에게 보낸 모렐의 편지 (1944년 5월 12일).

131 Katz, *Prof. Dr. med. Theo Morell - Hitlers Leibarzt*, 245면.

132 위의 책, 161면.

133 Goebbels, Joseph, *Die Tagebücher*, Teil II, Diktate 1941 – 1945, 12권, April bis Juni 1944 (München, 1987), 405.

134 BArch-Koblenz N1348, 모렐 기록 (1944년 6월 10일).

135 같은 곳, 모렐 기록 (1944년 7월 14일).

136 같은 곳, 모렐 기록 (1944년 7월 20일).

137 Giesing, Erwin, "Bericht über meine Behandlung bei Hitler", Wiesbaden 12.6.1945, Headquarters United States Forces European Theater Military Intelligence Service Center: OI – Consolidated Interrogation Report (CIR), National Archives at College Park, MD, 10면.

138 *Der Spiegel*, 24/1973, "Adolf Hitler: Aufriß über meine Person", 103 이하.

139 위의 자료.

140 Schmidt, Paul, *Statist auf diplomatischer Bühne 1923–1945* (Bonn, 1950), 582.

141 Benn, Gottfried, *Sämtliche Werke*. 1권: Gedichte 1 (Stuttgart, 1986), 46.

142 Giesing, "Bericht über meine Behandlung bei Hitler", 다음 인용도 마찬가지다.

143 기징은 노란색 수첩에 히틀러의 치료를 기록했다. 특이점은 라틴어로 쓰면서 비밀 암호를 사용하고, 자신이 개발한 상징들의 조합을 이용했다는 점이다. 참조: Toland, John, *Adolf Hitler*, 1013.

144 BArch-Koblenz N1348, 모렐 기록 (1944년 8월 5일).

145 Giesing, "Bericht über meine Behandlung bei Hitler", 다음 두 인용도 마찬가지다.

146 메르크사에서 개발한 프시카인은 예외다. 다만 이 약물을 면역력이 약한 환자에게 사용하면 부정맥이 생길 수 있다고 한다.

147 Kershaw, *Hitler 1889-1945*, 943면: 〈그(히틀러)가 심리적 발작 완화 때문에 처방된 아편제에 중독되었다거나, 기징이 결막염 치료를 위해 처방한 안약에 함유된 1퍼센트의 코카인에 의존되었다는 주장은 배제되어야 한다.〉 그러나 의학사적 사실은 다르다. 히틀러는 1퍼센트의 안약이 아니라 코카인 10퍼센트가 함유된 코와 목 치료제를 사용했다. 이는 효과에서 현저한 차이를 보인다. 히틀러 전기 작가 페스트는 코카인을 완전히 무시하는 반면에 그전까지 그가 상당히 의존하던 히틀러 연구자 베

르너 마저는 마약 사용을 상세히 묘사한다. 물론 거기서 나름의 결론을 도출하지는 않지만 말이다.

148 Schenck, *Patient Hitler*, 507.

149 참조: Giesing, "Bericht über meine Behandlung bei Hitler". 이어지는 다섯 개 인용도 모두 같은 맥락이다.

150 Toland, *Adolf Hitler*, 1022면.

151 Giesing, "Bericht über meine Behandlung bei Hitler".

152 Maser, Werner, *Adolf Hitler*(Munich, 1997), 397면.

153 BArch-Koblenz N1348, 모렐 기록 (1944년 10월 3일).

154 Below, Nicolaus von, *Als Hitlers Adjutant 1937–1945* (Mainz, 1980), 384.

155 BArch-Koblenz N1348, 모렐 기록 (1944년 9월 23/24일). 비교: 1943년 10월 17일 자 모렐 기록. 그전의 일일 복용량은 0.005~0.01그램이다. 그렇다면 히틀러는 일반적인 의료 치료의 최대 4배까지 요구한 셈이다. 이는 의학적 기준을 훌쩍 뛰어넘고, 강력한 정신 활성 작용을 불러일으킨다.

156 Speer, Albert, *Erinnerungen*, 372면.

157 BArch-Koblenz N1348, 모렐 기록 (1944년 10월 30일).

158 같은 곳, 모렐 기록 (1944년 10월 4일).

159 인용: 기징 보고서 15면, in: "Hitler, Adolf - A composite Picture", Entry ZZ-6, In: IRR-Personal Name Files, RG NO. 319, Stack Area 230, Box 8, National Archives at College Park, MD.

160 BArch-Koblenz N1348, 리벤트로프와의 만남에 대한 모렐의 보고서에서 전체 인용. 1943년 6월 6일 뮌헨 레기나-팔라스트 호텔에서 작성.

161 BArch-Koblenz N1348, 여기 있는 모든 인용은 1944년 6월 26일 자 보어만의 편지에서 따왔다.

162 BArch-Koblenz N1348, 손으로 쓴 식단표 (1944년 10월 3일).

163 참조: Liljestrand, G., *Poullson's Lehrbuch für Pharmakologie* (Leipzig, 1944).

164 Giesing, "Bericht über meine Behandlung bei Hitler".

165 Katz, *Prof. Dr. med. Theo Morell - Hitlers Leibarzt*, 295면 이하.

166 Giesing, "Bericht über meine Behandlung bei Hitler".

167 모렐이 사용한 방법은 확실히 불충분했다. 주사기 소독과 관련해서는 다음 참조. 〈알코올 및 기구 살균〉 in: *Deutsche Medizinische Wochenschrift*, 67권 (1941). 거기에는 이렇게 적혀 있다. 〈주사기 소독 시 알코올 사용은 배제해야 한다.〉

168 Giesing, "Bericht über meine Behandlung bei Hitler", 히틀러와 기징의 대화

(1944년 10월 2일).

169 Giesing, "Bericht über meine Behandlung bei Hitler". 힘러와 연결된 이어지는 두 인용도 마찬가지다.

170 BArch-Koblenz N1348, 모렐 기록 (1944년 10월 8일) 및 제국 언론 담당 국장에게 보낸 보어만의 편지 (1944년 10월 10일).

171 같은 곳, 모렐 기록 (1944년 11월 8일). 이어지는 두 인용도 마찬가지다.

172 BArch-Koblenz N1348, 모렐 기록 (1944년 11월 7일).

173 베른하르트 벤츠에게 보낸 편지 (1944년 10월 23일), National Archives Microfilm Publication T253/36.

174 IfZArch, MA 617, Rolle 1.

175 BArch-Koblenz N1348, 모렐 기록 (1944년 11월 9일).

176 IfZArch, MA 617, Rolle 3, 모렐에게 보낸 니슬레 교수의 편지 (1943년 3월 1일).

177 IfZArch, MA 617, Rolle 1. 이어지는 내용도 마찬가지다.

178 BArch-Koblenz N1348, 모렐 기록 (1944년 12월 8일).

179 같은 곳, 모렐 기록 (1944년 11월 3일).

180 같은 곳, 모렐 기록 (1945년 4월 15일).

181 같은 곳, 모렐 기록 (1944년 11월 11일). 이어지는 인용도 마찬가지다.

182 같은 곳, 모렐 기록 (1944년 11월 16일). 이어지는 인용도 마찬가지다.

183 같은 곳, 모렐 기록 (1944년 10월 20일).

184 같은 곳, 모렐 기록 (1944년 11월 1일).

185 같은 곳, 모렐 기록 (1944년 10월 30일).

186 같은 곳, 모렐 기록 (1944년 10월 31일).

187 같은 곳, 모렐 기록 (1944년 11월 8일).

188 Giesing, "Bericht über meine Behandlung bei Hitler".

189 BArch-Koblenz N1348, 모렐 기록 (1943년 7월 18일과 1944년 9월 29일).

190 참조: Toland, *Adolf Hitler*, 1013면.

191 BArch-Koblenz N1348, 모렐 기록 (1944년 9월 30일). 다음 인용도 마찬가지다.

192 같은 곳, 모렐 기록 (1944년 11월 21일).

193 같은 곳, 모렐 기록 (1944년 11월 24일).

194 같은 곳, 모렐 기록 (1944년 11월 27일).

195 Benjamin, Walter, *Gesammelte Schriften*, VI권 (Frankfurt, 1986), 561.

196 Römpp, Hermann, *Chemische Zaubertränke* (Stuttgart, 1939).

4 마지막 탐닉 - 피와 마약(1944~1945)

1 Wagner, Richard, "Tristan und Isolde"(Uraufführung, 1865), 3. Aufzug, 1. Auftritt (Kurwenal).

2 Luck, Hans von, *Mit Rommel an der Front*, 3. Auflage (Hamburg, 2006), 103.

3 Härtel-Petri, Roland, "Crystalspeed-Crystal-Meth – Kristallines N-Methamphetamin, eine kurze Einführung", Bezirksklinik Hochstadt, 50. 다음도 참조: Klee, H. (Hg.), *Amphetamine Misuse: International Perspective on Current Trends* (Amsterdam, 1997), 181 - 197.

4 전쟁이 끝난 뒤 중독 문제는 거의 논의되지 않았다. 마약이 1950년대의 독일 사회에 미친 영향에 대해서는 이제야 연구가 시작되고 있다. 다음 참조: 베를린을 배경으로 한 빌리 와일더 감독의 영화「원, 투, 쓰리」에서 코카콜라 매니저 C. R. 맥나마라(제임스 카그니가 연기했다)는 커피에다 〈페르비틴 알약 두 개〉를 먹으면서 이렇게 말한다. 「오늘은 힘겨운 하루가 될 거야.」

5 베를린 지방 기록물 보관소, A Rep. 250 - 02 - 09 Temmler.

6 BArch-Berlin R86/4265. 1944년 1월 17일 템러사는 페르비틴 생산에 필요한 새로운 허가를 받았다. 이와 관련해서는 1944년 11월 8일 자 환자 고리센이 모렐에게 보낸 편지 참조. 나치 국가에서 노년의 삶의 분위기를 조명하는 데 도움이 되는 편지다. 〈왜냐하면 저한테 정말 중요한 건 전반적인 삶의 활력소이기 때문입니다. 예를 들어 저는 배급을 받기 위해 시내로 내려갈 때(사실 돌아올 때가 더 힘든데, 볼일을 보고 시내에서 12분 정도 다시 올라와야 합니다) 페르비틴을 반 알이나 한 알을 미리 먹곤 합니다. 그걸 먹으면 피곤한 몸에 한결 기운이 납니다. 하지만 너무 자주 먹어서는 안 됩니다. 자주 먹으면《중독이 된다》고 하더군요. 저희 동네 의사 말이 그렇습니다. 아무튼 마음은 아직 청춘이고, 10년 전만 해도 팔팔하던 사람이 이제 기력을 잃고 쪼글쪼글한 늙은이가 되어 살아가는 게 예전보다 힘들고 재미없는 일이라는 건 선생님도 충분히 짐작하실 겁니다.〉National Archives Microfilm Publication T253/38.

7 BArch-Freiburg RH 12 - 23/1930. 이 협의의 일정이 벌써 많은 것을 시사해 준다. 〈오전 9시 30분: 화학 구조 및 성능 향상제 생산(그중에서도 특히 카페인과 페르비틴). 슈트라스부르크 제국 대학 약리학 연구소의 슐레머 교수. 오전 10시: 성능 향상제의 약리학. 베를린 공군 의학 아카데미의 브로크 박사. 오전 10시 20분: 성능 향상제의 임상 실험. 울렌브루크 교수.〉

8 BArch-Freiburg RH 12 - 23/1611, 참모부 의사 죄링 박사, 〈부상자 수송 시 모르핀과 페르비틴 사용〉(1944년 11월 23일). 이어지는 인용도 마찬가지다.

9 〈한 독일 해군 PW에 대한 심문 보고서〉, in: Entry 179, Folder 1, N 10 - 16, RG NO. 165, Stack Area 390, Box 648, National Archives at College Park, MD.

10 OKW 829/44.Geh., 인용: Pieper, *Nazis on Speed. Drogen im 3. Reich*, 142면.

11 Whitman, Walt, *Specimen Days & Collect* (Philadelphia, 1883), 80.

12 Below, *Als Hitlers Adjutant 1937–1945*, 366면.

13 Nöldeke, Hartmut, und Volker Hartmann, *Der Sanitätsdienst in der deutschen U-Boot-Waffe* (Hamburg, 1996), 211.

14 오르체코프스키는 1942년 10월 카르나크에서 랑케도 만났다. 두 사람이 어떤 이야기를 나눴는지는 알 수 없다. 오토 랑케는 페르비틴과 관련해서 전쟁 후반기에는 거의 등장하지 않고, 대신 국방 생리학의 다른 문제들에 전념한다. 전쟁이 끝나자 에를랑겐 대학교의 생리학 교수에 임명되었고, 1959년 심장 질환으로 사망했다. 『주간 임상』(38권, No. 8, 1960, 414/415면)에 실린 그의 추도사에도 〈페르비틴〉이라는 말은 전혀 등장하지 않는다.

15 BArch-Freiburg N 906, 아르민 반델의 미공개 전시 일지, 1944년 2월 26일 ~4월 12일.

16 같은 곳.

17 Bekker, Cajus, *Einzelkämpfer auf See – Die deutschen Torpedoreiter, Froschmänner und Sprengbootpiloten im Zweiten Weltkrieg* (Oldenburg und Hamburg, 1968), 160.

18 BArch-Freiburg N 906, 〈소규모 전투 부대의 건강 상태 및 단독 전사의 위생에 관한 보고서〉, 비밀 지휘 서신. 여기에 전투 식량이 나열되어 있다. 〈샌드위치, 진저브레드, 초콜릿, 포도당, 약간의 과일, 보온병에 담긴 따뜻한 원두커피, 바다표범 전용 고기 통조림.〉 의도적으로 식이섬유가 적은 식단을 짠 것은 〈……칼로리를 충분히 섭취해도 배변 욕구를 줄일 수 있기 때문〉이다.

19 BArch-Freiburg RM 103 – 10/6, 소규모 전투 부대의 전시 의무 일지, 1944년 9월 1일~1944년 11월 30일, 리헤르트 박사 작성, 5면, 1944년 10월 11일 기록. 다음 네 개의 인용문도 마찬가지다.

20 어차피 하이에 제독은 집단 수용소에서의 인간 실험과 그 평가를 받아들이는 일에 주저함이 없는 사람이었다. 그렇다 보니 다하우 수용소에서 포로들을 상대로 잔인한 〈추위 실험〉을 담당했던 홀츠뢰너 교수에게서 전투 수영 부대원의 동절기 의류 개선에 관한 제언을 받아들였고, 그로써 〈낮은 수온에서도 작전이 가능하길〉 기대했다. 또한 홀츠뢰너 교수에게서 저체온증 예방에 대한 자문도 구했다. BArch-Freiburg, RM 103 – 10/6, 리헤르트의 전시 일지, 1944년 10월 23일 자 기록.

21 다음 책도 참조: *Sudrow, Anne Der Schuh im Nationalsozialismus – Eine Produktgeschichte im deutsch-britisch-amerikanischen Vergleich* (Göttingen, 2010), 511 이하.

22 Gottfried, Claudia, "Konsum und Verbrechen – Die Schuhprüfstrecke im KZ Sachsenhausen", in: LVR-Industriemuseum Ratingen: Glanz und Grauen: Mode im "Dritten Reich"(Ratingen, 2012), 48.

23 BArch-Freiburg RM 103 - 10/6, 소규모 전투 부대의 전시 의무 일지, 1944년 9월 1일~1944년 11월 30일, 리헤르트 박사 작성, 1944년 11월 16일부터 20일까지의 기록 및 작센하우젠 수용소 실험에 대한 리헤르트 보고서.

24 Nansen, Odd, *Von Tag zu Tag. Ein Tagebuch* (Hamburg, 1949), 228.

25 BArch-Freiburg RM 103 - 10/6. 소규모 전투 부대의 전시 의무 일지, 1944년 9월 1일~1944년 11월 30일, 리헤르트 박사 작성, 1944년 11월 16일부터 20일까지의 기록 및 작센하우젠 수용소 실험에 대한 리헤르트 보고서.

26 〈한 독일 해군 PW에 대한 심문 보고서〉, 같은 곳, 12면.

27 어뢰 발사에 성공할 때마다 톱상어 등지느러미에 붉은 줄이 하나씩 추가되었다. 같은 곳, 5면.

28 Nöldeke, *Der Sanitätsdienst in der deutschen U-Boot-Waffe*, 214면 이하. 이어지는 두 인용도 마찬가지다.

29 같은 곳, 216면 이하. 이어지는 두 인용도 마찬가지다.

30 BArch RM 103/11, 1945년 4월 3일 하이에 제독의 라디오 연설.

31 US-Report prepared by A.H. Andrews Jr., Lt Cdr. (MC) USNR, und: T.W. Broecker Lieut. USNR, in RG NO. 319, Stack Area 270, IRR Files, Box 612, National Archives College Park, MD.

32 바이에른 수도 뮌헨의 관문 다하우는 1933년 독일에서 최초로 설치된 강제 수용소였다. 국가 사회주의적 〈건강관리〉는 처음부터 생물학적 인종주의와 결부되어 있었다. 나치 친위대장 힘러가 자신의 영양 담당관 귄터 셍크의 조언에 따라 그곳에 설립한 〈약초약 및 영양 연구소〉만큼 그것을 명확하게 상징하는 것은 없다. 수감자들은 200헥타르에 이르는, 유럽에서 가장 큰 이 약초밭에서 생물 역학적 지침에 따라 전쟁에 필요한 온갖 종류의 약용 식물과 약초를 재배했다. 국방군 및 나치 친위대에 필요한 대부분의 천연 치유 물질과 향신료는 다하우에서 재배, 수확, 건조, 포장되었다. 이 역시 수입에 의존하지 말고 자급자족 체제를 구축하자는 대원칙의 일환이었다. 국민 건강국 국장의 말이 그것을 확인시켜 준다. 〈전쟁에서 약용 식물에 대한 방대한 수요는 약재 수입이 갑자기 중단되었을 때를 대비해 언제든 대체할 수 있는 조직이 필요하다.〉 글라디올러스 밭은 비타민 C를 공급했고, 후추 대용품도 재배되었다. 힘러는 뿌듯한 심정으로 이것을 〈다하우 후추〉라고 불렀다. 1936년부터 다하우 강제 수용소에서 막사 감독관으로 일했고, 1940년 5월에는 아우슈비츠 수용소 막사 사령관에 임명된 루돌프 회스의 설명처럼, 그들의 목표는 〈독일 민족을 건강에 해로운 외국 향신

료와 인공 의약품으로부터 분리시켜 무해하고 맛좋은 향신료와 천연 약초로 (……) 돌리게 하는 데〉 있었다(Pieper, *Nazis on Speed. Drogen im 3. Reich*, 282면). 모든 독일인은 점점 더 건강해져야 하고, 모든 비독일적인 것은 박멸되어야 한다는 것이다. 다하우〈플렌테이션〉에서의 작업은 중노동이었다. 수용소 주요 시설과 곧장 연결된 농장에서는 철저한 감시와 고문과도 같은 잔인한 노동이 만연했다. 강제 노동에 우선적으로 동원된 이들은 폴란드 성직자들이었다. 그렇다면 이곳의 약초는 피를 먹고 자랐다. 힘러에게 다하우〈허브 농장〉은 나치 친위대를 확장시켜 건설하고자 했던 거대한 경제 제국의 중요한 주춧돌이었다. 수용소 시스템의 무한에 가까운 착취 가능성을 최대한 활용해서 연구 및 생산이 이루어졌고, 이것은 힘러의 테러 조직을〈글로벌 플레이어〉로 변신시켰으며, 그를 그 조직의 CEO로 만들었다. 이 조직에는〈독일 영양 및 양식 연구소 주식회사〉,〈자연에 맞는 치료 및 생활 방식을 위한 휴양 주식회사〉, 또는〈독일 치료제 주식회사〉같은 SS 건강 회사들이 속해 있었다. 게다가 점령된 유럽의 광천수 시장 통제, 다하우에서 향신료와 천연 약용 식물 생산, 인간에 대한 의학적 실험도 그에 포함되었다. 인간 실험은 주로 독일 공군이 수행했다. 어떤 고도에서 인간 유기체가 붕괴되는지, 추락 시 얼음처럼 차가운 바닷물에서 어떻게 살아남을지를 알아내기 위해서였다. 그를 위해 수감자들은 압력실에서 시뮬레이션된 고도에 노출되었고, 얼음 욕조에 몸을 담가야 했다. 그 밖에 말라리아 실험처럼 상처 감염 치료를 위한 생화학적 실험도 실시되었다. 이런 실험은 소련 남부와 크림반도, 코카서스 지역으로 이주한 독일인들을 위한 것이었다. 마약 실험 역시 사이비 과학으로 합법화된 잔인한 고문과도 같은 실험의 일부였다.

33 1942년부터 공군의 인체 냉각 실험을 주도했던 에른스트 홀츠뢰너 교수는 1938년에 이미 수감자들을 상대로 마약성 물질이 인간의 중추 신경계에 어떤 영향을 미치는지도 조사했다. 이 실험에는 페르비틴도 투입되었다. 이것을 복용한 상태에서〈공중 낙하 시 유기체에 미치는 영향〉을 밝혀내기 위해서였다. Mitscherlich, Alexander, und Fred Mielke, "Medizin ohne Menschlichkeit. Dokumente des Nürnberger Ärzteprozesses"(Frankfurt/M., 1978), 28.

34 Canetti, Elias, *Masse und Macht*, 317면.

35 Harvard University/Francis D. Countway Library of Medicine/Henry K. Beecher Papers/H MS c64/Box 11, f75, U.S. Naval Technical Mission in Europe: Technical Report no. 331 – 345. 다음 인용도 마찬가지다.

36 이러한 다하우 실험은 공군 군의관 후베르투 슈트루크홀트가 전후 미국인들과의 협상에서 지렛대로 활용한 기본 자산이었다. 미국은〈페이퍼클립 작전〉, 즉 나치 독일에서 최첨단 무기를 개발하고 인체 실험을 했던 과학자들을 미국으로 데려가려는 비밀 계획을 세웠다. 슈트루크홀트 역시 V2 로켓으로 순항 미사일의 원형을 설계했던

베른헤르 폰 브라운과 함께 미국으로 건너가 미국 우주 탐사의 선구자가 되었다. 예를 들어 1980년대 말 미국의 냉전 종식에 큰 역할을 했던 퍼싱-II 미사일 개발에도 그들의 손길이 미쳤다.

37 Picker, Henry (Hg.), *Hitlers Tischgespräche im Führerhauptquartier* (München, 2003). 인용: Pieper, *Nazis on Speed. Drogen im 3. Reich*, 270면.

38 BArch-Koblenz N1348, 모렐 기록 (1944년 12월 9일과 10일).

39 같은 곳, 모렐 기록 (1944년 12월 8일과 9일).

40 같은 곳, 모렐 기록 (1944년 12월 11일).

41 Schmölders, Claudia, *Hitlers Gesicht: eine physiognomische Biographie* (München, 2000), 210.

42 Shirer, William L., *Aufstieg und Fall des Dritten Reiches* (Köln/Berlin, 1971), 997.

43 BArch-Koblenz N1348, 모렐 기록 (1944년 12월 11일).

44 같은 곳, 모렐 기록 (1944년 12월 19일).

45 같은 곳, 모렐 기록 (1944년 12월 31일).

46 Goebbels, Joseph, in: Das Reich – *Deutsche Wochenzeitung*, 1944년 12월 31일 자 사설, 1면 이하.

47 BArch-Koblenz N1348, 모렐 기록 (1945년 1월 2일).

48 Pieper, *Nazis on Speed. Drogen im 3. Reich*, 103면.

49 Young, Neil, "The Needle and the Damage Done", Album Harvest, 1972.

50 "Conditions in Berlin, March 1945", in SIR 1581 – 1582, RG NO. 165, Stack Area 390, Row 35, Box 664, P. 1. National Archives at College Park, MD.

51 Fischer, Hubert, *Die militärärztliche Akademie 1934–1945* (Osnabrück, 1985) [1975], 23.

52 BArch-Koblenz N1348, 모렐 기록 (1945년 2월 17일).

53 이 제제도 모렐 스스로 인정했듯이 문제가 없지 않았다. 참조: 1945년 3월 22일 자 대화록. 〈올뮈츠 앰플 테스트에서 새로운 간 제제에 독성이 있다는 전달을 받음. 어떤 경우에도 판매 불가.〉 1945년 3월 18일 모렐이 코졸루프 염료 공장에 보낸 전보에도 비슷한 내용이 명확히 적혀 있다. 〈올뮈츠 테스트를 통해 이 앰플들은 모두 사용할 수 없는 것으로 밝혀졌음. 살균 처리가 되지 않았고 독성이 있음. 절대 사용하면 안 됨. 모렐 교수.〉 National Archives Microfilm Publication T253/39.

54 〈……뇌하수체-토털-추출물-하마 제제의 출시 허가를 요청합니다. 이 제제는 코팅된 정제 및 앰플 형태로 판매될 예정입니다.〉 In: 1945년 2월 24일 자 모렐의 편지. National Archives Microfilm Publication T253/35.

55 〈1945년 초 알칼로이드와 관련해서 상황이 다소 어려워졌다. 지속적인 공습으로 공장에서 충분한 양을 생산할 수 없다.〉 1945년 4월 10일 자 기록에 적힌 내용이다: 0660 Germany (Postwar) 1945 – 1949, Bureau of Narcotics and Dangerous Drugs: Subject Files, 1916 – 1970, Record Group 170; National Archives at College Park, MD.

56 BArch-Koblenz N1348, 모렐 기록 (1945년 2월 13일과 17일).

57 Bezymenskii, Lev, *Die letzten Notizen von Martin Bormann: ein Dokument und sein Verfasser* (München, 1974), 191.

58 BArch-Koblenz N1348, 모렐 기록 (1945년 3월 22/23일).

59 Haffner, 같은 책, 51면. 히틀러의 최후를 그린 독일 영화 「몰락 Der Untergang」에서 주인공 브루노 간츠의 고통스러운 표정 연기는 지나치게 단순화되어 있다. 오히려 미국 TV 시리즈 「홈랜드 Homeland」에서 주인공 데미안 루이스가 천 번의 죽음을 겪는 것 같은 연기가 금단 현상의 육체적 고통을 훨씬 더 리얼하게 표현하고 있다.

60 BArch-Koblenz N1348, 모렐 기록 (1945년 3월 5일).

61 〈뉘른베르크 국제 군사 법정의 주요 전범 재판〉, 1945.11.14 – 1946.10.1, 41권, (München, 1984), 430.

62 BArch-Koblenz N1348, 모렐 기록 (1945년 4월 20일).

63 모렐이 자신의 화학자 물리에게 보낸 편지 (1945년 4월 20일). 인용: Schenck, *Patient Hitler*, 50.

64 "Life History of Professor Dr. Med. Theo Morell", p.6, XE051008, National Archives at College Park, MD.

65 Long, Tania, "Doctor Describes Hitler Injections", *New York Times*, 1945년 5월 22일 자, 5면. 모렐의 해고와 관련한 모든 인용에 해당.

66 하마사에서 함부르크의 법인 세무서에 보낸 서신 사본, National Archives Microfilm Publication T253/39.

67 Hartmann, Christian, *Unternehmen Barbarossa: der deutsche Krieg im Osten 1941–1945* (München, 2011), 81.

68 BArch-Koblenz N1128, 아돌프 히틀러 유고, 히틀러의 개인적 유언장.

69 참조: Bekker, 같은 곳.

70 BArch-Koblenz N1348, 테오도르 모렐 유고. 참조: 카를 브란트의 모렐 보고서 (1945년 9월 19일), 2면.

71 Thukydides, *Der Peloponnesische Krieg* (Wiesbaden, 2010).

72 Haffner, *Anmerkungen zu Hitler*, 97면 이하.

감사의 말

1 Eckermann, Johann Peter, *Gespräche mit Goethe* (Frankfurt/M., 1987), 496.

참고 문헌

이 책의 가장 중요한 출처는 독일 및 미국의 국립 기록물 보관소에서 찾아낸 미공개 문서다. 지금까지 공개되지 않았던 자료, 이 연구를 위해 특별히 잠금 해제된 문서, 그리고 무수한 보고서와 파일은 동시대 증인 및 군 역사가들과의 대화로 보완되었다. 아울러 제3 제국의 특정 측면과 관련한 런던 기록물 보관소의 문서는 안타깝게도 비밀 해제 기간에 묶여 들여다볼 수 없었음을 밝힌다. 모스크바 당국 역시 연구 목적이라고 하더라도 구소련의 비밀 기록물 보관소에 대한 접근을 여전히 엄격히 차단하고 있다.

A. 인쇄되지 않은 자료

Ärztliches Kriegstagebuch des Kommandos der K-Verbände, 1.9.1944 – 30.11.1944, von Dr. Richert, BArch-Freiburg RM 103 – 10/6.

Ärztliches Kriegstagebuch des Kommandos der K-Verbände, Armin Wandel, BArch-Freiburg N 906.

Ärztliches Kriegstagebuch des Kreuzers "Prinz Eugen", 1.1.1942 – 31.1.1943,

Bd. 2, Geheime Kommandosache – Ärztlicher Erfahrungsbericht über den Durchbruch des Kreuzers "Prinz Eugen" durch den Kanal in die Deutsche Bucht am 11.2.1942 bis 13.2.1942, BArch-Freiburg RM 92 – 5221/Bl. 58 – 60.

Ärztliches Kriegstagebuch Waldau, Chef des Luftwaffenführungsstabes: März 1939 bis 10.4.1942, BArch-Freiburg ZA 3/163.

Bericht über die Kommandierung zur Gruppe Kleist, 12.7.1940, BArch-Freiburg RH 12 –23/1931.

Bericht über Gesundheitslage des Kdo. d. K. und Hygiene des Einzelkämpfers, Geheime Kommandosache, BArch-Freiburg N 906.

Conditions in Berlin, March 1945, in: SIR 1581 – 1582, RG NO. 165, Stack Area 390, Row 35, Box 664, P. 1, National Archives at College Park, MD.

Germany (Postwar) 1945 – 1949, in: Bureau of Narcotics and Dangerous Drugs: Subject Files, 1916 – 1970, Record Group 170: National Archives at College Park, MD.

Giesing, Erwin, "Bericht über meine Behandlung bei Hitler", Wiesbaden 12.6.1945, Headquarters United States Forces European Theater Military Intelligence Service Center: OI – Consolidated Interrogation Report (CIR), National Archives at College Park, MD.

"Hitler, Adolf – A composite Picture", Entry ZZ-6, in: IRR-Personal Name Files, RG NO. 319, Stack Area 230, Box 8, National Archives at College Park, MD.

"Hitler as seen by his doctors", No. 2, October 15, 1945 (Theodor Morell), sowie No. 4, November 29, 1945 (Erwin Giesing), National Archives at College Park, MD.

Hitlers Testament, BArch-Koblenz N1128, Nachlass Adolf Hitler.

Institut für allgemeine und Wehrphysiologie, BArch-Freiburg, RH12 – 23, insbesondere RH12 –23/1882 und RH12 –23/1623.

Interrogation report on one German Naval PW, in: Entry 179, Folder 1, N 10 – 16, RG NO. 165, Stack Area 390, Box 648, National Archives at College Park, MD.

Landesarchiv Berlin, A Rep. 250-02-09 Temmler.

"Life History of Professor Dr. Med. Theo Morell", XE051008, National Archives at College Park, MD.

Nachlass Joseph Goebbels, BArch-Koblenz N1118.

Nachlass Theodor Morell:

– BArch-Koblenz N1348.

– Institut für Zeitgeschichte München: IfZArch, MA 617.

- National Archives, College Park, MD, Microfilm Publication T253, Rolls 34 – 45.

Suchenwirth, Richard, "Ernst Udet – Generalluftzeugmeister der deutschen Luftwaffe", BArch-Freiburg ZA 3/805.

Suchenwirth, Richard, "Hermann Göring", BArch-Freiburg ZA 3/801.

Unveröffentlichtes Kriegstagebuch des Heeres-Sanitätsinspekteurs, Sanitätsakademie der Bundeswehr.

Waldmann, Anton: Unveröffentlichtes Tagebuch, Wehrgeschichtliche Lehrsammlung des Sanitätsdienstes der Bundeswehr.

B. 인쇄된 문헌과 자료

Bekämpfung der Alkohol- und Tabakgefahren: Bericht der 2. Reichstagung Volksgesundheit und Genußgifte. Hauptamt für Volksgesundheit der NSDAP und Reichsstelle gegen den Alkohol- und Tabakmissbrauch, Berlin-Dahlem, Reichsstelle gegen den Alkoholmissbrauch, 1939.

Das Deutsche Reich und der Zweite Weltkrieg, herausgegeben vom Militärgeschichtlichen Forschungsamt, Bd. 4: Der Angriff auf die Sowjetunion, Stuttgart 1983, sowie Bd. 8: Die Ostfront 1943/44. Der Krieg im Osten und an den Nebenfronten, Stuttgart 2007.

Der Prozess gegen die Hauptkriegsverbrecher vor dem Internationalen Militärgerichtshof Nürnberg, 14. November 1945 – 1. Oktober 1946, Bd. 41, München 1984.

Heeresverordnungsblatt 1942, Teil B, Nr. 424, S. 276, "Bekämpfung des Missbrauchs von Betäubungsmitteln", BArch-Freiburg RH 12 – 23/1384.

Kriegstagebuch des Oberkommandos der Wehrmacht, herausgegeben von Percy Ernst Schramm, 8 Bde, Frankfurt/M. 1982(1961).

Reichsgesetzblatt I, 12.6.1941, S. 328: "6. Verordnung über Unterstellung weiterer Stoffe unter die Bestimmungen des Opiumgesetzes".

C. 인용된 문헌

Aldgate, Anthony, und Jeffrey Richards, *Britain can take it: The British Cinema in the Second World War*, Second Edition, London 2007.

Ballhausen, Hanno(Hg.), *Chronik des Zweiten Weltkrieges*, München 2004.

Bekker, Cajus, *Einzelkämpfer auf See – Die deutschen Torpedoreiter, Froschmänner und Sprengbootpiloten im Zweiten Weltkrieg*, Oldenburg und Hamburg 1968.

Below, Nicolaus von, *Als Hitlers Adjutant 1937 – 45*, Mainz 1980.

Benjamin, Walter, *Einbahnstraße*, Frankfurt/M. 1955.

Benjamin, Walter, *Gesammelte Schriften*, Frankfurt/M. 1986.

Benn, Gottfried, "Provoziertes Leben: ein Essay", in: Benn, Gottfried, Sämtliche Werke. Bd. IV: Prosa 2, Stuttgart 1989.

Benn, Gottfried, Sämtliche Werke. Bd. I: Gedichte 1, Stuttgart 1986.

Bezymenskii, Lev, "Die letzten Notizen von Martin Bormann: ein Dokument und sein Verfasser", München 1974.

Binion, Rudolph, "··· daß Ihr mich gefunden habt", Stuttgart 1978.

Bloch, Marc, *Die seltsame Niederlage: Frankreich 1940*, Frankfurt/M. 1995.

Böll, Heinrich, *Briefe aus dem Krieg 1939 – 45*, Köln 2001.

Bonhoeffer, Karl, "Psychopathologische Erfahrungen und Lehren des Weltkriegs", in: *Münchener Medizinische Wochenschrift*, Bd. 81, 1934.

Bradley, Dermot, *Walther Wenck, General der Panzertruppe*, Osnabrück 1982.

Burroughs, William, *Naked Lunch*, Reinbek 1959.

Canetti, Elias, *Masse und Macht*, Frankfurt/M. 1994.

Churchill, Winston, *Zweiter Weltkrieg*, Bde. I u. II, Stuttgart 1948/49.

Conti, Leonardo, "Vortrag des Reichsgesundheitsführers Dr. Conti vor dem NSD-Ärztebund, Gau Berlin, am 19. März 1940, im Berliner Rathaus", in: *Deutsches Ärzteblatt*, 1940, Bd. 70, H. 13.

Dansauer, Friedrich, und Adolf Rieth, *Über Morphinismus bei Kriegsbeschädigten*, Berlin 1931.

Eckermann, Johann Peter, *Gespräche mit Goethe*, Frankfurt/M. 1987.

Falck, Wolfgang, *Falkenjahre. Erinnerungen 1903 – 2003*, Moosburg 2003.

Fest, Joachim C., *Hitler*, Berlin 1973.

Fischer, Hubert, *Die Militärärztliche Akademie 1934 – 1945*, Osnabrück 1985 (1975).

Fischer, Wolfgang, *Ohne die Gnade der späten Geburt*, München 1990.

Fleischhacker, Wilhelm, "Fluch und Segen des Cocain", in: *Österreichische Apotheker-Zeitung*, Nr. 26, 2006.

Flügel, F. E., "Medikamentöse Beeinflussung psychischer Hemmungszustände", in: *Klinische Wochenschrift*, Bd. 17 (2), 1938.

Fraeb, Walter Martin, *Untergang der bürgerlich- rechtlichen Persönlichkeit im Rauschgiftmißbrauch*, Berlin 1937.

Fränkel, Fritz, und Dora Benjamin, "Die Bedeutung der Rauschgifte für die Juden und die Bekämpfung der Suchten durch die Fürsorge", in: *Jüdische Wohlfahrtspflege und Sozialpolitik*, 1932.

Freienstein, Waldemar, "Die gesetzlichen Grundlagen der Rauschgift bekämpfung", in: *Der Öffentliche Gesundheitsdienst*, Bd. A, 1936 – 37.

Friedlander, Henry, *Der Weg zum NS-Genozid. Von der Euthanasie zur Endlösung*, Berlin 1997.

Frieser, Karl–Heinz, *Die Blitzkrieg-Legende – Der Westfeldzug 1940*, herausgegeben vom Militärgeschichtlichen Forschungsamt, München 2012.

Gabriel, Ernst, "Rauschgiftfrage und Rassenhygiene", in: *Der Öffentliche Gesundheitsdienst*, Teilausgabe B, Bd. 4, 1938 – 39.

Gathmann, Peter, und Martina Paul, *Narziss Goebbels – Eine Biografie*, Wien 2009.

Geiger, Ludwig, *Die Morphin- und Kokainwelle nach dem ersten Weltkrieg in Deutschland und ihre Vergleichbarkeit mit der heutigen Drogenwelle*, München 1975.

Gisevius, Hans Bernd, *Adolf Hitler. Versuch einer Deutung*, München 1963.

Goebbels, Joseph, *Die Tagebücher 1924 – 1945*, herausgegeben von Elke Fröhlich, München 1987.

Gordon, Mel, *Sündiges Berlin – Die zwanziger Jahre: Sex, Rausch, Untergang*, Wittlich 2011.

Gottfried, Claudia, "Konsum und Verbrechen – Die Schuhprüfstrecke im KZ Sachsenhausen", in: LVR–Industriemuseum Ratingen: Glanz und Grauen: Mode im "Dritten Reich", Ratingen 2012.

Graf, Otto, "Über den Einfluss von Pervitin auf einige psychische und psychomotorische Funktionen", in: *Arbeitsphysiologie*, Bd. 10, H. 6, 1939.

Grass, Günter, *Die Blechtrommel*, Neuwied am Rhein und Berlin – West, 1959.

Guderian, Heinz, *Erinnerungen eines Soldaten*, Stuttgart 1960.

Haffner, F., "Zur Pharmakologie und Praxis der Stimulantien", in: *Klinische Wochenschrift*, 1938, Bd. 17, H. 38, 1938.

Haffner, Sebastian, *Anmerkungen zu Hitler*, München 1978.

Halder, Franz, *Kriegstagebuch. Tägliche Aufzeichnungen des Chefs des Generalstabes des Heeres 1939–1942*, herausgegeben vom Arbeitskreis für Wehrforschung in Stuttgart, 3 Bde., bearbeitet von Hans-Adolf Jacobsen, 1962 – 1964.

Hansen, Hans-Josef, *Felsennest, das vergessene Hauptquartier in der Eifel*, Aachen 2008.

Hartmann, Christian, *Unternehmen Barbarossa – Der deutsche Krieg im Osten 1941–1945*, München 2013.

Hassell, Ulrich von, *Die Hassel- Tagebücher 1938–1944, Aufzeichnungen vom Anderen Deutschland*, München 1999.

Hauschild, Fritz, "Tierexperimentelles über eine peroral wirksame zentralanaleptische Substanz mit peripherer Kreislaufwirkung", in: *Klinische Wochenschrift*, Bd. 17, H. 36, 1938.

Heinen, W., "Erfahrungen mit Pervitin – Erfahrungsbericht", in: *Medizinische Welt*, Nr. 46, 1938.

Hesse, Reinhard, *Geschichtswissenschaft in praktischer Absicht*, Stuttgart 1979.

Hiemer, Ernst, *Der Giftpilz*, Nürnberg 1938.

Holzer, Tilmann, *Die Geburt der Drogenpolitik aus dem Geist der Rassenhygiene – Deutsche Drogenpolitik von 1933 bis 1972*, Inauguraldissertation, Mannheim 2006.

Ironside, Edmund, *Diaries 1937–1940*, New York 1962.

Jens, Walter, *Statt einer Literaturgeschichte*, München 2001.

Katz, Ottmar, *Prof. Dr. med. Theo Morell – Hitlers Leibarzt*, Bayreuth 1982.

Kaufmann, Hans P., *Arzneimittel-Synthese*, Heidelberg 1953.

Keller, Philipp, *Die Behandlung der Haut- und Geschlechtskrankheiten in der Sprechstunde*, Heidelberg 1952.

Kershaw, Ian, *Hitler 1889–1945 – Das Standardwerk*, München 2008 (1998).

Kielmansegg, Johann Adolf Graf von, *Panzer zwischen Warschau und Atlantik*, Berlin 1941.

Klee, Ernst, *Das Personenlexikon zum Dritten Reich – Wer war was vor und nach 1945*, Frankfurt/M. 2003.

Kocka, Jürgen, und Thomas Nipperdey (Hg.), *Theorie der Geschichte*, Bd. 3, Beiträge zur Historik, München 1979.

Kosmehl, Erwin, "Der sicherheitspolizeiliche Einsatz bei der Bekämpfung der

Betäubungsmittelsucht, Berlin", in: Feuerstein, Gerhart: *Suchtgiftbekämpfung. Ziele und Wege*, Berlin 1944.

Kramer, Eva, "Die Pervitingefahr", in: *Münchener Medizinische Wochenschrift*, Bd. 88, H.15, 1941.

Kroener, Bernhard R., "Die personellen Ressourcen des Dritten Reiches im Spannungsfeld zwischen Wehrmacht, Bürokratie und Kriegswirtschaft 1939 – 1942", in: Müller, Rolf-Dieter, und Hans Umbreit: *Das Deutsche Reich und der Zweite Weltkrieg*, Bd. 5.1: Organisation und Mobilisierung des Deutschen Machtbereichs, Kriegsverwaltung, Wirtschaft und personelle Ressourcen 1939 – 1941, Stuttgart 1988.

Leeb, Wilhelm Ritter von, "Tagebuchaufzeichnung und Lagebeurteilungen aus zwei Weltkriegen. Aus dem Nachlaß", herausgegeben und mit einem Lebensabriss versehen von Georg Meyer, in: *Beiträge zur Militär- und Kriegsgeschichte*, Bd. 16, Stuttgart 1976.

Lemmel, Gerhard, und Jürgen Hartwig, "Untersuchungen über die Wirkung von Pervitin und Benzedrin auf psychischem Gebiet", in: Deutsches Archiv für Klinische Medizin, Bd. 185, 5. und 6. Heft, 1940.

Lewin, Louis, *Phantastica – Die betäubenden und erregenden Genussmittel*, Linden 2010.

Liebendörfer, "Pervitin in der Hand des praktischen Nervenarztes", in: *Münchener Medizinische Wochenschrift*, Bd. 87, H. 43, 1940.

Lifton, Robert Jay, *Ärzte im Dritten Reich*, Stuttgart 1998.

Liljestrand, G., *Poulsson's Lehrbuch für Pharmakologie*, Leipzig 1944.

Linge, Heinz, *Bis zum Untergang*, München 1980.

Long, Tania, "Doctor Describes Hitler Injections", in: *New York Times*, 22.5.1945.

Luck, Hans von, *Mit Rommel an der Front*, Hamburg 2007.

Mann, Golo, *Deutsche Geschichte des 19. und 20. Jahrhunderts*, Stuttgart/Mannheim 1958.

Mann, Klaus, *Der Wendepunkt*, Reinbek 1984.

Mann, Klaus, *Treffpunkt im Unendlichen*, Reinbek 1998.

Maser, Werner, *Adolf Hitler – Legende Mythos Wirklichkeit*, München 1997.

Meurer, Christian, *Wunderwaffe Witzkanone – Heldentum von Heß bis Hendrix*, Essay 09, Münster 2005.

Mitscherlich, Alexander, und Fred Mielke, "Medizin ohne Menschlichkeit.

Dokumente des Nürnberger Ärzteprozesses", Frankfurt 1978.

Mommsen, Hans, *Aufstieg und Untergang der Republik von Weimar 1918 – 1933*, Berlin 2000.

Müller-Bonn, Hermann, "Pervitin, ein neues Analepticum", in: *Medizinische Welt*, H. 39, 1939.

Nansen, Odd, *Von Tag zu Tag. Ein Tagebuch*, Hamburg 1949.

Neumann, Erich, "Bemerkungen über Pervitin", in: *Münchener Medizinische Wochenschrift*, H. 33, 1939.

Neumann, Hans-Joachim, und Henrik Eberle, *War Hitler krank? – Ein abschließender Befund*, Köln 2009.

Nöldeke, Hartmut, und Volker Hartmann, *Der Sanitätsdienst in der deutschen U-Boot-Waffe*, Hamburg 1996.

Osterkamp, Theo, *Durch Höhen und Tiefen jagt ein Herz*, Heidelberg 1952.

Overy, Richard J., "German Aircraft Production 1939 – 1942", in: Study in the German War Economy, zugl. Diss., Queens College, Cambridge 1977.

Pieper, Werner, *Nazis on Speed. Drogen im 3. Reich*, Birkenau-Löhrbach 2002.

Pohlisch, Kurt, "Die Verbreitung des chronischen Opiatmissbrauchs in Deutschland", in: *Monatsschrift für Psychiatrie und Neurologie*, Bd. 79, 1931.

Püllen, C., "Bedeutung des Pervitins (1-Phenyl-2-methylamino-propan) für die Chirurgie", in: *Chirurg*, Bd. 11, H. 13, 1939.

Püllen, C., "Erfahrungen mit Pervitin", in: *Münchener Medizinische Wochenschrift*, Bd. 86, H. 26, 1939.

Ranke, Otto, "Ärztliche Fragen der technischen Entwicklung", in: Veröff. a. d. Geb. d. Heeres-Sanitätswesens, 109(1939).

Ranke, Otto, "Leistungssteigerung durch ärztliche Maßnahmen", in: *Deutscher Militärarzt*, H. 3, 1939.

Reko, Viktor, *Magische Gifte: Rausch- und Betäubungsmittel der neuen Welt*, Stuttgart 1938.

Ridder, Michael de, *Heroin. Vom Arzneimittel zur Droge*, Frankfurt 2000.

Römpp, Hermann, *Chemische Zaubertränke*, Stuttgart 1939.

Scheer, Rainer, "Die nach Paragraph 42 RStGB verurteilten Menschen in Hadamar", in: Roer, Dorothee, und Dieter Henkel: *Psychiatrie im Faschismus. Die Anstalt Hadamar 1933 – 1945*, Bonn 1986.

Schenck, Ernst Günther, *Dr. Morell – Hitlers Leibarzt und seine Medikamente*,

Schnellbach 1998.

Schenck, Ernst Günther, *Patient Hitler. Eine medizinische Biographie*, Augsburg 2000.

Schmidt, Paul, *Statist auf diplomatischer Bühne 1923 – 1945*, Bonn 1950.

Schmölders, Claudia, *Hitlers Gesicht: eine physiognomische Biographie*, München 2000.

Schoen, Rudolf, "Pharmakologie und spezielle Therapie des Kreislaufkollapses", in: Verhandlungen der Deutschen Gesellschaft für Kreislaufforschung, 1938.

Schramm, Percy Ernst, "Adolf Hitler – Anatomie eines Diktators"(5. und letzte Fortsetzung), in: *Der Spiegel*, 10/1964.

Schultz, I. H., "Pervitin in der Psychotherapie", in: *Deutsche Medizinische Wochenschrift*, Nr. 51 –52, 1944.

Seifert, W., "Wirkungen des 1-Phenyl-2-methylamino-propan (Pervitin) am Menschen", in: *Deutsche Medizinische Wochenschrift*, Bd. 65, H. 23, 1939.

Shirer, William L., *Aufstieg und Fall des Dritten Reiches*, Köln/Berlin 1971.

Snelders, Stephen, und Toine Pieters, "Speed in the Third Reich: Methamphetamine(Pervitin) Use and a Drug History from Below", in: *Social History of Medicine Advance Access*, 2011.

Speer, Albert, *Erinnerungen*, Frankfurt/M. 1969.

Speer, Ernst, "Das Pervitinproblem", in: *Deutsches Ärzteblatt*, Januar 1941.

Steinhoff, Johannes, *Die Straße von Messina*, Berlin 1995.

Steinkamp, Peter, "Pervitin(Metamphetamine) Tests, Use and Misuse in the German Wehrmacht", in: Eckart, Wolfgang: *Man, Medicine, and the State: The Human Body as an Object of Government*, Stuttgart 2007.

Störmer, Uta(Hg.), *Am rätselhaftesten ist das Sein – Tagebücher von Burkhard Grell(1934 – 1941)*, Berlin 2010.

Sudrow, Anne, *Der Schuh im Nationalsozialismus – Eine Produktgeschichte im deutsch-britisch-amerikanischen Vergleich*, Göttingen 2010.

Thukydides, *Der Peloponnesische Krieg*, Wiesbaden 2010.

Toland, John, *Adolf Hitler*, Bergisch Gladbach 1977.

Udet, Ernst, *Mein Fliegerleben*, Berlin 1942.

Unger, Frank, *Das Institut für Allgemeine und Wehrphysiologie an der militärärztlichen Akademie(1937 – 1945)*, med. Diss., Medizinische Hochschule Hannover 1991.

Wahl, Karl, "… es ist das deutsche Herz", Augsburg 1954.

Wellershoff, Dieter, *Der Ernstfall – Innenansichten des Krieges*, Köln 2006.

Wenzig, K., *Allgemeine Hygiene des Dienstes*, Berlin und Heidelberg 1936.

Yang, Rong, *Ich kann einfach das Leben nicht mehr ertragen – Studien zu den Tagebüchern von Klaus Mann(1931 – 1949)*, Marburg 1996.

온라인자료:

www.deutsches-chemie-museum.de/uploads/media/Geschichte_der_chemischen_Industrie.pdf. (독일 화학 박물관의 역사적 근거)

http://www.jkris.dk/jkris/Histomed/hitlermed/hitlermed.htm (히틀러의 약물).

http://hss.ulb.uni-bonn.de/2005/0581/0581.pdf.

D. 기타 참고 문헌

Agamben, Giorgio, *Die Macht des Denkens*, Frankfurt/M. 2005.

Allmayer-Beck, Johann Christoph, *Herr Oberleitnant, det lohnt doch nicht!*, Kriegserinnerungen an die Jahre 1938 bis 1945, herausgegeben von Schmidl, Erwin A., Wien 2012.

Beck, Herta, *Leistung und Volksgemeinschaft*, Bd. 61, Husum 1991.

Bitzer, Dirk, und Bernd Wilting, *Stürmen für Deutschland: Die Geschichte des deutschen Fußballs von 1933 bis 1954*, Frankfurt/M. 2003.

Bolognese-Leuchtenmüller, B., "Geschichte des Drogengebrauchs. Konsum – Kultur – Konflikte – Krisen", in: *Beiträge zur historischen Sozialkunde*, Nr. 1, 1992.

Bonhoff, Gerhard, und Herbert Lewrenz, *Über Weckamine(Pervitin und Benzedrin)*, Berlin 1954.

Bostroem, A., "Zur Frage der Pervitin-Verordnung", in: *Münchener Medizinische Wochenschrift*, Bd. 88, 1941.

Bracke, G., *Die Einzelkämpfer der Kriegsmarine*, Stuttgart 1981.

Briesen, Detlef, *Drogenkonsum und Drogenpolitik in Deutschland und den USA: ein historischer Vergleich*, Frankfurt/M. 2005.

Buchheim, Lothar Günther, *Das Boot*, München 1973.

Clausewitz, Carl von, *Vom Kriege*, Neuenkirchen 2010.

Courtwright, David T., *Forces of Habit: Drugs and the Making of the Modern*

World, Cambridge 2002.

Daube, H., "Pervitinpsychosen", in: *Der Nervenarzt*, H. 14, 1941.

Davenport-Hines, Richard, *The Pursuit of Oblivion: A Social History of Drugs*, London 2004.

Delbrouck, Mischa, *Verehrte Körper, verführte Körper*, Hameln 2004.

Dittmar, F., "Pervitinsucht und akute Pervitinintoxikation", in: *Deutsche Medizinische Wochenschrift*, Bd. 68, 1942.

Dobroschke, Christiane, "Das Suchtproblem der Nachkriegszeit. Eine klinische Statistik", in: *Deutsche Medizinische Wochenschrift*, Bd. 80, 1955.

Eberle, Henrik, und Matthias Uhl (Hg.), *Das Buch Hitler*, Köln 2005.

Fest, Joachim, *Der Untergang – Hitler und das Ende des Dritten Reiches: Eine historische Skizze*, Berlin 2002.

Fischer, Hubert, *Der deutsche Sanitätsdienst 1921 – 1945*, 5 Bde., Bissendorf 1982 – 1988.

Friedrich, Thomas, *Die missbrauchte Hauptstadt*, Berlin 2007.

Gisevius, Hans Bernd, *Bis zum bitteren Ende. Vom Reichstagsbrand bis zum Juli 1944*, Hamburg 1964.

Goodrick-Clarke, Nicholas, *Die okkulten Wurzeln des Nationalsozialismus*, Graz 1997.

Görtemaker, Heike B., *Eva Braun – Leben mit Hitler*, München 2010.

Grass, Günter, *Beim Häuten der Zwiebel*, Göttingen 2006.

reving, H., "Psychopathologische und körperliche Vorgänge bei jahrelangem Pervitinmißbrauch", in: *Der Nervenarzt*, 14, 1941.

Haffner, Sebastian, *Im Schatten der Geschichte*, München 1987.

Haffner, Sebastian, *Von Bismarck zu Hitler: Ein Rückblick*, München 2009.

Hartmann, Christian, *Wehrmacht im Ostkrieg – Front und militärisches Hinterland 1941/42*, München 2009.

Herer, Jack, und Mathias Bröckers, *Die Wiederentdeckung der Nutzpflanze Hanf*, Leipzig 2008.

Hitler, Adolf, und Gerhard L. Weinberg, *Hitlers zweites Buch*, München 1961.

Iversen, Leslie, *Drogen und Medikamente*, Stuttgart 2004.

Jünger, Ernst, *Annäherungen – Drogen und Rausch*, Stuttgart 1980.

Kaufmann, Wolfgang, *Das Dritte Reich und Tibet*, Hagen 2008.

Keyserlingk, H. von, "Über einen pervitinsüchtigen, stimmungsabnormalen

Schwindler", in: *Deutsche Zeitschrift für gerichtliche Medizin*, 40, 1951.

Klemperer, Victor, *LTI – Notizbuch eines Philologen*, Stuttgart 1998.

Kluge, Alexander, *Der Luftangriff auf Halberstadt am 8. April 1945*, Frankfurt/M. 1977.

Koch, E., und M. Wech, *Deckname Artischocke. Die geheimen Menschenversuche der CIA*, München 2002.

Koch, Lutz, *Rommel – Der Wüstenfuchs*, Bielefeld 1978.

Kohl, Paul (Hg.), *111 Orte in Berlin auf den Spuren der Nazi-Zeit*, Köln 2013.

Kuhlbrodt, Dietrich, *Nazis immer besser*, Hamburg 2006.

Kupfer, Alexander, *Göttliche Gifte*, Stuttgart 1996.

Kutz, Martin, *Deutsche Soldaten – eine Kultur- und Mentalitätsgeschichte*, Darmstadt 2006.

Langer, Walter C., *Das Adolf – Hitler – Psychogramm*, München 1982.

Läuffer, Hermann (Hg.), *Der Spaß ist ein Meister aus Deutschland: Geschichte der guten Laune 1933 – 1990*, Köln 1990.

Laughland, John, *The tainted Source*, London 1998.

Ledig, Gert, *Vergeltung*, Frankfurt/M. 1999.

Leonhard, Jörn, *Die Büchse der Pandora*, München 2014.

Ley, Astrid, und Günther Morsch (Hg.), *Medizin und Verbrechen: Das Krankenrevier des KZ Sachsenhausen 1936 – 1945*, Berlin 2007.

Maiwald, Stefan, *Sexualität unter dem Hakenkreuz*, Hamburg 2002.

Manstein, Erich von, *Verlorene Siege*, Bonn 2009.

Misch, Rochus, *Der letzte Zeuge*, München und Zürich 2008.

Neitzel, Sönke, und Harald Welzer, *Soldaten – Protokolle vom Kämpfen, Töten und Sterben*, Frankfurt/M. 2011.

Ostwald, Hans, *Sittengeschichte der Inflation*, Berlin 1951.

Overy, R.J., *Hermann Göring – Machtgier und Eitelkeit*, München 1986.

Paul, Wolfgang, *Wer war Hermann Göring?*, Esslingen 1983.

Pauwels, Louis, und Jacques Bergier, *Aufbruch ins dritte Jahrtausend – Von der Zukunft der phantastischen Vernunft*, Bern und Stuttgart 1962.

Piekalkiewicz, Janusz, *Krieg der Panzer – 1939 – 1945*, München 1999.

Pynchon, Thomas, *Die Enden der Parabel*, Reinbek 1981.

Quincey, Thomas de, *Confessions of an English Opium Eater*, London 2003.

Raddatz, Fritz J., *Gottfried Benn. Leben – niederer Wahn. Eine Biographie*,

Berlin 2003.

Reese, Willy Peter, *Mir selber seltsam fremd – Die Unmenschlichkeit des Krieges Russland 1941 – 44*, Berlin 2003.

Richey, Stephen W., "The Philosophical Basis of the Air Land Battle. Auftragstaktik, Schwerpunkt, Aufrollen", in: *Military Review*, Vol. 64, 1984.

Schlick, Caroline (Hg.), *Apotheken im totalitären Staat – Apothekenalltag in Deutschland von 1937 – 1945*, Stuttgart 2008.

Schmieder, Arnold, "Deregulierung der Sucht", in: *Jahrbuch Suchtforschung*, Bd. 2, Münster 2001.

Schmitt, Eric-Emmanuel, *Adolf H. – Zwei Leben*, Frankfurt/M. 2008.

Schmitz-Berning, Cornelia, *Vokabular des Nationalsozialismus*, Berlin 2000.

Schneider, Peter, *Die Lieben meiner Mutter*, Köln 2013.

Schulze-Marmeling, Dietrich, *Davidstern und Lederball*, Göttingen 2003.

Schütte, Uwe, *Die Poetik des Extremen*, Göttingen 2006.

Sharp, Alan (Hg.), *The Versailles Settlement – Peacemaking after the First World War 1919 – 1923*, 2. Aufl., New York 2008.

Stehr, J., "Massenmediale Dealerbilder und ihr Gebrauch im Alltag", in: Paul, B., und H. Schmidt-Semisch (Hg.): *Drogendealer – Ansichten eines verrufenen Gewerbes*, Freiburg 1998.

Stern, Fritz, *Kulturpessimismus als politische Gefahr. Eine Analyse nationaler Ideologie in Deutschland*, München und Bern 1963.

Störmer, Uta (Hg.), *Am rätselhaftesten ist das Sein – Tagebücher von Burkhard Grell (1934 – 1941)*, Berlin 2010.

Theweleit, Klaus, *Männerphantasien*, Reinbek 1982.

Traue, Georg, *Arische Gottzertrümmerung*, Braunschweig 1934.

Twardoch, Szczepan, *Morphin*, Berlin 2014.

Van Creveld, Martin, *Kampfkraft – Militärische Organisation und Leistung der deutschen und amerikanischen Armee 1939 – 1945*, Graz 2009.

Volkmann, Udo, *Die britische Luftverteidigung und die Abwehr der deutschen Luftangriffe während der Luftschlacht um England bis zum Juni 1941*, Osnabrück 1982.

Wegener, Oskar, *Die Wirkung von Dopingmitteln auf den Kreislauf und die körperliche Leistung*, Flensburg/Freiburg 1954.

Weiß, Ernst, *Ich – der Augenzeuge*, München 1966.

Wette, Wolfram, *Militarismus in Deutschland*, Darmstadt 2008.

Wissinger, Detlev, *Erinnerungen eines Tropenarztes*, Books-on-Demand 2002.

Wisotsky, S., "A Society of Suspects: The War on Drugs and Civil Liberties", in: Gros, H.(Hg.), *Rausch und Realität. Eine Kulturgeschichte der Drogen*, Bd. 3, Stuttgart 1998.

Wulf, Joseph(Hg.), *Presse und Funk im Dritten Reich*, Berlin 2001.

Zuckmayer, Carl, *Des Teufels General*, Stockholm 1946.

사진 출처

21면 (위)©Norman Ohler (아래)©Joachim Gern, Berlin

35면 Bundesarchiv Berlin

43면 Aus: Hiemer, Ernst, *Der Giftpilz: ein Stürmerbuch für Jung und Alt*, Nürnberg, 1938

60면 ©①⊙ Komischn

63면 Public Domain

98면 Bundesarchiv-Militärarchiv Freiburg

142면 Public Domain

138면 Landesarchiv Berlin

151면 ©Norman Ohler

188면 National Archives at College Park, MD

205면 Bundesarchiv Koblenz

245면 laif

262면 laif

287면 Militärhistorisches Museum der Bundeswehr, Dresden / Foto: Andrea Ulke

290면 Bundesarchiv-Militärarchiv Freiburg

328면 National Archives at College Park, MD

* 이 책에 사용된 그림은 저작권자의 협의 및 적법한 절차를 거쳐 사용되었습니다. 일부 저작권 협의 중인 그림은 빠른 시일 안에 해결하겠습니다.

찾아보기

옮긴이 **박종대** 성균관대학교 독어독문학과와 동 대학원을 졸업하고 독일 쾰른에서 문학과 철학을 공부했다. 사람이건 사건이건 겉으로 드러난 것보다 이면에 관심이 많고, 환경을 위해 어디까지 현실적인 욕망을 포기할 수 있는지, 그리고 어떻게 사는 것이 진정 자신을 위하는 길인지 고민하는 제대로 된 이기주의자가 꿈이다. 『인공 지능의 시대, 인생의 의미』, 『앙겔라 메르켈』, 『미친 세상을 이해하는 척하는 방법』, 『콘트라바스』, 『승부』, 『성욕에 관한 세 편의 에세이』, 『농담과 무의식의 관계』, 『어느 독일인의 삶』, 『세상을 알라』, 『너 자신을 알라』, 『바르톨로메는 개가 아니다』 등 100권이 넘는 책을 우리말로 옮겼다.

마약 중독과 전쟁의 시대

발행일 2022년 12월 25일 초판 1쇄
2023년 11월 10일 초판 2쇄

지은이 노르만 올러
옮긴이 박종대
발행인 홍예빈 · 홍유진
발행처 주식회사 열린책들

경기도 파주시 문발로 253 파주출판도시
전화 031-955-4000 팩스 031-955-4004
홈페이지 www.openbooks.co.kr 이메일 humanity@openbooks.co.kr